지속가능한 개발과 공공행정

개발도상국 사례연구

Sustainable Development and Public Administration
: Case Studies of Developing Countries

ADI 서울대학교 아시아개발연구소
Asia Development Institute

지속가능한 개발과 공공행정

개발도상국 사례연구

Sustainable Development and Public Administration
: Case Studies of Developing Countries

권혁주 편

문우사
MoonWoo

발간사

서울대학교 아시아개발연구소는 2004년 설립되어 국제개발협력분야에 대한 연구와 개발도상국 공무원들에 대한 교육을 통해 학문발전과 국제사회에 기여해 왔습니다. 특히 지난 60년간 한국의 경제·사회발전의 경험을 다른 개발도상국들과 공유함으로써 많은 사람들이 빈곤과 질병, 사회적 질곡으로부터 벗어나 풍요와 행복을 누리는 데 도움을 주고자 노력하였습니다. 국내적으로는 한국국제협력단, 수출입은행 등 공여기관들과 함께 교육과 연구사업을 수행했으며, 국제적으로는 아시아개발은행, 국제통화기금, 유니세프 등과 다양한 협력사업을 지속해오고 있습니다.

이번에 아시아개발연구소가 발간하는 『지속가능한 개발과 공공행정 : 개발도상국 사례연구』는 세계 여러 개발도상국들이 직면한 공공행정에서의 도전과 이를 극복하기 위한 정책적 노력을 분석한 연구성과를 묶은 것입니다. 특히 2016년부터 시작되는 지속가능한 개발목표에 강건한 공공행정의 구축이 중요한 목표로 설정되어 있음을 감안할 때 매우 시의적절한 연구라고 판단되며, 국내 정책연구자들에게도 많은 도움이 될 것이라 확신합니다.

뿐만 아니라 이 책은 개발도상국의 공공행정에 대한 한국 학자들의 분석이라는 점에서 기존 연구와 차별성을 갖고자 합니다. 한국의 발전 경험을 다른 개발도상국들과 공유하기 위해서는 단순히 우리의 경험을 제시하는 데 그치는 것이 아니라 그들이 직면한 문제에 대한 심도 있는 이해와 분석이 필요합니다. 개발도상국의 현실과 정책과제에 대해 깊은 이해가 있을 때, 우리의 경험도 좀 더 의미 있고 적절하게 전달될 수 있기 때문입니다. 이러한 맥락에서 아시아개발연구소는 Young Visiting Scholar Program을 만들어 개발도상국의 젊은 학자들이 직접 한국을 방문하여 그들의 눈으로 한국을 관찰하고 연구하여 자신들에게 맞는 정책적 시사점을 도출하도록 지원하고 있습니다. 이번 연구는 다양한 시각과 관점에서 개발도상국을 이해하고, 정책대안을 모색한다는 점에서 한국의 국제개발협력분야의 학문적 발전에 중요한 기여를 할 것으로 기대합니다.

이 책을 준비하고 발간하기까지 많은 분들이 노고를 아끼지 않았습니다. 기획과 편집을 맡은 아시아개발연구소 부소장 권혁주 교수와 옥고를 기고하신 분들에게 깊은 감사를 드립니다. 또한 연구소에서 책의 출판을 위해 애쓴 김효정 박사, 김우림, 변지영, 김병렬 연구원과 이형준 군의 노고에도 감사드립니다. 끝으로 이 책의 출판을 맡아주신 문우사 김영훈 사장님께도 고마운 마음을 전합니다.

2016년 5월

최종원

(서울대학교 행정대학원 교수, 아시아개발연구소 소장)

차 례

발간사 ······ iii

서 론 개발도상국 공공행정 연구의 중요성 | 권혁주 ······ 1

제 1 부 개발도상국 발전을 위한 국가의 기능과 역할 | 권혁주 ······ 15

Ⅰ. 지속가능한 개발과 국가행정의 역할 ······ 17

Ⅱ. 국가행정제도와 기능의 발전 ······ 28

1. 국가의 핵심기능 29
2. 국가정책과 경제발전 33
3. 현대국가로서의 복지국가 39
4. 발전국가의 딜레마와 정책조정 42
5. 국가의 기능과 역할, 국가능력 46

Ⅲ. 개발도상국의 다양한 국가행정 과제 ······ 55

제 2 부 개발도상국 사례연구 ······ 61

제 1 장 인도네시아의 지방분권화에 따른 중앙-지방정부 간 재정관계와 지방공공서비스의 향상 | 김정부 ······ 63

Ⅰ. 서 론 ······ 65

Ⅱ. 분권화의 지방자치 법적 기반 및 분권화의 전개 ······ 69

Ⅲ. 중앙-지방정부 간 재정적 관계 ······ 75

Ⅳ. 지방분권화의 효과 ······ 86

Ⅴ. 지방분권화의 문제점 및 개선방향 ······ 100

Ⅵ. 결 론 ······ 106

제 2 장 베트남의 지방정부와 지방분권 | 김순은 ······ 115

Ⅰ. 서 론 ······ 117

Ⅱ. 베트남의 지방정부 ······ 119
1. 베트남 지방정부의 배경적 특색 119
2. 베트남의 헌법과 지방정부의 기원 122
3. 베트남 지방정부의 구성 124

Ⅲ. 지방분권의 이론적 논의 ······ 131
1. 지방분권의 정의 131
2. 지방분권의 종류 132

Ⅳ. 베트남의 지방분권 ······ 134
1. 베트남의 행정개혁과 지방분권의 배경 134
2. 행정개혁과 지방분권 136

Ⅴ. 베트남의 지방정부와 지방분권의 주요 특징과 시사점 ······ 152
1. 지방분권의 주요 특징 152
2. 시사점 158

Ⅵ. 결 론 ······ 160

제 3 장 사회보호제도 도입을 위한 필리핀의 거버넌스 개혁 | 김은주 ······ 165

Ⅰ. 서 론 ······ 167

Ⅱ. 필리핀의 사회보호제도(social protection) ······ 172
1. 필리핀이 직면한 사회문제 : 빈곤, 불평등, 불안정한 일자리, 기후변화 172
2. 사회보호제도의 개요 175

Ⅲ. 민주화 이후 필리핀 행정체제와 빈곤감소정책의 특징 ······ 178
1. 행정체제의 특징 : 지방분권화와 신공공관리(NPM) 개혁의 부정적 부수효과 178
2. 빈곤감소정책의 특징 : 정책단절과 후견주의로 인한 정책실패 182

Ⅳ. 국가의 복지기능을 수행하기 위한 거버넌스 개혁 ······ 186
1. 구조적 개혁 : 복지재정배분 방식 개혁 186
2. 프로그램 단위 개혁 : CCT 집행과정과 정책조정체계 개혁 189

Ⅴ. 빈곤감소를 위한 거버넌스 개혁의 메커니즘 ······ 195

Ⅵ. 결 론 ······ 199

제 4 장 경제위기 이후 캄보디아 정부의 정책과 사회발전 과제 | 권혁주 ········· 205

Ⅰ. 서 론 ········· 207

Ⅱ. 캄보디아의 식민지 경험과 내전의 상처 ········· 208

Ⅲ. 정치체제와 정부의 구조 ········· 212

Ⅳ. 캄보디아의 경제정책과 사회정책 ········· 215

1. 캄보디아의 국가발전계획 215
2. 사회적 보호를 위한 국가전략계획(National Social Protection Strategy)의 수립과 한계 222
3. 지방행정체제의 수립과 분권화 224
4. 지방행정체제 수립과정 227

Ⅴ. 결 론 ········· 230

제 5 장 태국과 한국의 무역정책 비교연구 : 발전지향적 무역정책의 다양성 관점에서 | 구민교·홍석빈 ········· 233

Ⅰ. 서 론 ········· 235

Ⅱ. 발전지향적 무역정책의 다양성에 관한 개념적 틀 ········· 239

1. 발전국가 대 신자유주의적 수렴 239
2. 발전주의와 자유주의의 연계 244
3. 태국 : 시장기반 자유주의에서 부문별 정실주의로의 전환 247
4. 한국 통상정책의 발전국가적 자유주의로의 전환 259

Ⅲ. 결론 및 정책적 함의 ········· 274

제 6 장 싱가포르의 실용주의(Pragmatism)에 대한 비판적 검토 | 고길곤 ········· 287

Ⅰ. 서 론 ········· 289

Ⅱ. 싱가포르의 실용주의에 대한 다양한 관점 ········· 292

1. 실용주의에 대한 일반적인 관점 292
2. 싱가포르의 실용주의의 사례 299

Ⅲ. 싱가포르의 실용주의의 시사점과 도전 ········· 314

제 7 장 탄자니아의 행정조직 및 행정개혁 사례연구 | 이수영 ···················· 323

Ⅰ. 서 론 ·· 325

Ⅱ. 탄자니아의 행정부 조직체계 ······································ 330

1. 중앙정부 330
2. 지방정부 334

Ⅲ. 탄자니아 행정개혁에 대한 연혁적 분석 ························ 337

1. 행정개혁 관장기관 : 공공서비스관리처 337
2. 탄자니아 행정개혁의 연혁적 분석 339
3. 탄자니아 공공부문 성과관리 시스템 346

Ⅳ. 결 론 ·· 354

제 8 장 우간다의 정책조정 환경과 행정개혁 | 임도빈 ························ 359

Ⅰ. 서 론 ·· 361

1. 우간다 개황 361
2. 우간다의 역사 362

Ⅱ. 우간다의 정치 체계 ·· 365

1. 헌법구조 365
2. 입법부 및 정당 체계 367
3. 사법부 374

Ⅲ. 우간다의 행정 체계 ·· 376

1. 중앙정부 376
2. 지방정부 384

Ⅳ. 우간다의 민간 거버넌스 ·· 388

1. 시민사회와 언론 388
2. NGO 390
3. 국제 거버넌스의 영향 391

Ⅴ. 우간다의 행정개혁 ·· 393

1. 개혁의 제약요인 : 제왕적 대통령 393
2. 미시적 개혁 396

Ⅵ. 결 론 ·· 399

제 9 장 콜롬비아의 전자정부 추진을 위한 거버넌스 체계 :
제도적 접근 | 엄석진 ································· 405

Ⅰ. 서 론 ································· 407
Ⅱ. 이론적 배경 ································· 410
1. 제도의 중요성 410
2. 제도주의 시각에서의 전자정부 연구 412
3. 전자정부 추진을 위한 거버넌스 체계 분석 414
Ⅲ. 콜롬비아의 전자정부 추진 전략과 현황 ································· 417
1. 콜롬비아의 국가정보화 전략과 전자정부 추진 전략 417
2. 전자정부 추진 결과 422
Ⅳ. 콜롬비아의 전자정부 추진 거버넌스 분석 ································· 427
1. 법 제도 427
2. 조직적 배열 429
3. 통제와 조정을 위한 관리도구 432
Ⅴ. 결 론 ································· 436

부 록 아시아개발연구소의 설립배경 및 발전과정 ································· 443

Ⅰ. 아시아개발연구소의 설립배경 ································· 445
Ⅱ. 아시아개발연구소의 발전과정 ································· 449
1. 사업기반 구축과 외연 확장 449
2. 제도화 451

찾아보기 ································· 455

저자 약력 ································· 460

서론

개발도상국 공공행정 연구의 중요성

권혁주
(서울대학교 행정대학원 교수)

지난 60년 동안 한국은 전쟁의 폐허를 딛고 세계에서 가장 가난한 나라에서 풍요롭고 발전된 사회로 성공적인 변화를 이루었다. 이 같은 변화는 급속한 산업화를 성취한 결과이지만, 권위주의 정치를 극복하고 수차례의 수평적 정권교체를 이루는 등 민주주의를 공고화하는 부단한 정치적 발전 때문에 가능한 것이기도 하였다. 이와 더불어 산업화와 인구구조의 변화로 인한 다양한 사회적 위험에 대비하기 위한 사회정책과 복지 프로그램을 제도화하면서 복지국가를 구축하는 등 선진국으로서의 면모도 갖추어 나가고 있다. 이와 같은 성공적인 국가발전은 세계 여러 나라로부터 찬사를 받고 있으며, 빈곤을 극복하고 사회발전을 달성하고자 하는 많은 개발도상국의 정책적 귀감으로서 다양한 시사점을 제공하고 있다.

실제로 한국은 경제개발협력기구(Organization for Economic Co-operation and Development, OECD)의 개발협력위원회 회원국가로서 개발도상국의 발전을 도모하기 위해 공적개발원조를 제공하고 있으며, 다양한 정책분야에서 기술적 지원을 실시하고 있다. 원조를 제공하는 많은 공여국 가운데 한국은 그 역사가 일천한 신흥 공여국이지만 자신만의 강점을 갖고 있는 나라이기도 하다. 한국이 지나 온 60여 년간의 산업화·민주화의 발전경험은 유럽이나 북미의 전통적 공여국들에 비해 개발도상국들이 처한 상황에 훨씬 유사하기 때문이다. 예를 들어 1950년대 중반 한국의 경제수준은 사하라 이남의 아프리카 국가들에 비해 더 나을 것이 전혀 없는 상황이었다. 당시 세계의 많은 사람들은 한국이 외세의 침탈과 전쟁의 폐허 속에서 지금과 같은 발전을 이루리라고 기대하기는커녕 절망적 상황에 안타까움을 표할 뿐이었다. 그러던 한국이 지금과 같은 변화와 발전에 성공하면서 세계의 많은 개발도상국들은 하나의 가능성을 보았으며, 한국의 발전경험으로부터 자신들에게 유용한 정책적 교훈을 찾고자 하는 관심을 표하고 있는 것이다.

이러한 맥락에서 한국이 성공적으로 경제·사회발전을 이루게 된 정책적 요소를 추출하고 이를 개발도상국에 적실한 정책적 교훈으로 만들고자 하는 노력이 경주되었던 것이다. 한국국제협력단과 수출입은행 등 국제개발협력기관뿐만 아니라 다양한 기관에서 개발도상국의 공무원 등을 대상으로 교육 프로그램을 운영하고 있다. 이 책을 출판하는 서울대학교 아시아개발연구소에서도 개발도상국 공무원을 대상으로 아시아개발정책 프로그램을 지난 10년간 지속적으로 운영해 왔다. 이러한 기술협력 프로그램과 정책훈련 프로그램에서는 각 분야 전문가들이 해당 분야 최신의 연구결과를 기초로 강의를 하지만 개발도상국 공무원이나 이와 관련된 인사들이 한국의 정책에 대한 체계적인 이해를 하기 위해서는 이에 알맞은 연구결과와 강의자료들이 필요하다. 이러한 현실적 수요에 맞추어 서울대학교 아시아개발연구소는 *The Korean Government and Public Policies in Development Nexus*(Springer, 2013)라는 제하의 책을 출판하여 한국의 발전과정에서 공공행정과 정책의 변화와 발전에 대한 연구결과를 종합하여 제시하였다. 이 책은 그동안 주로 경제발전에 초점을 맞추어 한국의 발전과정이 분석된 단편성을 극복하고, 실제 정책을 입안하고 주도한 정부 및 정책주체들에 대해 초점을 맞추었다는 점에서 훌륭한 기여를 했다고 평가된다.

그런데 한국의 발전경험을 분석하고 성공과 실패의 요인을 바탕으로 정책적 시사점을 찾아낸다고 했을 때, 그것이 다른 개발도상국에 얼마나 유용할까 하는 질문을 다시 한 번 제기해 볼 필요가 있다. 앞에서 지적한 것처럼 한국의 발전경험은 선진국들에 비해 역사적으로 훨씬 생생한 현실적 경험이며, 빈곤을 극복하고 후발주자로서 경제발전을 추구한다는 점에서도 유사성을 가진 것이 사실이다. 그렇지만 한국의 역사나 사회적 현실이 다른 아시아의 국가, 더 나아가 아프리카, 라틴 아메리카의 국가에 얼마나 적실한 것인가는 여전히 심각히 고민해 봐야할 사안이다. 각 나라마다 역사적 배경이 다르고 직면한 경제, 사회적 과제가 다른 상황에서 한국의 경험에 입각한 정책적 교훈이 얼마나 유용할 것인가?

예를 들어 한국에서 새마을운동을 통해 농촌의 사회적 발전이 이루어졌다고 해서 똑같은 농촌사회발전운동이 다른 나라에서도 성공할 수 있을 것인지 쉽게 단언할 수 없는 일이다. 한국의 새마을운동은 농촌 주민의 자발적 지역공동체 운동이었다. 이러한 운동이 성공을 거둔 배경에는 해방 이후 1950년대 중반까지 시행된 토지개혁을 통해 농촌의 사회구조가 소규모 자작농 중심으로 변모하였다는 사실이 존재한다(조석곤, 2003). 이와 같은 역사적 배경과 함께 새마을운동이 성공적으로 농촌사회를 변화시키는 데 성공할 수 있었던 것은 자발적 운동을 지원하는 데 필요한 공공행정체제가 효과적인 역할을 했다는 점도 지적할 수 있다(엄석진, 2011). 그렇다면 사회적 구조와 행정체제의 상황이 상이한 다른 개발도상국에서도 새마을운동과 같은 노력이 유용한 정책효과를 거둘 수 있을까? 목적을 달성하기 위해 어떤 정책수단을 도입하더라도 거기에 필요한 공공행정체제와 기반을 갖추고 있는지 여부도 필수적으로 검토해야 할 사항이다. 이 같은 상황에서 적절한 정책수단을 판별하기 위해서는 해당 개발도상국의 농촌사회는 물론 그 나라의 공공행정에 대한 심도 있는 이해가 필요하다는 것이다.

이러한 관점에서 이번에 발간하는 『지속가능한 개발과 공공행정 : 개발도상국 사례연구』는 개발도상국의 공공행정에 대한 한국의 행정학자들의 연구를 모아 편집한 책이다. 물론 인류학, 정치학 분야에서 개발도상국과 그 사회에 대한 연구업적이 축적되어 온 것이 사실이다. 예를 들어 신윤환의 『동남아의 선거와 정치사회적 변화』(2008)와 같은 연구는 베트남, 말레이시아, 인도네시아 등 동남아 국가의 정당정치와 선거를 다룬 중요한 연구업적이다. 그러나 개발도상국의 공공행정에 대한 심도 있는 연구들은 아직 많이 축적되지 못한 상황이다. 더욱이 개발도상국의 공공행정을 국제개발협력의 관점에서 분석하는 이번 연구는 새로운 연구의 지평을 여는 시도라고 평가할 수 있다. 이를 통해 한국의 정책적 경험을 보다 개발도상국의 현실에 맞게 변환하고 발전시키는 토대가 마련되기를 기대해 본다. 한편 개발도상국에 대한 연구는 거꾸로 한국 사회의 변화와 발전에 새로운 이해의 시각을 마련하는 계기도 될 수 있을 것이라 생각한다.

이 책에서 개발도상국 공공행정에 초점을 맞추어 아시아·아프리카·라틴아메리카에 위치한 개발도상국의 사례연구를 시도하면서 제기하고자 한 가장 핵심적인 논제는 개발도상국의 지속가능한 발전을 위해서는 공공행정의 구축과 발전이 필수적 조건이라는 주장이다. 지속가능한 발전이라는 개념은 그동안 사용된 것처럼 환경문제뿐만 아니라 경제·사회발전에도 적실한 개념이다. 특히 개발도상국의 경우에는 단기간의 성과가 아니라 장기간에 걸쳐 지속가능한 발전이 절실히 필요하기 때문이다. 예를 들어 석유나 천연가스 등 천연자원의 발견으로 새로운 부(富)가 창출되고 이를 통해 급속히 발전을 이룬 나라들이 많았지만, 이러한 발전이 지속적으로 이루어지기 보다는 오히려 내부 갈등과 분열로 또 다시 빈곤과 저(低)발전의 나락으로 빠진 나라들이 많다는 역사적 사실을 보면 지속가능한 발전이 매우 어려운 일이라는 점을 알 수 있다.

이러한 시각은 2015년 10월 UN 총회에서 확정된 지속가능한 발전목표에도 잘 반영되어 있다. 2015년 만료된 새천년 개발목표는 빈곤감소, 모자보건, 아동교육 등의 사회발전 목표를 중심으로 설정되어 있었다. 그런데 이번에 지속가능한 발전목표에는 강건한 공공행정체제, 포용적인 사법체제 확립 등 국가제도와 행정에 관한 발전목표들이 포함되어 있는데, 국제개발협력에서 공공행정의 중요성이 광범위하게 인식되는 중요한 계기가 될 것이다. 또한 앞으로 진행될 다양한 국제개발협력사업에 있어서도 개발도상국 공공행정 발전을 위한 노력이 중요한 비중을 차지하게 될 것으로 예상된다.

이 책의 제1부 '개발도상국 발전을 위한 국가의 기능과 역할'에서 권혁주는 유럽에서 시작된 근대국가 발전과정에서부터 동아시아의 발전국가의 경험까지 망라하여 분석하면서 국가라는 정치공동체가 어떻게 경제·사회발전을 추진하고 촉진했는가를 살펴보고 있다. 그는 국가의 기능을 핵심기능·발전기능·복지기능 등으로 분류하고 있는데, 경제발전이나 복지제공을 위해 국가가 다양한 역할을 하는 것은 각각의 정치공동체에서 정책적으로 선택할 수 있는 것이지만, 국가의 핵심기능은 모든 나라에서 필수적으로 구축해야 한다는 점을 강조하고 있다.

여기서 말하는 국가의 핵심기능이란 외부의 침략과 내부의 무질서로부터 국민을 보호하는 국방과 치안과 더불어 국가적 재원을 동원하고 조직화하는 조세제도와 관료제도를 통한 공공행정 등을 의미한다. 그의 주장에 따르면 이러한 국가의 핵심적 기능은 기본적으로 국가체제를 확고히 하는 것이지만 경제발전이나 복지와 같은 다른 국가기능을 수행하는 국가역량 또한 결정한다는 것이다. 국가의 핵심기능은 시민들과 기업들이 경제활동을 영위하는 시장이 원활히 작동하게 하는 제도적 기반을 제공하기 때문에 개발도상국 발전에서 가장 중요한 선행요건이 되는 것이다.

그런데 세계의 다양한 개발도상국들이 처한 상황과 추구하는 발전방향이 서로 상이하기 때문에 어떤 국가들은 핵심기능을 수행할 수 있는 공공행정체제를 수립하는 데 여전히 고전하고 있는 반면, 어떤 국가들은 핵심기능을 기반으로 하여 산업정책·무역정책을 효과적으로 수행하기 위한 공공행정과제에 초점을 맞추기도 한다. 또한 어떤 개발도상국들은 국민들에게 빈곤과 질병 혹은 자연재해로 인한 피해에 대한 사회적 보호를 제공하기 위해 복지기능을 확충하고자 노력하기도 한다. 물론 이러한 노력들이 모두 좋은 결과를 창출하는 것은 아니다. 어떤 나라에서는 상당한 성과가 있지만 다른 나라에서 별다른 성공을 거두지 못하는 경우가 있다. 이러한 성공과 실패를 가르는 가장 중요한 요인은 국가라는 정치공동체의 역량을 동원하고 효과적으로 활용할 수 있는 공공행정이라는 것이 이 책의 이론적 전제이며, 이러한 점에 대해 제1부에서 그 논리가 제시되고 있다.

이 책의 제2부에서는 이같이 다양한 개발도상국 공공행정의 변화와 발전을 아시아, 아프리카, 라틴아메리카에 위치한 개발도상국의 사례를 통해 다루고 있다. 제1장에서 김정부는 인도네시아의 지방분권을 중앙-지방정부 간 재정적 관계를 중심으로 다루고 있으며, 제2장에서 김순은은 베트남의 지방정부와 지방분권에 대해 분석하고 있다. 많은 개발도상국에서 지방행정체제 구축과 지방분권은 아주 중요한 공공행정 및 국가발전 과제로 대두되고 있는 상황에서 이 두 연구는 매우 중요한 의미를 갖는다. 이미 지적한 바와 같이 국가의 핵심적 기능이 짜임새 있게 구축되어 있어야 정부의 정책이 효과적으로 집행될 수 있으며, 시장에서 경제주체들의 자발적 활동도 원활히 이루어질 수 있다. 그런데 수도를 중심으로 한 중앙정부는 어느 정도 체계를 갖추고 있지만, 지방행정체제가 구축되어 있지 않다면 국민들의 생활에 필요한 공공서비스를 제공하는 등 공공행정의 효과적인 집행이 어려울 수밖에 없다. 이러한 측면에서 지방행정체제 구축은 개발도상국의 중요한 과제이다. 김정부와 김순은의 연구는 지방행정체제 구축을 위해 구체적으로 제기되는 핵심적인 두 가지 과제를 인도네시아와 베트남의 사례에서 분석하고 있다. 인도네시아 사례에서는 중앙-지방정부 간의 재정적 권한과 역할의 변화에 초점을 맞추고 있는데, 인도네시아가 지방분권화를 위해 조세수입의 분담, 공공서비스 조달의 책임을 어떻게 변화시켜가고 있는지 살펴보고 있다. 김순은은 베트남의 지방분권 노력을 경제·사회발전을 위한 수단적 성격을 띠고 있는 것으로 파악하면서 각각의 상이한 물리적·경제적 환경에 있는 지방정부에게 적절한 권한과 기능을 이양하여 베트남의 발전을 도모한다는 정책적 논리를 설명하고 있다. 김순은은 특히 베트남의 지방분권이 공산당의 정치적 조직논리인 민주적 중앙집권과 공존해야하는 정치적·행정적 제약 속에서 이루어지고 있는데, 이것이 베트남의 지방분권을 다른 나라들과 차별화하는 요인으로 작용하고 있음을 지적하고 있다.

제3장에서 김은주는 '사회보호제도 도입을 위한 필리핀의 거버넌스 개혁'을 분석하고 있으며, 제4장에서 권혁주는 '경제위기 이후 캄보디아 정부의 정책과 사회발전 과제'를 다루고 있다. 이 연구는 최근 많은 개발도상국에서 사회적 보호를 위한 사회정책의 도입과 확대를 위한 정책이 시도되고 있는 가운데 실제로 이러한 노력이 어떠한 성과를 창출했고, 어떠한 문제점을 안고 있는지 살펴보고 있다. 김은주는 필리핀 아키노 정부가 강력히 추진해온 빈곤감소 정책을 분석하고 있는데, 그는 이러한 사회정책을 수행하는 데 필요한 공공행정체제를 갖추기 위한 필리핀 정부의 행정개혁에 대해 초점을 맞추고 분석하고 있다. 권혁주는 사회발전의 측면에서 캄보디아가 실시하고 있는 사회보호정책을 분석하고 있다. 특히 캄보디아와 같이 전쟁의 상처와 빈곤으로 어려움을 겪는 개발도상국에서 적극적으로 사회정책을 도입하고자 하는 정치적 배경과 함께 추진체계로서 지방행정체제 구축과제에 대해 논의하고 있다. 지금까지 사회정책은 개발도상국에서 시행하기란 매우 어려운 정책이라는 평가가 일반적이었다. 이는 국가의 복지기능이 제대로 구축되어 있지 못하기 때문이며, 필리핀이나 캄보디아에서도 정도의 차이에도 불구하고 공통적으로 제기되는 문제이다. 그런데 이 두 연구는 사회적 보호를 위한 적극적 노력이 반드시 복지기능을 위한 공공행정이 잘 갖추어진 이후에 가능하다기보다는 오히려 다양한 난관 속에서도 이를 극복하면서 사회적 보호를 실시하는 과정이 복지기능을

위한 공공행정체제가 구축되는 과정이 된다는 점을 보여주는 흥미로운 연구라 할 수 있다.

제5장과 제6장은 태국과 한국 그리고 싱가포르에 대해 분석하고 있다. 이 세 나라는 엄격한 의미의 개발도상국은 아니지만 빈곤과 저개발을 극복하고 상당한 발전을 이룬 나라들이기 때문에 개발도상국을 연구하는 관점에서 매우 중요한 시사를 준다. 제5장에서 구민교·홍석빈은 '태국과 한국의 무역정책 비교연구'를 시도하는데, 새로운 세계무역체제하에서 세계화가 심화되는 과정을 겪으면서 한국과 태국이 국제무역을 위한 제도를 구축하고 협상에 임하는 정책적 기조를 분석한다. 제6장에서 고길곤은 '싱가포르의 실용주의에 대한 비판적 검토'를 제시하고 있으며, 싱가포르의 국정운영에서 정책이념과 같은 위상을 갖게 된 실용주의에 대해 비판적으로 분석하고 있다. 다른 개발도상국의 경우에는 공공행정체제를 구축하고 이를 효과적으로 운영하는 것이 과제인 반면 한국, 싱가포르, 태국 등에서는 공공행정을 운영하는 이론적 측면과 이념적 관점에서의 정책기조를 도출하고자 하는 것이 공공행정의 과제로 대두된다는 점에서 대조적 현상을 보여주고 있다.

제7장과 제8장은 사하라 이남 아프리카 지역에 속한 탄자니아와 우간다를 다루고 있다. 이들 두 나라는 사하라 이남 지역 국가들 가운데는 대표적으로 경제적·사회적 발전의 성과를 나타내고 있는 국가라는 점에서 더 많은 주목을 받고 있어 이 두 장의 분석은 매우 시의적절한 학술적 기여라고 판단된다. 제7장 '탄자니아의 행정조직과 행정개혁 사례연구'에서 이수영은 탄자니아 정부가 시도하고 있는 행정개혁을 분석하면서 공무원에 대한 성과관리제도의 변화를 살펴보고 있다. 이

와 함께 탄자니아 정부의 공직윤리를 제고하기 위한 노력을 기술하고 있다. 이수영은 이러한 행정개혁을 통해 관료제도의 개선 노력이 상당한 성과를 거둔 것도 사실이나, 현실적인 행정능력에 비해 너무 복잡하고, 지방까지 잘 침투되지 못하는 등 제한적인 결과를 창출했다는 지적을 하고 있다. 제8장에서 임도빈은 '우간다의 정책조정 환경과 행정개혁'을 분석하면서, 우간다가 민주주의 헌정체제를 구축하고 안정된 정치를 이끌어 가기 위해 노력한 것은 사실이나 다양한 민족적 구성과 부패 등으로 안정된 정치체제를 구축하는 것이 여전히 어려운 과제임을 잘 지적하고 있다. 또한 이 장에서 임도빈은 그간의 행정개혁을 통한 정책조정체계 수립을 분석하고 있는데, 국가발전의 필요조건인 효과적인 공공행정체제의 구축이 여전히 우간다의 과제로 남아있다는 점을 강조하고 있다.

제9장에서 엄석진은 콜롬비아의 전자정부 추진을 위한 거버넌스 체계에 대한 제도적 분석을 하고 있다. 콜롬비아는 라틴아메리카에서 세 번째로 큰 경제규모를 갖고 있으며, 브라질, 칠레 등과 같이 이 지역의 다른 몇몇 국가들처럼 풍부한 천연자원을 바탕으로 지난 몇 년간 세계 자원시장의 호황에 힘입어 지속적인 성장을 향유했다. 콜롬비아 정부는 보다 포용적인 성장을 한다는 전략을 수립하고 이를 위해 효과적인 공공행정체제를 구축하려는 노력을 해왔다. 여기서 핵심적 정책으로 부상된 것이 전자정부 구축이다. 단순히 공공행정체제 구축을 넘어 그의 효율적인 운영을 통해 국민의 안녕을 증진한다는 것이다. 엄석진의 연구는 이러한 전자정부 추진에 있어서 거버넌스 수립과정을 분석하고 향후의 정책적 과제를 제시하고 있다. 이와 같은 콜롬비아의 전략

적 접근은 다른 개발도상국의 공공행정 발전 전략에 비해 한 단계 높은 수준이라고 평가되지만, 전문 인력의 양성 및 활용, 다양한 부처 간의 협력과 조정의 문제에 부딪혀 있는 것으로 지적되고 있다.

이 책의 사례연구는 공통적으로 해당 국가의 정치적·경제적 배경과 함께 행정체제에 대한 개관을 하고 설정된 연구 질문에 답하는 형식을 취하고 있다. 이는 독자들에게 해당 개발도상국에 대한 기본적인 지식을 제공하고자 하는 것으로, 이를 통해 향후 심도 있는 분석과 비교의 토대를 마련하고자 하는 의도이기도 하다. 지금까지 한국의 공공행정에서 비교연구는 주로 미국, 영국, 일본 등 선진국을 중심으로 연구가 진행되어 왔는데, 이 같은 현상은 우리나라의 정책적 수요에 부응하고자 하는 측면과 더불어 보다 발전된 국가에서 이론적 시사를 얻고자 하는 것으로 이해된다. 그러나 한국의 행정학도 보다 넓은 지역과 더 많은 국가로 연구의 지평을 확대하여 나름대로의 이론적 흐름을 구축해 나갈 필요가 있다. 이러한 측면에서 이 연구는 한국의 행정학의 발전에도 기여하는 바가 크다고 하겠다.

국제사회에서 책임 있는 성원으로서 한국은 앞으로 보다 중요한 역할을 수행해야 할 것이며, 그 가운데서도 개발도상국의 발전을 위한 국제개발협력은 매우 중요한 전략적 분야로 대두될 것이 분명하다. 이러한 맥락에서 개발도상국의 공공행정에 대해 더 많은 정책적 관심과 체계적인 연구가 필요할 것이다. 이 책은 이러한 정책적, 학문적 수요에 대응하고자 하는 시도이며, 아직 일천한 우리나라의 개발도상국의 공공행정에 대한 연구가 앞으로 발전할 수 있도록 하는 학문적 촉매의 역할을 할 수 있기를 기대해 본다.

참고문헌

신윤환(2008), 『동남아의 선거와 정치사회적 변화』, 서울 : 서강대학교 출판부.

엄석진(2011), 동원과 참여 사이에서 : 1970년대 농촌 새마을운동 과정에서의 지방공무원의 역할, 『한국행정학보』, 45(3).

조석권(2003), 농지개혁과 한국자본주의, 유철규 편, 『한국자본주의 발전모델의 역사와 위기』, 서울 : 함께 읽는 책.

Kwon, H. J. & M. G. Koo(2013), *Korean Government and Public Policy in a Development Nexus*, New York : Springer.

제1부

개발도상국 발전을 위한 국가의 기능과 역할

권혁주

(서울대학교 행정대학원 교수)

I.

지속가능한 개발과 국가행정의 역할

2015년 9월 말 세계 190여 개 국가의 정상들은 UN(United Nations) 총회에 모여 앞으로 2030년까지 세계가 함께 추진할 지속가능한 개발목표(Sustainable Development Goals, SDGs)에 합의하였다. UN은 지난 몇 년 동안 새천년 개발목표(Millennium Development Goals, MDGs)를 이을 개발목표를 설정하기 위해 많은 연구와 논의를 해왔는데, 이번에 지속가능한 발전목표를 통해 17개의 구체적인 정책목표를 제시하였고, 세계 각국 정상들이 UN 총회에서 이를 승인한 것이다. 제1부에서는 지속가능한 개발목표의 설정과 추진을 위한 국가행정의 중요성을 이론적인 관점에서 논의하고자 한다. 특히 국가행정과 그 기능을 역사적, 이론적으로 고찰하고 이러한 관점에서 개발도상국의 국가행정을 비교적 관점에서 분석하는 이론적 틀을 제시하고 더 나아가 지속가능한 발전전략에 대한 정책적 시사점을 모색하고자 한다.

이번에 확정된 지속가능한 개발목표는 단순히 새천년 개발목표를 이어가는 것이 아니라 새로운 시각에서 새로운 목표를 설정하는 하나의 획기적인 변화를 의미한다. 먼저 지금까지 별도로 추진되어온 개발도상국의 경제·사회개발목표와 지구 환경의 지속가능성 확보를 위한 노력이 하나의 목표체계에 포함되어 추진된다는 통합의 의미가 크게 드러난다.

지속가능한 개발목표가 갖는 또 다른 차별성은 목표 달성을 위한 수단에 대해 보다 명확한 방향을 제시하고 있다는 점이다. 지속가능 개발목표 16번은 각국의 평화를 유지하고, 모든 국민에게 정의가 실현될 수 있도록 하며, 강건한 제도를 구축하는 것을 목표로 삼고 있다. 다시 말해 국가의 안전과 평화, 포용적 법과 질서, 그리고 효과적인 행정제도를 구축하여 개발도상국의 경제·사회발전을 추진하는 것이 하나의 목적으로 설정되어 있는 것이다. 이와 같은 국가행정에 대한 강조는 앞으로 개발도상국의 발전을 추구하는 데 있어서 이론적·정책적인 측면에서 획기적인 변화를 의미한다.

그동안 개발도상국의 사회발전을 추구하기 위해 여러 가지 이론적 구상이 현실에 적용되어 온 것이 사실이다. 최근까지 많은 영향력을 행사하기도 했으며 비판의 대상이 되어온 것이 시장 중심 발전론이다. 시장 중심 발전론은 1980년대부터 시작하여 1990년대에 이르기까지 많은 개발도상국의 정부들이 과다한 재정지출로 인하여 대규모의 공공부채를 떠 앉고 있었으며, 여러 나라들이 채무를 이행하지 못해 파산 직전에 이른 위기 상황에 대한 정책적 대응의 논리를 제공하였다. 식민지배에서 벗어난 많은 개발도상국 정부들은 재정능력에 비해 과다한 재정지출로 재정위기에 봉착했고, 필요한 자금을 외자 도입으로 조달하였다. 그러나 급기야 상환능력이 모자라게 되었고, 이에 따른 부도를 막기 위해 세계은행(World Bank)과 국제통화기금(International Monetary Fund, IMF) 등으로부터 긴급자금을 지원받는 상황이 빈번하게 발생했다. 이에 따라 이들 국제기구들과 채권을 가진 선진국들은 자금지원 조건으로 개발도상국 정부로 하여금 정부의 재정지출을 대폭 축소할 것을 요구하였다. 이것은 한편으로는 재정지출을 유발하는 공공서비스 및 정책 사업을 축소하여 채무를 상환할 자금을 마련해야 한다는 채권자의 입장을 반영한 것이기도 하지만, 한편으로는 개발도상국의 빈곤을 타파하고 경제적 발전을 촉진하기 위해서는 시장의 자율적인 기제를 통하여 민간부분을 성장의 동력으로 활용하는 것이 가장 효율적이라는 정책적 권고였던 것이다.

이와 같은 시장 중심의 경제정책에 따라 많은 개발도상국 정부들은 재정지출을 축소하기 위해 빈곤지원, 교육, 보건 등의 공공서비스를 대폭 축소하였다. 이와 함께 경제발전을 위한 정부의 재정사업을 축소하고 국내·외 민간 기업들이 더 많은 투자를 통해 경제성장을 추구한다는 정책이 대부분의 개발도상국에서 추진되었다. 그러나 돌이켜 보면 신자유주의에 입각한 시장 중심 경제발전의 논리는 민간의 투자를 대폭 유치하여 효과적인 경제성장을 달성하는 데 실패한 것으로 드러났다(Mkandawire, 2004). 이러한 구조조정의 과정에서 개발도상국의 빈곤인구는 점점 더 증가하고 이에 따라 빈곤으로 인한 고통은 더욱 가중되었다. 1990년대 중반부터 이러한 정책실패에 대해 다양한 비판의 목소리가 제기되었다. 급격한 긴축 재정정책에 따라 공공서비스가 축소되어 개발도상국 국민들의 생활환경이 날로 악화되어 가는 상황에 대해 날카로운 고발이 이어졌다.

또한 경제개발의 궁극적인 목표는 GDP의 성장이나 국가의 재정 상황의 개선이 아니라 모든 사람들이 인간다운 생활을 영위하는 것이며,

신자유주의에 따른 시장 중심의 경제성장 우선 논리는 수단과 목적이 뒤바뀐 것이라는 지적도 제기되었다. 이와 같은 비판적 시각에 맥락을 같이 하면서도 Amartya Sen 교수는 새로운 발전의 논리로서 인간개발론을 주장했다(Sen, 1999). 그는 경제발전도 결국은 인간이 스스로 원하는 바에 따라 자유롭게 생활하기 위해 필요한 것에 불과하며, 빈곤과 질병을 퇴치하고 교육을 통해 사람들이 스스로 행복한 삶을 추구할 수 있도록 만드는 것이 바람직한 발전의 방향이라고 주장했다. 이와 같은 Sen의 논리는 개발정책의 논리와 구상에 많은 영향을 끼치게 되는데, 그 가운데서도 UNDP(United Nations Development Programme)가 매년 조사·발표하는 인간개발지수(Human Development Index)가 대표적인 예라고 할 수 있다. 인간개발지수는 GDP 성장 중심의 발전에 대한 시각을 탈피하여 인간개발의 관점에서 경제·사회발전을 바라보게 하는 구체적인 지표를 제공했다. 이와 같은 변화를 통해 우리가 궁극적으로 추구해야 할 발전은 경제성장이 아니라 인간개발이라는 인식이 확산되어 나갔다.

이와 같이 인간개발을 강조한 개발정책 논리는 1990년대 말 UN을 중심으로 개최된 다양한 세계 정상회의에 반영되었다. 그 대표적인 예가 1995년 코펜하겐에서 열린 사회개발 정상회의로, 이 회의를 계기로 삼아 경제개발협력기구(Organization for Economic Cooperation and Development, OECD)는 1996년 *Shaping the 21st Century : the Contribution of Development Co-operation*이라는 보고서를 출판하면서 인간개발을 위한 구체적인 목표를 제시했다. 이 밖에 세계보건기구(World Health Organization, WHO)와 국제연합아동기금(United Nations Children's Fund, UNICEF) 등도 다양한 사회발전을 위한 개발목표를 제시하였다. 이러한 사회발전에 대한 새로운 패러다임으로 2000년에 제시된 새천년 개발선언은 국제개발협력의 중요한 분수령이 되었다. 또한 이를 구체적이고 계량적인 정책목표로 전환하여 제시한 것이 새천년 개발목표인 것이다. 새천년 개발목표는 그동안 소외되어 왔던 빈곤층과 여성, 어린이 등 사회적 취약계층에 정책적 초점을 맞추었다. 빈곤감소, 보편적 초등교육의 달성, 양성평등, 아동사망률 감소,

〈표 1〉 새천년 개발목표와 지속가능한 개발목표의 핵심내용

Goal	MDGs	SDGs
Goal 1	빈곤감소	빈곤퇴치
Goal 2	보편적 초등교육 달성	기아방지
Goal 3	양성평등	건강
Goal 4	아동사망률 감소	보편적 평등교육
Goal 5	산모보건 증진	양성평등
Goal 6	HIV/AIDS 등 질병퇴치	식수 및 위생관리
Goal 7	지속가능한 환경 보장	지속가능한 에너지
Goal 8	개발을 위한 파트너십 구축	고용증진
Goal 9		지속가능한 산업발전
Goal 10		불평등 해소
Goal 11		도시환경 개선
Goal 12		지속가능한 소비·생산
Goal 13		환경변화 대응
Goal 14		해양보호
Goal 15		삼림보호
Goal 16		평화·정의·제도
Goal 17		글로벌 파트너십 구축

산모보건 증진, HIV/AIDS 등 질병퇴치, 지속가능한 환경 보장, 개발을 위한 파트너십 구축 등 8개의 정책목표를 제시하였다. 새천년 개발목표는 UN을 중심으로 전 세계가 이와 같은 개발목표를 달성하기 위해 함께 노력하기로 한 역사적 전환점을 제공하였다. UN은 21개의 세부지표를 설정하고 이를 2015년까지 달성하기 위해 전 세계 국가와 세계은행, OECD 등이 적극 동참할 것을 권고하였다.

지난 15년간 새천년 개발목표 달성을 위한 세계의 노력은 어떠한 성과를 창출하였는가? 새천년 개발목표의 8개 목표 가운데 가장 중요한 비중과 상징성을 가지는 것이 제1번 목표인 빈곤감소이다(〈표 1〉 참조). 이 목표는 1990년 기준으로 약 20억 명에 달했던 세계의 빈곤인구를 2015년까지 반으로 축소시킨다는 것이었다. 빈곤감소는 다른 목표들을 대표하여 전체적인 추진 상황을 알려주는 하나의 리트머스 시험지 역할을 해왔으며, 최종적인 새천년 개발목표의 달성 여부도 빈곤감소를 기준으로 판단할 수밖에 없는 것이 사실이다. 다행히도 세계의 빈곤인구는 대폭 감소하여 새천년 개발목표에서 설정한 바와 같이 2015년을 기준으로 1990년의 세계 빈곤인구에 비해 그 수가 약 절반가량 감소한 것으로 측정되고 있다.[1] 따라서 전 세계적으로는 빈곤감소의 목표는 달성한 것으로 인정할 수 있다. 그러나 이러한 빈곤감소를 세계의 각 지역별로 보면 그 성과를 단순히 긍정적으로 평가할 수는 없는 것이 사실이다.

[그림 1]에서 보는 바와 같이 빈곤인구가 급격히 감소한 지역은 동아

1) 2015년 전 세계 인구 가운데 하루 1.90달러 미만의 소득으로 살아가는 빈곤층은 약 8억 9천6백만 명으로 추산되고 있다(World Bank PovertyNet, 2015).

시아 지역과 남아시아 지역이며, 사하라 이남 지역은 빈곤인구의 감소가 크지 않고 1990년 기준 빈곤인구의 절반을 감소하는 데 명백히 실패하였다. 이를 좀 더 구체적으로 살펴보면 동아시아의 빈곤감소는 지난 20년간 중국의 눈부신 경제성장에 따른 것이며, 남아시아의 빈곤감소는 세계화에 맞추어 개방정책을 추진한 인도의 경제성장에 기인한

[그림 1] 지역별 인구 대비 절대 빈곤층 비율(%)

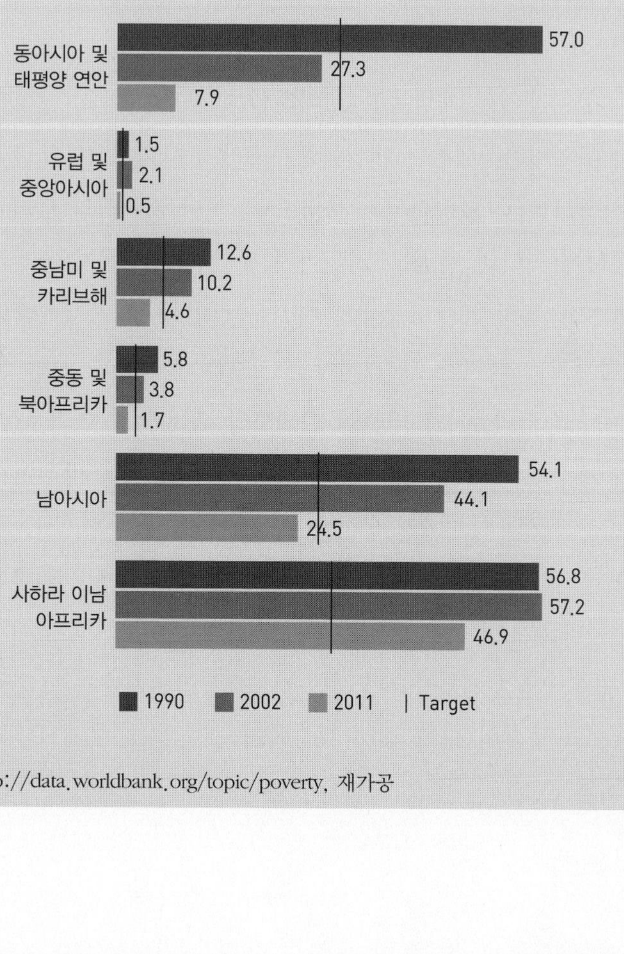

출처: http://data.worldbank.org/topic/poverty, 재가공

바가 크다. 이들 국가에서 빈곤감소는 MDGs 달성을 위한 세계의 노력의 결과라고 보기보다는 개별 국가의 경제성장의 결과라고 보는 것이 타당하다. 이와는 대조적으로 국제개발협력을 통해 빈곤을 축소하고자 국제기구와 주요 공여국이 정책적으로 관심을 기울인 지역이 바로 사하라 이남 지역 국가들이다. 실제로 전 지구적 공동의 노력이 가장 절실한 곳도 사하라 이남 아프리카 지역의 국가들이라고 할 수 있다. 그런데 바로 사하라 이남 아프리카 국가들에서 빈곤감소가 목적을 달성하지 못했다는 것은 MDGs 성과에 치명적인 한계를 드러내는 것이라고 할 것이다.

그렇다면 새천년 개발목표가 이러한 핵심적인 목표 달성에 실패한 이유는 무엇일까? 새천년 개발목표는 8가지 사회개발목표를 구체적으로 제시하고 이를 달성하고자 하였으나, 보다 거시적인 사회적 모순과 구조개혁에 커다란 관심을 기울이지 않았다는 지적이 제기된다(Collier, 2007). 특히 개발도상국의 빈곤은 산업화 등 경제개발의 부진에 따른 것이기도 하지만 그 기저에는 사회적 불평등과 차별 등 구조적 문제가 깔려 있다. 이와 더불어 인권보장, 민주적 참여와 같은 정치적 권리가 보장되지 않은 채 단순히 빈곤감소에 초점을 맞추어서는 장기적인 빈곤감소와 사회발전을 이룰 수가 없다는 지적을 할 수 있다.

새천년 개발목표에 대한 두 번째 비판은 여기서 제시된 목표들이 구체적이지만 협소한 사회발전 목표를 중심으로 이루어져 있어 개발도상국의 국가적인 경제성장을 위한 거시적인 발전전략을 도출하고 추진하는 데 큰 도움이 되지 못했다는 지적이다. 물론 국제기구들의 기술적 지원을 받으면서 많은 개발도상국에서 중기 경제발전 전략을 수립한 것도 사실이다. 그러나 새천년 개발목표를 추진하는 과정에서 경제발전을 위한 사회간접투자나 전략적 산업육성을 위한 산업투자와 같은 거시적 전략은 상대적으로 소홀히 취급받은 것이 사실이다. 빈곤감소에 가장 강력한 영향을 주는 요소가 국가경제성장이라는 점을 감안하면 이는 매우 심각한 약점이라고 할 수 있다.

새천년 개발목표의 정책추진에서 제기된 세 번째 비판은 목표 달성을 위한 정책논리의 측면에서 제기할 수 있다. 어떤 정책목표를 달성하기 위해서는 필요한 정책수단이 동원되어야 하고, 그 수단들이 목표를 달성할 수 있다는 인과적 관계를 내포한 정책논리가 명확히 존재하여야 한다. 새천년 개발목표는 어떻게 그것을 달성한다는 정책수단과 정책논리를 명확히 갖고 있지 못했다. 세계적 차원의 정책논의를 통해 설정된 목표가 아무리 훌륭한 것이라고 해도 현장에서 정책수단을 통해 집행이 되어야 하고 그러한 정책수단을 이끌어줄 논리가 필요했지만, 각국 정부가 다 함께 노력한다는 것이 천명되었을 뿐이다. 이러한 상황에서 세계은행이나 일부 공여국들은 사회단체 등을 통해 빈곤층과 사회적 약자에게 필요한 지원을 제공하기도 하였다. 그러나 이러한 방식은 당장에는 효과가 있을지언정, 장기적 관점에서는 지속성을 확보할 수 없는 것이었다.

이러한 문제에 직면하여 UN은 굿 거버넌스(Good Governance)를 통해 새천년 개발목표를 달성할 수 있다는 논리를 강조하기 시작하였다. 이 같은 논리는 새천년 개발목표 추진상황을 점검하고 각국의 노력을 독려하기 위해 만든 UN Millennium Project라는 조직이 선도적으로 주장하기 시작하였다(UN Millennium Project, 2005). UNDP와 세계은행 등도 이 같은 주장에 함께 하면서 새천년 개발목표를 달성하기 위한 정책논리로서 굿 거버넌스 개념이 좀 더 정교하게 다듬어지기 시작했다. UNDP가 주장하는 굿 거버넌스는 정부가 투명성, 책임성, 형평성, 참여, 법치 등의 원칙에 따라 국정을 효과적으로 운영하는 것을 말하는 것이다(UNDP, 1995). 정부가 이렇게 굿 거버넌스의 원칙에 따라 국정을 운영하게 되면 장기적인 측면에서 효과적으로 새천년 개발목표를 달성할 수 있다는 논리이다.

여기에서 한발 더 나아가 미국과 세계은행은 굿 거버넌스를 공적원조나 차관제공에 있어서 선행조건으로 요구하기 시작했다. 세계은행으로부터 지원을 받으려면 정부가 앞에서 지적한 원칙에 따라 국정운영을 해야 한다는 것이다. 이러한 흐름에 맞추어 세계은행은 전 세계 개발도상국 정부들을 대상으로 정치, 행정, 사법 분야에서 굿 거버넌스 수준을 조사하여 지수화하는 작업을 수행하였다. 이러한 작업의 결과로 매년 세계은행은 굿 거버넌스 지표를 축적하여 Worldwide Governance Indicators로 발표하고 있다.

그렇다면 새천년 개발목표의 정책논리로서 굿 거버넌스는 얼마나 효과적으로 작동하고 있는가 하는 질문을 제기할 수 있다. 최근의 연구결과에 따르면 굿 거버넌스는 개발도상국의 빈곤을 감소하는 데 효과적인 정책논리라고 단정적으로 주장할 근거가 뚜렷하지 않다(Kwon & Kim, 2014). 그러나 개발도상국을 소득수준에 따라 최빈국과 중위소득 개발도상국으로 나누어 보면, 흥미로운 결과가 나타난다. 중위소득 개발도상국에서 굿 거버넌스가 긍정적인 영향을 끼치는 것을 확인할 수 있는 반면 개발도상국 가운데 최빈국 40여 개 국가를 대상으로는 거버넌스의 변화와 빈곤감소가 통계적으로 의미 있는 관계가 나타나지 않는다. 이러한 현상은 사하라 이남 아프리카 지역 국가들을 대상으로 한 분석에서도 마찬가지로 나타난다. 이 같은 결과는 새천년개발목표를 장기적인 관점에서 지속적으로 달성하기 위해 거버넌스를 원칙에 맞게 효과적으로 운영해야 한다는 굿 거버넌스의 논리가 모든 국가들에게 일반적으로 적용되는 것은 아니라는 점을 의미한다.

이렇게 굿 거버넌스의 논리가 어느 정도 소득수준에 이른 개발도상국에서는 작용하는 반면 그렇지 못한 최빈국이나 사하라 이남 아프리카 지역 국가들에서 뚜렷하게 작용하지 않는 이유는 무엇일까? 먼저 앞에서 지적한 바와 같이 사회적 불평등이나 차별과 같은 구조적 요인이 문제되기도 하지만, 거버넌스가 작용하기 위한 기본적 조건인 국가행정체제가 구축되어 있지 못하기 때문이다. 기본적인 국가행정체제가 갖추어지지 않은 상황에서 거버넌스를 바람직한 원칙에 맞추어 운영한다는 것은 성립하기 어려운 논리이다. 이러한 맥락에서 지속가능한 개발목표가 불평등의 해소(지속가능개발목표 10)와 강건한 국가행정체제 구축(지속가능개발목표 16)을 정책과제로 제시하고 있다는 것은 굿 거버넌스가 작용하기 위한 선행요건을 갖추기 위한 노력으로 이해할 수 있다.

II. 국가행정제도와 기능의 발전

국가가 효과적인 기능을 수행하지 못해 세계의 많은 개발도상국 국민들이 빈곤과 질병으로 고통을 받고 있는 것이 현실이다. 또한 어느 정도 경제·사회발전의 성과를 이루었던 나라도 내부의 갈등과 분쟁을 해결하지 못해 무질서의 상황에 빠지거나 심지어는 내전과 같은 비극적인 상황을 초래하여 그동안의 성과를 모두 물거품으로 만드는 경우도 발생한다. 최근 리비아의 내전이 이 같은 상황을 극명하게 보여준다. 아프가니스탄에서는 지난 수십 년간 내전과 외세의 개입으로 많은 인명이 희생되기도 하였으며, 이 과정에서 국가로서 최소한의 제도가 제대로 작동하지 못하는 상황에 빠져있다. 이와 같이 국가가 국민에게 최소한의 안보와 질서를 확보해주고 필요한 공공서비스를 제공할 능력이나 의지가 없는 취약국가의 상황은 하나의 극단적인 사례라고 할 수 있지만, 그렇지 않은 나라에서도 국가행정체제가 효과적으로 작동하지 않아 정책을 수행하지 못하는 경우가 많다. 예를 들어 실제로 많은 나라에서 공무원 입직경로가 불분명하고 보수도 매우 낮아 공무원들이 공직 외에 다른 일에 불법적으로 종사하기도 한다. 또한 이로 인해 부정부패가 만연하게 되어 합리적이고 공정하게 정책이 수행되지 못하는 일이 발생하고 있는 것이 현실이다.

이렇듯 국가행정이 잘 구축되어 있지 못하고, 그 기능을 적절히 수행하지 못하는 상황에서 국민들이 풍요롭고 안정된 생활을 할 수 있도록 경제·사회발전을 추구하는 것은 매우 어려운 일일 수밖에 없다. 그러나 개발도상국이 구축해야 할 국가행정체제는 무엇이고, 어떠한 기능을 수행해야 하는지 보다 분명하고 명확하게 파악하지 않은 채 국가행정의 중요성만을 강조하는 것은 큰 의미가 없다. 따라서 국가행정제도의 구체적인 내용과 경제·사회발전과정에서의 기능과 역할을 살펴보고, 그에 따라 개발도상국에 알맞은 제도 발전전략을 수립하는 것은 이론적으로나 정책적으로 매우 긴요한 일이다.

이를 위해 이 절에서는 근대국가의 행정제도의 형성과 발전을 역사적으로 고찰하고, 이러한 분석을 통하여 국가행정기능을 분류하도록 한다. 특히 개발도상국의 국가 발전단계를 고려할 때 유럽이나 북미의 잘 정비되고 발전된 현대국가의 모습만을 논거로 삼을 것이 아니라 근대국가가 형성되고 그 원형이 발전되어 가는 모습을 분석하여야 유용한 모델을 구축할 수 있을 것이다. 이러한 국가의 발전과정의 역사적·이론적 분석을 통하여 국가의 기능을 핵심기능, 발전기능, 복지기능으로 분류하고 이를 기초로 개발도상국 국가행정의 비교의 틀을 제시하고 국가발전을 위한 정책적 함의를 도출하고자 한다.

1. 국가의 핵심기능

국가는 특정 지역을 영토로 하여 그 지역에 거주하는 주민에게 독점적으로 정치권력을 행사하는 정치공동체이다. 국가라는 정치공동체는 인류의 역사만큼이나 오랜 역사를 갖는다. 근대국가가 정치공동체로서 지속성과 안정을 확보하는 제도와 기능을 갖추면서 경제적·사회적 발전의 원동력으로의 역할을 수행할 수 있었다. 현재 우리가 살고 있는 국가의 모습은 19세기 후반에 그 전형적인 모습이 갖추어졌으며, 이러한 근대국가를 효과적으로 구축한 나라들은 군사적·경제적으로 변화와 발전을 선도하였고, 20세기에 이르러서도 세계적 흐름을 주도하고 있다.

막스 베버(Max Weber)는 근대적인 의미의 국가를 가장 간결하게 개념 정의하였다. 국가는 물리력을 정당하고, 독점적으로 행사하는 강제적이고, 지속적인 정치적 조직이라고 정의한 바 있다(Weber, 1978, pp. 54~56). 국가의 물리적 강제력은 해당 영토에 대해 행사되며, 내적으로 정치적 질서를 유지하고, 외적으로 배타적인 주권을 행사한다. 따라서 이러한 기능을 수행하는 국방과 치안은 국가의 가장 기본적이고 핵심적인 기능이라고 할 수 있다. 그러나 아직도 세계의 많은 국가들은 물리적 강제력을 독점적으로 확보하지 못하여 국내의 치안을 유지하지 못하고 있는 것이 현실이며, 자기 영토를 지키지 못해 외부의 힘을 빌리는 경우가 빈번하다. 탈레반 무장 세력과 내전으로 국가 주권이 흔들리는 아프가니스탄, 러시아 계 분리주의자들을 효과적으로 통제하지 못해 국가가 양분되는 상황을 막지 못하고 있는 우크라이나, 내전으로 많은 국민을 난민으로 만들고 있는 시리아의 사례가 모두 이와 같이 가장 핵심적인 국가기능을 수행하지 못하고 있는 현실을 보여준다.

그런데 외부의 침략으로부터 국가를 방어하고 내적인 질서를 유지하는 것은 근대국가뿐 아니라 역사적으로 존재했던 국가들의 기본적 특징이기도 하다. 근대국가가 이전의 국가와 차별성을 갖는 것은 국방과 치안을 포함해 국가가 정책을 수행함에 있어서 공공관료 조직을 통해 합리적으로 운영한다는 점이다. 베버는 합법적 절차에 따라 합리적으로 운영되는 체계적인 관료조직을 근대국가의 핵심으로 보았다(Weber, 1978). 관료제를 구성하는 공무원들은 정치적 편의가 아니라 전문적 능력에 따라 선발되어야 하며, 관료로서 선발되면 직업으로서 그 업무에 전적으로 봉사해야 한다. 관료는 어떤 보직에 임명되어 그 임무를 수행하는 것에 대해 적절한 월급과 연금으로 보상을 받는다. 관료가 보직과 관련된 업무를 수행하는 것은 자신의 사적인 권한과 권리를 획득하는 것이 아니라 그 업무를 수행하는 동안에만 행사되는 공적 권한이며, 그 보직을 물러나게 되면 그와 같은 권한은 더 이상 행사할 수 없는 한정성을 갖는다.

관료제와 더불어 근대국가가 권력의 사적 소유에 기반하고 있던 세습국가들과 근본적인 차이를 갖게 하는 것은 법에 의한 통치이다. 국가의 운영이 권력자의 자의적인 통치가 아닌 법에 따라 이루어지는 것이다. 즉 국가권력이 법에 근거하여 관료제를 통하여 합리적으로 운영되는 것이 근대국가의 기본적 특징이다. 여기에 국가권력의 원천은 국민이며, 모든 국민은 법 앞에 평등하다는 민주주의 원리가 적용되면서 근대국가는 민주적 성격을 갖게 된다.

그런데 근대국가가 지속적이고 안정적으로 운영되기 위해서는 관료제, 국방, 치안 등에 소요되는 물적인 자원을 제공하는 조세제도를 필요로 한다. 찰스 틸리(Charles Tilly)는 유럽의 국가제도의 발전과정을 논의하면서 근대국가를 그 이전의 세습국가와 가장 확연하게 구별하는 가장 중요한 기준으로서 체계화된 조세제도를 강조한다(Tilly, 1975). 근대국가 이전에도 조세제도가 존재했지만 이는 국가의 재원 마련 수단 중 하나에 불과했고, 오히려 침략과 정복을 통한 노획 재원이 더 중요한 비중을 차지했다. 또한 국가에 살고 있는 사람들에게 각종 노역과 의무를 자의적으로 부과하는 착취적 형태를 띠었다. 그런데 16세기에 들어서면서 과거와 같이 국가권력이 자의적으로 재산을 전유하는 형태가 아닌 적합한 기준에 따라 재산과 소득에 세금을 부과하는 조세제도가 도입되기 시작했다. 이 가운데서 체계적으로 조세제도를 도입한 것은 시민혁명을 통해 부르주아가 권력을 수립한 프랑스였다. 프랑스가 합스부르크 왕조와 전쟁에서 예상 밖으로 크게 승리할 수 있었었던 것도 조세를 통해 전쟁비용을 효과적으로 마련했기 때문이었다(Kennedy, 1988).

이렇게 관료제, 법치주의와 함께 조세제도가 기본적 국가행정체제로 구축되면서 근대국가는 정치권력을 중심으로 이루어진 공동체를 넘어 새로운 특성을 갖게 된다. 첫째, 국민에게 조세를 부과함에 따라 재정지출을 위한 예산을 수립하거나 그에 따라 지출한 결과에 대해 의회에 보고하고 설명하는 정부의 의무와 이에 대한 의회의 감독이 중요한 제도로 부각되게 되었다. 이러한 국가정책에 대한 책임성(accountability) 확보는 역사적으로 1215년 영국의 대헌장(Magna Carta)까지 거슬러 올라가는 것이며, 조세를 부과하기 위해서는 의회가 정하는 법률에 따른다는 조세법정주의가 발전하면서 민주주의의 기반이 되게 된다

(Judge, 1993, p. 7).

둘째, 조세제도와 관료제도가 확립되고 발전되어 나가면서 시민들의 경제생활에 대한 국가의 침투와 확산이 점점 더 심화되게 되었다(Giddens, 1985). 그것은 공평하고 정확한 조세부과를 위해서는 시민들의 다양한 경제활동에 대해 국가가 정확히 파악하는 것이 필요했기 때문이다. 더 나아가 생산활동에 종사하는 기업이나 이들이 원활하게 활동할 수 있도록 하는 금융기관들에 대해서도 국가의 감독과 관리가 필요하게 되었기 때문이다.

셋째, 국가가 안정적인 재정확보를 함에 따라 국방, 치안과 같은 가장 기본적인 정책영역 외에도 국민들의 경제, 사회생활에 필요한 다양한 분야로 정책영역을 확대해 나갈 수 있게 되었다. 도로, 상·하수도와 같은 기본적인 사회간접자본의 구축 등이 국가의 중요한 정책영역이 되었다. 또한 국민들 가운데 빈민으로 전락하여 생존에 위협을 받는 사람들에게 구제혜택을 제공하는 기능도 수행하기 시작하였다. 그러나 국가가 이러한 정책영역의 확대를 통하여 본격적으로 국민경제의 성장과 발전을 도모하고 국민들에게 인간으로서 생활할 수 있는 권리를 보장하는 것까지 확대되는 데에는 근대국가의 더 많은 변화와 발전을 필요로 했다.

2. 국가정책과 경제발전

국가가 정치공동체를 내·외부의 혼란과 침입으로부터 보호하고, 체제를 유지하는 것을 넘어 경제와 사회발전을 통해 국민들의 안녕과 풍요를 위해 노력하는 것은 근대국가가 현대국가로 발전하는 과정에서 나타나는 새로운 모습이다. 그러나 국부를 축적하고 그를 통하여 국력을 확대하며 권력자의 권력을 유지하려는 노력은 그 이전부터 나타난 현상이다. 이러한 맥락에서 16세기부터 시작된 중상주의의 정책과 비교하면서 근대국가의 발전을 논의할 필요가 있다. 중상주의는 해외에 식민지를 건설하여 더 많은 자원과 상품을 획득하거나, 다른 나라와의 무역에서 더 많은 물건을 더 높은 가격으로 수출하여 많은 이득을 올려, 국부를 축적하는 것을 기본적 목표로 하는 정책이다. 이를 위해 농산품, 공산품 등 상품생산에 국가가 통제와 관리를 하고 해외무역을 국가가 독점하거나 특별히 관리하여 금, 은과 같은 재화를 더 많이 축적하고자 하였다. 이러한 중상주의 정책은 아직 근대국가가 형성되기 이전의 세습주의적 국가의 전형적인 정책이라고 할 수 있다. 아담 스미스(Adam Smith)는 국부론(The Wealth of Nations)에서 이러한 정책은 기본적으로 국가의 강압적 권력을 통한 지대(rent)를 수취하는 것으로 더 많은 부의 창출을 유도하지는 못하는 정책이라 비판하였다. 오히려 그는 사람들의 자발적인 생산과 거래를 통하여 더 많은 부를 창출할 수 있으며 그것이 궁극적으로 국부를 축적하는 효과적인 길이라 강조하였다.

실제로 생산력의 급격한 향상으로 경제가 팽창하고 국부가 급격히 확대될 수 있게 한 18세기 영국의 산업혁명은 국가가 뚜렷한 정책적 목적을 갖고 의도적으로 만들어낸 결과가 아니라 과학적 발견과 기술적 진보에 기초하여 자연스럽게 발생한 생산력의 급속한 확장의 결과였다. 국가가 권력을 이용하여 추진한 정책을 통해 이러한 과학과 기술의 발전을 이끌어 낸 것이 아니었으며, 이를 활용한 생산기술을 발전시킨 것이 아니기 때문이다. 각자가 생산한 상품을 시장에서 교환하면서 서로 다른 선호를 가진 사람들이 자신들에게 필요한 물건을 알맞은 가격에 구매하는 시장이 부의 창출을 유도하고 상품의 효용을 극대화하는 가장 적절한 방법이라는 시각에서 이 시기의 경제적 발전에 대해 설명할 수 있다. 이러한 논리에 따르면 경제발전을 이루어 국부를 축적하거나 궁극적으로 국민들이 풍요로운 삶을 영위하도록 하는 데 국가의 적극적 역할이 필요하지 않으며 오히려 방해가 된다는 결론에 이르게 된다. 이러한 해석은 고전적 자유주의 이론의 전형적 모습이다.

그러나 과학적 발견과 기술적 진보가 이루어지고 이것이 경제적 부를 창출하는 산업혁명으로 연결되는 근저에는 억압적이고 자의적인 세습적 국가에서 근대국가로의 제도적 변화가 중요한 역할을 하고 있었음을 간파할 필요가 있다. 영국에서 명예혁명과 권리장전의 구축과 같은 정치적 발전으로 국가는 물리력의 독점을 하였지만 단순히 폭력과 무질서로부터 사회질서를 유지하는 기능을 수행하는 데 그치지 않고 국민의 인신과 재산을 지키는 역할을 수행하기 시작했다. 사유재산과 사적자치를 통한 계약을 국가가 보호하고 실현하는 국가의 제도적 기반을 기초로 시민들은 본격적으로 경제적 부의 창출을 위해 노력했으며 이러한 노력과 창의성이 결합하면서 산업혁명과 같이 경제가 획기적 발전을 이루는 계기를 마련할 수 있었다는 점에 주목한다면, 국가가 아무런 역할을 하지 않았기 때문에 경제가 발전할 수 있었다는 주장은 타당하지 않다는 점을 알 수 있다(Acemoglu & Robinson, 2013).

영국에서 태동한 산업혁명은 다른 나라들에게 충격적 변화로 받아들여졌다. 산업혁명으로 인한 새로운 생산기술은 상품을 대량으로 생산하여 사람들을 부유하게 하였고, 국부를 증가시켰다. 더욱이 생산기술의 발달로 무기와 군수품의 생산에도 획기적인 변화가 발생해 산업혁명에 성공한 나라는 다른 나라를 제치고 세계적인 강대국으로 성장할 수 있었다. 이렇게 본다면 영국이 산업혁명을 기반으로 다른 나라들을 제치고 대영제국을 건설할 수 있었던 것은 자연스러운 일이라고 할 수 있다. 국가의 가장 기본적인 존재이유가 외부의 침략으로부터 정치공동체를 수호하고 주권을 지키는 일이라면, 산업혁명에 뒤쳐진 국가들은 국가를 수호하기 위해 보다 적극적으로 나서야만 하는 상황에 직면한 것이다. 이러한 맥락에서 경제발전은 근대국가가 반드시 추진해야만 하는 당위적 과제로 대두되었다.

후발주자로 이러한 모습을 잘 보여주는 것이 독일이다. 18세기 말에 이르기까지 독일은 여러 개의 공국(dukedom)으로 나누어져 있어 독일 민족을 기반으로 하는 하나의 근대국가가 형성되어 있지 못하고 있었다. 이로 인해 독일은 유럽의 국제질서에서 중요한 위상을 차지하지 못하고 있었다. 이런 상황에서 프러시아가 나폴레옹의 프랑스와의 전쟁에서 패하면서 독일 민족이 분열에서 벗어나 주권을 지키고 국제적 위상을 확보하기 위해서는 효과적인 국가체제 구축이 시급하다는 인식이 확산되었고, 개혁을 요구하는 움직임이 대두되었다. 특히 프러시아의 부르주아 출신 정치 엘리트들은 국력을 하나로 모으고 국가를 통합하기 위하여 정치적 충성에 좌우되던 관료 제도를 개혁하여 전문적인 관료 제도를 구축하는 것이 매우 시급하다고 판단했다. 이러한 상황에서 프러시아는 스타인-하덴버그(Stein-Hardenburg) 개혁을 통해 전문성에 근거한 관료제를 구축하고 새로운 발전을 꾀하는 발판을 마련했다 (Meny, 1990, p. 303).

내부적으로는 독일을 통합하고 외부적으로는 프랑스, 영국, 합스부르크 등과 겨루어야 했던 프러시아가 관료제를 구축하면서 가장 중점을 둔 것은 영국의 산업혁명을 따라잡는 발전정책이었다. 프러시아에서는 영국과는 대조적으로 국가가 정책적으로 산업혁명을 유도하기 위해 적극 나선 것이다. 영국의 산업혁명을 배우기 위해 영국에 사람들을 파견하기도 하였으며, 새로운 생산기술을 적용한 산업을 육성하기 위해 기업을 지원하였다. 이러한 프러시아의 정책은 국가주도적 산업화의 시초이며, 관료제를 활용하여 산업을 진흥하고 국가의 부를 창출하기 위한 노력으로 평가된다. 프러시아는 기업을 지원하는 것을 넘어 보다 효과적으로 산업화를 추진하기 위해 세 가지 획기적인 정책을 취하였다.

첫째, 사회간접자본에 대한 국가의 투자를 시작했다. 프러시아는 산업혁명을 효과적으로 이끌기 위해서는 상품을 생산하는 기업을 지원하는 것뿐만 아니라 도로, 철도, 전기 등 산업혁명에 필수적인 사회간접자본을 국가가 직접 건설할 필요가 있다고 판단했다. 앞서 영국에서는 국가가 이러한 사회간접자본을 직접 투자하여 건설하지 않고 필요한 기업들이 스스로의 필요에 따라 구축하여 사용하였다. 이에 따라 도로, 철도, 교량 등을 민간이 사적으로 건설하여 사용하였다. 그러나 짧은 시간에 산업혁명을 일으켜야 하는 프러시아의 입장에서는 이러한 사회간접자본이 건설될 때까지 기다릴 여유가 없었으며, 이러한 시설들을 건설할 수 있는 산업자본을 민간에서 충분히 조달할 여력이 없었다.

이러한 상황에서 프러시아는 국가의 재정으로 뒷받침되는 은행 등을 통해 사회자본을 구축하여 산업혁명이 신속하게 이루어질 수 있도록 적극적 역할을 하였다.

둘째, 산업혁명을 이루기 위한 또 다른 필수적인 요소로서 잘 교육받고 훈련된 노동력을 정책적으로 양성하기 시작하였다. 영국에서는 창의력이 뛰어난 개인이나 기업이 스스로 연구를 통해 발명하고, 생산수단을 개량하였다. 이에 비해 프러시아는 이미 개발된 지식과 기술을 빠르게 습득하여 이것을 현장에서 활용할 수 있는 교육을 통하면 산업혁명이 빠르게 진행될 수 있을 것이라 판단하였다. 이에 따라 프러시아는 대중교육을 체계적으로 실시하였고, 심오한 이론과 탐구를 중심으로 한 대학교육에 대비하여 산업현장에서 필요한 전문적 기술과 지식을 가진 노동자 육성을 위한 직업교육을 실시하였다.

셋째, 이미 개발된 지식과 생산기술을 활용해 산업혁명을 빠르게 수행하면서 이로 인해 발생하는 노동계급의 산업재해 방지와 치료를 위하여 산업재해보험과 의료보험을 도입하였다. 급속히 확대되는 산업현장에서 다수의 노동자들이 산업재해로 부상을 당하여 생계를 이어가기 어려운 상황이 자주 발생하자 이를 위해 사회보험제도를 처음 도입하였던 것이다. 이와 함께 자본주의 산업화의 문제점에 대해 비판하는 사회주의 세력에 대항하여, 계급적 갈등에 대한 적극적 대응책으로서 국가가 노동자를 보호하는 사회보험제도가 도입되었던 정치적 맥락도 살펴볼 필요가 있다. 이 시기 독일의 사회보험제도 도입은 경제발전을 위한 국가의 역할과 더불어 사회적 보호와 복지라는 영역에 국가가 적극적인 정책적 역할을 수행하게 되는 획기적 전기를 제공하였다.

후발국가의 이러한 적극적인 역할은 산업혁명이라는 역사적 변혁기에서 국가라는 정치공동체를 외부의 위협으로부터 보존하기 위한 노력에서 비롯된 것으로 주권의 수호라는 국가의 가장 핵심적인 기능을 수행하기 위한 것이었지만, 이 같은 새로운 역할은 근대국가의 기본적 성격을 뛰어넘는 것으로서 현대국가의 태동을 알리는 것이라고 평가된다.

3. 현대국가로서의 복지국가

후발국가로서 독일은 국가주도적 발전정책을 실시함으로써 국가가 권력을 통해 통치하고 지배하는 것을 넘어 경제적 성장을 위해 적극적인 역할을 하는 새로운 국가의 기능을 제시하였다. 또한 이러한 과정에서 산업현장의 노동자를 보호하기 위한 사회보험제도를 도입하여 국가를 중심으로 국민을 통합하려는 노력을 하였다. 그러나 국가가 국민의 안녕과 복지를 위해 본격적으로 제도를 구비하고 정책을 실시하기 시작한 것은 제2차 세계대전의 종전과 함께 복지국가가 구축되기 시작하면서부터이다. 제2차 세계대전은 총동원 전쟁으로서 국가가 자원의 배분, 군수물자의 생산, 소비물자의 배급을 실시하는 등 전 방위에서 역할을 해야 하는 상황을 초래하였다.

이 전쟁에서 국민 모두가 함께 노력하고 단결해서 전쟁에 참여해야 하며, 그럴 때만이 전쟁에서 승리하고 국가라는 정치공동체를 유지할 수 있다는 점이 분명하게 드러났다. 젊은이들은 군인으로서 목숨을 걸고 전투에 참가했고, 후방에서는 여성들도 공장에 동원되어 군수물자를 생산해야 했다. 지금까지 지배층과 피지배층, 자본가와 노동자 계급으로 나뉘어 갈등과 대립을 하던 국민이 국가를 지키기 위해 함께 노력해야 했던 것이다. 제2차 세계대전이 연합국의 승리로 마무리될 것으로 예상되자 윈스턴 처칠(Winston Churchill)이 이끄는 영국의 거국내각 정부는 전후 경제를 재건하고 사회발전을 도모하기 위해 다양한 계획을 수립하였다. 특히 전쟁에 승리하기 위해 희생을 감내하고 노력한 국민들의 생활을 안정화하는 데 초점이 맞추어지면서 소득보장, 교육, 의료보장 정책 등 복지에 대한 정부의 정책대안이 다양하게 준비되었다. 그 가운데 소득보장을 위해 윌리엄 비버리지(William Beveridge)가 준비했던 비버리지 보고서는 전후 영국 복지국가의 초석이 되었으며, 이후 많은 국가가 복지국가를 구축하는 데 커다란 영향을 끼쳤다.

영국 복지국가에서 가장 중요한 기둥이라고 할 수 있는 국민의료서비스도 제2차 세계대전 이후 시행되었다. 국민의료서비스 제도는 모든 의학적 진단과 의료서비스는 서비스가 제공되는 시점에서 국민에게 무료로 제공되어야 한다는 원칙에 따라 만들어졌다. 이러한 원칙에 의거해 영국의 병원들은 국유화되고 의사들은 국가로부터 보수를 지급받는 공무원의 신분이 되었으며, 국민의료서비스에 소요되는 비용은 국가재정에서 충당되었다. 국민의료서비스 제도를 통하여 의료분야가 국가의 가장 중요한 정책영역의 하나로 설정되게 되었다.

전후 영국이 건설한 복지국가는 다음 세 가지 원칙에 근거하여 구축되고 운영되었다. 첫째, 보편성의 원칙이다. 복지제도는 모든 국민을 대상으로 한다는 것이다. 즉 어떤 국민은 사회적 보호를 받는데 어떤 국민은 그러한 보호를 받을 수 없는 차별적 제도가 아니라 모두가 복지혜택에 대한 접근이 가능(accessible)하다는 것이다. 둘째, 국가의 재정책임의 원칙이다. 국민의료서비스나 교육에서 보듯이 복지정책을 수행하는 데 소요되는 재원을 국가가 조달한다는 원칙이다. 즉 국민들은 복지를 제공받는 시점에서 무상으로 혜택을 받고, 그 재원은 조세를 통해 마련된 재정에서 제공된다는 것이다. 셋째, 국가의 행정적 책임이다. 비록 정책에 따라 중앙정부 혹은 지방정부가 주된 역할을 한다는 점에서 차이가 있지만, 복지제도를 운영하고 집행하는 주체는 국가라는 것이다. 이러한 세 가지 원칙은 모든 국민이 총력을 모아 나치의 침략으로부터 국가와 자유를 지켜낸 제2차 세계대전의 경험에서 우러나온 것이라 볼 수 있으며, 이는 사회적 통합이라는 가치로 요약된다. 영국이 건설한 전후의 복지국가는 영국뿐만 아니라 스칸디나비아 국가들을 포함하여 다른 유럽 국가들로 이전되었고, 이후 UN이나 ILO와 같은 국제기구들을 통하여 전 세계 국가에 전파되었다.

지금까지 논의를 요약하면 근대국가는 독점적 물리력 확보를 통한 국방, 치안의 기능과 더불어 이를 효과적으로 수행하기 위한 관료제도와 조세제도, 법치제도 등을 구축하면서 지속적이고 안정적인 정치공동체로서 기반을 갖추는 단계였다면, 현대국가는 적극적인 경제발전을 통해 국가 경제성장을 추구하고, 국민에게 안정된 삶을 보장하는 적극적 역할을 수행하는 등 정치공동체가 설정한 목적달성을 위한 적극적 노력을 한다는 차별성을 갖는다. 이렇게 19세기를 기점으로 근대국가 체제를 갖추고 정치공동체가 추구하는 목적을 달성하기 위해 선도적으로 노력해온 국가들은 지금도 세계사의 흐름을 주도하는 선진국으로 자리하고 있다. 그러나 이 같은 국가발전의 기회를 놓친 국가들은 앞선 국가들의 식민지로 전락하거나 독립을 이룬 이후에도 여전히 어려움을 겪고 있는 것이 현실이다.

4. 발전국가의 딜레마와 정책조정

서구의 국가들에 비해 다른 지역에서는 효과적인 국가행정체제를 형성하지 못하고 경제·사회개발에 성공하지 못하여 많은 국가들이 서구 제국주의의 식민지로 전락하거나 그렇지 않더라도 선진국으로서 세계질서형성에 커다란 영향력을 행사하지 못했다. 그러나 이러한 비서구 지역 국가의 발전 지체에도 불구하고 일본, 한국, 대만 등 동아시아 국가들은 짧은 시기에 압축적 성장에 성공하여 선진국 대열에 합류하는 데 성공하였다. 이들 국가는 발전국가(the Developmental State) 체제를 통하여 국가의 자원을 효율적으로 동원하고 경제발전에 전력을 다하였다. 전후의 일본과 1960~1970년대의 한국은 발전국가 체제를 통하여 전쟁의 폐허를 딛고 눈부신 경제성장을 이루는 데 성공한 전형적인 사례로 평가된다.

발전국가는 국가의 역할수행방식에 있어 경제발전을 최우선의 정책목표로 설정하고 정부의 각 부처가 이를 위해 일사불란하게 움직이는 정책수행방식을 보여준다(김일영, 2000; Johnson, 1987). 발전주의 국가의 국정관리방식에서는 권위주의 정치체제에 의존하여 사회 계급을 강력히 통제하였는데, 특히 한국은 1960년대 이후 1980년대 민주화가 이루어지기까지 노동자와 빈민, 도시 비공식 부문 종사자 등을 강력히 통제하였다. 낮은 수준의 임금을 통한 수출 가격경쟁력을 확보하기 위해 노동에 대한 억압과 배제 정책을 견지했다(정무권, 2007). 특히 유신체제가 시작되고 중화학공업 중심의 산업구조로 전환하면서 임금억제와 노동탄압은 더욱 심화된 반면, 경제성장을 위하여 전략적으로 필요한 대기업이나 수출 중소기업은 강력히 지원하였다. 정부는 산업정책과 금융정책을 통하여 전략적으로 선택된 기업을 육성하였으며, 국가가 추진하는 정책에 맞도록 사회집단을 동원하고 규제하는 방식을 활용하였다. 이러한 전략과 연관이 없는 중소 상공인에게는 별도의 경제적 기회를 제공하지 않았다. 이러한 발전지향적인 국가정책으로 인해 노동자의 권익이나 사회적 약자에 대한 보호 같은 다른 사회적 가치가 경제발전이라는 목표 달성을 위해 희생되는 결과를 초래하였다.

발전국가에서 국가주도 산업화를 추진하기 위해 정부는 공기업뿐만 아니라 대기업을 통제하고 동원하기 위해 금융기관을 효과적으로 활용하였다. 특히 한국의 정부는 성장을 주도할 전략적 육성 산업을 지정하고, 금융지원을 통해 기업이 정부 정책과 성장 목표에 부응하도록 유도했다. 금융기관이 독자적인 대출 심사를 통해 자금을 운용하는 것이 아니라 정책적으로 특정 기업 육성을 위한 정부의 자본 동원 수단으로서 기능하였고, 기업들은 이러한 유인을 얻기 위해 정부가 설정한 수출 목표를 달성하려 경쟁하였다. 이러한 정책체제는 정부가 산업화에 필요한 외자 도입을 통해 금융기관을 실질적으로 관리할 수 있었기 때문에 가능했으며, 이러한 금융정책 외에도 정부의 기업에 대한 다양한 직·간접적 통제방식이 활용되었다.

발전국가 체제에서는 정부 부처 가운데 발전계획을 수립하고 이를 일관성 있게 추진하기 위해 각 부처를 조정하는 조정기관의 역할이 중요하게 부각되었다. 한국의 경우 경제기획원을 들 수 있는데, 이들은 국가의 장기적 정책비전과 구체적인 산업발전 전략을 수립하는 역할을 담당했다. 한국의 경제기획원은 정부 안팎으로부터의 제도적 자율성과 대통령으로부터의 정치적 신임을 바탕으로 장기적인 경제발전계획을 수립했으며, 단순히 기업에게 목표를 지시하는 기능에 머무르지 않고 실제로 집행에 개입하여 탄력적으로 정책을 변화시키는 기능을 수행하였다.

요약하면 한국의 발전국가는 기업과 금융, 노동을 강력히 통제·지배하며 국가주도 산업화를 추진했으며, 이러한 국가의 강력한 정책 주도성은 군사 쿠데타를 통한 집권과 유신체제 출범으로 이어지는 권위주의 정부 하에서 가능했던 것이다. 그렇다면 발전국가 국정관리 방식이 효과적으로 이루어진 것은 권위주의 정권의 사회계급에 대한 억압과 이를 배경으로 한 효과적인 정책적 조정에 의한 것인가? 다르게 말해 권위주의는 발전국가의 필수적 요소인가? 한국에서 발전국가의 국정관리 방식이 권위주의적 정권의 억압적 정치와 엮이면서 더 효과적으로 이루어진 측면이 있으나, 권위주의와 발전주의 국정관리가 반드시 불가분의 관계에 있는 것이라고 볼 수는 없다. 실제로 1960년대 독립을 한 많은 신생 개발도상국에서 권위주의적 정권이 국가주도의 발전정책을 추진한 경우가 많았지만, 이러한 전략이 성공을 거둔 예는 매우 드문 것이 사실이다.

오히려 발전국가의 국정운영에 있어서 핵심적인 요소는 사회세력의 제약으로부터 벗어날 수 있는 국가자율성과 실제로 발전계획을 수립하고 실행할 수 있는 국가능력(state capacity)이 핵심적 요소라고 볼 수 있다. 한국에서 발전국가의 국정관리방식이 효과적으로 경제발전 정책을 추진할 수 있었던 것은 이와 같은 두 가지 핵심적 요소가 확보되어 있었기 때문이다. 우선 박정희 정부는 전통적인 사회지배세력으로서 경제발전정책에 제약요소로 작용하는 지주세력으로부터 자유로웠다. 이는 이승만 정부가 실시한 토지개혁 과정과 한국전쟁의 와중에 지주세력이 몰락했기 때문이다. 이와 함께 역사적으로 확립된 능력중심의 관료채용 제도와 1950년대부터의 대중교육 확대와 대학교육은 젊은 인재들이 국가 관료제로 유입되도록 하였고, 이러한 결과로서 나타난 관료의 뛰어난 역량과 실적주의 확립이 국가 능력의 기초가 되었다. 박정희 정부는 공무원의 보수 인상, 신분보장 강화, 연금제도 개선과 함께 경쟁시험을 통한 채용과 교육훈련 등을 제도화하여 전문적인 관료 능력을 확보할 수 있었던 것이다(구현우, 2009).

그러나 개발도상국의 경제발전을 위한 전략으로서 발전국가를 논의하면서 권위주의 정부의 불가피성은 여전히 중요한 논쟁의 주제가 되고 있다. 다른 한편에서는 민주적 발전국가론을 제시하면서 발전국가가 민주적 정치제도 안에서도 가능하다고 주장하기도 한다. 이 같은 발전국가와 권위주의 정치의 관계에 대한 논쟁에도 불구하고 한국과 대만과 같은 성공 사례에서 드러나는 점은 이들 국가들이 정책을 효과적으로 조정하고 추진할 수 있는 국가역량을 갖추고 있었다는 점이다. 이렇게 볼 때 발전국가체제는 근대국가가 형성되고 현대국가로 발전하면서 만들어진 국가의 제도와 기능에 비해 완전히 새로운 제도와 기능을 갖는 새로운 국가모델이라기 보다는, 뒤늦은 후발주자로서 경제성장을 최우선의 국가발전목표로 설정하고 이를 단기간에 성취하기 위해 권위주의 방식을 따른 정책조정 및 추진체계라고 특징지을 수 있다.

5. 국가의 기능과 역할, 국가능력

지금까지 근대국가의 형성과 발전 그리고 현대국가가 대두되는 과정을 논의하면서 국가가 다양한 역사적 맥락과 그 사이에서 대두되는 도전에 대응하기 위해 어떠한 역할과 기능을 수행하게 되었는지를 살펴보았다. 물리력의 독점적 행사를 통한 주권의 보호와 질서유지, 국가의 정책을 효과적으로 수행하기 위한 수단으로서의 관료제와 정책 수행에 소요되는 재원을 마련하는 조세, 그리고 이를 집행하는 재정이 근대국가에서의 핵심적 기능임을 살펴보았다. 국민들의 인신의 자유와 경제적 자유를 보호하기 위해 권리를 법적으로 보장하는 사법제도 역시 근대국가의 근간을 이룬다는 점도 지적하였다. 이러한 근대국가의 핵심적 기능은 국가라는 정치공동체가 안정적이며 지속적으로 유지될 수 있는 기반을 제공하는 것이다. 이러한 기반 위에서 영국에서 과학적 창의성과 기술혁신을 통해 산업혁명을 이루게 했음을 지적하였다.

한편 선도적인 국가를 추격하기 위한 후발국가들의 경우 국가가 보다 적극적으로 전략적 역할을 맡았다. 산업발전을 위한 사회기간 시설의 확보와 산업현장에서 높은 생산성을 발휘할 수 있는 우수한 노동자를 키워내는 교육이 국가정책의 영역으로 편입되기 시작했다. 이러한 변화는 권력을 쥐고 있는 집권자의 필요가 아닌 공동체의 발전을 위한 정책이 핵심적인 국가 과제로 설정되는 방향으로 국가정책이 변하게 되는 계기가 되었다. 이러한 변화를 가장 극명하게 보여주는 것이 제2차 세계대전 이후에 등장한 복지국가이다. 복지국가는 국민 모두의 안녕과 복지가 결국 국력의 원동력이며 국민들이 모두 함께 노력할 때 국가적 위기를 극복할 수 있다는 공동체적 연대에 기초하고 있다. 복지국가는 국민에게 꼭 필요한 최소한의 소득, 의료, 주거, 교육 등을 보장하기 위한 다양한 복지정책을 국가의 중요한 정책영역으로 설정하였다. 이로써 경제발전과 사회복지라는 현대국가의 기본적 특징이 자리 잡게 되었다. 한편 서구에서의 이러한 변화와 발전을 짧은 시기에 추격하기 위한 발전국가체제에서는 경제발전을 위한 계획과 조정이라는 국가의 전략적 역할이 강조되었다.

현대국가는 이러한 다양한 역할과 기능을 수행하고 있다. 그러나 모든 국가가 이러한 역할과 기능을 전부 수행하는 것은 아니다. 당면한 국가적 과제나 추구하는 미래 비전 및 전략에 따라 국정을 맡은 정부가 이러한 국가의 기능을 취사선택하여 정책을 추진하게 된다. 국가의 이러한 정책적 기능을 다양한 방법으로 분류하여 볼 수 있다. 지금까지 우리가 논의한 국가의 기능을 핵심기능, 발전기능, 복지기능으로 분류하여 보면 〈표 2〉와 같다.

근대국가가 형성되면서 나타난 국가의 기능은 대부분 국가가 안정적이고 지속적으로 운영되기 위한 핵심기능에 해당되고, 현대국가로

〈표 2〉 국가의 기능 분류

핵심기능	발전기능	복지기능
• 국방과 치안 • 사유재산 보호 • 공공행정 • 조세 • 공공의료 및 안전 • 빈곤 구제	• 사회기간 시설 구축 • 산업정책 • 교육정책 • 규제정책 • 노동정책	• 소득보장 • 의료보장 • 환경 • 아동, 노인, 장애인 보호

전환되면서 국가가 수행하기 시작한 것은 국민경제의 발전과 국민의 복지향상을 위한 발전기능과 복지기능이다. 이 중에서도 발전기능이 후발국가의 경제발전 전략 수행과정에서 먼저 대두되었고, 복지기능은 이에 대한 정책수단으로 처음 활용되다가 제2차 세계대전 이후 유럽에서 복지기능이 전형을 갖추기 시작했다. 이러한 발전기능과 복지기능은 어떠한 목적을 달성하기 위한 목적 지향적 성격을 갖는다.

그렇다면 이와 같은 기능을 국가는 어떻게 수행하는가? 후쿠야마(Francis Fukuyama)는 국가의 역할을 소극적·적극적 역할로 나누어 분류하기도 한다. 그는 국가의 다양한 기능과 국가의 역량이라는 두 가지 기준을 통해 국가들을 분류하는 시도를 하고 있다. [그림 2]는 후쿠야마의 논리에 따라 국가의 역량과 역할이라는 두 가지 측면에서 국가들을 분류해 보는 분석적 틀을 제시한 것이다. 전형적인 예로 미국

[그림 2] 국가의 역량과 역할

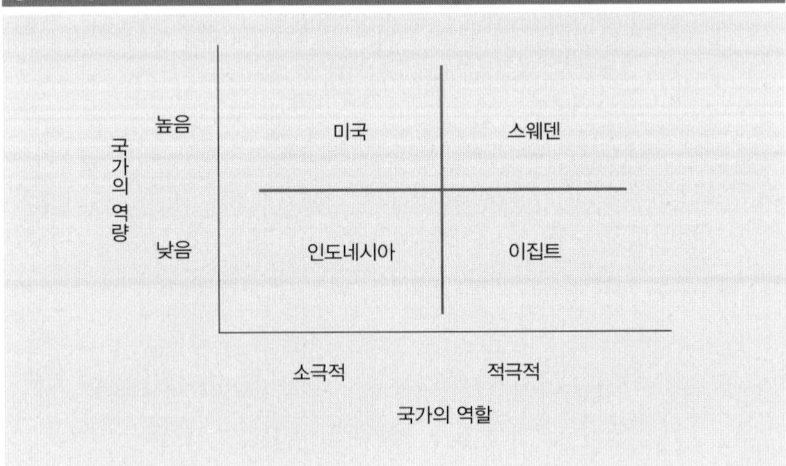

은 국가역량은 높으나 국가의 역할은 소극적이고, 이집트는 국가가 적극적인 역할을 하려고 하나 국가역량이 낮다고 분류되었다. 이에 반해 스웨덴은 국가가 적극적인 역할을 수행하고 국가역량도 높은 나라에 포함되는 반면, 인도네시아는 국가의 역할도 소극적이고 국가역량도 낮다는 것이다.

그러나 국가가 어떠한 기능을 수행함에 있어서 소극적 혹은 적극적 역할을 수행한다는 것은 국가가 자연스럽게 존재하는 시장에 대하여 적극적으로 개입하는지, 혹은 소극적 입장에서 필요한 역할만 수행하는지 구별할 수 있다는 시각을 전제하고 있다. 그러나 시장 역시 개인의 자유와 사유재산의 보호 등 국가의 제도적·기능적 뒷받침에서 작동되는 제도라고 본다면, 국가와 시장을 인위적으로 분류하여 국가의 기능을 소극적·적극적 역할로 나누어 보는 것은 적절하지 않다. 또한 후쿠야마가 제시한 국가역량을 어떻게 정의하고 측정할 수 있는가의 문제도 존재한다. 후쿠야마는 이에 대해 명확히 제시하지 않은 채 개념적으로만 국가역량을 제시하고 있다.

임도빈은 국가역량이라는 개념 대신에 정부경쟁력이라는 개념을 사용할 것을 제안하고 있는데, 여기에 시간적 차원과 공간적 차원을 적용하여 개발도상국과 선진국 등 국가발전의 시차에 따라, 그리고 중앙정부와 지방정부의 공간적 차이에 따라 정부경쟁력의 개념을 다르게 적용해야 한다고 주장한다(임도빈, 2014).

한편 세계은행은 경제발전, 빈곤감소 등 정부가 발전 및 복지기능을 효과적으로 수행하려면 거버넌스가 잘 이루어져야 한다는 측면에서 효과적인 거버넌스를 강조하면서, 이를 측정하는 지표로서 정치적 자유와 책임성, 정치적 안정성, 정부의 효과성, 규제의 질, 법치의 수준, 부패의 통제 등을 제시하고 있다(Kaufmann, 2011). 이러한 연구들은 국가역량을 측정하는 측정 변수이다.

여기서 우리가 주장하고자 하는 것은 본질적으로 국가의 역량을 결정하는 것은 결국 국가가 핵심적 기능을 수행하는 능력이라는 점이다. 우리가 분류한 국가의 핵심적 기능은 국방과 치안, 공공행정, 조세 등과 같이 국가가 체제를 유지하고 발전기능이나 복지기능을 수행하도록 뒷받침하는 기본체제를 의미한다. 따라서 국가가 어떤 기능을 수행하는 데 발휘하는 능력은 결국 이러한 국가의 핵심기능에 의해 결정된다고 볼 수 있다.

그런데 국가가 기능을 수행하는 방식에 있어서 후쿠야마가 주장하는 것처럼 소극적 혹은 적극적이라는 이분법적 시각을 채택하지 않는다면, 국가의 기능 수행방식에 대해 좀 더 구체적으로 논의할 필요가 있다. 이러한 맥락에서 국가의 기능 수행방식 및 역할을 파악하기 위한 개념적 도구를 구체적으로 제시하여 보기로 하자. 먼저 주어진 시점에서 이미 존재하고 있는 법 규정과 제도를 유지하면서 시장이 작동하도록 하는 정부 정책을 생각할 수 있는데, 이를 제도 유지자(institution maintainer)로서의 역할이라 할 수 있다. 둘째로 개인이나 기업의 특정한 활동을 제약하거나 규제하여 의도하는 결과를 창출하려는 정책을 규제자(regulator)로서의 역할이라 할 수 있다. 셋째로 국가가 생산활동을 통하여 직접 재화와 서비스 같은 경제적 가치를 창출하여 국민에게 공급하는 역할을 수행하는 것을 공급자(provider)로서의 역할이라 정의할 수 있다(권혁주, 2009).

이와 같은 정책 수행방식을 통하여 국가가 수행하는 역할을 구체적으로 살펴보자. 예를 들어 시민들이 거주하는 주택과 관련하여 보면 국가는 주택에 대한 소유권을 보장하고, 주택거래의 안정성을 유지하면서 편안한 거주 환경을 유지하기 위해 필요한 사회간접자본을 유지하고 보수하는 역할을 수행한다면 이를 제도 유지자로서 정책을 수행하는 것으로 파악할 수 있다. 이러한 맥락에서 국가는 개인이 주택을 소유하고 있다는 것을 확인하고 보호하는 등기 업무를 수행하고 있으며, 주택을 거래함에 있어서 구매자가 주택을 구매하고 대금을 지급하지 않는다면 매도자는 민사재판을 통해 대금을 요구하게 된다. 재판의 결정에 따라 강제력을 통하여 그 대금을 받거나 주택을 회수할 수 있도록 하는 것도 궁극적으로 국가의 역할이며, 이러한 강제력 행사도 제도 유지자로서의 역할로 이해할 수 있다.

한편 국가가 규제자의 역할을 수행하는 정책의 예를 들어 보자. 환경을 보호하기 위해 오염원이 될 수 있는 물질을 공장에서 하천으로 배출하지 못하도록 오수처리 시설 설치를 강제하는 법령을 제정하거나, 배출수를 검사하여 오수처리 활동을 감시하는 환경규제 정책 등을 제시할 수 있을 것이다.

국가가 직접 국민에게 서비스를 제공하는 공급자 역할을 수행하는 것에 해당하는 정책은 어떤 것이 있을까? 국방, 치안을 유지하여 시민에게 안전과 공공질서를 제공하는 것도 공공서비스의 공급자 역할로 파악할 수 있다. 생활에서 보다 밀접히 이용하는 철도, 항공 등 교통운송 수단을 국가가 직접 운영하여 서비스를 제공하는 경우가 전형적인 공급자 역할이라 할 수 있다. 국방과 치안 등은 국가재정을 통해 운영하는 반면 철도나 항공 서비스를 제공하는 경우 이용자에게 요금을 징수하여 그로부터 마련되는 재원으로 운영하는 경우가 대부분이다. 시장과 국가를 이분적인 대립관계로 보는 시각에 따르면 국가가 제도 유지자의 역할을 하는 경우가 국가가 시장에 개입하지 않는 것에 가장 가까운 유형이라고 할 수 있으나, 이 경우 또한 다양한 제도적 기반과 이를 효과적으로 운영하는 국가적 역할을 필요로 하고 있음을 알 수 있다. 따라서 국가의 정책적 역할을 분석하거나 실제로 국가가 수행해야 할 정책을 선택하는 데 있어서 우리가 논의한 세 가지 유형을 통한 접근이 훨씬 더 유용하다고 판단된다.

그런데 현실에서 국가의 정책은 이러한 세 가지 분석적 유형이 다양하게 조합된 형태로 나타나게 되는 것이 일반적이다. 예를 들어 노인들의 복지향상이라는 정책을 달성하기 위해 추진하는 국가정책을 생각해 보기로 하자. 한국은 2007년부터 노인 장기요양보험을 시행하고 있는데, 이 프로그램에서 국가는 직접 요양기관을 운영하지 않고 법 규정을 통해 시민(그리고 그들의 고용주)에게 의료보험료에 더해 노인 장기요양보험료를 부과하고 있다. 이는 규제자의 역할을 수행하는 것이라고 볼 수 있다. 실제 요양서비스는 공익기관이나 민간이 설립한 요양기관이 제공하고 있으며, 노인 장기요양보험료를 징수하여 이러한 요양기관에게 요양비를 지급하는 운영기관으로 공공기관인 국민건강보험공단을 지정하여 제도를 유지하고 있다. 이렇듯 복잡하고 다양한 정책수단이 채택된 현실의 정책 프로그램을 분석하기에는 규제자, 공급자, 제도 유지자라는 세 가지 정책유형만으로는 불충분하며, 공공서비스의 공급과 질적 수준에 대한 통제, 이에 소요되는 재원조달 등의 측면에서 국가가 어떠한 정책수단을 사용하고 있는지 파악하는 것이 필요하다(Salter, 1998).

이미 논의한 바와 같이 국가의 발전기능이나 복지기능을 수행함에 있어서 정치적·정책적 선택에 따라 제도 유지자, 규제자, 혹은 공급자의 역할을 취할 수 있다. 그러나 국가의 핵심적 기능은 정치적 선택에 따른 것이 아니라 국가를 유지하고 정책적 기능을 효과적으로 수행하는 데 반드시 필요한 것이다. 이렇게 보면 개념적으로나 이론적으로 적실한 분류는 다음의 [그림 3]과 같이 나타낼 수 있다.

복지기능에서 국가의 역할을 제도 유지자, 규제자, 공급자로 분류하여 수평축으로 삼고, 국가의 핵심적 기능 수행능력을 수직축으로 설정하여 전형적인 사례의 몇몇 국가를 위치시켜 보면 [그림 3]과 같이 나타낼 수 있다. 추후 보다 정확한 데이터를 통해 좀 더 정교한 국가별

[그림 3] 복지기능에서 국가의 핵심적 기능 수행능력과 국가의 역할

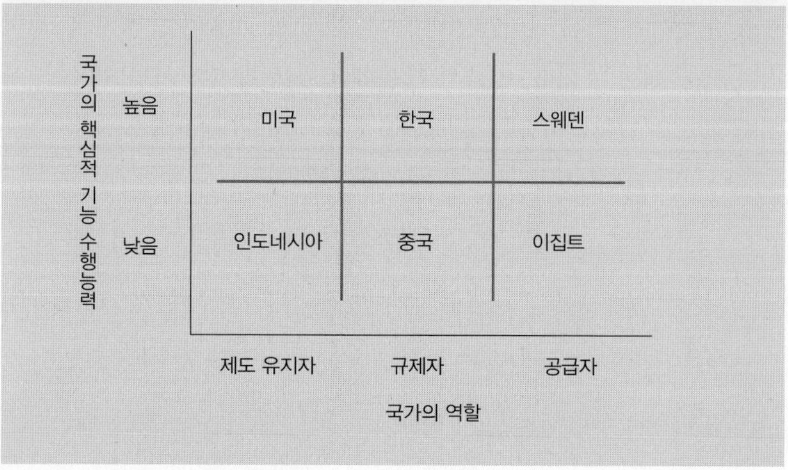

분류가 가능하겠지만, 지금까지 국가의 핵심기능이 취약함에도 불구하고 이를 국가와 시장이라는 이분법적 논리 하에서의 국가의 소극적 역할로 혼동하여 핵심적 기능을 강화하려는 노력을 소홀히 한 것이 많은 개발도상국에서 성공적인 개발성과를 이루지 못한 원인으로 작용하였다는 사실을 파악할 수 있다. [그림 3]은 국가가 어떠한 과업을 추구하기 위해 필요한 핵심기능과 국민에게 필요한 정책을 추진하는 국가의 발전(혹은 복지)기능이라는 두 가지 측면에서 세계의 다양한 국가들을 비교·분석할 수 있는 기본적인 틀로서 유용성을 갖는다.

이러한 이론적 관점에서 보면 국가의 핵심적 기능은 시장과 같은 경제적 질서를 유지하고 정치적 안정과 질서를 확보하는 것이며, 국가의 역량을 결정짓는 요소이다. 이러한 역량에 기초하여 정치공동체가 국가의 규제자적, 공급자적 역할을 통해 기능을 수행할 수 있다는 것이다. 개발도상국이 자국의 발전을 위해 핵심적 기능을 효과적으로 수행하는 것은 경제적·사회적 발전을 위한 필수적인 요소이며, 그 밖의 기능을 수행하기 위해 국가가 어떠한 역할을 할 것인가는 정치적·전략적 선택에 의한 것이다. 따라서 각각의 국가는 자신이 처한 역사적·사회적 환경을 고려하여 현명한 선택을 하는 것이 중요하다.

III.

개발도상국의 다양한 국가행정 과제

지금까지 논의한 바와 같이 지난 50년간 국제개발협력의 패러다임은 많은 변화를 겪었으며, 최근 지속가능한 개발목표와 함께 국가행정의 중요성이 강조되고 있다. 이와 같은 맥락에서 제1부에서는 근대국가의 형성과 현대국가의 발전과정을 역사적·이론적으로 고찰하면서 그동안 모호하게 사용되어온 국가역량, 국가의 적극적·소극적 역할 등의 개념을 극복하고, 국가의 핵심기능과 발전기능, 복지기능 등으로 나누어 설명하였다. 또한 국민에게 자유와 풍요를 제공하기 위해서 국가가 핵심기능을 효과적으로 수행하는 것은 반드시 갖추어야 하는 필요조건임을 강조하였다.

이러한 과정에서 선진국가를 추격하기 위해 독일과 같은 유럽의 후발주자들은 국가가 적극적인 발전기능을 수행하기도 하였으며, 모두가 단결하여 전쟁에서 승리한 영국은 국민들에게 보편적인 복지를 제공하기 위해 복지기능을 대폭 확대하고 발전시켰다는 점을 지적하였다. 한국과 같은 발전국가는 외세의 지배에서 벗어나 경제발전을 위해 모든 역량을 경제발전에 집중하는 특징을 보여주었다. 이러한 경험들은 개발도상국들이 국가의 기능을 동원하여 어떠한 역할을 수행하고 원하는 정책목표를 달성할 수 있을지 좋은 시사점을 제공한다.

그런데 여기서 분명히 인식해야 할 점은 개발도상국이 처한 상황은 매우 다양하며, 해당 국가의 행정제도 또한 매우 차별적이라는 점이다. 분쟁과 갈등으로 얼룩진 나라에서 국가행정은 핵심적 기능을 수행할 수 없을 정도로 파괴되어 있는 경우가 많다. 외부의 침략이나 내부의 무질서로부터 국민을 보호하는 최소한의 기능을 수행하지 못할뿐더러 오히려 국가가 권력을 통해 국민들을 착취하고 천연자원과 같은 재원을 사적으로 전유하는 데 활용하는 사례가 비일비재하다. 이 같은 상황에서는 국가의 핵심기능을 수행하는 국방, 치안, 조세제도 및 관료체계를 구축하는 것이 매우 중요하고 시급한 과제이다. 한편으로 취약국가와는 상황이 다른 개발도상국도 국가행정체제가 원활히 작동하는 데 많은 어려움을 겪고 있는 것이 사실이다. 국방과 치안 등 핵심적 기능을 수행하는 데 큰 무리는 없지만 경제발전이나 사회발전을 위해 정부와 관료가 효과적으로 업무를 수행하지 못하는 나라도 많다. 겉으로는 열심히 일하는 것처럼 보이나 꼼꼼히 관찰하면 부정과 비리가 만연하여 장기적인 정책목표를 달성할 수 없는 사례도 많다는 것이다.

이렇게 다양한 상황에 직면한 개별 개발도상국의 경제·사회발전 전략 및 이를 위한 국가행정전략은 서로 다를 수밖에 없다는 점은 분명하다. 그렇기 때문에 국가행정체제를 갖추는 노력을 어떻게 해야 할지, 설령 국가행정이 원활히 작동이 된다하더라도 발전기능에 더 많은 강조를 두어야 할지 아니면 사회복지를 위해 더 많은 노력을 해야 할지는 여전히 상황에 따라 다를 수밖에 없는 것이다. 또한 구체적으로 어떤 정책 목표를 설정하고 추구할지 역시 해당 국가의 정치적 의사결정의 몫이다. 그렇다면 실제 개발도상국의 국가행정체제와 조정과정을 살펴보고 그들이 어떠한 문제에 봉착하고 있는지, 그것을 해결하려는 노력은 무엇인지, 그 결과는 어떻게 나타나고 있는지 제2부에서 구체적인 사례를 통해 살펴보기로 하자.

참고문헌

구현우(2009), 발전국가, 배태된 자율성, 그리고 제도론적 함의, 『한국사회와 행정연구』, 20(1), pp. 145~178.

권혁주(2009), 정책수단의 정치적 성격 : 사회정책을 중심으로, 『한국행정논집』 21(4).

김일영(2000), 1960년대 한국 발전국가의 형성과정, 『한국정치학회보』, 33(4), pp. 121~143.

임도빈(2014), 『정부경쟁력 : 이론과 평가지표』, 서울 : 박영사.

정무권(2007), 한국의 발전주의 생산레짐과 복지체제 형성, 『한국사회정책』, 4(1).

Acemoglu, D. & J. A. Robinson(2012), Why nations fail : the origins of power, *prosperity and poverty*, London : Profile.

Collier, P.(2007), *The Bottom Billion : Why the poorest countries are failing and what can be done about it*, Oxford : Oxford University Press.

Fukuyama, F.(2004), *State-building : Governance and world order in the 21st Century*, Ithaca, New York : Cornell University Press.

Giddens, A.(1987), *Contemporary Critique of Historical Materialism : Nation State and Violence*, 2, London : Polity.

Johnson, C.(1987), Political Institutions and Economic Performance : the government-business relationship in Japan, South Korea, and Taiwan, in F. C. Deyo(ed.), *The political economy of the new Asian industrialism*, Ithaca, New York : Cornell University Press.

Judge, D.(1933), *The Parliamentary State*, London : Sage.

Kaufmann, D. A. Kray & M. Mastruzzi(2010), The Worldwide Governance Indicators : Methodology and Analytical Issues, *World Bank Policy Re-*

search Working Paper, 5430, Washington D.C. : World Bank.

Kennedy, P.(1988), *The Rise and Fall of the Great Powers : economic change and military conflict from 1500 to 2000*, London : Unwin Hyman.

Meny, Y.(1990), *Government and Politics in Western Europe : Britain, France, Italy, West Germany, USA*, Oxford : Oxford University Press.

Mkadawire, T.(2004), *Social Policy in a Development Context*, London : UNRISD/Palgrave.

OECD(1996), *Shaping the 21th Century : the Contribution of Development Co-operation*, Paris : OECD.

Salter, B.(1998), *Citizenship and the Politics of Welfare : The Case of the NHS, Public Policy and Administration*, 13(3), pp. 38~55.

Sen, A.(1999), *Development as Freedom*, New York : Alfred A. Knopf.

Tilly, C.(1975), Reflections on the History of European State-Making, *The Formation of National States in Western Europe*, Princeton : Princeton University Press.

Weber, M.(1978), *Economy and Society*, 1, Berkeley : University of California Press.

제2부
개발도상국 사례연구

제1장

인도네시아의 지방분권화에 따른 중앙-지방정부 간 재정관계와 지방공공서비스의 향상*

김정부
(경희대학교 행정학과 교수)

* 본 연구의 과정에서 인도네시아 재정부(Ministry of Finance)의 지방재정관련 자료의 정리 및 해석을 도와준, 인도네시아 내부감사기구인 '재정 및 개발 감독위원회(Board of Finance and Development Supervision, BPKP)'에 재직 중인 Kapsari군에게 감사를 표한다(For his indispensable help in the collection, analysis and interpretation of the Indonesian public finance data, I deeply thank Mr. Kapsari at the Indonesian Board of Finance and Development Supervision, an internal audit institution).

I.
서 론

세계화 시대에 지방자치(지방분권)는 민주적 행정, 나아가 더 나은 행정서비스의 제공에 있어 하나의 역설적인 키워드라 할만하다. 정부를 주민들에게 더 가깝게 하고, 주민들이 행정서비스의 제공과정에 참여할 수 있는 기회를 넓히고 내실화하며, 정부로 하여금 주민들이 원하는 서비스를 더 잘 파악하고 더 효율적으로 제공하기 위해, 그리하여 공공서비스에 대한 정부의 책임성을 높이기 위해, 선진국과 개발도상국을 막론하고 각국의 정부들은 지방자치를 추진해 오고 있다. 특히 1980년대 이후 한국을 비롯하여 인도네시아, 캄보디아, 파키스탄, 필리핀 등 아시아 국가들에서는 지방정부가 중앙정부의 서비스 책임을 위임받아 집행하는 대리인의 역할(delegation)에서 나아가, 주민의 선거를 통해 지방자치정부(지방의회 및 단체장)를 구성하고, 이렇게 구성된 자치단체가 스스로 서비스의 제공 및 재원의 조달에 관한 정책적 선택을 하게 하고, 그 선택의 결과에 대해 선거를 통해 평가를 받는 분권화(devolution)가 진행되고 있다.

인도네시아는 수하르토(Suharto)의 '신질서(New Order)' 체제(1967~1998)가 붕괴한 이후, '지방정부에 관한 법(Law No. 22, 1999)'과

'중앙-지방정부 간 재정균형에 관한 법(Law No. 25, 1999)'을 잇달아 제정하고 지방분권화를 본격적으로 추진하기 시작했다. 이어 2004년 이 법률들을 개정하여 선거를 통해 지방의회와 지방정부를 구성하게 하는 한편, 지방정부의 서비스 책임 및 세입권한을 강화하는 제도를 채택하고 집행해 오고 있다. 지방분권화가 시도되기 전 인도네시아의 광역단체(provinces) 및 지방정부는 서비스 책임, 행정역량, 세입능력 등에서 매우 미약한 점이 특징적이었던 반면, 1999년부터 2001년에 걸쳐 단기간에 진행된 인도네시아의 지방분권화는 "어느 나라를 막론하고 지금껏 추진된 분권화 시도 가운데 가장 신속하고도 포괄적인 것 중 하나"이다(USAID 2002, p. 1, Guess(2005)에서 재인용). 이를 통해 인도네시아는 매우 중앙집권화된 국가에서 가장 분권화된 국가로 급격한 제도적 전환을 이뤄나간다(Ahmad & Brosio, 2006; Buehler, 2010).

"다양성 속의 화합(Bhinneka Tunggal Ika, Unity in Diversity)"이라는 국가기조가 집약적으로 보여주듯이 인도네시아는 다양한 종교적 문화적 배경을 갖는 300여 인종 그룹의 2억 5천만 인구가 700여 개의 언어(방언)를 쓰며 6천여 개의 섬에 거주하고 있다. 인종적·문화적 다양성과 도서국가라는 특성으로 인해, 1945년 일본으로부터, 그리고 1949년 네덜란드로부터 완전히 독립한 이후 '페르메스타 반란(Permesta Revolt, 1957~1958)' 등 줄곧 분리독립의 압력을 받아왔다. 인종적 다양성으로 인한 긴장감, 경제적 불균등 등의 요인으로 이미 1961년 무렵 22개 주(provinces)가 분화되었다. 수하르토 체제에서는 1945년의 헌법에 명시된 판차실라(Pancasila)[1]에 기반을 둔 강력한 중앙집권과

1) 판차실라는 다섯 가지 원리라는 의미로, 유일신앙(Belief in the One and Only

경제개발정책을 통해, 그리고 1998년 민주화 이후에는 문화적·인종적 다양성으로 특징지어지는 여러 지방의 자율과 자치를 존중하는 획기적인 '빅뱅(Hofman & Kaiser, 2002)' 지방분권화 정책을 추진함으로써 이러한 단일국가체제를 유지하고 있다.[2)] 이런 이유로, 분리독립의 움직임을 제어한 것만으로도, 지방분권화 정책 자체가 이미 성공적이라고 평가되기도 한다(Hill, 2014).

그렇다면 인도네시아의 지방분권화는 실제 어떻게 설계되고 집행되었는가? 집행과정에서 나타난 주요한 특징과 문제점은 무엇인가? 지방분권화를 통해 인도네시아 정부는 지방공공서비스의 제공능력 및 서비스 품질을 유의미하게 향상시켰는가? 이 연구에서는 인도네시아의 획기적인 지방분권화가 어떻게 추진되었는지, 분권화에 따른 중앙-지방정부 간 재정적 관계가 어떻게 설계되었는지, 그리고 분권화에 따라 지방자치단체의 공공서비스 제공능력 및 서비스 품질에서 어떠한 변화가 나타났는지를 살펴보고자 한다. 즉 지방분권을 통해 국민들의 삶의 기본적 필요를 충족시키고, 더 나은 삶의 질을 가능케 할 공공서비스를 제공하는 정부의 능력이 어떻게 변화했는지를, 중앙-지방정부 간 재정적 관계를 중심으로 논하고자 한다. "국민들이 빈곤과 질병에

God), 인간존엄(Just and civilized humanity), 단일된 인도네시아(The unity in Indonesia), 민주주의(Democracy guided by the inner wisdom in the unanimity arising out of deliberations amongst representatives), 사회정의(Social justice for the whole of the people of Indonesia)를 지칭한다.

2) 물론 전국에 걸친 지방분권화와 함께, 아체(Aceh)와 같이 분리독립운동이 발생한 분쟁지역에 대해 특별자치권을 허용하고 자연자원 수입 보유, 보다 많은 중앙정부 재정지원 등 유인을 제공하여 분리독립 움직임을 제어하는 정책적 노력도 단일국가체제를 효과적으로 유지하는 데에 큰 역할을 하고 있음도 무시할 수 없다.

서 벗어나 풍요로운 삶을 영위할 수 있도록 하기 위해 국가는 무엇을 해야 하는가? 조화롭고 평화로운 공동체를 건설하기 위해 어떠한 국가 제도가 필요한가?"(권혁주, 2015: 4)라는 질문을 중심으로, 국가를 구성하는 핵심적 제도로서의 지방분권화가 인도네시아 정부로 하여금 경제, 사회발전을 위해 보다 나은 역할을 수행하도록 하고 있는지, 지난 15년간의 경험을 살펴보고자 한다.

먼저 '지방정부에 관한 법(Law No. 22, 1999)', '중앙-지방정부의 재정균형에 관한 법(Law No. 25, 1999)', 이 법률들을 개정한 Law No. 32, 2004와 Law No. 33, 2004의 내용을 중심으로 인도네시아의 지방분권화 정책이 어떻게 설계되고 집행되었는지 개괄한다. 특히 지방분권화의 핵심의제라고 할 중앙-지방정부 간 재정적 관계의 설정과 관련해서는 중앙-지방정부 간 행정서비스 책임의 역할 분담, 중앙-지방정부 간 조세 및 기타 수입의 분담, 지방정부의 서비스 책임과 세입 간의 불균형 해소를 위한 중앙정부로부터의 보조금/교부금의 구조 및 변화양상을 관련 연구와 인도네시아 중앙정부의 자료를 바탕으로 추적한다. 나아가, 지방분권에 따라 교육, 보건, 사회간접자본, 경제개발 등의 공공서비스 분야에서 인도네시아가 유의미한 진전을 이루고 있는지 살펴본다. 이는 결국 인도네시아가 지방분권화를 통해 국가 핵심기능의 수행능력을 향상시키고 있는가라는 질문으로 귀결된다. 마지막으로, 지방분권화 및 이에 따라 정부 간 재정적 관계를 설정해 가는 과정에서 나타난 문제점 및 도전점을 짚어보고, 이것이 지방정부가 질 좋은 행정서비스를 생산·공급하는 능력과 어떻게 관련되는지 검토할 것이다.

II. 분권화의 지방자치 법적 기반 및 분권화의 전개

인도네시아의 지방자치단체 및 지방자치의 기본적인 법적 체계는 헌법, '지방정부에 관한 법(2004)', '중앙-지방정부의 재정균형에 관한 법(2004)' 등을 바탕으로 하고 있다. 먼저 지방정부의 큰 구성에 대해서는 1945년 제정되고 2002년 수정된 인도네시아 헌법의 제6장에서 규정하고 있다. 인도네시아 전국은 광역자치단체(주, province)로 나뉘고, 각 주는 다시 군(regency, district/kabupaten)과 시(municipality/kota)로 구성된다. 그리고 그 각각에는 지방정부가 구성된다. 각 지방정부(주, 군, 시)에는 주민선거를 통해 구성되는 지방의회(Regional People's House of Representatives, DPRD)를 두며[3], 행정부의 수반인 주지사(governor), 군수(regent/bupati), 시장(mayor/walikota)은 민주적으로 선출한다(제18조). 재정, 공공서비스 공급, 자연자원의 이용과 관련한 중앙-지방정부 관계의 설계와 관리는 정의(justice)와 형평(equity)의 원리에 따라야 한다고 규정하고 있다(제18조 A). 나아가 지방정부의 구성과 운영에 있어, 사회적 발전과 단일국가라는 원리 안

3) 2014년 현재, 시·군 의회에 약 17,500여 명의 의원들이 활동하고 있다. 각 지방의회 당 약 29명꼴이다(Amri, 2014).

에서 전통적이고 관습적인 지방공동체들의 권리를 존중하고 배려해야 한다고 명시하고 있다(제18조 B).

헌법 제7장 A는 지방평의회(Council of Representatives of the Regions/Dewan Perwakilan Daerah, DPD)는 주민선거를 통해 구성하고, 그 의원 수는 지방자치단체에 관계없이 일정하되, 중앙정부의 국민대표평의회(People's Representative Council, DPR) 의원 수의 1/3이 넘어서는 안 된다고 규정하고 있다. 국민대표평의회는 지방의회에 대해 지방자율, 중앙-지방정부의 관계, 주의 승격·확장·합병, 자연자원의 이용, 중앙-지방정부 간 재정적 관계 등에 대한 법안을 제안할 수 있고, 지방의회는 이를 논의하고 국민대표평의회에 논의사항을 전달하여야 한다.

2001년에 집행에 들어간 '지방정부에 관한 법(Law No. 22, 1999)'에 따라, 시·군의 기초자치단체가 교육, 문화, 사회간접자본(public works), 무역·산업 진흥, 보건, 농업, 교통, 투자, 환경, 노동, 토지 등 총 29개 분야의 서비스에 대한 제공책임을 지고, 광역자치단체는 산하 자치단체에 대한 지원 및 조정의 역할을 담당하게 되었다. 자연히 공공서비스 제공에 있어 지방정부의 역할이 매우 중요해지게 되었고, 이에 따라 지방정부는 자율적으로 이러한 지방공공재의 제공을 기획하고 집행할 능력을 갖춰나가야만 했다(Brodjonegoro, 2003). 중앙-지방정부의 공공서비스 제공책임의 조정과 함께, 전체 중앙정부 공무원의 2/3에 달하는 2백만 명의 인원이 지방자치단체로 전환배치 되었고, 1만6천여 서비스 시설이 지방소관으로 이전되었다(Guess, 2005; Hofman & Kaiser, 2006).[4] 한편, Law No. 25, 1999를 개정한

4) 물론 아래에서 보는 바와 같이 지방정부 공무원의 인건비는 중앙정부가 일반보조금(DAU)을 통해 부담하게 되었다.

Law No. 33, 2004(중앙-지방정부의 재정균형에 관한 법)는 기초 및 광역자치단체(단체장 및 의회)를 주민의 직접선거를 통해 구성하게 함으로써, 지방공공재의 공급에 있어 자율성과 책임성을 높일 수 있게 했다. 하지만 이 Law No. 32, 2004는 동시에 지방예산에 대해 중앙정부 재정부(Ministry of Finance)의 사전 승인을 의무화하고, 지방공무원 채용 및 해임 등 인사규칙 등에 대해 지방정부의 권한을 일부 약화시키는 등 지방자치 초기의 부작용에 대해 중앙의 통제를 강화하는 방식으로 접근하고 있다(Ziegenhain, 2015).

지방자치 및 중앙-지방정부의 재정적 관계와 관련한 제도적인 틀로서 재정부, 내무부, 독립위원회 중심 등으로 제도적인 선택의 여지가 있는데, 인도네시아는 재정부, 내무부, 기획위원회, 지방자치단체 등이 참여하는 '지방자치자문위원회(Regional Autonomy Advisory Board, DPOD)'를 운영하고 있다. 내무부 장관이 위원장, 재정부 장관이 부위원장이 되는 DPOD는 지방자치 사무 및 재정 이슈에 대해 대통령을 보좌한다. 이 위원회는 국가기획위원회(BAPENNAS) 위원장, 기초 및 광역자치단체 대표 등 지방의 견해와 이익을 대변할 위원 등으로 구성되어 있다(Shah, 2007a). 정부 간 재정이전에 관한 이슈에 대한 전문적· 기술적 분석은 재정부 내 '중앙-지방정부 재정균형국'이 담당하며, 기획기능과 관련된 보조금에 대해서는 BAPENNAS가 맡고 있다. 이들 두 기관에서 기안한 정책의제는 DPOD에서 심의하고 의결한다. 이렇게 볼 때, DPOD는 지방분권 및 이에 따른 중앙-지방정부의 재정적 관계를 관리하는 핵심적 의사결정기구이다.

한편, Law No. 32, 2004를 개정한 '지방정부(지방 거버넌스)에 관한 법(Law No. 23, 2014 on Regional Governance)'은 지난 14년간의 지방자치 경험을 바탕으로 중앙정부-광역자치단체-기초자치단체로 이어지는 지방분권체계에서 상-하의 명확한 계층구조를 확인하고, 중앙정부와 광역자치단체의 권한을 강화시켰다. 즉, 광역자치단체가 중앙정부의 대리자로서 기초자치단체에 대한 관리·감독 역할을 강화시켰다. 나아가, 2001년 이후 기초자치단체가 향유하던 서비스 제공 권한, 특히 광업, 임업, 수산업 등과 관련한 인·허가권을 광역자치단체로 대폭 이전시켰다. 이는 그동안 중앙정부와 지방정부 간 서비스 책임이 명확하게 구분되지 않아 지방정부가 어떤 영역에서 서비스를 제공하고 재원을 어떻게 조달할 것인지에 대한 논쟁이 지속되었기 때문이다.[5] 광역자치단체의 서비스 제공 책임이 강화됨에 따라 기초자치단체는 이들 산업에서 나오는 세수를 광역자치단체와 나눌 수는 있지만 그 관리권한은 상실하게 된 것이다. 개정된 법에 따라 지방정부가 예산편성 일정을 맞추지 못할 경우 중앙정부는 지방자치단체장 및 의원의 보수와 수당을 동결할 권한과 더불어, 중앙정부의 정책에 순응하지 않는 자치단체장을 파면할 권한을 보유하게 되었다. 특히 자치단체장들이 재정정보체계(financial information system)의 수립 등 예산투명성을 높이는 적절한 조치를 취하지 않을 경우 단체장 파면을 비롯한 단계적 조치를 취할 수 있다(Jaweng, 2014). 또한, 개정된 법에 따라 기초자치단체의 공무원 인사권은 광역자치단체장이, 광역자치단체 공

5) 이런 논쟁으로 말미암아, 지방공공서비스에 대한 최소한의 품질기준(quality standards)를 정하는 데에서 인도네시아 정부는 많은 난관을 겪고 있다. 이러한 논란은 지방분권화 초기 재정부와 내무부 간의 의사소통 부재 및 이해관계의 대립 등으로 긴밀한 정책조율이 이뤄지지 못한 때문으로 보인다.

무원의 인사권은 중앙정부에서 행사하게 됨으로써, 지역 엘리트들의 정치적 영향력으로부터 지방자치단체 공무원들을 보호하는 체계가 갖추어졌다.

이렇듯 지방자치단체에 서비스 제공 권한을 이양함과 동시에 지방정부가 주민의 직접 투표를 통해 구성됨에 따라, 분권화 이후 많은 광역자치단체, 시, 군이 새로이 형성되어 그 수가 급격히 증가하였다. 2007년 내무부가 새로운 지방정부의 설립에 대한 모라토리엄을 제안하기도 했지만, 〈표 1-1〉에서 보는 바와 같이 기초자치단체의 증가추세는 최근까지 계속되고 있다. 광역자치단체의 경우 1998년 27개이던 것이 현재 34개로 늘어났고, 기초자치단체 중 군은 2013년 현재 410개에 달하고, 시 역시 1998년 65개에서 현재 100개에 육박한다. 실제로 중앙정부에서는 지방정부의 난립은 지역 정치인들이 정치적, 금전적 이익을 노리고 추진하는 경우가 많은 것으로 파악하고 있다. 분권화 이후 기초자치단체 분화과정이 가장 맹렬했던 지역이 가장 빈곤한 파푸아[6]인 것에서 알 수 있듯이, 소득수준이 낮은 지역에서 기초자치단체 설립경향이 강하게 나타났다. 새로운 지방정부의 수립에 따라 이들 정부의 운영에 필요한 고정비용을 국가예산에서 부담하게 되었고 이는 거시 재정정책의 운용에 새로운 도전으로 작용하게 된다(The Jakarta Post, 2013. 11. 25.). 또 소규모 기초자치단체의 증가로 주민 1인당 중앙정부로부터 받는 이전재원의 양이 많음에도 불구하고 행정서비스 능

6) 2003년 파푸아 지역이 세 개의 광역자치단체(Papua, Central Irian Jaya, West Papua)로 분리되었다. 그중 하나인 현재의 파푸아 주(province) 경계 안에는 2000년 9개의 군이 있었지만, 지금은 이들이 28개 군과 1개의 시로 분화되었다. 이러한 분화과정은 여전히 현재진행형이다.

력 부족으로 인해 기초자치단체에 위임된 서비스의 질이 저하될 수 있다. 나아가, 인종적으로 단일한 기초자치단체가 형성됨으로써 기초자치단체 인사가 혈연, 지연 등에 좌우될 가능성 또한 높인다(Toha & McPherson, 2014). 이런 이유로 기초자치단체는 더욱 지역 엘리트에 포섭될 가능성이 높아지고, 나아가 서비스 제공에 있어 효율성·책임성 문제를 안게 되었다.

〈표 1-1〉 인도네시아 지방정부의 증가추세(1998~2012년)

	1998	2000	2002	2004	2006	2008	2010	2012
주(Provinces)	27	30	31	33	33	33	33	34
군(Districts)	249	268	302	349	349	370	399	399
시(Municipalities)	65	73	89	91	91	95	98	98
읍·면(Subdistricts)	4,028	4,049	4,918	5,277	5,656	6,425	6,699	6,793
리(Villages/Kelurahan)	67,925	69,050	70,460	69,858	71,563	75,410	77,548	79,075

출처: Mietzer, 2014, p. 58.

III.

중앙-지방정부 간 재정적 관계

지방분권과정에서 중앙정부와 지방정부의 재정적 관계를 어떻게 설계하느냐는 지방정부의 서비스 제공능력 및 제공되는 서비스의 질(효율성 및 형평성)에 결정적인 영향을 미칠 수 있다. 지방정부의 서비스 책임이 늘어나는 것과 궤를 같이 하여, 서비스 공급을 위한 재원마련 방안이 제대로 갖춰지지 않으면 지방정부의 재정상황 악화, 서비스의 질 저하 및 전국적 격차 확대를 야기할 수 있기 때문이다. 인도네시아의 경우 2001년 '빅뱅' 분권개혁을 통해 지방정부는 단기간에 전체 공공지출의 1/3을 감당할(Hofman *et al.*, 2006) 정도로 공공서비스 제공에서 그 역할이 강화되었다. 그렇다면 인도네시아 지방정부는 어떻게 서비스 재원을 마련하고 있는가?

중앙정부와 지방정부의 재정관계를 규정한 Law No. 33, 2004는 '지방자치단체 각각의 경제적 재정적 상황을 고려한 바탕 위에 효율적이며, 공정하고, 투명한 재정체제를 도입할 것'을 명시하고 있다. 정부간 재정적 관계의 핵심에는, 어떠한 메커니즘을 통해 세원확보능력이 월등한 중앙정부로부터(서비스 책임은 높으나 세원확보에 있어서는 중앙정부에 비해 열위에 있고, 세수의 지역별 편차가 큰) 지방정부로 적절히 재원을 이전할 것인가라는 이슈가 있다. 나아가 정부 간 재정관계를 설계함에 있어 중앙정부로부터 재원을 지방으로 이전함과 동시에, 자체세원을 확보하려는 지자체의 노력을 저감시키는 유인을 차단해야 한다는 점도 중요한 고려사항이다.

먼저 Law No. 33, 2004는 지자체의 세입원을 크게 다섯 가지로 구분하고 있다. 지방세 및 서비스 요금을 아우르는 자체 세입(Pendapatan Asli Daerah, PAD), 일종의 지방교부세로 중앙정부와의 세원공유인 지방교부세(Dana Bagi Hasil, DBH), 일반보조금(Dana Alokasi Umum, DAU), 특정보조금(Dana Alokasi Khusus, DAK), 부채 등이 그것이다. 크게는 지방정부의 자체세원에 대한 과세를 통한 지방세 수입과 중앙정부로부터의 이전재원으로 대별된다. 먼저 지방자치단체는 자체 세입과 관련하여 어느 정도의 재정자율권을 적어도 법적으로는 확보할 수 있게 되었다. 자체 세입은 조세수입과 그 외 부과금, 서비스 요금 및 지방공기업 수입을 아우른다. 조세수입의 경우, 호텔 및 식당, 광산업(mining), 광고(advertising), 거리조명(street lighting), 유흥업(entertainment), 주차 등을 세원으로 하는 세목과 이들 세목에 대한 세율상한을 중앙정부가 정하고, 지자체는 세율상한의 범위 내에서 자체 세율을 정할 수 있다. 부과금이나 서비스 요금은 주로 보건(소)서비스, 건축허가, 사업허가에 대해 부과한다(Lewis, 2006). 지방공기업 수입의 경우, 광산업 등으로 지역적 편차가 커 지자체 세수 불균형의 한 요인이 되고 있다. 동 칼리만탄(East Kalimantan)과 같이 목재, 석유, 천연가스, 석탄, 금 등 자연자원이 풍부한 지자체는 상대적으로 넉넉한 자체 세수를 확보할 수 있게 된 반면(Ziegenhain, 2015), 그렇지 못한 동부 자바(East Java), 특히 파푸아(Papua) 지역 등은 극심한 자체 세수 부족을 겪게 되었다.

지자체의 입장에서 볼 때 지출의 자율성이 가장 높은 것은 아무런 조건이 붙지 않은 세원공유인 지방교부세(DBH)로서, 이는 조세와 자연자원사업으로부터 오는 중앙정부의 세수를 바탕으로 하고 있다. 조

〈표 1-2〉 중앙-지방정부 간 세원공유(DBH) 비율

구분	비율				
	중앙정부	광역 자치단체	원천 (originating) 지자체	동일 광역 자치단체 내 기초자치단체	인도네시아 전국의 다른 기초자치단체 (균등 배분)
조세					
• 토지 및 건물세	9%	16.2%	64.8%	–	10%
• 토지 및 건물 취득세	–	16%	64%	–	20%
• 소득세	80%	8%	12%	–	–
자연자원-임야					
• 출연임야	20%	16%	64%	–	–
• 자연림	20%	16%	32%	32%	–
• 산림녹화기금	60%	–	40%	–	–
자연자원-광업 일반					
• 토지임대	20%	16%	64%	–	–
• 로열티	20%	16%	32%	32%	–
자연자원-수산					
• 수산물채취부과금	20%	–	–	–	80%
• 수산물집하요금	20%	–	–	–	80%
자연자원-광물					
• 오일	85%	3%	6%	6%	–
• 가스	70%	6%	12%	12%	–
• 지열	20%	16%	32%	32%	–

출처: Law No. 33, 2004

세의 경우 소득세, 재산세, 취득세가 대상인데, 재산세는 세수의 91%, 소득세는 20%가 지방교부세(DBH)를 통해 지방자치단체로 이전된다. 이 밖에도 임야, 수산업, 광업 등과 관련된 공기업을 통한 세수도 일정한 비율에 따라 지자체로 배분된다. 각각의 세원에서 나오는 세수에 대해서는 중앙정부, 광역자치단체, 세원 소재 기초자치단체, 여타 자치단체 등에 따라 할당되는 비중이 다르다. 자세한 내역은 〈표 1-2〉에서와 같이 Law No. 33, 2004에 규정되어 있다.

인도네시아 중앙정부는 지방정부 간 재정격차 해소(fiscal equalization)[7]를 위해 일반보조금(general block transfer)인 DAU를 제공하고 있다. 일반보조금(DAU)은 중앙정부의 매년 예산(APBN)에서 편성되며, 적어도 DBH를 제외한 예산의 26% 이상이어야 한다. 일반보조금의 배분은 기본적으로 각 지자체의 재정지출수요(expenditure needs)와 재정능력(fiscal capacity) 지표를 이용한 재정격차(fiscal gap)의 산출 공식에 따라 이루어진다. 지자체의 재정능력이 낮을수록, 지출수요가 클수록 더 많은 일반보조금을 받도록 디자인되어 있으며, 그 지출용도가 특정되지 않는다. 2001년에는 일반보조금의 80%를 지방분권 이전 중앙행정기관의 전국적 분산배치 및 집행에 따른 비율로 배분하고(대부분 인건비), 나머지 20%는 전 지자체에 균등한 액수로 지급했다. 2002년에는 균등배분액을 10%로 줄이고, 공무원 인건비 등 기본배정을 50%, 산식에 따른 재정격차 해소 목적으로 40%를 배정했다. 2005년에는 재정격

7) 인도네시아는 지방정부 간 재정격차의 해소라는 명시적인 정책목표와 기준에 따라 재원이전을 시행한 개발도상국이라는 점에서 아르헨티나, 브라질, 파키스탄 등 다른 개발도상국과 대비된다(Shah, 2007b).

차 해소 비중을 55%로 높이는 한편, 균등 배분 비중을 5%로 낮추고, 나아가 2006년에는 지자체 공무원 인건비 50%, 재정격차 해소 50%로 단순화하고, 균등 배분을 없앴다(Hofman *et al*., 2006). 이렇게 하여 지자체의 공무원 보수는 전액 중앙정부로부터 온 일반보조금 재원으로 지급하게 되었으며,[8)] 그 나머지에 대해 지역 간 재정격차 저감 산식에 따라 배분된다.

일반보조금의 배분을 위한 산식에 있어, 각 지자체의 재정능력은 자체 세수(own source revenues)와 세원공유(DBH)를 바탕으로 계산하고 있다. 지출수요를 측정하기 위해 당초에는 인구, 면적, 빈곤율, 서비스 비용 등을 사용하다가, 2006년 이후 빈곤율 대신 인간개발지수(Human Development Index, HDI) 및 1인당 역내총생산(Gross Regional Domestic Product, GRDP)을 사용하고 있다. 그러나 제도도입 초기에는 일반보조금의 배분이 지자체의 재정능력이나 지출수요를 제대로 반영하지 못한 것으로 평가된다(Guess, 2005). 가령 상대적으로 부유한 도시가 더 많은 1인당 일반보조금을 받는 반면, 농촌 군 지역은 차입금에 더 의존하는 현상이 나타난 것이다. 자체 세수 증대노력을 게을리하는 유인을 방지하기 위해, 전년도에 비해 일반보조금 배분액이 줄어드는 지자체에 대해서는, 전년도에 비해 월등히 늘어난 지자체로부터 일부를 이전받도록 하는 hold-harmless 조항을 제도 정착기에 적용하여 시행했다(Hofman *et al*., 2006).

특정보조금인 DAK 역시 매년 예산편성과정을 거쳐 APBN의 일부로

---

8) 이 경우 지자체가 적정 인력구조를 지향하고 유지할 유인이 사라질 위험이 있다(World Bank, 2005).

결정되며, 중앙정부의 정책우선순위(보건, 교육, 사회간접자본, 자연재해 대응 등 목적)를 반영하는 지자체의 사업을 지원하는 데에 사용된다. 특히 재정능력이 빈약한 벽지지역을 우선적으로 배려하기 위해 지역적 특성과 재정능력을 반영한 특정보조금 배분 기준을 적용하고 있다. 특정보조금은 연도별로 보면 전체 액수는 증가해 왔지만, 각 자치단체가 받는 액수의 증감 정도의 연도별 변화가 심해 기초자치단체 입장에서는 미리 중장기적인 지출계획을 세우기 어렵다.

[그림 1-1A]는 2001년 이후 2014년(예산)까지 지방정부의 세입을 세입원별로 나눠 추이를 나타낸 것이다. 먼저 가장 급격한 증가추세를 보이는 것은 중앙정부로부터의 일반보조금으로, 2001년 약 61조 루피

[그림 1-1A] 지방자치단체로의 이전재원 및 자체재원 세수 추이-전체

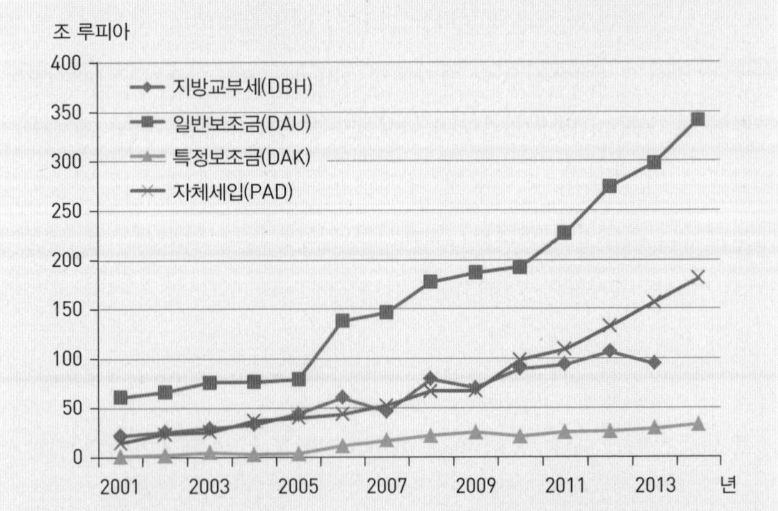

출처: 인도네시아 재정부(Directorate General of Fiscal Balance, Ministry of Finance)

아에서 2014년 341조 루피아(경상가격, 이하 같다)로 격증했다. 이런 증가추세는 중앙정부의 재산세, 소득세, 자연자원수입에 의존하는 지방교부세에 비해 훨씬 가팔라, 인도네시아 중앙정부가 지방자치단체의 인건비를 포함한 일반 운영비 지원에 적극적이었음을 알 수 있다. 일반보조금의 절반이 지역 간 재정격차의 완화를 목적으로 하고 있다는 점을 고려할 때, 인도네시아 중앙정부의 정책적 의지를 엿볼 수 있다. 또한 2000년대 중후반 및 2013년 감소한 지방교부세와 달리 일반보조금은 재정분권 이후 그 증가추세에 있어 불확실성이 대체로 더 낮은 것으로 보인다. 중앙정부의 다른 재정지원에 비해 그 사용목적이 제한적인 특정보조금의 경우 다른 이전 메커니즘에 비해 그 액수가 적은 편이나, 꾸준한 증가세를 보이고 있다. [그림 1-1A]에서 또 특기할 만한 것은, 자체세입의 액수도 2009년 경제위기 여파로 정체한 것을 제외하면 꾸준히 증가추세에 있다는 점이다. 액수로 보면 자체세입은 2001년 14.8조 루피아에서 2014년 181조 루피아로 증가했다. 기초자치단체인 시와 군의 세입구성의 추이를 따로 보여주는 [그림 1-1B]와 [그림 1-1C]에 따르면 최근 자체세입의 증가는 시 지역을 중심으로 주도되고 있음을 알 수 있다. 즉 군도 자체세입이 완만히 증가하고는 있으나, 시의 빠른 증가세에 훨씬 못 미치고 있다. 또한 최근의 지방교부세의 증가세 둔화 내지 감소 경향이 시 정부를 중심으로 나타나고 있음을 알 수 있다.

이러한 중앙정부의 지자체에 대한 재정지원의 정도를 중앙정부 예산의 규모와 대비해 보면, 보조금과 이자지급을 제외한 중앙정부 예산의 약 절반 정도가 지방정부로 이전되고 있다. 이는 국내총생산의 약

[그림 1-1B] 지방자치단체로의 이전재원 및 자체재원 세수 추이-시(Kota)

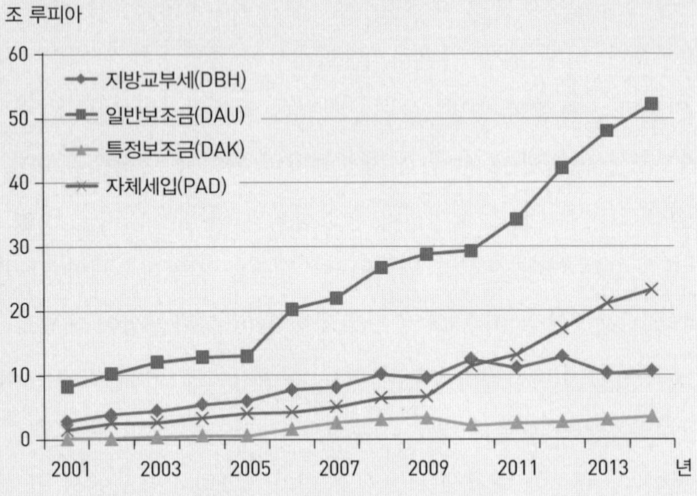

출처: 인도네시아 재정부(Directorate General of Fiscal Balance, Ministry of Finance)

6%에 달한다(Lewis, 2013a). 특히 지방으로 이전되는 재원은 2013년 약 421조 루피아, 2014년의 경우 중앙정부 전체 예산의 약 1/3인 592조 루피아(500억 달러)에 달했고, 2015년 수정예산에 따르면 664.6조 루피아로 증가했다(Sambijantoro, 2015). 전체 중앙정부 예산의 34%에 달하는 규모이다. 하지만 이러한 이전재원 중 2013년 99조 루피아, 2014년 116조 루피아가 지방정부의 프로그램 및 사회간접자본 투자 집행능력의 부족으로 인해 집행되지 못했다.(이에 대해서는 아래에서 상론한다.)

중앙정부의 재정지원이 꾸준히 증가하고 있다는 것은 지자체들의 중앙정부에 대한 깊은 의존, 다시 말해 매우 낮은 재정자립도를 의미

[그림 1-1C] 지방자치단체로의 이전재원 및 자체재원 세수 추이-군(Kabupaten)

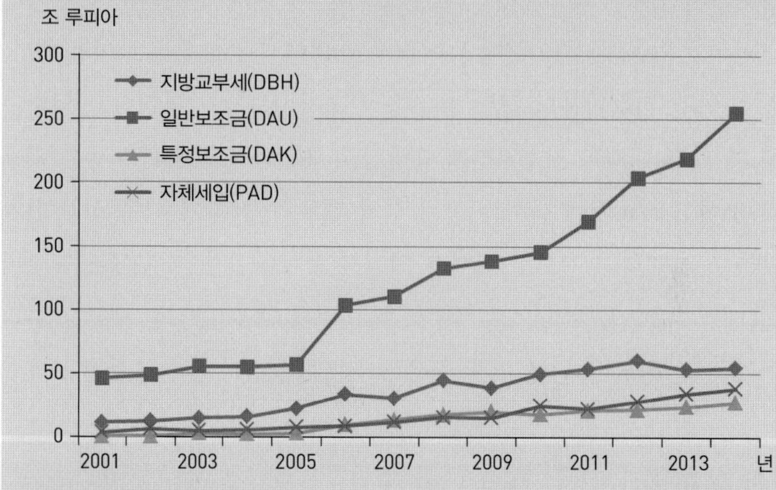

출처: 인도네시아 재정부(Directorate General of Fiscal Balance, Ministry of Finance)

한다. 즉 전체 세수 대비 자체세입(PAD)이 차지하는 비중은 여전히 매우 낮다. 특히 지자체에 의한 중앙정부 재원 의존은 기초자치단체의 경우 심각한 상황이다. 인도네시아 중앙정부 재정부의 자료를 요약한 [그림 1-2]에서 보는 바와 같이 재정분권화를 본격 시행한 2001년 이후 인구밀도가 낮은 농어촌 지역을 포괄하는 군 지역의 경우 자체재원을 통한 세수확보 비율이 10% 미만으로 전혀 개선되지 않고 있다. 반면, 시 정부의 경우 2001년 10% 선에서 소폭의 증감을 보이다가 2010년을 기점으로 증가세를 보여 2014년 현재 자체재원이 전체 세수의 20%를 넘고 있다. 실제 정책 집행기능보다 기초자치단체 간의 정책에 대한 조정역할을 맡고 있는 광역자치단체의 경우 자체재원의 비율이 2014년 현재 50%에 육박하고 있다. 그러나 [그림 1-2]에서와 같이, 광역자치단체의 자체재원 비율은 2000년대 내내 널뛰기식의 변화를 보여주고 있는데, 2010년대 들어 50% 내외에서 감소세를 보이고 있다. 실제 정책 집행기능의 상당 부분을 기초자치단체가 담당하고 있다고 볼 때, 인도네시아 지방정부의 중앙정부 재원의존도가 매우 높은 것으로 보이고, 410개에 달하는 군 정부의 경우 이 문제가 더욱 심각하다. 2001년 분권화 추진으로 서비스 책임은 늘어나면서, 지자체는 제한적인 재정자율권을 바탕으로 세수확보를 위해 매우 다양한 세금을 부과하기 시작했다. 분권화 이후 처음 3년간 지방정부에서 제정한 조례 3

[그림 1-2] 지방자치단체 유형별 자체세입 비율

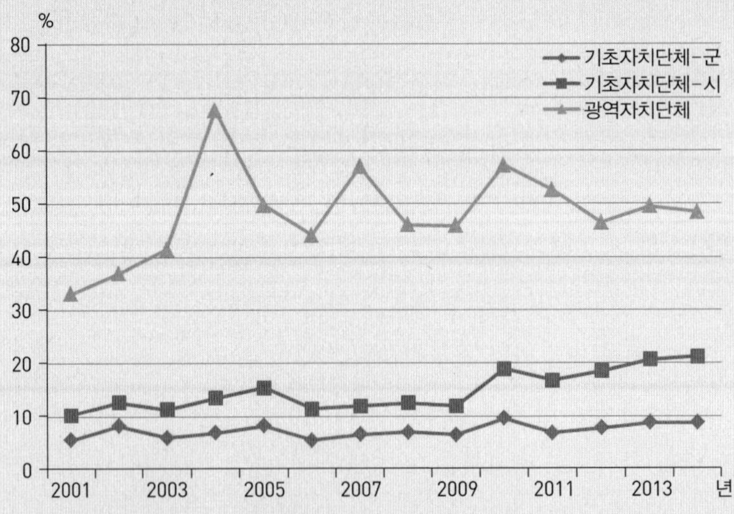

출처: 인도네시아 재정부(Directorate General of Fiscal Balance, Ministry of Finance)

천여 건 중에서 94%가 세금이나 기타 부과금 등의 부과에 관한 것이었다(Simanjuntak, 2004; Hotland, 2004에서 인용). 그러나 자체세수 증대 노력은 결과적으로 세수증가로 나타나지 않았고, 많은 지자체들에서 한 두 가지의 세원에 지나치게 의존하는 경향이 높게 나타나고 있다(Siddiquee, Nastiti & Sejati, 2012).

IV.

지방분권화의 효과

지방분권화의 효과는 지방정부 지출구조의 변화, 행정서비스의 성과라고 할 수 있는 각 서비스 분야 주요 지표의 변화, 그리고 포괄적으로 행정서비스에 대한 주민 및 기업들의 만족도 등의 측면에서 검토해 볼 수 있다.

먼저 지방자치 실시 직후인 2001년과 비교적 최근인 2013년의 기초자치단체의 지출 구성의 변화는 [그림 1-3]으로 요약된다.[9)] 2001년의 경우 지방정부의 전체 지출액은 약 163조 루피아이고, 이 중 68%가 인건비 등을 포괄하는 경상지출이다. 나머지 32%는 사업비 및 자본지출이다. 실제 지방공공서비스의 제공 책임을 담당하는 시·군 정부의 지출을 그 성질(기능)별로 대별해 보면, 인건비가 절반 이상을 차지하고 있다. 반면, 사회간접자본 및 경제개발, 교육, 보건 목적의 지출은 모

9) 지방분권의 실시에 따라, 지방정부의 지출에 대한 성질별·기능별 분류체계가 변화했기 때문에, 지방자치 실시 이전 및 이후의 지출구성의 변화를 단순비교하는 것은 무리가 있다. 즉, 2001~2004년의 경우 경상지출과 사업(자본)지출의 대 분류 아래 각각 12개, 21개의 하위 범주를 두었으나, 2005~2006년 본격적인 기능별 분류체계를 도입했다. [그림 1-3]은 이러한 분류체계에 바탕한 지출구성을 보다 포괄적인 범주, 즉 일반행정, 교육, 보건, 사회간접자본, 경제개발, 사회개발 등으로 재분류했다. 따라서 지출구성에 대한 본 논의는 이런 점에서 제한적이다.

두 10% 미만으로 적극적이지 않음을 알 수 있다. 특히 공공보건 및 공교육에 대한 지출은 2~5%로 전체 기초지자체의 서비스 제공 활동에서 미약한 비중을 차지하고 있었다. 이는 지방자치 도입 시기에 각종 공공서비스가 아직 중앙행정기관의 지역 사무소를 통해 집행되었기 때문이다. 하지만, 성질별 분류와 기능별 분류가 혼재하고 있어, 보건, 교육, 경제개발 등의 기능별 지출은 인건비 지출을 고려할 경우 [그림 1-3]에서 보이는 것보다는 그 비중이 더 높을 것으로 생각된다. 또 농어촌이 대부분인 군 정부가 시 정부보다 의료, 교육, 경제개발 지출비중이 상대적으로 높았다는 점이 특기할 만하다.

인도네시아는 2005~2006년에 기존의 지방지출 분류체계를 기능별

[그림 1-3] 기초자치단체 지출 구성(2001년)

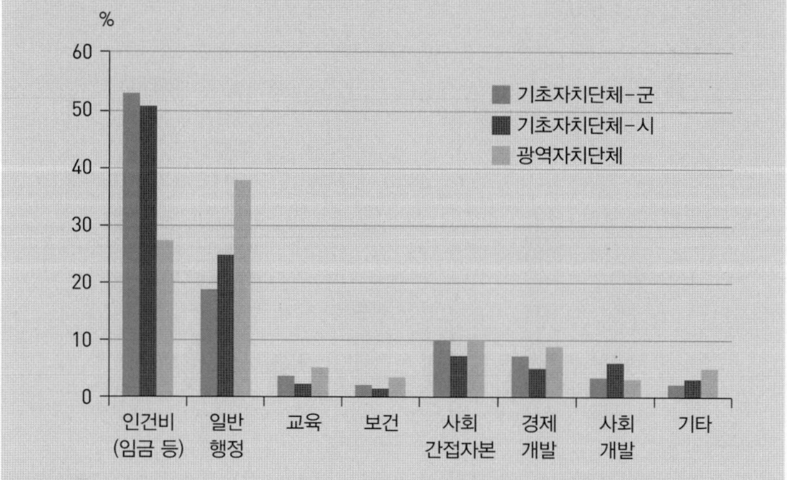

출처: 인도네시아 재정부 지방자치단체 지출 데이터를 바탕으로 재정리함.

로 세밀화하여, 현재는 일반행정서비스, 교육, 보건, 환경, 교통, 여성, 가족계획, 주택, 중소기업 등 35가지 세부기능으로 구분하고 있다. [그림 1-4]는 이들 세부기능을 일반행정, 교육, 보건, 사회간접자본, 경제개발, 사회개발 지출 등으로 구분하여 그 비중을 비교하고 있다. 2013년도 인도네시아 지방정부의 지출총액은 약 740조 루피아이고, 이 중 기초자치단체의 비중은 약 71%인 528조 루피아이다. 먼저, 광역자치단체의 경우 주요 역할이 기초자치단체 사업의 조정·총괄인 점을 반영하여 약 50%가 일반행정서비스에 지출되고 있다. 반면, 시·군의 경우 교육, 보건, 사회간접자본, 경제 및 사회 개발비가 전체의 75%에 달하고 일반행정서비스 지출은 25%에 미치지 못하고 있다. 한편 기초자

[그림 1-4] 기초자치단체 지출 구성(2013년)

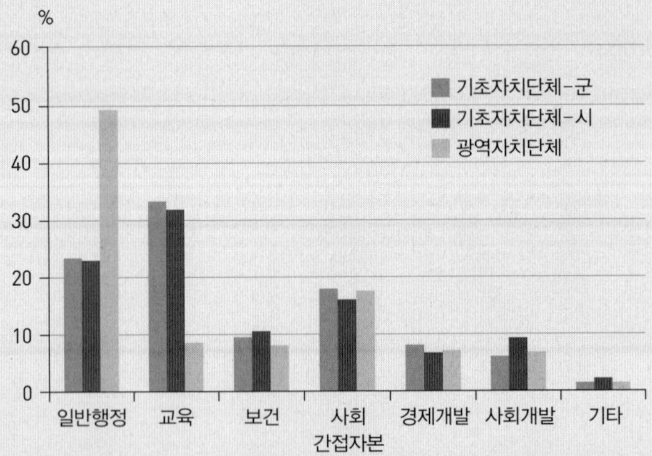

출처: 인도네시아 재정부 지방자치단체 지출 데이터를 바탕으로 재정리함.

치단체의 경우, 교육예산이 전체의 30%를 상회하고 있고, 보건예산은 10% 내외에 이르고 있다. 지방정부의 재정능력의 개발과 밀접한 관계가 있는 사회간접자본 및 경제개발비가 전체지출의 약 25%에 이르고 있다. 2001년과 비교할 때, 지방정부의 지출이 그 규모 면에서 비약적으로 증가했을 뿐만 아니라, 교육, 보건, 사회개발 등 지방공공서비스 수요에 부응하는 방향으로 지출우선순위가 제한적이나마 변화해 왔음을 확인할 수 있다.

지방분권화 이후 교육, 보건, 사회간접자본, 경제개발 지출의 증가에도 불구하고, 인건비 및 일반행정비의 비중이 개발비에 비해 여전히 높은 점이 문제로 지적되고 있다(Lewis, 2014a). Patrunru & Rahman (2014)이 2008년과 2013년 지방정부의 인건비·행정비와 개발비의 비중을 비교한 〈표 1-3〉에 따르면 주요 섬별로 차이가 있지만, 전자가 전체 지출액의 절반에 육박한다. 전반적으로 인건비·일반행정비 지출 비율이 개발 지출에 비해 높은 한편, 그 비중에서 주요 섬 간 현격한 차이가 있음을 알 수 있다. 이는 지방분권과 더불어 각 자치단체의 재정성과 및 공공서비스의 품질에 있어 큰 격차가 존재할 수 있음을 의미한다.(이에 대해서는 아래에서 상론한다.) 또한, 〈표 1-3〉은 주요 섬별로 2008년과 2013년을 비교했을 때, 기초자치단체의 인건비·일반행정비 비중이 늘어나고 개발비 지출은 줄고 있음을 보이고 있다. 인건비와 개발비는 분류체계상 차이가 있지만, 이러한 높은 인건비 비중은 지방행정서비스 생산의 비효율성을 시사하는 것으로 보인다. Suharnoko Sjahrir, Kis-Katos & Schulze(2014)는 399개 기초자치단체의 2001~2009년 자료를 분석한 결과, 지자체 수준에서 정치적 책임성의

〈표 1-3〉 기초자치단체 주민 일인당 인건비-행정비 및 개발비 지출*

주요 섬	인건비 및 행정비				개발비			
	백만 루피아 (2000년 불변가격)		총지출 대비 %		백만 루피아 (2000년 불변가격)		총지출 대비 %	
	2008	2013	2008	2013	2008	2013	2008	2013
수마트라	0.41	0.53	46	52	0.47	0.49	47	43
자바-발리	0.23	0.29	55	57	0.15	0.19	35	35
칼리만탄	0.46	0.65	35	41	0.93	1.08	57	53
술라웨시	0.38	0.53	46	54	0.42	0.44	48	41
동인도네시아	0.59	0.79	37	47	1.40	1.15	55	47

* 2008년 및 2013년 354개 군과 86개 시를 대상으로 한 자료.
출처: Patrunru & Rahman, 2014, p. 167.

결여 및 정치적 경쟁으로 일반행정비가 비정상적으로 높게 나타나고 있다고 밝히고 있다. 이는 인건비·일반행정비의 높은 비율이 관료조직의 비효율성, 정치적 책임성의 결여로 인한 자원배분이 왜곡된 결과임을 시사한다. 이는 아래에서 보게 되는 바와 같이, 지방분권이 지방공공서비스 성과 향상으로 귀결되지 않고 있는 이유이다.

둘째, 2001년 이후 중앙정부로부터 공공서비스 공급의 책임을 이양받았고, 이를 위해 상당한 재정지원도 이뤄지고 있지만, 공공서비스 공급의 질적 수준으로 평가해 볼 때 지난 14년간의 인도네시아 지방분권화가 대체적으로 기대에 부응하는 데에 실패했다는 평가가 지배적이다(Lewis, 2014a). 그러나 지방분권화의 성과를 분석한 연구들은 어느 한쪽으로 분명한 증거를 제시하지는 못하고 있다. 먼저 공교육, 보건 및 상하수도 등 기본적인 지방공공서비스에 대한 주요 성과지표를 추적한 〈표 1-4〉는 일정한 개선추세를 보이고 있다. 중학교 등록률

〈표 1-4〉 주요 지방공공서비스 성과지표(2001~2010년)

	2001	2002	2003	2004	2005	2006	2007	2008	2009	2010
중학교 순등록률	61.0	62.5	64.0	67.6	64.0	68.3	67.5	67.0	67.5	67.8
고등학교 순등록률	35.2	34.8	38.6	42.1	40.3	43.6	44.5	45.8	46.2	47.3
5세 미만 예방접종률	n.a.	n.a.	n.a.	74.3	73.1	74.1	76.3	76.8	78.2	79.3
숙련보조를 통한 출산율	50.0	69.2	69.4	74.9	71.0	71.9	73.1	74.7	76.1	78.6
맑은물 접근 가구 비율	41.6	42.5	42.8	43.8	42.6	42.7	46.1	47.6	50.7	53.4
위생서비스 접근 가구 비율	54.1	58.7	59.8	62.8	59.7	58.7	57.8	60.8	62.3	63.1

출처: Lewis, McCulloch & Sacks, 2015, p. 4.

은 61%에서 2010년 68%로 높아졌고, 고등학교 등록률 또한 같은 기간 35%에서 47%로 증가했다. 영유아 및 산모 건강의 지표라 할 수 있는 5세 미만 아동의 예방접종률이나 의료보조 출산율은 2010년 현재 80%에 육박하여 2000년대 초반에 비해 유의미하게 개선되고 있는 것으로 보인다. 지자체의 사회간접자본 투자의 성과지표라 할 수 있는 상하수도에 연결된 가구의 비율도 분권화 이후 꾸준히 개선되고 있다.

Lewis, McCulloch & Sacks(2015)는 이러한 지표의 개선을 평가하면서도, 개선 속도가 당초의 기대에 미치지 못한다고 보고 있다. 이들 지표는 개선되고 있지만, 다른 지표는 정체되거나 악화되기도 했다. 국공립학교 진학률은 높아졌지만 학생들의 성적은 수학 및 과학 등 국제적인 평가에서 여전히 낮은 수준을 면하지 못하고 있다. 보건서비스와 관련하여 예방접종률은 눈에 띄게 높아졌지만, 산모사망률이나 아동영양실조 지표에서는 별다른 변화가 없다. 특히 경제발전을 위한 인프라 구축에서는, 지방도로의 연장이 늘어나고 있으나 도로의 상태는 저하되고 있다.

공교육 부문을 좀 더 구체적으로 보면, 초·중등 교과과정 및 교육목표는 중앙정부 교육부의 소관이지만, 실제 교육서비스 제공은 지자체의 책임이다. 이를 위해 중앙정부는 포괄적 보조금(block grants)을 제공하고 있다. 특히 초등학교에 대해서는 걸어서 등하교할 수 있는 거리 이내에 위치해야 한다는 기준을 설정하고 이를 충족시키기 위해 중앙정부가 교육특별보조금(DAK Pendidikan)으로 학교건물의 건축 및 수리 재원을 부담하고 있으며, 반면 학교부지는 지자체에서 부담하도록 하고 있다(Shah, 2007b). 교사의 급료는 중앙정부에서 바로 지자체로 이전되고, 다른 학교운영비 역시 학교운영보조(BOS)를 통해 중앙정부가 재원을 댄다. 시·군은 교육법에 따라 예산의 20% 이상을 교육에 투자해야 하며, 실제로 대부분의 지자체에서 이를 준수하고 있고(평균 28.3%), 전체 공교육비 지출에서 지방정부가 차지하는 비율은 약 58%이다. 하지만 대부분이 교사 인건비 및 건물 등 인프라에 지출되어 외형적 지표인 국공립학교 등록률은 개선되고 있지만, 교육의 질을 높이는 데에는 제한적이다(MacLaren, 2010). World Bank(2013)에 따르면 2009~2012년 사이 교육의 질, 교육정보관리체계, 기획, 투명성 및 책임성 등에서는 미약하나마 개선이 이뤄지고 있지만, 효율성, 관리통제체계 등에서는 오히려 후퇴하고 있다. 특히 기초자치단체에서 체계적으로 교육 모범사례를 발굴 및 전파하는 능력은 같은 기간 퇴행한 것으로 나타났다.

공중보건서비스를 지방정부로 이양함에 따라 전국적 차원에서의 보건정책의 결정과 집행은 상대적으로 어려워졌다. 즉, 지방분권화로 시·군 정부가 자체 보건서비스에 대해 결정하고 예산을 배정하게 되어, 기존의 국가차원에서 구축된 국민보건체제 및 관련 보건 프로그램들이 약화되었다(World Health Organization, 2008). 보건서비스 제공에서 지방정부의 역할이 강화됨에 따라 보건서비스 기관이나 서비스 접근성 등 서비스 질에 있어 도·농 간 격차가 커졌다. 지방분권 이전에는 중앙정부의 보건부에서 신규 의사들을 의무적으로 벽지에 배치했지만, 분권화와 더불어 광역자치단체가 이 역할을 넘겨받았고 결과적으로 농촌지역은 심각한 의료인력 부족에 직면하게 되었다(The Jakarta Post, 2010. 12. 1.). 광역자치단체와 기초자치단체 의료인력 간의 소통 메커니즘이 제대로 구축되어 있지 않고, 지방의 보건공무원 및 의료인력의 전문성도 만족할 만한 수준에 미치지 못하고 있다.

2009년 '예산투명성을 위한 인도네시아 포럼(Indonesian Forum for Transparency in Budgeting, FITRA)'이 2009년 42개 기초자치단체를 대상으로 조사한 바에 따르면, 지자체는 중앙정부의 정책에 따라 최소 예산의 15%를 보건예산으로 편성하게 되어 있지만 실제 이를 지키는 지자체는 거의 없다. 조사대상 지자체에서 보건예산을 이전 3년 동안 증가시킨 경우도 거의 없었다(MacLaren, 2010). 이에 따라 소아마비, 나병, 광견병 등 사라졌던 전염병들이 다시 나타나고 있다(World Health Organization, 2008). 2003년 및 2007년 10개 군 지역에서 임신 및 출산, 예방접종, 피임 등 공중보건서비스의 성과측정지표를 조사한 Heywood & Choi(2010)는, 병원시설에서 출산하는 비율이 5개 군에서 더 늘었지만 이는 영리병원을 이용했기 때문이고, 공중보건시설의 이용률에는 거의 변화가 없었다. 산모와 아이의 예방백신 접종비율에도 변화가 없었고, 피임기구의 사용에서도 공공서비스는 거의 역할을 하지 못했다. 이러한 조사결과는 지방분권으로 기초자치단체가 의료서비스 제공을 책임지게 되고, 실제 의료부문 공공예산이 늘어났음에도 보건의료체제의 의료서비스 품질은 크게 개선되지 못했음을 의미한다.

지방분권과 더불어 중앙정부로부터의 DAK, DAU 및 DBH 재원이전이 지자체의 자본지출을 유의미하게 증가시키고 있다(Lewis, 2013b). 특히, 사회간접자본 투자를 위한 재원이전을 '공공사업 및 주택부(Public Works & Public Housing Ministry)'를 통하지 않고 별도의 특정보조금(DAK)으로 지정해 시·군 및 읍·면 정부에서 자체적으로 수요를 파악한 사회간접자본 투자 목적으로만 사용하도록 하고 있다(Sambijantoro, 2015). 하지만 사회간접자본에 대한 정부지출은 분권화 이전보다 상대적 비중이 줄어들었고, 이전재원을 통한 지출의 성과는 미약한 것으로 보인다. 여기서는 자본지출 목적의 지정보조금인 DAK에 대해 좀 더 자세히 살펴보고자 한다. 〈표 1-5〉는 DAK의 지출 목적별로 연도별 추이를 정리한 것이다. 2012년 현재 약 26조 루피아가 배분되어 그 총액이 일반보조금(DAU)에 비해 많지는 않으나, 2010년을 제외하면 꾸준한 증가세를 보이고 있다. DAK의 대부분이 교육, 보건, 사회간접자본(도로 등) 등의 목적으로 지출되었다.

특히, 특정보조금은 주민 1인당 1루피아의 보조금 증가가 1.21루피아의 자본지출을 가져온다(Lewis, 2013b). 이는 DAK가 다른 재원을 통한 자본지출을 감소시키지 않으면서 역 구축효과(crowd-in effect)가 있음을 의미한다. 분권화 전후(1994~2009년) 271개 기초자치단체의

〈표 1-5〉 사회간접자본, 교육 및 보건, 기타 자본지출 목적의 특정보조금 추이(2003~2012년)

연도	사회간접자본		교육 및 보건		기타		합계
	백만 루피아	%	백만 루피아	%	백만 루피아	%	
2003	1,181,000	52.0	1,000,000	44.1	88,000	3.9	2,269,000
2004	1,196,250	42.1	1,108,780	39.1	533,470	18.8	2,838,500
2005	1,533,000	38.2	1,841,000	45.9	640,000	15.9	4,014,000
2006	3,811,380	33.0	5,326,320	46.1	2,422,100	21.0	11,559,800
2007	5,034,340	29.5	8,576,560	50.2	3,483,200	20.4	17,094,100
2008	6,684,201	31.5	10,832,790	51.1	3,685,150	17.4	21,202,141
2009	7,192,187	29.0	13,352,252	53.8	4,275,150	17.2	24,819,589
2010	4,493,071	21.3	12,164,642	57.6	4,475,669	21.2	21,133,382
2011	6,050,200	24.0	13,352,252	53.0	5,799,548	23.0	25,202,000
2012	6,327,414	24.2	13,047,231	50.0	6,741,303	25.8	26,115,948
합계	43,503,043	27.8	80,601,827	51.6	32,143,590	20.6	156,248,460

출처: Lewis, 2013b, p. 83.

사회간접자본 등 (DAK를 재원으로 한) 자본지출을 분석한 최근 연구(Kis-Katos & Suharnoko Sjahrir, 2014)에 의하면, 지방정부의 교육, 보건, 사회간접자본 투자가 지역의 수요를 더 잘 반영한 것으로 나타났으며, 이는 지자체의 서비스 책임이 증가하면서 전반적으로 지자체의 지출규모가 증가한 것과 궤를 같이 한다. 특히 지방분권화 이전에 지방의 사회간접자본이 열악했던 지역에서 이러한 증가세가 더 두드러졌다. 특정보조금(DAK) 등 사회간접자본 목적의 보조금을 증가시켜감과 동시에, 인도네시아 정부는 또한 2010년 이후 지방자치단체의 자본지출을 촉진하고 그 효율성을 높이기 위해, 자본지출 성과에 DAK 등 재원이전을 연계시키는 '산출기반 보조금 제도(output-based grants)'

를 사회간접자본, 상수도 등에 대한 자본투자에 대해 도입하여 시행하고 있다(Lewis, 2014b).[10)]

그러나 특정보조금의 증가에도 불구하고, 인도네시아 전체로 볼 때 사회간접자본 투자는 GDP의 3~4% 수준으로, 지방분권화 전의 8% 선에서 그 비율이 매우 감소했으며, 이는 중국, 인도, 태국, 베트남의 8~10%대 사회간접자본 투자보다 훨씬 낮은 수준이다(Asian Development Bank, 2010; World Bank, 2012; Lewis, 2013b에서 재인용). 이러한 사회간접자본 투자의 GDP 대비 비율의 감소는 사회간접자본시설(infrastructure)의 부실로 나타나고 있다. Regional Autonomy Watch(KPPOD)와 아시아재단(Asia Foundation)이 인도네시아 전국의 1만 2천여 개 기업체를 대상으로 지역의 사회간접자본시설에 관련해 실시한 설문조사에 따르면, 도로, 수도, 가로등 등 지방정부가 제공하는 사회간접자본 서비스에 대해 40% 이상의 기업이 "상태가 좋지 않다"고 답했고, 35%는 이것이 사업 활동을 제약하는 가장 심각한 문제로 보고 있다. 잠비, 서 칼리만탄, 중앙 칼리만탄, 파푸아에서는 도로 수리에 100일 이상 소요된다(KPPOD & Asia Foundation, 2011). 일주일에 평균 3회 정전이 발생하고, 그 빈도는 말루쿠(Maluku), 서 칼리만탄(West Kilimantan), 서 술라웨시(West Sulawesi)에서 더 심각해 일주일에 7회에 이르기도 한다.

이렇듯 지방분권화가 지방공공서비스 공급의 효율성 및 품질향상에

10) 이런 '산출기반 보조금 제도'에는 DAK 메커니즘을 통하는 'DAK 환급(Proyek Pemerintah Daerah dan Desentralisasi, P2D2)'과 상수도 사업인 'Water Hibah(WH)'가 있다.

기여하는 바가 뚜렷하지 않은 반면, 여타 사회경제적 지표에서 부정적인 영향을 미치고 있다는 증거 또한 보고되고 있다. 앞서 지적한 바와 같이 인도네시아는 인종적·언어적으로 매우 다양할 뿐만 아니라, 4개의 큰 섬을 거점으로 사람이 거주하는 6천여 개의 섬에 걸쳐 매우 다양한 사회경제적 격차를 보이고 있다. 이러한 사회경제적 격차는 지방분권화 이후에서 크게 개선되고 있지 않거나, 심지어 악화되고 있다. Patunru & Rahman(2014)가 2010~2011년 현재 전국의 33개 광역자치단체의 자료를 비교한 바에 따르면, 1인당 GDP는 전국평균이 2,981달러이지만 북 말루쿠(North Maluku)는 571달러에 불과하고 자카르타(Jakarta)는 9,875달러에 이른다. 소득불평등의 척도인 지니계수도 인도네시아 전체의 경우 0.41인 반면, 방카벨리퉁(Bangka Belitung) 0.30, 서 술라웨시(West Sulawesi) 0.48로 광역자치단체별로 편차가 심하다. 빈곤율 또한 인도네시아 전체적으로는 12.5%로 비교적 낮은 편이지만, 파푸아의 32%는 자카르타 3.8%의 여덟 배가 넘는다. 이 연구에 따르면, 경제개발비 지출이 높고 인건비 지출이 낮은 지자체가 더 높은 경제성장률을 보이고 있고, 군보다는 시 지역의 성장률이 더 높았다. 인건비가 경직성 경비인 것을 감안하면, 소규모 및 농촌지역 지자체일수록 성장률이 낮음을 알 수 있다. 이는 다시 지역 간 개발격차를 강화하는 요인이 되는 것으로 보인다. 지방교부세(DBH)가 지역별 소득격차에 미친 영향을 분석한 Dyah(2012)도 지방분권화가 지역 간 소득격차를 더 악화시켰다고 보고하고 있다. Yusuf, Sumner & Rum(2014)은 가계지출에 대한 서베이 자료를 분석하여 1993~2013년의 기간 동안 가계지출의 불평등(inequality)이 강화되어 왔으며, 특히 초기에 불평등 정도가 심하지 않았던 광역자치단체나 지자체에서 불평등 심화의 정도가 더 크다고 보고하고 있다.

지방분권화가 지역 간 사회경제적 격차를 강화시키는 반면, 인도네시아 전체로 볼 때 아직 그 자체로서 경제성장에 유의미한 차이를 낳지는 못한 것으로 보인다. Pepinsky & Wihardja(2011)은 1991~2007년 기간을 대상으로 한 분석에서 지방분권이 경제발전에 미치는 영향이 거의 없었음을 보이고 있다. 이 연구는 분권화가 경제발전에 긍정적인 영향을 미칠 수 있는 두 요인, 즉 지방정부 간 경쟁 및 정치적 책임성을 지자체 수준에서 분석하고, 지자체 간 극심한 부존자원(endowments) 격차, 생산요소의 매우 낮은 이동성, 지자체 거버넌스의 악화와 같은 요인이 경제발전을 저해하고 있음을 밝히고 있다. 다시 말해, 인도네시아의 경우 지역 간 극심한 불균형, 지방 거버넌스의 문제로 인해 분권화의 과실을 제대로 누리지 못하고 있는 것이다.

셋째, 이와 같이 지방분권화의 추진에도 불구하고 지방정부가 제공하는 공공서비스의 질이 유의미하게 나아지고 있다는 증거가 미약하지만, 지역주민들의 지방분권 및 지방공공서비스에 대한 만족도는 높은 편이다. 2007년 Lembaga Survei Indonesia(LSI)의 설문조사에 따르면 73%의 응답자가 지방분권을 지지했고, 반대한 사람은 27%에 불과했다(Mietzner, 2014). 또 교육(61% 대 9%), 보건(54% 대 12%) 서비스에 대해서도 분권화 이후 '더 나아졌다'는 응답이 '더 나빠졌다'는 응답보다 월등히 높았다. Lewis(2014a)에 의하면 기초자치단체 주민들이 지방행정(78%), 보건(90%), 교육(85%) 등의 서비스에 대체적으로 만족하고 있다. 일견 모순되어 보이는 이러한 현상은 지방공공서비스와 관련된 지방정부의 책임성을 확보하는 데에 장애로 작용할 수 있다. 지방정부의 서비스가 주민들의 선호를 반영하자면, 먼저 시민들이 서비스의 질에 대해 평가하고 이를 지방정부가 알도록 해야 하기 때문이다. 이와 관련하여 아직 지방정부의 예산 및 관리 투명성도 여전히 낮은 것으로 보인다. '예산투명성을 위한 인도네시아 포럼(Indonesian Forum for Transparency in Budgeting, FITRA)'이 2009년 42개 기초자치단체를 조사한 바에 의하면, 60% 이상의 기초자치단체에서는 지출보고서를 공개하지 않고 있다(MacLaren, 2010). 또 지방정부의 행정 책임성을 높이는 데에는 시민사회의 참여와 감시가 중요한 역할을 할 수 있지만, 현재 시민사회단체들이 참여과정과 개발이슈를 깊이 있게 이해하지 못하고 있는 점도, 지방분권화가 실제 지역주민의 수요를 반영하는 서비스의 효율적 공급으로 나타나지 못하고 있는 요인이 되고 있다. 이렇듯 시민사회의 역량이 아직 낮다보니, 지방자치에 따라 주민참여를 통해 지역개발정책을 결정하는 제도(participatory planning, musrengbang)를 도입·실시하고 있지만, 실제 개발자원의 배분에 대한 영향력이 미미하고, 단체장의 정치적 지원도 미약한 것으로 평가된다(Prasetiamartati, 2013).

V.

지방분권화의 문제점 및 개선방향

이와 같이 지방분권, 재정분권이 서비스 향상으로 귀결되지 못하고 있는 데에는 여러 가지 요인이 작용하고 있다(Lewis, 2013a). 주요한 것으로는 중앙-지방정부 간 재정관계의 설계 및 관리문제에 기인한 심각한 재원부족, 지방정부 공무원의 역량부족, 그리고 부패의 고착화를 들 수 있다. 지방정부의 재원부족은 상대적인 문제인데, 중앙정부 예산의 절반이 지방정부로 이전되고 있다고 볼 때, 이러한 재원이전이 서비스 품질 향상으로 나타나지 않는 것은 과도한 인건비·일반행정비 등 지방정부의 비효율성의 한 증거로 볼 수 있다. 정부 간 재정적 관계에서 비판의 주요 논점은 섬들 간, 광역자치단체 간, 기초자치단체 간 다양성을 제대로 고려하지 못한 점, 그리고 재원이전이 기초자치단체의 자체 재원조달 노력이나 서비스 성과와 효과적으로 연계되지 못하고 있다는 점이다(Lewis, 2013a).

먼저 지자체의 재원부족과 관련 자체세원 확보의 어려움을 지적할 수 있다. 지방세의 대상으로 허용된 세목과 세율상한 내에서 자치단체는 자체세원을 통해 세수를 확보할 자율성을 갖고 있지만, 실제 집행에서는 많은 문제점이 노정되고 있다. 지방세는 지방의회의 조례

(regulation)를 통해야 하며, 실제로 지방정부는 자체세원 확충을 위해 많은 조례를 제정하고 있다. 이런 조례는 제정 후 중앙정부에 보고되어 중앙정부 지침과의 부합여부 및 경제적·사회적 비용에 대한 심사를 받아야 한다. 한 조사에 따르면(Idrawati, 2009; Nugroho, 2014)에서 재인용), 2002~2009년 동안 지방정부는 9,714건의 조례를 통과시켰지만, 이 중 3,455건(약 36%)이 중앙정부의 심사를 거쳐 무효화되었다.[11] 이는 지방정부의 자체세원 확충 노력에서 중요한 시사점을 갖는다. 즉 지자체로서는 어떤 세입관련 조례를 도입할지에 대해 결정하기 어렵고, 일단 조례를 도입했다 하더라도 중앙정부의 심사를 통과할지 여부를 쉽게 알 수 없다는 것이다. 이에 따라 지방정부는 지방자율권에 대한 이러한 제어와 감독을 자치권에 대한 심각한 제한으로 느끼고, 자체 재원 확충 노력을 아예 포기하기도 한다(Siddiquee, Nastiti & Sejati, 2012). 이러다 보니, 지자체에서는 아예 자신들이 도입한 세입관련 조례를 중앙정부에 보고하지 않기도 한다(Firman, 2009).

둘째, 지방정부의 집행역량의 부족을 들 수 있다. 앞서 언급되었듯이 2014년의 경우 중앙정부로부터의 총 592조 루피아의 이전재원 중 20%에 달하는 116조 루피아가 지방정부의 역량부족으로 집행되지 못했다. 결과적으로 많은 지자체들이 은행적립금(bank deposits)을 쌓아놓는 관행을 보이고 있다. 지방자치가 실시된 2001년, 20조 루피아 미만이던 지자체의 은행예금이 2005년을 기점으로 급증하기 시작하

11) 지방정부가 자신들이 제정한 조례를 중앙정부에 보고하여 검토과정을 밟고자 한다 하더라도, 중앙정부는 분권화 초기(2000~2001년) 이렇게 보고된 조례의 47%밖에는 제대로 심사하지 못했다(Lewis & Suharnoko, 2008; Siddiquee, Nastiti & Sejati, 2012)에서 재인용).

여 2008～2009년의 소강기를 거쳐 2011년 이후 여전히 증가하고 있다(Lewis & Oosterman, 2009; Lewis, 2014b). 특히 연중 적립금을 쌓아 놓고 있다가 연말에 급격히 인출하는 경향이 있는데, 이는 지자체들이 재정지출을 지체하다가 연말에 몰아서 하고 있음을 의미한다. 물론 이러한 적립금의 증가는 중앙정부로부터의 DAU, DAK 등 재원이전과 유의미한 상관관계가 있다(Lewis & Oosterman, 2009; Lewis & Smoke, 2015). 이러한 관행은 다른 한편으로는 중앙정부와의 정책협조의 결여에 따른 지방정부의 기회주의적 행태를 반영하기도 한다. 즉 중앙정부의 고(高) 이자율 통화정책이 지방정부로 하여금 경제개발 목적으로 지출해야할 자금을 인도네시아 중앙은행 예치증서(SBI)와 같은 이자수입을 올리는 데에 투자하는 요인으로 작용했다(The Jakarta Post, 2007. 7. 6.). 저조한 예산집행 문제에 대해 인도네시아 정부는 이전재원의 집행성과와 재원이전액을 연계시키는 방안을 추진하고 있다. 나아가 '지역인센티브펀드(Regional Incentive Fund, DID)'를 통해 높은 예산 집행률, 우수한 감사결과 등 재정성과, 실업률, 경제성장율, 빈곤극복 등에서 우수한 성과를 달성하는 지자체에 대해 인센티브를 제공하고 있다(Sambijantoro, 2015). 지자체의 예산(계획)과 그 집행역량에서 격차, 집행상의 비효율성 등을 시사하는 이러한 낮은 예산집행 수준은 최근으로 오면서 점차 개선되고 있다(Patunru & Rahman, 2014).

지방분권이 부패에 미치는 영향을 분석한 경험적 연구들은 분권화로 인한 정치적·행정적 책임성의 제고 및 관료에 대한 감시강화가 부패를 낮출 수 있지만(Fisman & Gatti, 2002; Huther & Shah, 1998;

Lessmann & Markwardt, 2010), 반면 정부 숫자나 행정계층의 증가로 인한 복잡성 및 독점적 서비스 공급자로서의 지위 등으로 인해 뇌물 등 부패가 높아진다고도 보고하고 있다(Bardham & Mookherjee, 2006; Fan, Lin & Treisman, 2009). 어느 경우이든 인도네시아에서는 지방분권화 이후 부패문제의 심각성이 더욱 부각되고 있다. 인도네시아의 지방정부 부패는 지역 엘리트 집단에 의한 지방정부의 포섭(capture), 뿌리 깊은 후견주의(patronage), 자잘하지만 만연한 관료들의 부정행위 등 그 범위가 다차원적일 뿐만 아니라 그 폐해 또한 심각하다(Transparency International, 2009). 지방분권화 이전과 비교해 중앙정부로부터의 재원이전이 비약적으로 늘어나고 지방세 권한도 행사하고 있지만, 만연한 부패로 인해 실제 지방자치의 편익을 실현하지 못하고 있다는 것이다. 부패문제는 지방정부가 효율적으로 자원을 활용하고 프로그램들을 관리할 능력을 배양하는 데에 결정적인 장애가 되며(Barron & Clark, 2006), 단체장 및 지방의원과 지역 유지들 간의 결탁 등으로 정책결정의 왜곡을 낳는다.

특히, 자체세원을 확보하고자 도입하는 지방세, 부담금이나 인허가요금에 있어, 부패문제가 심각하게 나타나고 있다(Barron & Clark, 2006; Buehler, 2010; Hadiz, 2004; Lewis & Suharnoho, 2008; Siddiquee, Nastiti & Sejati, 2012). 지방정부가 자체세원 확충을 위한 조례를 제정하면서 역내 산업과 다른 경제활동에 심각한 왜곡을 가져오거나, 심지어 불법적인 부담금·요금을 부과하는 것이 비일비재했다. 한 조사에 의하면, 설문에 응답한 사업자의 80%가 자치단체와 상대하면서 부당하고 불법적인 요금이나 부담금, 가령 관내 도로를 이용하면서 버스나 트럭 통행료 등을 지급해야 했다고 한다(KPPOD, 2008; Siddiquee, Nastiti & Sejati, 2006에서 재인용). 각종 인·허가와 관련된 지방정부 공무원들의 부패문제는 끊임없이 제기되고 있다. 일례로, 지방분권으로 광산채굴 허가권을 가진 시·군이 2009년 이후 8,800건의 허가를 내 줬으나, 이 중 많은 경우 허가과정에서 지자체 공무원들이 뇌물 등 개인적 이득을 취한 것으로 드러났다(Cahyafitri, 2014). (이에 따라, 인도네시아 하원(DPR)은 2014년 '지방정부에 관한 법(Law No. 23, 2014, Pemda)'을 통해 광역자치단체에 광업인허가권을 귀속시켰다.)

문제는 이렇게 부과되는 요금들이 지역 경제활동을 왜곡시키고 잠재적 기업가의 창업을 억제할 뿐만 아니라, 지자체를 장악한 공무원 및 지역 엘리트들에 의한 개인적 부의 축적으로 이어질 수 있다는 점이다. 자체세원 확보에 대한 자율권이 지자체의 재정자립도를 높이는 것이 아니라, 중앙정부의 부패 고리(부패-결탁-정실, KKN)가 지방분권을 통해 지역으로 전이되는 구조가 형성되고 있는 것으로 평가된다. 분권화 이후 '부패의 지방화' 문제는 Guess(2005)가 지적한 바와 같이, 지방정부의 행태에 대해 중앙정부 및 시민사회의 감시구조가 제대로 작동하지 않기 때문이다. 이는 지역 내 시민사회의 미약에 더해, 기초의회에 대한 세밀한 모니터링이 어렵다는 점에 기인하기도 한다. Amri(2014)에 따르면, 인도네시아 기초의회 의원의 수가 평균 29명으로 다른 나라에 비해 너무 많아(미국 10명 내외), 실제 기초의원들의 활동실적을 추적, 감시, 평가할 기제가 제대로 작동하고 있지 않다. 의원 개개인의 활동을 관찰하고 이를 실적(공과)에 대해 책임을 묻기 어렵다는 것이다.

부패문제와 더불어, 지자체 운영상의 비효율과 지역 엘리트에 의한 포섭의 문제가 심각하게 대두되었다. World Bank(2007)의 조사에 의하면, 2006년 967명의 지방의회 의원과 61명의 단체장들이 부패혐의로 기소되었고, 2014년 내무부 조사에 따르면, 2009년 지방선거 후 318명의 기초자치단체장들이 부패혐의를 받고 있거나 부패혐의로 구속되었다(Hendrianto, 2014).[12] 2013년 당시 재정부 차관이던 Bambang Brodjonegoro는 광역자치단체들이 중앙정부로부터 대규모 이전재원을 제공받았음에도 불구하고 서비스의 질이 개선되지 않는 중요한 이유로 이 문제를 지목하고 있다(The Jakarta Post, 2013. 11. 25.). 단체장의 부정부패로 인해, 자치단체는 예산관리 능력의 개선이나 예산집행에 대한 감독에 소홀할 수밖에 없다는 것이다. 현재 인도네시아 중앙정부는 광역 및 기초자치단체의 비효율과 지역 엘리트에 의한 포섭을 극복하기 위해 이전재원을 읍·면(subdistrict)에 직접 제공하는 개선방안을 논의하고 있다.

12) 이에, 인도네시아 하원은 2014년 지방정부 시장(mayors) 및 군수(regents)에 대한 직접선거를 폐지하는 법(Pilkada Law)을 통과시켰지만, 수실로 밤방 유도요노 대통령이 퇴임 직전 이 법을 무효화하는 규제조치(Perppu)를 발표해 Pilkada를 하원으로 돌려보냈다.

VI. 결 론

권혁주(2015, p. 28)에 따르면, 인도네시아는 "국가의 역할도 소극적이고 국가의 역량도 낮다." 또 국가의 핵심적 기능과 관련, 국방과 치안, 사유재산 보호, 공공행정, 조세, 공공의료 및 안전, 빈곤구제 등 핵심기능의 수행에 있어 인도네시아는 낮은 수준을 보이고 있으며, 복지의 공급자나 규제자로서 보다는 제도 유지자로서 기능하고 있다. 이러한 맥락에서, 인도네시아의 '빅뱅' 분권화는 공공행정, 조세, 공공의료, 빈곤구제 등 국가의 핵심적 기능을 향상시킬 목적으로 추진되었다고 볼 수 있다. 분권화에 따라 주민의 직접투표를 통해 지방정부를 구성하고, 의료, 교육, 사회간접자본 등 기본적인 공공재를 제공할 책임을 지방정부로 이양했다. 이를 위해 지자체에 일정한 조세자율권을 부여하고 막대한 재정지원을 시행하고 있다.

그러나 지난 15년간의 경험은 아직도 지방분권으로 인한 혜택이 제대로 실현되지 못하고 있음을 보이고 있다. 도로, 전기, 수도를 비롯한 사회간접자본시설은 아직도 열악하며, 교육 및 보건 지표상의 개선도 미진하거나 더딘 상황으로, 그 질적 수준이 여타 다른 개도국에 비해 낫다고 할 수 없다. 지방재정이 부실한 한편으로, 예산을 제때에 집행하지 못할 정도로 아직 지방정부의 인적·제도적 역량이 미약하다. 또한 수하르토 치하 '신질서' 시절의 중앙정부 부패가 2001년 이후 '부패의 분권화'로 이어지면서 지방정부는 단체장의 부패, 단체장과 지역 엘리트의 결탁·후견주의, 지방공무원의 부패, 각종 인·허가 과정의 비리로 얼룩져 있다. 인도네시아의 지방분권을 정치적·행정적 책임성의 측면에서 분석한 Buehler(2010)는 지방에서 과두적인 엘리트들이 분권에 따른 제도적 책임성의 메커니즘이 제대로 작동하지 못하게 한다고 지목하고 있다. 또, 부패한 자치단체장이나 지방의원을 선거 등을 통해 교체한다 하더라도, 후임들이 여전히 지역의 엘리트 집단에서 충원된다는 것이다. 전반적으로 지방 거버넌스에서 제도적 책임성을 담보할 메커니즘이 제대로 작동하지 않고 있다. 이에 따라 지방의 공공영역이 '부수화(marginalization)'되었다(Buehler, 2010). Guess(2005)는 인도네시아의 분권화를 파키스탄 및 필리핀의 사례와 비교하면서 지방의 세수기반이 약하고 지방정부의 행태에 대한 중앙정부 및 시민사회의 감시감독 체계가 제대로 구축되지 않고 있다고 진단한다. 이는 특히 서비스의 제공 및 자체 재원이 발굴 등에서 만연한 부패 문제를 고려할 때 인도네시아가 향후 분권화의 혜택을 온전히 누리는 데 있어 중요한 걸림돌로 작용할 것으로 보인다.

지방정부의 부패문제는 세입 및 세출 결정, 지역개발, 인사, 인·허가 등 지방행정의 전 영역에 걸쳐 있다. 부패는 공공서비스의 질을 떨어뜨리고 나아가 지역의 경제적 활력을 잠식하고, 결국 주민들이 기본적인 삶의 질을 향유하지 못하게 한다. 중앙정부에 의한 관리·감독의 강화, 의사결정 과정의 개방성 제고, 주민참여 확대, 성과예산제도의 내실화, 예산정보의 알기 쉬운 공개 등 많은 부문에 있어 지방행정의 효율성과 책임성을 높이는 기제들이 개선되어야 한다. 무엇보다도, 선출직 지방정치인과 이들이 이끄는 지방행정조직의 책임성을 높이기 위해서는 지역주민과 기업들의 역할이 무엇보다 중요하다. 지방분권화가 보다 나은 공공서비스의 공급으로 이어지기 위해서는 지역주민들이 더 나은 서비스에 대한 수요를 인지하고 이를 지방정부에 투입하는 것이 선결조건이다. 지방분권과 지방자치의 진전으로 지방정부가 서비스 공급에서 더 많은 권한과 책임을 행사할 수 있음에도 불구하고, 지역주민들이 기존의 서비스 수준에 만족하고 더 이상의 시민적 압력을 지방정부에 투사하지 않는다면, 지방분권은 서비스의 질 향상으로 귀결되지 않을 것이다(Lewis, 2013a). 이렇게 볼 때, '지방분권으로 인한 과실을 제대로 실현하느냐', '국가가 그 핵심기능을 지방에서 제대로 수행하느냐' 하는 문제는 결국 지역주민들과 기업들, 그리고 지역의 시민사회가 지역정치 및 정책과정에서 지방정부와 정치인들의 책임을 얼마나 적극적으로 묻는가에 달려 있다고 하겠다. 결론적으로, 인도네시아는 지방분권화를 통해 국가의 핵심적 기능을 좀 더 잘 수행할 제도적 기반을 마련했다고 할 수 있으나, 여전히 반부패, 지방의 행정역량강화, 투명성 제고, 지방재정 강화 및 효율화, 정치적·행정적 책임성 강화 등에서 많은 개선의 여지가 있다고 하겠다. 물론 이러한 과제는 지금까지 지방분권화라는 제도적 개혁을 통해 이뤄낸 성과를 전제하고, 이를 더욱 심화시키는 의의가 있을 것이다.

참고문헌

권혁주(2015), 국가의 기능과 역할 : 개발도상국의 경제·사회발전의 관점에서, 서울대학교 행정대학원 아시아개발연구소 학술워크숍, 개발도상국 공공정책과 행정에 관한 사례연구 발표문.

Ahmad, E. & G. Brosio(2006), Introduction : fiscal federalism – a review of developments in the literature and policy, in E. Ahmad & G. Brosio(eds.), *Handbook of Fiscal Federalism*, Cheltenham : Edward Elgar Pub, pp. 1~29.

Amri, M.(2014), How to enable local leaders to perform, *The Jakarta Post*, December 8, 2014.

Bardhan, P. & D. Mookherjee(2006), Decentralization and accountability in infrastructure delivery in developing countries, *The Economic Journal*, 116(January), pp. 101~127.

Barron, P. & S. Clark(2006), Decentralizing Inequality? Center-periphery relation, local governance, and conflict in Aceh, *Social Development Papers*, 39, Washington D.C. : World Bank.

Brodjonegoro, B.(2003), The Indonesian Decentralization after Law Revision : Toward a Better Future? A paper presented at the International Symposium on Fiscal Decentralization in Asia Revisited, Tokyo, Japan.

Buehler, M.(2010), Decentralization and local democracy in Indonesia : The marginalization of the public sphere, in E. Aspinall & M. Metzer(eds.), *Problems of Democratisation in Indonesia : Elections, Institutions and Society*, Singapore : ISEAS, pp. 267~285.

Cahyafitri, R.(2014), New law scraps local governments' power in mining, *The Jakarta Post*, October 6, 2014.

Confusion in understanding decentralization, *The Jakarta Post*, July 6, 2007.

Decentralization poses threats to public healthcare, *The Jakarta Post*, December 1, 2010.

Dyah, S. M.(2012), The Impacts of Fiscal Decentralization on Income Inequality in Indonesia, An unpublished manuscript.

Fan, C. S., Lin, C. & D. Treisman(2009), Political decentralization and corruption : Evidence from around the world, *Journal of Public Economics*, 93(1), pp. 14~34.

Firman, T.(2009), Decentralization reform and local-government proliferation in Indonesia : Towards a fragmentation of regional development, *Review of Urban and Regional Development*, 21(2/3), pp. 143~157.

Fisman, R. & R. Gatti(2002), Decentralization and corruption : Evidence across countries, *Journal of Public Economics*, 83(3), pp. 326~345.

Guess, G. M.(2005), Comparative decentralization lessons from Pakistan, Indonesia, and the Philippines, *Public Administration Review*, 65(2), pp. 217~230.

Hendrianto, S.(2014), *Indonesia's Constitutional Conundrum : The Weak Presidency, the Strong Opposition and the Regional Election Law*, I-Connect, Blog of the International Journal of Constitutional Law and ConstitutionMaking.org(http://www.iconnectblog.com/2014/10/indonesias-constitutional-conundrum-the-weak-presidency-the-strong-opposition-and-the-regional-elections-law/).

Heywood, P. & Y. Choi(2010), Health system performance at the district level in Indonesia after decentralization, *BMC International Health and Human Rights*, 10(3), pp. 1~12.

Hill, H.(2014), An introduction to the issues, in H. Hill(ed.), *Regional Dynamics in a Decentralized Indonesia*, Singapore : Institute of Southeast Asian Studies, pp. 1~22.

Hofman, B. & K. Kaiser(2002), The Making of the Big Bang and its Aftermath : A Political Economy Perspective, A paper presented at the Conference on "Can Decentralization Help Rebuild Indonesia?" May 1~3, 2002, Andrew Young School of Policy Studies, Atlanta : Georgia State University.

Hofman, B., Kadjatmiko, S., Kaiser, K. & S. B. Sjahrir(2006), Evaluating Fiscal Equalization in Indonesia, *World Bank Policy Research Working Paper*, 3911.

Hotland, T.(2004), Regions need more money to abolish 'nuisance' taxes, *The Jakarta Post*, September 9, 2004.

Huther, J. & A. Shah(1998), Applying a Simple Measure of Good Governance to the Debate on Fiscal Decentralization, *Policy Research Working Paper*, 1894, Washington D.C. : World Bank.

Kis-Katos, K. & S. B. Sjahrir(2014), The Impact of Fiscal and Political Decentralization on Local Public Investments in Indonesia, *IZA Discussion Paper*, 7884.

Lewis, B. D.(2006), Local government taxation : An analysis of administrative cost-efficiency, *Bulletin of Indonesian Economic Studies*, 42(2), pp. 213~233.

__________(2013a), Public services : The legacy of decentralization, *East Asia Forum*, 5(4), pp. 20~21.

__________(2013b), Local government capital spending in Indonesia : Impact of intergovernmental fiscal transfers, *Public Budgeting & Finance*, 33(1), pp. 76~94.

__________(2014a), Twelve years of fiscal decentralization : A balance sheet, in H. Hill(ed.), *Regional Dynamics in a Decentralized Indonesia*, Singapore : Institute of Southeast Asian Studies, pp. 135~155.

__________(2014b), Indonesian intergovernmental performance grants : An empirical assessment of impact, *Bulletin of Indonesian Economic Studies*, 50(3), pp. 415~433.

Lewis, B. D., McCulloch, N. & A. Sacks(2015), Measuring local government service delivery performance : Challenges and (partial) solutions in Indonesia, *Journal of International Development*, forthcoming, pp. 1~10, DOI :

10.1002/jid.3106.

Lewis, B. D. & A. Oosterman(2009), The impact of decentralization on sub-national government fiscal slack in Indonesia, *Public Budgeting & Finance*, 29(2), pp. 27~47.

Lewis, B. D. & P. Smoke(2015), Intergovernmental Fiscal transfers and Local incentives and responses : The Case of Indonesia, *Fiscal Studies, Accepted Article*, pp. 1~28, DOI : 10.1111/1475-5890.12080.

Sambijantoro, S.(2013), Decentralization : A dangerous burden for state budget, *The Jakarta Post*, November 25, 2013.

Jaweng, R. E.(2014), Overcoming problems in new autonomy era, *The Jakarta Post*, December 22, 2014.

KPPOD & The Asia Foundation(2011), Local Economic Governance : A Survey of Business Operators in 245 Districts/Municipalities in Indonesia, 2011. (https://asiafoundation.org/resources/pdfs/IndonesiaEGI2011English.pdf)

MacLaren, L.(2010), From Indonesia : Survey examines decentralization's impact on local governance, The Asia Foundation. (http://asiafoundation.org/in-asia/2010/02/10/from-indonesia-survey-examines-decentralization%E2%80%99s-impact-on-local-governance/)

Mietzner, M.(2014), Indonesia's decentralization : the rise of local identities and the survival of the nation-state, in H. Hill(ed.), *Regional Dynamics in a Decentralized Indonesia*, Singapore : Institute of Southeast Asian Studies, pp. 45~67.

Nugroho, A.(2014), The Impact of Regional Regulation on Economic Performance in Indonesia, Master's Thesis, International University of Japan.

Patunru, A. A. & E. A. Rahman(2014), Local governance and development outcomes, in H. Hill(ed.), *Regional Dynamics in a Decentralized Indonesia*, Singapore : Institute of Southeast Asian Studies, pp. 156~185.

Pepinsky, T. B. & M. M. Wihardja(2011), Decentralization and economic performance in Indonesia, *Journal of East Asian Studies*, 11(3), pp. 337~371.

Prasetiamartati, B.(2013), Policy and Participatory Local Governance in Indonesia, A paper presented at the International Conference on Participatory Federalism and Decentralization : From Framework to Functionality, September 26, 2013, Islamabad, Pakistan.

Sambijantoro, S.(2015), Government decentralization plan to give more money to regions, *The Jakarta Post*, June 1, 2015.

Shah, A.(2007a), Institutional arrangements for intergovernmental transfers, in R. Boadway & A. Shah(eds.), *Intergovernmental Fiscal Transfers : Principles and Practice*, Washington D.C. : World Bank, pp. 293~317.

________(2007b), A practitioner's guide to intergovernmental fiscal transfers, in R. Boadway & A. Shah(eds.), *Intergovernmental Fiscal Transfers : Principles and Practice*, Washington D.C. : World Bank, pp. 1~53.

Siddiquee, N. A., Nastiti, D. & N. A. Sejati(2012), Regional autonomy and local resource mobilization in Eastern Indonesia : Problems and pitfalls of fiscal decentralization, *Asian Affairs : An American Review*, 39(1), pp. 44~68.

Suharnoko, S. B., Kis-Katos, K. & G. G. Schulze(2014), Administrative overspending in Indonesian districts : The role of local politics, *World Development*, 59, pp. 166~183.

Transparency International(2009), Corruption Challenges at Sub-National Level in Indonesia, *U4 Expert Answer*, Anti-Corruption Resource Center.

Toha, R. J. & M. F. McPherson(2014), Reducing decentralization's dysfunction, *The Jakarta Post*, May 12, 2014.

World Bank(2005), Civil Service Reforms at the Regional Level : Opportunities and Constraints, Jakarta : World Bank Office.

__________(2013), Local Governance and Education Performance : A Survey of the Quality of Local Education Governance in 50 Indonesian Districts, Jakarta : World Bank Office.

World Health Organization(2008), WHO Country Cooperation Strategy 2007~2011 : Indonesia.

Yusuf, A. A., Sumner, A. & I. A. Rum(2014), Twenty years of expenditure inequality in Indonesia, 1993~2013, *Bulletin of Indonesian Economic Studies*, 50(2), pp. 243~254.

Ziegenhain, P.(2015), Institutional Engineering and Political Accountability in Indonesia, Thailand and the Philippines, Singapore : Institute of Southeast Asian Studies.

제2장

베트남의 지방정부와 지방분권

김순은

(서울대학교 행정대학원 교수)

I. 서 론

아시아 동남부에 위치한 베트남은 일찍부터 외국의 침략을 자주 받아오다 19세기 말에 처음으로 통일을 이루었다. 그러나 제2차 세계대전을 거쳐 독립이 이루어진 후 1954년 중국과 구소련의 지원을 받는 북베트남과 미국의 지원을 받은 남베트남으로 다시 분리되었다. 이후 베트남 전쟁을 거치면서 1975년 재통일을 이루었으나 1978년 캄보디아 침공으로 인해 심각한 경제난과 국제적 고립을 겪게 되었다.

프랑스로부터 독립할 당시 베트남의 산업 구조는 농업 중심이었고 그나마도 지역 간의 편차가 매우 컸다. 그 이후 전쟁을 거친 뒤 통일이 되고 나서도 중앙집권적인 계획 하에서의 경제적 상황은 크게 호전되지 않았다.

이러한 위기를 타개하기 위해 1986년 경제개발정책인 "도이모이(Doimoi)"를 채택하여 중앙계획경제를 시장경제 중심으로 전환하기 시작하였다. 사회-경제적 발전을 위하여 도이모이 개혁을 추진하게 된 것이다. 도이모이는 점증하는 수요에 대응하여 정부의 새로운 역할을 요구하였다. 이를 반영한 것이 1992년 개정된 베트남사회주의공화국헌법이다. 이 헌법에 따라 중앙정부 및 지방정부의 통치구조가 마련되었다.

새로운 통치구조가 출범함에 따라 기존의 행정관행은 정부가 역할을 적절히 수행하는 데 걸림돌이 되기 시작하였다. 기존의 구조 하에서 지방정부는 중앙정부의 부속기관에 불과하였고 중앙정부가 우월적인 지위를 차지해왔다. 그러나 중앙정부의 계획에 의한 경제적·행정적 기능은 더 이상 유효하지 않았다. 이를 개선하기 위하여 정부의 법적·규제적 틀을 합리화함으로써 시장경제의 수요에 대응하고, 중앙정부와 지방정부의 행정체제를 개선하며, 교육을 통해 공무원의 역량을 강화하는 등의 개혁이 1990년대에 실행되었다(Phan, 2012). 또한 베트남의 지방정부와 지방분권도 행정개혁의 차원에서 실행되었다.

본 연구는 베트남 지방정부의 변화와 지방분권의 양상을 행정개혁의 차원에서 도출하고 이의 시사점을 분석하는 것에 초점을 두고 있다. 우리나라가 확대해 나가고 있는 ODA(Official Development Assistance)의 주요 수혜국인 베트남의 지방정부는 ODA의 자금을 직접 집행하는 주체이기 때문에 이에 대한 분석과 이해는 향후 베트남에 대한 ODA의 성과를 제고하는 데 기여할 것이다.

II.

베트남의 지방정부

1. 베트남 지방정부의 배경적 특색

1) 베트남의 지리적 특성

베트남의 지방정부를 서술함에 있어서 반드시 논의되어야 할 것은 베트남의 인구사회학적, 지리적 특성이다. 전자의 관점에서 베트남은 다문화, 다인종 국가이다. 베트남인이 90%를 차지하지만 그 밖에 60여 소수민족이 공존하고 있다. 지리적인 측면에서 베트남은 국토 면적이 329,241km^{2}로서, 국토가 가로는 좁고 세로는 1,650km에 이르는 형태를 띠고 있다. 또한 국토의 70%가 산악지대이고 평야지대가 30%밖에 안 된다. 이러한 지리적 특성으로 인해 프랑스 지배시절부터 국가가 3개 또는 그 이상의 지역으로 분리되어 통치되는 결과가 나타났다(Westcott, 20003). 이러한 인구사회학적, 지리적 특성은 베트남 지방정부의 다양성에도 영향을 주었다.

1986년 도이모이 개혁 이후 지방정부의 수는 급격히 증가했다. 특히 주정부의 수가 1996년에 60% 정도 증가하였다(Nguyen, 2009). 도이모이 개혁은 1982년부터 베트남의 가난퇴치를 위해 실시한 개혁과정의 결실로서 소기업과 가족경제를 인정하는 등 개인의 창의성을 존중하는 체제의 개막을 의미하였다. 이러한 성격의 도이모이 개혁은 국가 구조 차원에도 영향을 미쳐 지방정부의 자율성을 향상시켰고 그 결과 지방정부의 수가 자연히 늘어났다.

2) 베트남의 정치적 이념

베트남 지방정부의 특성을 설명하는 데 반드시 포함되어야 할 것이 베트남의 정치이념이다. 베트남은 중앙집권적 경향이 견고하지만 실용적인 차원에서는 지방의 책임을 강조하였으며, 역사적으로 이 두 가지 이념을 조합하여 국정을 운영해 왔다. 전통적으로 중앙정부는 중앙정부의 관리를 지방에 파견하는 방식을 통하여 중앙-지방정부의 계층적인 상하관계를 유지하였다. 그러나 중앙으로부터 지리적으로 떨어진 지방에서는 나름대로의 재량과 책임을 행사할 수 있었다. 중앙에서 임명되는 관리들은 지역의 유지들과 연대하여 지방의 정치와 행정을 담당하였다. 정치적 변동에도 불구하고 지방은 지리적 규모에 따라 다수의 계층으로 구분되어 수직적인 관계가 유지되었다. 이러한 정치적 이념은 1945년 제2차 세계대전이 종료되고 호찌민에 의하여 베트남 민주정부가 수립된 이후에도 계속되었다. 특히 공산당을 통한 수직적인 지배는 중앙-지방정부의 계층적 상하관계의 유지와 밀접한 관계가 있다. 이러한 구조 하에서는 지방에서 잘못이 발견될 경우, 지방이 그에 상응하는 처벌을 받는다(Marr, 2004). 공산당을 중심으로 한 중앙-지방정부의 상호 복종·수직 모형은 공산주의 국가에서 발전된 민주적 중앙주의 원칙(democratic centralism)에 기초한다(Phan, 2012).

3) 베트남의 민주적 중앙주의

민주적 중앙주의는 1906년 구소련 볼셰비키 조직의 원리로서 1977년까지 중앙-지방정부의 관계를 결정하는 원칙이었다. 중국 공산당과 더불어 베트남 공산당도 민주적 중앙주의를 국정의 중요한 조직 원리로서 채택하였다.

민주적 중앙주의라는 용어는 민주주의와 중앙주의를 조합한 것으로 전자는 인민의 의사를 반영한다는 의미이며, 후자는 소수자가 다수의 의견에, 하급기관이 상급기관에 복종한다는 의미를 지닌다. 전자는 지도체제를 구성하는 원리이며 후자는 국가의 행정체제를 운영하는 원리이다. 전자의 원리를 기반으로 정당이나 국가의 구성은 선거에 따르게 되며 정당과 국가의 각 기관은 정당이나 국가에 대하여 책임을 다하여야 한다. 후자의 원리에 따르면 하급기관은 상급기관에 각각 책임을 완수하여야 한다(Waller, 1981). 즉 민주적 중앙주의는 선거에 의한 임용, 책임성,[1] 상급기관에의 복종을 의미한다(Phan, 2012). 선거에의 임용과 책임성은 민주주의의 원리를 지칭하며 상급기관에의 복종은 중앙주의의 또 다른 표현이다.

베트남도 민주적 중앙주의를 헌법에서 명시하고 있다. 베트남 헌법 제6조, 제119조, 제123조에서 그 원리를 규정하고 있다. 제6조는 "국회, 인민평의회 그리고 기타 국가기관은 민주적 중앙주의에 따라 조직하고 작동하여야 한다"라고 명시적으로 규정하고 있다(베트남 헌법 제6조). 또한 제119조는 "인민평의회는 국가권력의 지방기관이며, 인민

1) 베트남에 있어서 책임성은 이중적인 성격을 띠는데, 1차적인 책임은 유권자인 인민에게 지는 것이며 2차적인 책임은 상급 국가기관에 지는 책임을 의미한다.

의 의지, 희망 및 통치를 대표하고 지방인민에 의하여 선출되어, 지방인민 및 상급 국가기관에 대하여 책임을 진다"라고 규정하고 있으며, 제123조는 "인민위원회는 인민평의회에 의하여 선출된다. 인민위원회는 집행기관이며, 지방에 있어서 국가기관이며, 헌법, 법률 및 상급 국가기관의 공문서 명령 및 인민평의회의 결정을 집행하는 책임을 진다"라고 규정하고 있다.

이러한 헌법 규정에 따라 베트남의 중앙정부와 지방정부는 명령과 통제 및 허가라는 특징을 유지하면서 발전하였다. 베트남은 다른 동남아시아의 국가들과 비교할 때 공산당에 의한 민주적 중앙주의라는 점에서 크게 차별성을 지닌다.

2. 베트남의 헌법과 지방정부의 기원

1) 1992년 헌법 개정

1986년 개시된 도이모이 개혁의 결실이 1992년의 헌법이다. 베트남은 1982년 이후 가난 퇴치를 위하여 다양한 방면에서 개혁을 추진하였다. 그중에서도 베트남이 추진했던 개혁의 결실인 1992년 헌법은 소유권의 인정과 민간부문의 정당화를 가장 대표적인 특징으로 한다.

2) 지방정부의 기원

베트남의 지방정부는 10세기경으로 소급된다. 그때부터 19세기 프랑스 지배하에 들어가기 전까지 중앙집권적인 체제 하에서 각 지방정부는 왕, 귀족, 불교사원의 통제하에 있는 영지와 밀접하게 관련되어 있었다. 계층적인 구조를 띤 지방행정체제는 15세기에 수립되었다(Marr, 2004). 프랑스 지배 당시 베트남은 크게 세 지역으로 대분되어 통치되었다. 세 지역으로 분리되었지만 통제의 유형은 중앙집권체제였다.

현대와 같은 3계층제의 지방정부 체제는 1945년 건국 이후 수립되었다. 1945년 이후 진행된 도시화로 인하여 새로운 형태의 지방정부가 탄생되었다. 그 후 전쟁을 겪고 통일을 이루면서 현대적 의미의 중앙정부와 지방정부가 나타났다. 현대의 지방정부는 1992년 헌법, 2002년 정부조직법(Law on Organization of the Government), 2003년에 제정된 인민평의회와 인민위원회법(Law on Organization of People's Council and People's Committee, 이하 '지방정부조직법')에 의하여 수립되었다. 요약하면 베트남의 지방정부는 평상 시, 전쟁 시, 전후 복구 시 등 상이한 시대적 상황에 부응하여 꾸준히 변화해 온 것이다(Hung, 2008).

3) 행정개혁과 지방정부

국가마다 사정은 다소 상이하지만 대부분의 국가는 국가체제를 수립함에 있어서 중앙집권과 지방분권의 양 축 사이에서 균형점을 찾는다. 베트남도 규범적으로 중앙집권과 지방분권의 적절한 조화가 필요했다. 전후 호찌민은 주민에게 가장 근접한 공동체 수준의 행정이 국가행정의 기초임을 강조하였다. 그럼에도 불구하고 베트남의 행정은 스탈린식 공산주의의 체제와 유사하게 중앙집권적인 특징을 유지하였다. 그 결과 1999년 보고에 따르면 중앙정부의 허가가 필요한 행정 건

수가 120,000건에 이르게 되었다(Nguyen, 2009).

이러한 중앙집권적인 행정을 개혁하기 위해 1992년에 헌법을 개정하였고 2001년부터 2010년까지 행정개혁을 지속적으로 추진하였다. 1992년 헌법에서 민주적 집중원칙(democratic centralism)을 천명하는 동시에 추상적이나마 지방분권에 관한 조항도 포함시켰다. 이러한 기조는 2001년 헌법 개정에도 이어졌다.

3. 베트남 지방정부의 구성

1) 헌법과 지방정부

1992년 헌법 119조는 우리나라의 지방의회에 해당하는 인민평의회에 관하여 규정하고 있다. 여기에는 "인민평의회는 국가권력의 지방기관이며, 인민의 의지와 선호 및 통치를 대표하는 기관으로서 지역인민의 투표에 의하여 선출된다. 인민평의회는 지방인민과 국가기관에 대하여 책임을 진다"라고 규정되어 있다.

또한 헌법 제123조는 우리나라의 지방행정기관에 해당하는 인민위원회에 대하여 규정하고 있다. 이 규정에는 "인민위원회는 인민평의회에 의하여 구성되며 인민평의회의 집행기관이다. 동시에 지방에 소재하는 국가행정기관이다. 인민위원회는 헌법, 법률 및 상위 지방정부의 국가기관의 공문서, 명령 및 인민평의회의 결정을 집행하는 책임을 담당한다"라고 명시되어 있다.

베트남 헌법 제6조의 민주적 중앙주의 및 헌법 제119조, 제123조에 따라 구성된 중앙-지방정부의 상하 복종·수직관계와, 인민평의회와 인민위원회의 상호 의존관계는 베트남 지방정부의 주요한 특징이다. 지방정부는 국가 또는 상위 지방정부의 지시나 명령에 복종하여야 하며 하위 지방정부는 국가 또는 상위 지방정부의 명령이나 지시에 거부 또는 불복하거나 이의를 제기할 수 없다. 따라서 지방정부는 상위 법령에 위반하여서는 안 된다. 이러한 특징을 감안할 때 베트남의 중앙-지방정부 관계와 지방정부의 특징은 하향식 모형, 계층적 체제, 통제 기제, 이중책임성 등으로 요약하여 정리할 수 있다.

2) 인민평의회 및 인민위원회조직법과 지방정부

(1) 지방정부의 종류

2003년 개정된 인민평의회 및 인민위원회조직법(이하 '지방정부조직법')은 지방정부의 종류와 권한 및 지방정부 기관 간의 상호관계에 관하여 규정하고 있다. 베트남 지방정부의 주요 특징은 지방정부의 종류가 다양하고 복합적인 구조를 가졌다는 점, 지방정부 간 기능의 배분이 중복되어 있다는 점, 자원과 공무원의 역량이 부족하다는 점이다(Ichimura & Bahl, 2008).

베트남의 행정구조는 [그림 2-1]과 같다. 최상위 지방정부로 성과 중앙직할시가 있으며 2008년 하터이성이 하노이 시에 편입되어 58개의 성과 하노이 시, 하이퐁 시, 다낭 시, 칸토 시, 호찌민 시 등 5개의 중앙직할시가 설치되어 있다. 중앙직할시는 다음과 같은 요건을 갖춘 도시로서 우리나라의 특별시나 광역시와 유사하다.

[그림 2-1] 베트남의 행정구조

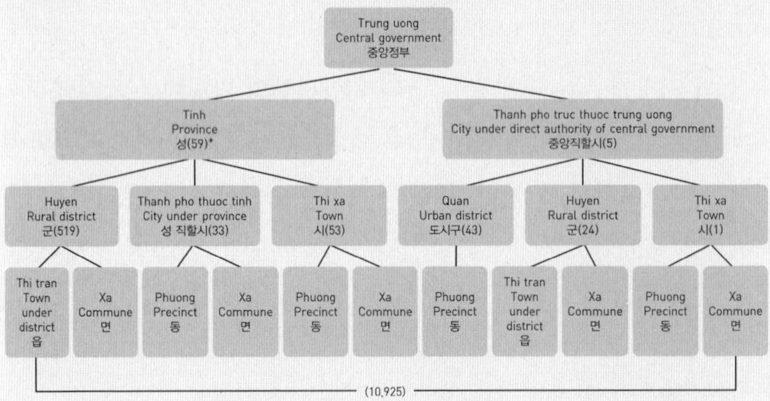

출처: 財團法人自治體國際化協會, 2007, p. 10의 내용을 수정하여 작성함.
* 2008년 하터이성이 하노이 시에 편입되어 현재에는 58개의 성이 존재함.

- 국가의 정치, 경제, 사회, 문화, 과학기술, 교육, 관광, 서비스, 내외 교통의 중심지이어야 한다.
- 국가의 경제사회발전을 촉진하는 수도 또는 도시이어야 한다.
- 비농업인구가 90% 이상이어야 한다.
- 사회 인프라의 정비가 완성되어야 한다.
- 인구의 규모가 150만이어야 하며 1km^2 인구밀도가 15,000명 이상이어야 한다(財團法人自治體國際化協會, 2007, p. 11).

중간층의 지방정부도 매우 다양하다. 성 정부 산하에는 33개의 성 직할시, 519개의 군, 53개의 시가 설치되어 있으며 중앙직할시 산하에는 43개의 도시구, 24개의 군, 1개의 시가 설치되어 있다.

최하위 지방정부에는 우리나라의 읍·면·동과 같은 조직이 설치되어 있다. 군 산하에는 읍과 면이, 성 직할시 산하에는 동과 면이, 시 산하에는 동과 면이 설치되어 있다. 도·시·구 산하에는 동이 설치되어 있으며 군 산하에는 읍과 면이, 시 산하에는 동과 면이 설치되어 있다. 읍·면·동의 숫자는 대략 10,600여 개에 달한다.

(2) 지방정부의 구조

상기에서 논의한 바와 같이 3계층의 지방정부 구조는 기관분리형이며 의결기관인 인민평의회와 집행기관인 인민위원회가 계층마다 설치되어 있다. 인민평의회는 인민의 선거에 의하여 구성되며 인민위원회는 인민평의회의 선거로 결정된다. 물론 인민평의회에 의한 인민위원회 위원의 선거결과는 상위 정부의 장에게 승인을 받아야 한다. 따라서 인민위원회는 인민평의회와 상위의 정부에 대하여 정치적인 책임을 져야한다. 또한 지방정부는 지방의 자치기구이면서도 동시에 국가의 기관이라는 성격을 지니고 있다. 인민평의회와 인민위원회는 지방의회와 집행기관인 동시에 국가기관이기 때문에 인민과 국가에 대하여 책임을 부담하는 이중책임성의 원칙에 따라 운영된다. 이 점이 베트남 지방정부의 주요한 특징으로 언급되고 있다(Phan, 2012).

예를 들면 성 인민평의회는 중앙부처의 지도와 감독 등을 받으면서 성 수준의 인민검찰원, 인민재판소에 대하여 지도와 감독권을 갖는다. 성 인민평의회는 성 인민위원회와 산하의 전문위원회에 대한 지도와 감독권, 임명, 파면, 결정의 승인 및 취소 등 강력한 관여권을 가지고 있다. 성 인민위원회는 하위의 인민위원회에 대한 지도와 감독권, 임명, 파면, 결정의 승인 및 취소 등 강력한 관여권을 지닌다.

지방정부조직법 제2장에서 인민평의회는 지방발전전략과 지속가능 발전을 계획할 권한을 갖는 반면 인민위원회는 인민평의회와 상위 지방정부의 결정을 집행하는 권한을 지닌다. 아울러 지방정부의 예산편성과 의결도 지방정부의 권한에 속한다.

인민평의회의 규모는 지방선거법에 따라 인구와 지리적 특성에 따라 결정되며 각 계층에 따라 상한과 하한이 정해져 있다. 성 수준에서는 삼각주 지역과 시, 산악지대, 하노이 지역으로 대분하고, 기타 지역은 평지와 산악지대로 구분하여 인민평의회의 정수를 결정하고 있다. 상세한 정원과 규정은 〈표 2-1〉과 같다. 수도권인 하노이 시가 95명으로 최대의 평의원을 보유하고 있다. 이에 더하여 인민평의회 의원 중에는 반드시 여성과 소수민족의 대표가 포함되어야 한다.

인민평의회는 전문적 상임위원회로 구성되며, 인민위원회는 전문위원회의 지원을 받는다. 전자의 예로는 사법위원회, 경제예산위원회, 문화사회위원회 등이 있으며 후자의 예로는 인민위원회 사무국, 인사조직위원회, 투자계획국, 물가재정국, 감사국, 공업국, 건설국 등이 있다.

인민평의회의 의원과 인민위원회 위원의 임기는 각각 5년이다.

인민위원회는 예산 및 집행기능을 수행한다. 관할 내의 법, 질서 및 안녕을 유지하고, 상위 정부에 예산을 신청한다. 또한 위임된 범위 내에서 사회-경제적 발전계획을 수립 및 승인하며 예산을 집행한다.

〈표 2-1〉 인민평의회의 정수

<table>
<tr><th colspan="2">지역</th><th>인구</th><th>정수</th></tr>
<tr><td rowspan="5">성 수준</td><td rowspan="2">삼각주와 도시</td><td>100만 명 미만</td><td>50명</td></tr>
<tr><td>100만 명 이상</td><td>최대 85명(5만 명당 1인)</td></tr>
<tr><td rowspan="2">산악</td><td>50만 명 미만</td><td>50명</td></tr>
<tr><td>50만 명 이상</td><td>85명(3만 명당 1인)</td></tr>
<tr><td>하노이 수도</td><td>300만 명 이상</td><td>최대 95명</td></tr>
<tr><td rowspan="6">시·군 수준</td><td rowspan="2">평지</td><td>8만 명 이하</td><td>30명</td></tr>
<tr><td>8만 명 이상</td><td>최대 40명(1만 명당 1인)</td></tr>
<tr><td rowspan="2">산악</td><td>4만 명 이하</td><td>30명</td></tr>
<tr><td>4만 명 이상</td><td>최대 40명(5천 명당 1인)</td></tr>
<tr><td rowspan="2">도시부</td><td>10만 명 이하</td><td>30명</td></tr>
<tr><td>10만 명 이상</td><td>최대 40명(1만 명당 1인)</td></tr>
<tr><td rowspan="8">읍·면·동 수준</td><td rowspan="2">평지</td><td>4천 명 이하</td><td>25명</td></tr>
<tr><td>2.5만 명 이상</td><td>최대 35명(2천 명당 1인)</td></tr>
<tr><td rowspan="4">산악 및 도서</td><td>1천 명 이하</td><td>15명</td></tr>
<tr><td>2천 명 이하</td><td>19명</td></tr>
<tr><td>2천~3천 명</td><td>25명</td></tr>
<tr><td>3천 명 이상</td><td>최대 35명(1천 명당 1인)</td></tr>
<tr><td rowspan="2">구</td><td>8천 명 이하</td><td>25명</td></tr>
<tr><td>8천 명 이상</td><td>최대 35명(4천 명당 1인)</td></tr>
</table>

출처: T. Phan, 2012, pp. 101~102.

(3) 지방정부의 기능

베트남의 현행 헌법 및 지방정부조직법에서는 다양한 지방정부 간의 기능이 명확하게 구분되지 않고 있다. 한국에서와 같이 지방정부 간 기능이 중복되어 행정의 비효율이 나타나고 있는 것이다. 세부 기능을 살펴보자면 각 계층의 지방정부는 경제발전, 문화와 교육, 사회보장, 과학과 환경, 종교와 소수자 보호, 법집행, 지방정부의 역량 강화 등의 기능을 수행한다. 구체적으로 성 정부의 주요한 기능은 경제, 교육, 보건, 문화, 사회, 정보, 스포츠, 과학, 기술, 천연자원, 환경, 국방, 치안, 사회질서, 민족 및 종교, 법 시행 관련 분야, 지방행정제도의 정비, 지방행정조직의 구역에 관한 분야 등으로 행정의 전 분야를 포괄한다.

(4) 지방정부와 정당

베트남은 공산당의 지배하에 민주적 중앙주의에 의하여 운영되는 국가이다. 공산당도 민주적 중앙주의에 따라 중앙당에서부터 지방까지 수직적인 구조를 가지고 있다. 각 레벨의 공산당 조직은 정부 및 공산당의 정책을 실시하는 데 매우 중요한 역할을 하며 지방정부에도 상당한 영향력을 미치고 있다. 게다가 대부분의 인민평의회 의원이나 인민위원회 위원은 공산당의 당적을 지니고 있다.

(5) 지방정부의 특징

베트남 지방정부의 특징은 대부분의 지방정부가 도·농 복합의 형태를 띠고 있다는 점이다. 도시화가 진행되는 곳과 전통지역이 상존하기 때문인 것으로 추론된다. 우리나라의 도에 해당하는 성 정부는 물론이고 대도시에 속하는 중앙직할시에서조차 농촌지역을 기반으로 하는 지방정부가 포함되어 있다.

최상위 지방정부에 속하는 성 정부와 중앙직할시의 경우 성 정부 산하에는 군과 성 직할시가 설치되어 있고, 중앙직할시 산하에도 시, 군, 구가 설치되어 있다. 군 산하에는 읍·면이, 시 산하에는 면과 동이, 구 산하에는 동이 각각 설치되어 있다([그림 2-1] 참조).

III.

지방분권의 이론적 논의

1. 지방분권의 정의

행정학 분야에 있어서 지방분권만큼 정의가 다양한 개념도 드물다. 지방분권은 국가와 학자에 따라 매우 다양한 의미로 사용되기 때문에 보편적인 정의를 내리기가 어렵다(Hung, 2008; Phan, 2012; 김순은, 2010, 2011). 그럼에도 일반적으로 지방분권은 권한과 기능을 하위수준의 정부로 이양하는 것으로 정의된다. 이와 같이 상위의 정부에서 하위의 지방정부로 권한이나 기능을 이양하는 형태를 영역적 지방분권(territorial decentralization)이라고 한다. 이때의 지방분권을 기능이나 권한의 이양 외에 중앙행정기관의 지방분산(de-concentration)을 포함하는 개념으로 사용하기도 한다.

영역적 지방분권이 권한이나 기능의 공간적 배치에 초점을 둔 반면, 기능적인 분권을 강조한 정의도 있다. 또한 영역적 지방분권에 한정하지 않고 정부의 역할, 특히 공공서비스의 생산이나 전달을 비공공기관에 이전하는 것까지 포함하기도 한다. 어떤 학자는 민영화와 규제완화까지 지방분권에 포함하기도 하며(Hung, 2008) 이를 기능적 지방분권

(functional decentralization)이라고 한다.

이외에도 지방분권이라는 용어 앞에 다양한 형용사가 첨언되어 다양한 차원의 지방분권이 논의된다. 대표적인 예로서 제도적·정책적 지방분권, 정치적·행정적·재정적 지방분권 등이다. 이에 대해서는 다음 절에서 논의하겠다.

2. 지방분권의 종류

1) 제도적 분권과 정책적 분권

분권을 제도적 또는 정책적 지방분권으로 대분하는 것은 분권의 형식을 기준으로 하는 분류이다. 상위의 정부가 지방정부로 이양할 내용을 헌법, 법령 등의 제도에 규정하는 방식의 개혁을 제도적 분권이라고 한다. 지방분권을 정치·행정체제의 변화라는 관점에서 본다면 논의되는 대부분의 분권은 제도적 분권에 속한다. 다음 절에서 논의할 정치적·행정적·재정적 분권도 제도적 분권에 해당한다. 베트남의 경우에도 제도적 분권의 유형에 속한다. 1992년 헌법의 개정을 시작으로 지방분권과 관련하여 다양한 제도들이 개정되었다. 이에 대해서는 아래에 논의하였다.

정책적 분권은 헌법이나 법령에 의한 제도적 개혁이 이루어지지 않은 상황에서 지방정부의 위상이나 역할이 강화되는 것을 의미한다. 상위 정부의 의사와는 무관하게 지방정부의 자율적인 노력에 의하여 이루어진 형태이다. 대표적인 사례로서 1960년대 일본에서 탄생되었던 혁신지방정부의 성과가 여기에 해당한다. 당시 일본의 혁신지방정부는 공해, 노동자 등의 인권 문제 등 산업시대의 부작용에 대하여 중앙정부보다 더욱 적극적이고 강력한 조치를 실시함으로써 지방정부의 존재감을 높였다. 예를 들어 환경기본조례, 행정절차 및 행정정보에 관한 조례 등을 제정하여 지방정부의 권한을 강화하였다. 전자는 상위법령의 근거보다 강력하게 규정한 사례이고 후자는 상위법령에 근거가 없이 제정한 사례로서 30년 후 일본의 제도적 분권의 단초가 되었다는 평가를 받는다(新藤, 1999; 김순은, 2001a).

2) 정치적·행정적·재정적 분권

지방분권은 다양한 형식으로 이루어지는데 여기에는 정치적·행정적·재정적 권한과 기능의 이전이 포함된다. 정치적 지방분권은 정치적 권한이나 기능의 이전, 행정적 지방분권은 행정적 권한이나 기능의 이전, 재정적 지방분권은 재정적 권한과 기능의 이전을 의미한다. 자세히 본다면 정치적 지방분권은 중앙정부의 입법권 이전이며 행정적 지방분권은 행정부의 행정권 이전에 해당한다. 재정적 지방분권은 광의의 행정적 지방분권에 속하지만 재정의 특수성에 비추어 분리하여 논의하는 것이 보통이다(김순은, 2001b). 예를 들어 선출직에 의한 지방정부의 수립이나 영국의 분권처럼 지방정부에 광범위한 입법권을 부여한 사례가 정치적 분권이며 일본이나 우리나라와 같이 중앙정부 행정사무의 지방이양은 대표적인 행정적 분권에 속한다. 일본의 3위 1체 개혁, 우리나라의 지방소비세 도입 등은 재정적 분권의 대표적인 사례이다. 베트남의 경우는 인민평의회 의원의 선거, 인민평의회에 의한 인민위원회 위원의 선거는 정치적 분권의 사례이며, 기타 제도를 통하여 행정적·재정적 분권도 이루어졌다.

IV. 베트남의 지방분권

1. 베트남의 행정개혁과 지방분권의 배경

베트남에서는 법적인 측면에서뿐만 아니라 관행적으로도 지방자치에 관한 이론이 발전되지 않았다. 비록 시장경제가 도입되었지만 실제의 정책결정권한은 중앙에 집중되어 있었다. 지방자치를 이론적인 측면에서는 국가의 권력분립으로 이해하고 있음에도 불구하고 실제로는 중앙정부에 정책결정권한이 집중되는 체제가 유지되어 왔었다. 자치(self-governance)는 주로 민간부문에 한정되어 사용되었고 정치, 행정적인 측면에서의 지방자치는 존재하지 않았다(Phan, 2012). 결국 베트남은 지방자치에 유리한 지리적 특성에도 불구하고 중앙집권체제를 유지하여 왔다(Viet, 2009).

또한 호찌민 대통령은 지역주민에게 가까운 공동체 정부의 중요성을 강조하였으나 그럼에도 호찌민 정부는 민주적 중앙주의에 기초한 중앙집권체제였다. 예를 들면, 1999년 총리실은 연간 120,000건의 서류를 접수하여 승인 여부를 결정하였다. 그러나 대부분의 사안은 사소한 업무였다. 심지어 400달러 이상의 가치를 지닌 의류품의 국내 기부와 같은 사안도 승인을 받아야 했다(Nguyen, 2009).

베트남은 1975년 종전 이후 전쟁으로 인한 가난으로부터 탈출하여 경제발전을 이룩하는 것이 시급한 과제였다. 경제발전과 가난퇴치를 위하여 1982년 제5차 전국 공산당 회의에서 소기업의 개인소유와 농업의 가정경제를 허용하기로 결정하였는데 이것은 1986년 도이모이 개혁이 개시되는 시발점이 되었다. 이는 이후 1992년 헌법의 개정, 1994년 지방정부조직법의 개정으로 이어졌다(Westcott, 2003; Hung, 2008; Nguyen, 2009).

요약하면 베트남의 행정개혁과 지방분권은 세계화의 흐름 속에서 지속가능한 발전을 모색하기 위한 선행조건인 셈인 것이다. 베트남 정부는 사회-경제적 발전계획을 수립하고 이를 달성하기 위한 수단으로 행정혁신을 추진하였다. 중앙정부가 중앙의 사회-경제적 발전계획을 수립하면 이에 따라 각 계층의 지방정부가 사회-경제적 발전계획을 수립하였다. 지방분권은 사회-경제적 발전계획을 추진하는 행정혁신의 중요한 내용 중의 하나였다(Wit, 2007; Nguyen, 2009). 이러한 개혁은 새로운 시대적 상황에 적극적으로 대응하기 위한 선행조치로서 전문적이고 강력하며 민주적인 행정체제를 구축하기 위한 것이었으며, 베트남의 사회주의적 시장경제를 구축하기 위한 것이었다(Phan, 2012).

2. 행정개혁과 지방분권

1) 1986~2000년의 행정개혁(도이모이 개혁)

베트남의 행정개혁과 지방분권은 세 시기로 대분하여 논의할 수 있다. 1986년 도이모이 개혁, 2001년 10개년 행정개혁, 2011년 헌법 개정 시점을 중심으로 대분된다. 베트남의 행정개혁은 1986년 도이모이 개혁 이후 본격화되었다. 제6차 전국인민회의에서 계획경제를 시정하고 자유화를 중심으로 종합적인 개혁 프로그램을 선언하였는데 이것이 도이모이 개혁이었다. 개혁의 목표는 시장경제를 강화하는 것이었다. 세부 목표는 외자를 유치하고, 농업경제를 발전시켜 수출을 확대하는 것이었다.

이에 부응하기 위하여 행정개혁을 추진하였는데 주된 개혁의 방향은 정부의 역할을 축소하거나 전환하는 것이었다. 계획경제 하에서의 통제 중심 국가운영을 시장경제의 틀 하에서의 지원 중심 국가운영으로 전환하고, 경제와 관리를 통합하여 운영하였던 행정을 경제와 관리를 분리하는 국정관리로 전환하는 것을 목표로 설정하였다. 구체적으로 정부가 소유한 공기업에 대한 관여를 축소하는 것도 목표 중의 하나였다(Phan, 2012).

이 시기의 행정개혁은 인사쇄신으로부터 출발하였다. 우선 1987년 12명의 중앙정부 각료와 1990년 18,000여 명의 공무원이 부정부패에 연루되어 해임되었다. 중앙정부의 조직에도 슬림화를 추진하여 1987년부터 1995년까지 28개의 중앙부처가 22개로 축소되었다. 행정의 슬림화는 지방정부에도 적용되어 1989년 성 정부의 행정부서의 수가

40~50개에서 17~22개로 대폭 축소되었다. 같은 맥락에서 중간계층 및 최하위 계층의 지방정부 부서도 축소되었다(Westcott, 2003).

1986년 개시된 행정개혁의 분위기는 헌법과 지방정부조직법의 개정으로 이어졌다. 1992년 헌법과 1994년 지방정부조직법은 인민평의회와 인민위원회를 각 계층 지방정부의 의결기관과 집행기관으로 규정함과 동시에 중앙정부의 하급 행정기관으로 명시하였다. 동시에 기존의 규모를 대폭 축소하여 각 계층 지방정부의 의원 및 위원의 정수를 25~30% 감축하였다(Hung, 2008). 최하위 지방정부의 인민위원회의 수는 5~7개, 중간 지방정부 인민위원회의 수는 7~9개, 최상위 인민위원회의 수는 11~13개로 축소되었다.

1995년 베트남 정부는 그간의 경험을 토대로 포괄적인 행정개혁 프로그램을 발표하였다. 프로그램의 목표는 다음과 같이 설정되었다.

- 제도적 토대와 운영절차에 초점을 둔 행정제도의 개선
- 국가의 관리기능과 서비스 전달의 모호성을 제거하기 위한 정부의 재구조화와 지방분권의 실시
- 공무원의 역량 강화
- 새로운 예산제도를 포함한 공공재정의 개혁(Phan, 2012, p. 46)

1998년 풀뿌리 민주주의의 강화를 위한 조치(Grassroots Democracy Decree)도 내렸다. 1998년 공동체 수준에서 시민참여를 강화하고 행정의 책임성과 투명성을 제고하는 것이 기본 골자이다. 이것은 지역주민들이 정부의 정책이나 프로그램에 대한 정보가 부재하여 정책의 효과가 매우 낮고 지역주민들의 의사가 정책과정에 반영되지 못한다는

것에 근거하였다(Hung, 2008).

이 시기에 시도된 행정개혁은 상기의 성과에도 불구하고 긍정적인 평가와 부정적인 평가가 병존하였다. 1992년 헌법의 개정과 1994년 지방정부조직법의 개정에 대해서는 정부 간 권한과 기능이 1989년의 법에 비교하여 명확해졌다는 긍정적인 평가가 우세하였다. 그러나 행정개혁의 속도가 느슨하여 번문욕례와 부정부패의 치유에는 이르지 못했다는 비판이 강하게 대두되었다. 또한 이전부터 지적되었던 문제점이 치유되지 못하고 잔존하고 있다는 평가가 내려졌다. 지적된 기존의 문제점은 다음과 같다.

- 행정체제가 새로운 관리기제의 수요에 대응하지 못하며 잔존한 중앙의 계획특성으로 인하여 효과적인 공공서비스의 전달이 이루어지지 못함
- 정부 간 행정기능과 의무의 배분이 명확하게 이루어지지 못함
- 제도적 행정체제가 조화를 이루고 있지 않으며, 행정절차가 중복적이고 통일성이 결여되어 있고, 질서와 처벌이 미약함
- 조직구조가 다계층으로 번거롭고, 국가의 재정을 사용하는 제도의 운영이 매끄럽지 않음
- 공무원들의 번문욕례, 부정부패, 전문성 부족과 낮은 기술
- 지방정부는 지역의 현안에 대한 대응력이 부족하고 주민참여에 소극적임(Phan, 2012, p. 47)

베트남의 재정분권의 시초는 1996년 국가예산법(State Budget Law)의 제정이었다. 국가예산법의 제정은 미흡하나마 시장경제로의 전환

을 시도하는 재정분권화의 첫발로서 중앙정부와 각 계층 지방정부 간의 예산배분과 세출책임에 대하여 비교적 명확하게 규정하였다. 이후 2002년 개정에 의하여 지방정부의 재정권한에 상당한 영향을 미치게 되었다. 이에 대해서 다음 절에서 논의하겠다(World Bank, 2005).

중앙정부와 지방정부 간의 관계에서는 이 시기에 '이중종속(double subordination)'의 문제가 지속되었다. 1994년 지방정부조직법에 따라 각 계층의 인민평의회는 국회의 상임위원회와 중앙정부의 지도와 감독을 받도록 되어 있었으며 인민위원회는 같은 계층의 인민평의회와 상위의 인민위원회의 지도와 감독을 받도록 되어 있었다. 중앙정부의 일부 부처는 지방에 행정기관을 설치하고 인민위원회의 지도와 감독을 받도록 되어 있었으나 중앙정부의 지방행정기관은 기능적으로 중앙정부에 직접적으로 보고를 하는 등 책임성 확보에 큰 어려움이 있었다.

요약하면 1990년대부터 개시된 베트남의 지방분권 개혁을 통해 각 계층별 지방정부의 역할이 변화하게 되었고 낮은 수준이나마 지방정부의 재량권이 강화된 것이다. 지방정부의 경우 정책결정권과 조세징수권 등이 다소 강화되는 등의 성과가 나타났다.

그럼에도 베트남의 지방분권개혁은 몇 가지 근본적인 문제점을 내재하고 있었다. 공산당 1당 체제와 중앙집권적 국정운영이 무엇보다도 지방분권을 저해하는 요인이었다. 공산당의 역할과 중앙정부의 역할이 모호하여 명확하지 않고 공산당의 집권적인 특성이 중앙정부의 지방분권을 주저하게 만드는 요인으로 작용하였다. 앞에서 논의한 민주적 중앙주의와 이중책임성 및 이중종속성은 중앙정부와 각 계층별 지방정부 간의 관계를 상호 수직·종속 관계로 파악하도록 하여 지방분권에는 부정적인 영향을 미쳤다. 이러한 원리는 각 계층별 지방정부로 하여금 상위 정부에 의존하는 관행을 낳고 있었다.

2) 2001～2010년의 행정개혁

앞 절에서 예시한 문제점을 해결하기 위해 2001년부터 지방분권 개혁을 포함한 행정개혁이 본격적으로 진행되었다. 여기에는 지방분권에 대한 세계은행(World Bank, 2000)이나 국제연합개발프로그램(UNDP, 2002)[2] 등의 정치적 압력도 작용하였다. 2001년 4월 제9차 공산당 전국회의에서 10개년의 행정개혁 마스터플랜을 발표하였다. 이의 내용을 분석하면 아래와 같다.

(1) 종합목표

10개년 행정개혁 마스터플랜의 궁극적인 목표는 이제까지 베트남이 추진해 온 사회주의적 시장경제의 정착을 지원하는 행정체제를 구축하는 것이었다. 궁극적인 목표를 성취하기 위하여 9개의 세부목표를 설정하였다. 9개의 목표는 다음과 같은 제도적 개혁, 조직구조, 인적자원 및 공공재정의 개혁이었다(Prime Minister, 2001; Viet, 2009).

첫째, 시대에 부응하는 법 제도의 정비였다. 새로운 시대에 부응하는 정책과 정부의 체제 및 법 제도를 확립할 것을 명시하였다. 여기에는 법적 문서를 규범적으로 쇄신하고, 행정부처 할거주의를 개선하는 것이 포함되었다. 또한 법적 제도의 질을 향상시키고, 법적 절차의 개

2) UNDP가 베트남에 요구한 개혁을 요약하면 지방분권, 민주화, 시민참여였다(Nguyen, 2009).

선을 통하여 공공기관의 책임성을 명확히 하고 권한을 강화하는 활동 등도 포함되었다. 이 중 법적 문서의 질적인 향상을 위한 실행계획은 법무성이 담당하도록 하였다.

둘째, 행정절차를 간소하고 투명하게 만드는 것이었다. 베트남의 행정절차는 이미 앞에서 논의한 바와 같이 관료적이며 번거롭고 예측하기 어려웠다. 세계은행과 유엔개발계획 및 해외투자가들은 행정절차를 보다 투명하고 간결하게 만들 것을 제안하였다. 이런 맥락에서 관료적인 관행을 타파하고 보다 민원인 중심의 간소한 행정절차를 지닌 체제를 구축하는 것이 중요한 현안이었다.

셋째, 행정기관의 권한, 기능 및 책임을 명확히 하는 것이었다. 각 계층 간 기능의 배분이 불분명하고 중복되어 행정의 효율성이 낮았다. 뿐만 아니라 공공기관의 영역이 지나치게 넓어 굿 거버넌스의 구축에도 저해가 되었다. 행정기관의 권한과 기능 및 책임, 공공부문과 민간부문의 역할 등을 재정의하여 민간부문, 특히 기업, 사회단체, 민간기업, 시민단체 등에 책임과 기능을 적극적으로 이양하고자 하였다. 이는 관 중심의 행정에서 벗어나 다양한 주체 간의 거버넌스 체제를 구축하는 것을 의미한다.

넷째, 작은 정부를 구축한다는 목표 아래 정부조직을 축소하고 개편하는 작업을 지속하는 것이다. 앞에서 논의하였듯이 1986년 이후 중앙정부와 지방정부의 기구를 전반적으로 축소하였다. 행정의 효율을 제고하기 위하여 지나치게 방만하게 구성되었던 기구들을 합리적으로 조정하여 왔다. 그럼에도 소기의 목표에는 이르지 못했기 때문에 정부조직 축소 및 개편을 다시 세부목표로 설정한 것이다. 특히 지방정부의 조직은 지방정부의 계층적 역할에 충실할 것을 명기하였다. 예를 들면 광역의 성 정부는 사회 관리의 기능을 강조하는 기조 하에 정부의 조직을 개편할 것을 제시하였다. 행정체제의 개혁을 위한 각 행정기관의 역할, 기능, 조직 등의 실행계획은 현재의 내무성인 정부조직인사위원회가 담당하도록 하였다.

다섯째, 1986년 이후 추진되었던 지방분권을 강화하는 것이었다. 베트남은 통일 이후 민주적 중앙주의에 기초하여 국가가 운영되었다. 호찌민 대통령은 지역주민에 가까운 공동체 정부가 지방정부를 평가하는 데 매우 중요한 요소임을 강조하지만 그럼에도 적절한 지방분권은 이루어지지 못했다. 그러나 베트남의 지리적 특성 등을 고려할 때 지방분권은 행정의 효율과 책임성을 제고하는 데 매우 중요하다. 이를 위하여 2005년까지 세부적인 계획을 수립할 것을 목표로 제시하였다. 각 계층 지방정부의 권한과 기능 및 책임을 명확히 구분하고 도시와 농촌을 구분하여, 인민위원회의 행정조직을 합리적으로 조정할 것을 목표로 제시하였다. 지방정부조직법을 이러한 기조에 맞추어 개정하는 것도 중요한 목표 중의 하나였다.

여섯째, 1986년 이후 베트남의 행정이 노정한 문제점 중 공무원의 정수와 역량에 대한 문제가 중요하게 다루어졌다. 방만한 행정조직으로 인하여 공무원의 수는 지나치게 많았으나 공무원의 역량은 크게 부족하였다. 행정의 전문성 강화가 시대적 추세임에도 불구하고 전문성을 갖춘 공무원의 수는 매우 부족했으므로 공무원의 역량을 강화하는 것은 매우 중요한 목표였다. 공무원의 정원을 축소하고 역량은 강화하는 실행계획은 현재의 내무성인 정부조직인사위원회가 담당하였다.

일곱째, 행정조직과 공무원의 정수를 합리적으로 조정하고 공무원의 역량을 강화하기 위해 공무원의 급여를 동시에 개혁하고자 하였다. 공무원의 역량을 강화하는 방안은 매우 다양하다. 공직에 근무하는 공무원에 대한 다양한 연수 및 교육을 통하여 그들의 역량을 강화할 수도 있다. 전문성을 갖춘 우수한 인재들이 공직을 희망하게 되면 그 자체로 역량이 강화될 수 있기 때문에, 우수한 인재가 공직에 지원하는 체제를 구축하는 것도 바람직하다. 이러한 체제를 구축함에 있어서 가장 시급하게 고려되어야 할 것이 급여의 조정이다. 급여의 수준이 민간부문과 비교하여 크게 부족하지 않아야 우수한 인재가 지원할 것이다. 급여의 수준은 공무원의 기본적인 생활수준과도 매우 밀접하게 관련되어 공무원의 부정부패를 방지하는 차원에서도 논의된다. 공무원 급여의 개혁은 현재의 내무성인 정부조직인사위원회가 담당하였다.

여덟째, 베트남의 행정구조는 중앙정부를 포함하여 4계층을 이루고 있다. 기존 재정구조는 세입과 세출 면에서 매우 복잡하게 구성되어 있어 이를 간결하고 합리적으로 개혁하는 것도 행정개혁의 주요한 목표였다. 본 목표의 실행계획은 현재의 내무성인 정부조직인사위원회가 담당하였다.

마지막으로 기존의 행정체제를 시대에 맞추어 근대화하는 것이다. 세계화·정보화의 영향으로 정보의 전산화가 급속하게 진행되고 있다. 이러한 시대적 상황을 적절히 반영하는 행정을 구축하는 것도 행정의 효율화를 위하여 시급한 과제이다. 이의 실행계획은 정부 총무성 장관이 담당하였다.

(2) 개혁의 성과

2001년 개혁의 성과는 제도개혁, 행정조직개혁, 공무원의 역량 강화, 재정개혁으로 대분하여 논의할 수 있다. 제도개혁의 관점에서 2001년 개시된 개혁의 성과로는 1992년 헌법의 재개정, 2001년 정부조직법, 2003년 지방정부조직법의 재개정, 2008년 공무원법(Law on Civil Servants and Cadres)의 개정, 2008년 법률규범문서선언법(Law on Promulgation of Legal Normative Documents), 2002년 국가예산법(Law on State Budget)의 제정, 2004년 통계법(Law on Statistics), 2005년 교육법(Law on Education), 2004년 유아보호법(Law on Children Attendance), 2011년 행정불만고발법(Law on Administrative Complaints and Denunciation), 2006년 행정절차규정 및 2010년 행정절차법(Law on Administrative Procedures), 2009년 정부보상책임법(Law on State Compensation Liability), 2007년 풀뿌리 민주주의 규정(Ordinance on Grassroots Democracy) 등 다양한 분야에서의 법률과 명령 제정이 포함된다(Phan, 2012).

1991년 개정된 헌법의 경우 행정개혁의 분위기 하에서 2001년에 재개정이 이루어졌다. 2001년 헌법은 기존의 헌법과 비교하여 거버넌스의 발전을 위한 내용을 강화하였다. 구체적으로 법치주의의 강화, 인권 보호의 강화, 책임성 확보를 위한 기제의 강화, 투명성과 참여의 확대 등이 규정되었다. 특히 지방분권을 강화하는 내용을 담은 것도 주요한 특징이며 성과이다(Nguyen, 2009). 이 밖에도 경제관리, 문화, 교육, 과학 및 기술 분야에 대한 각 계층별 권한에 대하여 규정하였다(헌법 제2장).

정부조직법과 지방정부조직법은 지방분권을 구체적으로 실천하는 제도로서 개정되었다. 정부조직법은 중앙정부의 권한과 기능을 규정하였고, 지방정부조직법은 각 계층 지방정부의 권한과 책임 및 기능을 규정하였다. 재정의 이양은 국가예산법에서 규정하였고, 지방정부에 대한 지도와 감독 등의 모니터링은 통계법에서 규정하였다. 기능에 따른 구체적인 배분은 교육법, 유아보호법 등에서 규정하였다. 풀뿌리 민주주의의 강화를 위하여 이에 관련한 상세한 규정들도 마련하였다.

행정절차개혁에 있어서는 원스톱 서비스의 도입이 강조되어 여러 부서로부터 인·허가를 받기 위하여 소요되었던 시간이 크게 감소하였다. 지방정부에서의 원스톱 서비스는 호찌민 시를 중심으로 1996년에 시범적으로 실시되었다. 이후 2003년 법령에서 모든 계층의 지방정부가 원스톱 서비스를 도입할 것을 규정하였다. 원스톱 서비스의 도입을 강제한 부서인 노동전상자국, 천연자원환경국, 계획투자국 및 건설국에서는 95% 이상이 실현되었으며 전국적으로 50% 이상의 원스톱 서비스를 도입하였다. 중간계층의 정부에서는 96%, 읍·면·동 수준에서도 96%가 실현되었다(財團法人自治體國際化協會, 2007; Phan, 2012).

성공적인 경제발전을 위하여 행정절차의 개혁을 필요조건으로 인식했기 때문에 행정절차의 개선에 집중할 수 있었다. 대표적인 시책이 Project 30이다. 30개의 중앙부처와 이에 준하는 공공기관이 중앙정부의 권한과 기능 중 이양할 사항을 시험적인 차원에서 점검하는 형식으로 진행되었다. Project 30은 한국에서 지방이양을 고려할 때의 방식과 유사하게 진행되었다. 중앙정부가 수행하지 않아도 되는 기능을 우선적으로 선정하여, 해당 기능과 사회-경제발전과의 연관성, 지방정부가 담당할 자치역량을 갖추고 있는지 등을 검토하는 것이었다. 3년의 집행결과 투자, 수출, 기업등록 등 경제적인 측면에서는 괄목할 만한 성과가 발생하였다. 관세청의 경우 44개의 행정절차를 심의하여 22개의 절차를 개선하고 2개의 절차는 폐지하는 등 가시적인 성과가 있었다. 이에 더하여 e-government가 출현함에 따라 전자등록제의 도입, 절차의 간소화 등이 주요 실행대상이 되었다(Nguyen, 2009; Phan, 2012).

행정조직개혁의 관점에서 본 성과는 2002년 중앙부처의 개편이 시발점이었다. 중앙정부의 소속기관을 23개에서 13개로 축소하는 한편 3개의 중앙부처가 신설되었다. 2007년 기준으로 장관급의 부처가 22개, 정부소속기관이 9개였다. 행정개혁을 추진하였던 정부조직인사위원회도 내무성의 일부로 편입되었다. 각 계층의 지방정부도 행정부처의 통·폐합을 단행하였다.

중앙정부 및 지방정부의 행정조직을 슬림화하는 동시에 권한 및 기능의 지방이양도 가시화되었다. 지방분권이 개시된 시점에 비해 투자, 예산, 교육, 공공복지 및 조직관리 등의 측면에서 지방정부의 권한이 강화되었다. 베트남의 지방분권의 특징 중 하나는 차등분권으로, 하노이 시와 호찌민 시 등에 시범적으로 차등분권이 적용되었다. 그럼에도 2005년까지 지방분권에 관한 법률을 제정하려는 노력은 이루어지지 못하고 연기되었다(財團法人自治體國際化協會, 2007).

한편 공무원의 역량 강화와 관련하여 공무원의 충원에서부터 교육과 승급 및 보수 등에 이르기까지 폭넓게 개혁을 추진하였다. 이러한 개혁은 1998년 이후 2000년, 2003년, 2008년 공무원 인사 관련 제도의 개선으로 나타났다. 대표적인 특징은 일반선발에서 공개시험경쟁으로 전환한 것이었다. 공기업의 경우 일반선발과 공개경쟁을 조합하여 채용한다. 승급도 시험에 의한 제도를 도입하였다. 국가행정연구소(National Academy of Public Administration)는 지방정부 공무원의 연수를 위한 교과과정을 개발하였다.

급여의 경우 적절한 보수를 보장함으로써 부정부패를 감소시키는 것이 개혁의 목적이었으므로 최소임금을 인상하여 우수인재를 확보하고자 시도하였다. 그러나 매년 사직하는 공무원의 수는 증가하고 있으며 이와 함께 중앙정부 및 지방정부의 공무원 수도 증가하는 추세이다(Phan, 2012). 다양한 제도적 개선과 노력에도 불구하고 사회주의체제 하에서 관행화된 공무원의 인식과 관행이 크게 개선되지 않아 소기의 성과를 거두지 못했다. 윤리의식과 책임감의 부족, 오직(汚職)과 부정부패에 대한 관행화, 서비스 정신의 부족 등이 현재까지 주요한 문제점으로 지적되고 있다(財團法人自治體國際化協會, 2007).

재정개혁은 주로 2002년 국가예산법과 이에 기초한 수상의 정책결정에 의하여 이루어졌다. 국가예산법 개정 이전에는 각 계층 지방정부의 예산배분이 상세하게 규정되었으나 2002년을 기점으로 성 정부의 재정적 권한이 강화되었다. 재정이 중앙예산과 성 예산(지방예산)으로 대분되어 지방예산의 정체성이 확립되었으며 지방정부별 예산결정에 있어 인민위원회의 권한이 강화되었다. 비슷한 시기인 2001년에는 수상의 정책결정에 의하여 예산의 총액재량제와 직원의 총수재량제가 채택되었다. 이러한 제도의 개선은 지방정부에서도 이루어져 최상위 지방정부에서는 60개, 하위 지방정부에서는 57%가 예산의 총액재량제와 직원의 총수재량제를 채택하였다(花井, 2005; 財團法人自治體國際化協會, 2007).

2002년 국가예산법에 의하여 세입의 유형이 중앙정부의 세입, 지방정부의 세입, 중앙정부의 공유세입으로 명확하게 구분되었다. 중앙정부의 세입으로는 수입부가가치세, 수출입관세, 수입특별소비세, 독립회계법인소득세, 석유와 가스 등의 자원에 정부가 부과하는 세금, 중앙정부가 경제주체에 징수하는 자본회수금, 재정예비기금의 수입, 국가투자자본수입금, 해외원조, 중앙정부에 납부하는 수수료와 사용료, 중앙정부의 예산잉여금, 기타 법률에서 규정하는 재원 등이 있다.

지방정부의 재원으로는 주택토지세, 석유와 가스를 제외한 천연자원세, 법인세, 토지사용권양도세, 농지사용세, 토지사용료, 토지임대세, 국가소유주택의 임대료 및 매각금, 각종 등록 수수료, 건설복권세, 경제주체에 대한 지방예산자본회수금, 지방재정예비기금의 수입, 지방투자사업자본의 수입, 지방정부에 대한 해외원조, 사용료, 수수료, 사업활동수입, 공유지 이용수입 및 공유재산에 대한 수입, 법에 규정하는 조직과 개인으로부터의 조달금, 국내의 기부금, 지방예산의 잉여금, 기타 법률에 정하는 세입, 중앙정부의 보조금이 있다. 이 중 중앙정부의 보조금이 지방정부 세입의 중요한 부분을 차지하고 있다. 중앙정부의 보조금은 지방재정의 형평성을 확보하기 위한 것으로, 지방정부의 징수노력을 저해하지 않는 범위 내에서 세입능력, 재정수요 등을 고려한 공식으로 규모를 규정한다. 성 이하의 정부의 보조금 규모 결정은 성 정부의 재량권에 속한다(花井, 2005).

그 밖에 중앙정부와 지방정부의 공유세입으로는 수입품을 제외한 부가가치세, 독립회계법인을 제외한 법인소득세, 고액소득자에 대한 소득세, 이익대외송금세(석유와 가스 제외), 국내 상품·서비스 특별소비세, 가솔린·석유사용료 등이 있다.

(3) 개혁의 문제점

2001년부터 2010년 사이에 제도개혁, 행정조직개혁, 공무원의 역량강화, 재정개혁의 측면에서 다양한 개혁이 이루어졌다. 먼저 법적인 문서가 증가하여 기존의 자의적 행정이 개선되었다. 행정조직의 개편으로 중앙정부와 각 계층 지방정부의 행정조직을 슬림화하는 성과도 달성하였다. 공무원 제도의 개선으로 공직사회의 분위기가 개선되었다. 그럼에도 불구하고 상기에서 논의한 세부목표가 충실히 달성되지 못했다는 것이 일반적인 평가이다. 법적인 문서는 증가하였으나 문서의 질은 크게 미흡하였고, 중앙정부 및 지방정부의 상위 행정조직은 축소되었지만 내부 조직은 확대되는 등의 부작용도 발생하였다. 특히 행정조직의 책임성을 확보하는 제도의 개혁이 미흡하였다(財團法人自治體國際化協會, 2007; Phan, 2012). 목표달성이 미진한 것은 다음과 같은 원인에 기인한다.

2001년 추진된 행정개혁의 마스터플랜과 지방분권과의 유기적인 틀이 부족하였다는 것이 가장 큰 문제점으로 지적되었다. 종합적인 제도적 틀이 부재한 가운데 추진된 지방분권은 지방정부의 권한 남용이나 역량 부족과 맞물려 지방분권의 부작용이 부각되는 악영향이 나타나기도 하였다. 하위 계층의 지방정부는 자치역량이 크게 미흡하여 이양된 권한에 따른 공공 서비스의 질을 제고하는 과정에서 한계에 부딪혔다

(Phan, 2012). 이는 중앙정부의 정책적, 기술적 지원이 체계적으로 필요함을 시사한다(Fritzen, 2006).

재정분권이 주로 성 정부 단위로 진행된 점도 문제였다. 베트남의 성 정부는 지리적 특성에 따라 매우 차이가 크다. 대도시와 평지 및 산악지대에 따라 재정적 여건이 매우 상이하다. 이 때문에 성 정부 중심의 재정적 분권은 오히려 지역 간의 편차를 더욱 크게 만드는 원인으로 작용하였다. 중앙정부가 보다 적극적으로 지역 간의 편차를 줄이는 국가균형발전에도 관심을 가져야 함을 알 수 있다(花井, 2005).

한편 베트남의 지방분권은 로컬 거버넌스의 효율성을 다소 개선하였다. 구체적으로 보면 공공서비스 전달의 효율성, 성 정부의 경쟁력, 투명성 및 경제적 자유의 증진에는 기여한 것으로 나타났다. 그럼에도 성과의 크기를 제고하기 위해서는 중앙정부의 지방분권에 대한 제도적인 틀이 보다 체계적으로 이루어져야 한다는 것이 규명되었다(Vu & Zouikri, 2011). 1986년 도이모이 개혁과 2001년부터 개시된 10개년 행정개혁 마스터플랜 이후에도 여전히 베트남의 행정은 번문욕례, 부정부패, 무책임성, 투명성의 부족 등의 병폐가 잔존하였다. 국가의 계획기능도 중앙정부의 부처를 중심으로 수직적으로 진행되었다. 이러한 요인들이 2011년 이후의 개혁이 추진되는 배경이 되었다.

앞에서 논의하였듯이 베트남은 사회-경제적 발전을 달성하는 궁극적 종합계획을 수립하고 이의 실행을 위한 전제조건으로 행정혁신을 추진하였으며 지방분권은 행정혁신의 중요한 항목 중의 하나였다. 그러나 사회-경제적 발전계획이 중앙정부에 의하여 하향식으로 추진되다 보니 지방정부 특히 지역주민들의 의견이나 요구가 반영되지 못하는 근본적인 문제가 발생하였다. 즉 지방분권이 지역주민의 참여가 이루어지지 못하는 상황 속에서 추진된 것이다(Wit, 2007; Phan, 2012). 예를 들어 호찌민 대통령이 공동체의 주민자치를 강조하였음에도 불구하고 지역주민에게 지리적으로 근접한 주민자치의 규정은 미비하다는 점도 문제점으로 지적되었다(Nguyen, 2009). 오랫동안 중앙집권적인 체제 속에서 발전해 온 역사적 배경이 공동체 주민자치의 발전을 가로막는 원인이었다.

3) 2011~2020년의 행정개혁

2001년 10개년 행정개혁 마스터플랜을 평가하였던 제13차 국회는 1992년 헌법의 개정과 2011년 행정개혁 계획을 의결하였다. 새로운 행정개혁 계획도 효율적이고 투명한 행정체제를 구축하기 위한 것이며 이러한 개혁은 법치주의와 민주주의의 기본 원리 하에서 추진되어야 한다는 것이 명시되었다. 2011년 행정개혁도 5년씩 반분하여 전반기 5년은 정부 간 권한 및 기능의 중복으로 인한 비효율성을 제거하는 것을 주요 목표로 삼고 후기 5년은 중앙정부와 각 계층의 지방정부가 모두 굿 거버넌스를 구축하는 것을 목표로 규정하였다. 즉 모든 정부 수준에서 효율성, 효과성, 민주성, 투명성, 책임성, 참여 등의 가치가 충실히 반영되고 주민의 수요와 기대에 부응하는 행정체제를 구축하고자 하는 것이다. 이를 토대로 베트남이 지향하는 경제사회발전을 성취하는 것이 베트남의 행정개혁과 지방분권의 최종목표이다(Phan, 2012).

V.

베트남의 지방정부와 지방분권의 주요 특징과 시사점

1. 지방분권의 주요 특징

1) 지방정부의 역사적·헌법적 특성

베트남 지방정부는 상기한 요인과 밀접하게 관련되어 다음과 같은 특징을 보인다. 첫째, 지방자치가 존중되는 것은 지역의 역사성과 문화성에 기초한다. 지방행정체제의 개편을 논의할 때 이러한 점이 중요하게 고려된다. 주민에게 근접하고 지리적으로 협소한 기초지방정부의 정당성은 바로 지역의 역사성과 문화성에 기인한다. 그런데 베트남 지방정부는 전쟁을 거치면서 이러한 역사성과 문화성을 고려하기보다는 주로 경제의 생산성에 초점을 두고 행정구역을 개편하였다. 이에 따라 산악지역과 평지지역, 인구밀도, 규모의 경제에 따라 행정구역이 책정되는 특징을 보인다(Hung, 2008).

둘째, 베트남의 지방정부가 공산주의의 이념 하에서 존재하는 행정과 경제의 주체라는 점이다. 특히 지방정부는 지역 공기업의 주체로서 경제적 기능을 매우 중요하게 여긴다. 베트남의 행정개혁이 행정과 경제의 분리를 염두에 두고 시장경제의 기능을 강화하는 것은 이러한 체제의 문제점을 치유하려는 의도가 내재되어 있다(Marr, 2004).

셋째, 민주적 중앙주의의 원리가 아직도 행정관리의 중요한 축을 담당하고 있다. 앞에서 논의한 바와 같이 민주적 중앙주의는 공산주의 체제 하에서 공산당의 이념과 목표가 공동체까지 미치는 체제의 구축을 목적으로 하고 있었다. 이러한 공산당의 체제가 행정체제와 연결되어 각 레벨의 지방정부는 민주적 중앙주의의 원칙에 따라 중앙정부 또는 상위 지방정부와 상호 수직·복종의 관계를 유지한다. 이에 따라 중앙정부와 상위 지방정부는 하위 지방정부에 대한 매우 강력한 지도와 감독권을 행사한다. 반면 각 계층의 지방정부는 행정을 집행할 때 매우 제한적인 재량권만을 갖는다(Hung, 2008).

넷째, 지방정부는 중앙정부의 기관이라는 헌법적 특성을 지닌다. 헌법은 지방정부를 국가기관으로 규정하고 있다. 따라서 하위 지방정부는 상위 정부의 집행기구로서 행정을 수행한다. 행정의 집권성을 보여주는 부분이다. 뿐만 아니라 지방정부는 당해 정부의 행정을 집행하며 이와 더불어 공기업의 운영주체가 된다. 1986년 이후 추진되고 있는 행정개혁의 주요목표가 제한적으로밖에 달성되지 못하는 것은 상기의 역사적, 헌법적 규정과 밀접하게 관련되어 있다(Nguyen, 2009; Phan, 2012).

다섯째, 1992년 헌법 개정 때부터 베트남 지방정부의 계층제가 논의의 중심이었다. 어느 국가나 지방행정체제의 개선은 정부의 효율성과 민주성의 조화로운 달성을 위하여 매우 중요한 정책적 과제이다. 영국은 단층제와 2층제를 중심으로 오랫동안 실험을 계속하고 있으며 일본은 시·정·촌의 합병을 통하여 고령화에 대한 행정체제의 정비를 지속하고 있다. 한국에서도 단층제, 2층제, 1.5층제 등의 다양한 논의가 거듭되고 있다. 베트남도 현재 3계층제로 되어 있는 지방행정제체에 대한 적정한 개혁 방향을 논의하였으나 제도적인 성과로는 이어지지 못하고 있다. 특히 중간계층의 법적 지위를 둘러싸고 자치기구로 존치하여야 한다는 주장과 행정기관으로 전환하여야 한다는 주장이 대립하고 있다. 후자의 주장은 한국에서 최근 고령화와 더불어 군의 지방정부로서의 지위를 폐지하고 도의 행정기구로 전환하여야 한다는 주장과 유사하다(김순은 외, 2014). 한국과 비교하면 초광역체제와 주지방행정체제가 역사적인 관행과 매우 밀착되어 개혁이 용이하지 않을 것임을 보여주는 대표적인 사례이다(김순은, 2013).

2) 행정개혁 차원에서의 지방분권

베트남이 추진하는 지방분권의 주요한 특징 중의 하나는 지방분권이 행정개혁의 마스터플랜에 따라 추진되고 있다는 점이다. 베트남의 행정개혁은 거시적인 사회-경제적 발전계획(socio-economic development plan)의 수단적 성격을 가진다. 종전에는 사회-경제적 발전계획이 중앙집권적-하향식으로 수립되었으나 1986년 도이모이 개혁 이후 사회주의 시장경제로의 전환으로 인해, 이에 부응하는 행정개혁이 요구되었다(Nguyen, 2009; Hung, 2008; Phan, 2012).

앞에서 논의한 바와 같이 베트남의 행정개혁은 1986년 도이모이 개혁의 선언 이후 2001년 행정개혁 마스터플랜을 통해 의욕적으로 추진되었으며 2010년 제2차 10개년 계획으로 이어졌다. 2001년 행정개혁 마스터플랜에서 논의하였듯이 경제와 행정을 분리하는 과정에서 중앙정부의 규모를 축소하고 이에 따라 지방분권을 강화하는 방향으로 행정개혁의 틀이 구상되었다. 베트남의 지방분권은 행정개혁의 주요한 내용이면서 동시에 수단적인 성격을 띠고 있었다고 할 수 있었다.

이와 같은 구상은 1990년대 일본의 지방분권과 매우 유사하다. 일본의 성공적인 지방분권은 정책적 지방분권의 유산, 일본사회의 가치관의 변화, 지방분권에 대한 각계의 관심, 실행 가능한 전략의 선택 등 다양한 변수들이 상호 긍정적으로 작용한 결과였다. 이 중 실행 가능한 전략으로 정부개혁 차원에서의 지방분권 개혁전략이 주효하였다. 일본은 1980년대 경기침체가 시작되고 재정적자가 심각해지자 제2차 임시행정조사회(약칭 임조), 임시행정개혁추진심의회(약칭 제1차 행혁심), 신행정개혁추진심의회(약칭 제2차 행혁심), 제3차 행정개혁추진심의회(약칭 제3차 행혁심) 등을 구성하여 강력하고 꾸준하게 행정개혁을 추진하였다. 이러한 행정개혁의 방안 중 하나로 지방분권이 논의되었다는 점은 베트남의 사례와도 유사하다(김순은, 2004).

3) 시범적인 차등분권

지방분권을 실시하는 방식에는 모든 지역에 유사한 권한과 기능을 배분하는 균형지방분권(symmetrical decentralization)과 상이한 권한과 기능을 배분하는 차등분권(asymmetrical decentralization)이 있다. 전자는 지방정부의 규모나 역량이 유사한 경우 전국의 지방정부를 대상으로 유사한 권한과 기능 및 책임을 이양하는 형태이다.

반면, 차등분권의 방식은 크게 두 가지로 나뉜다. 첫째, 지방정부의 특수성을 고려하여 특정의 지방정부에게 보다 강화된 권한과 기능 및 책임을 이양하는 형태이다. 우리나라의 경우 특별시와 광역시가 여타의 광역지방정부보다 강화된 특례를 가지고 있다. 일본에서 시 정부의 크기에 따라 지정도시, 중핵시, 특례시 등이 특례를 갖고 있는 경우와 동일하다. 일 국가 다 체제의 국가에서는 다양성을 존중하는 정치적 고려가 적용되기도 한다. 중국의 홍콩, 포르투갈의 마데이라가 여기에 해당한다.

둘째, 지방분권을 전국적으로 실시하기 전에 시범적으로 특정지역에 한하여 권한을 이양하는 방식이다. 전국적으로 실시하는 정책의 위험을 줄이고 정책의 가능성을 시험하는 목적으로, 우리나라의 제주특별자치도가 여기에 해당한다(김순은, 2006).

베트남의 지방분권은 양자의 성격을 모두 띠고 있다. 대표적으로, 중앙직할시에 속했던 하노이 시와 호찌민 시에는 중앙직할시의 중요성을 감안하여 여타의 성 정부보다 강화된 권한과 기능 및 책임이 선구적으로 부여되었다(財團法人自治體國際化協會, 2007).

4) 지방정부의 다양성과 기관구조의 단일성

앞의 [그림 2-1]에서 보는 바와 같이 베트남 지방정부의 종류는 매우 다양하다. 최상위 지방정부로서 성 정부와 중앙직할시가 있다. 우리나라의 광역지방정부인 도, 특별시 및 광역시와 유사하다. 하노이(260만 명), 호찌민(600만 명), 하이퐁(190만 명), 칸토(120만 명), 다낭(98만 명) 등의 대도시는 우리나라의 특별시 및 광역시와 같은 법적지위를 갖고 있다. 이러한 도시정부의 기능은 지방분권을 통해 더욱 강화되고 있다(Albrecht *et al.*, 2010). 이들은 우리나라의 도와 같은 성 정부와 더불어 최상위 지방정부의 계층을 형성하고 있다. 우리나라의 시·군·구에 해당하는 지방정부로 성 직할시, 시, 군, 구가 설치되어 있으며 최하위 지방정부로는 읍, 면, 동이 설치되어 있다.

베트남의 경우 3계층에 다양한 지방정부가 설치되어 있음에도 불구하고 지방정부의 기관구조는 기관분리형을 채택하는 단일성을 보이고 있다. 특히 도시와 농촌의 경우 상이한 특성에도 불구하고 기관구조는 동일한 형태이기 때문에 행정개혁을 추진하는 과정에서 논란의 대상이 되었다. 지역에 따라 다양한 형태의 기관구조를 채택할 수 있는 방안 등이 고려되어야 한다는 지적을 받았다(Hung, 2008).

5) 민주적 중앙주의와 지방분권

베트남 지방분권은 1986년부터 20여 년 넘게 추진되어 왔다. 앞에서 논의하였듯이 제도적인 측면은 물론 실제적으로 지방분권의 효과가 발생하고 있다. 그럼에도 불구하고 지방분권에 대한 비판은 이어지고 있다. 비판은 베트남 헌법에서 규정하고 있는 민주적 중앙주의와 밀접하게 관련되어 있다.

민주적 중앙주의에서 "민주적"의 의미는 지방분권과 완전히 결합되어 실현할 수 있는 반면 "중앙주의"는 지방분권과 상충하는 개념이다. 지방분권은 권한과 기능 및 책임을 하위 지방정부로 이전하는 형태인 반면 중앙주의는 하향적, 중앙집권적인 운영의 원리이다. 즉 민주적 중앙주의를 동시에 추진하는 것은 우리나라에서 분권적인 지방분권과 집권적인 국가균형발전정책이 동시에 추진되어 정책의 혼선을 빚었던 예와 유사하다(김순은, 2005). 향후 베트남 지방분권의 성공 여부는 민주적 중앙주의와 어떻게 조합하느냐에 달려 있다고 보아도 과언이 아니다.

2. 시사점

베트남의 지방분권은 1986년 이후 지속적으로 진행되어 왔다. 그럼에도 지방분권의 효과는 매우 제한적이었다. 여타의 국가에서 규명되었듯이 지방분권이 매우 어려운 행정혁신 중의 하나라는 것을 베트남의 사례도 보여주고 있다. 다양한 원인이 복합적으로 작용하였지만 그 중에서 특히 민주적 중앙주의를 언급하여야 한다.

민주적 중앙주의는 국가의 정치이념을 전국적으로 집행하는 기본원리이다. 공산주의의 이념을 전국적으로 확산하는 데 유리하기 때문에 공산주의 국가들이 공통적으로 채택하였던 중앙집권적 국정의 운영원리였다. 그런데 시장경제로의 전환을 기점으로 지방분권을 포함한 행정혁신을 추진하기 시작하자 양자 간에 이념적 충돌이 발생하게 되었다. 이러한 점이 베트남의 지방분권의 효과를 반감시키는 원인이 되었다.

베트남의 지방분권은 성 정부를 중심으로 진행되었다. 그러나 성의 경제적 상황은 지역에 따라 매우 상이하기 때문에 베트남의 지방분권은 지역 간의 차이를 악화시키는 데 기여하였다. 지방분권은 권한과 기능 및 책임을 이양하는 것이며, 이양된 권한을 적절히 활용하는 것은 지방정부의 몫이기 때문이다. 자치역량이 성숙된 지방정부는 강화된 권한을 지역의 사회-경제적 목적에 활용할 수 있는 반면, 반대의 지방정부는 오히려 발전이 저해되기도 하였다. 따라서 중앙정부는 지역균형발전을 검토하여야 한다. 원천적으로 소외된 지역이나 자치역량이 크게 떨어지는 지역은 지역균형발전정책으로 보완하여야 한다.

베트남의 재정분권이 시사하는 중요한 의의는 재원이전과 지방정부의 징세 및 징수노력 사이의 음의 상관관계에 관한 것이다. 중앙정부로부터 재원이전이 많으면 지방정부는 지역 내에서 세입확대를 위한 징세 및 징수노력을 강화할 필요성을 느끼지 못한다. 따라서 지방정부의 징세 및 징수노력을 반감시키지 않은 선에서의 재원이전이 중요한 이슈이며 베트남의 사례에서도 이 점이 중요하게 확인되고 있다.

VI.
결 론

베트남의 행정개혁, 특히 지방분권은 사회-경제적 발전이라는 보다 근본적인 목표를 달성하기 위한 수단적 성격을 띠고 있다. 지방분권을 포함한 행정개혁이 베트남의 경제발전과 가난퇴치에 기여하는 정책이 될 수 있다는 이론적 가정 하에서 1986년 이후 지방분권이 실시되었다.

이제까지의 지방분권의 내용과 성과를 보면 베트남의 지방분권은 나름대로의 특징을 보여주고 있다. 민주적 중앙주의를 비롯하여 지방정부의 다양성, 차등분권 등의 특징을 보였다. 제도적 지방분권이 이루어졌으며 인민평의회의 선거로 정치적 지방분권도 일부 실현되었다.

지방분권의 효과에 대해서는 의견이 양분된다. 지방분권이 사회-경제적 발전과 가난퇴치에 기여했다는 주장과 효과가 미미했다는 주장이 대립하고 있다. 여기에 이양된 권한과 기능 및 책임을 수행할 자치역량의 유무에 따라 지방분권의 성과가 달라질 수 있기 때문에, 이를 고려하는 경우 지방분권의 성과에 관한 논의는 더욱 복잡해진다.

한편 베트남의 경우에도 지방분권은 고도의 정치적·행정적 특성을 지니고 있음을 보여주었다는 점에서 지방분권의 일반적 특성을 확인할 수 있었다. 베트남 지방분권의 정치적 특성은 민주적 중앙주의와 지방분권의 서로 상이한 방향을 조화시켜야 한다는 점에서 논리적으로 파생된다. 지방분권의 행정적 특성은 지방분권의 내용이 고도의 전문성을 띠고 있다는 점인데 2001년 개혁 이후 다양한 제도가 순차적으로 개정되었던 점으로부터 확인할 수 있다. 본 연구는 향후 베트남의 지방행정체제와 중앙-지방정부 관계를 이해하는 데 다소나마 기여할 것이다.

참고문헌

김순은(2001a), 영국과 일본의 지방분권 비교분석,『한국지방자치학회보』, 13(2), pp. 101~121.

_____(2001b), 우리나라 지방분권의 특징과 과제 : 영국과 일본의 지방분권화의 비교를 중심으로,『한국사회와 행정연구』, 12(2), pp. 57~75.

_____(2004), 일본 지방분권 정책의 집행에 영향을 미친 요인,『지방정부연구』, 7(4), pp. 7~30.

_____(2005), 지방분권 정책의 평가와 과제 : 국가균형발전 정책과의 패키지화에 대한 비판적 고찰,『한국거버넌스학회보』, 12(2), pp. 95~133.

_____(2006), 정치·행정적 의미에서의 제주특별자치도 위상과 과제 : 외국특별자치법제의 비교분석을 통하여, 한국정치학회 발표논문.

_____(2010), 참여정부와 이명박 정부의 지방분권 비교·분석, 한국지방정부학회 추계학술대회 발표논문.

_____(2011), 영국과 일본의 지방분권 개혁 비교분석 : 거대사회론과 지역주권론을 중심으로,『지방정부연구』, 15(2), pp. 73~96.

_____(2013), 대도시 행정체제의 개편논의와 방향 : 자치구의 지위를 중심으로,『지방정부연구』, 16(4), pp. 55~77.

김순은·이경은(2014), 유형별 지방정부의 고령화와 향후 과제, 한국지방정부학회 하계학술대회 발표논문.

Albrecht, D., Hocquard, H. & P. Papin(2010), *Urban Development in Vietnam : the Rise of Local Authorities : Resources, limits, and evolution of local governance*, Paris : Local Authorities and Urban Development Division, AFD.

Benedict, J. T. & D. Marr(2004), *Beyond Hanoi : Local Government in Vietnam*, Singapore : ISWAS Publishing.

Fritzen, S.(2006), Probing system limits : Decentralization and local political accountability in Vietnam, *Asia-Pacific Journal of Public Administration*, 28(1), pp. 1~24.

Hung, N.(2008), Political and Administrative Decentralization in Vietnam, in Ichimura, S. and R. Bahl(eds.), *Decentralization Policies in Asian Development*, Singapore : World Scientific Publishing Company.

Ichimura, S. & R. Bahl(2008), *Decentralization Policies in Asian Development*, Singapore : World Scientific Publishing Company.

Marr, D.(2004), A Brief History of Local Government in Vietnam, in J. T. Benedict & D. Marr(eds.), *Beyond Hanoi : Local Government in Vietnam*, Singapore : ISWAS Publishing.

Nguyen, V. Q.(2009), Decentralization and Local Governance on Public Services Delivery : the cases of Daknong and Hau-Giang province in Vietnam, A paper presented at the TRF international conference on collaborative research project, Bangkok, May 28~30, 2009.

Phan, T.(2012), *Reforming Local Government in Vietnam*, A Dissertation at Graduate School of Law, Nagoya University.

Prime Minister(2001), Decision 136/2001 on Approving the Public Administrative Reform Master Plan Period 2001~2010.

UNDP(2002), *Project on Public Administration Reform Program in Vietnam*, VIE 90002.

Vu, T. and M. Zouikri(2011), *Decentralization and Sub-national Governance*, Preliminary draft.

Waller, M.(1981), *Democratic Centralism : An Historical Commentary*, Manchester : Manchester University Press.

Westcott, C.(2003), Hierarchies, Network, and Local Government in Vietnam, *International Public Management Review*, 4(2), pp. 20~40.

Wit, J.(2007), *Decentralization, Local Governance and Community Participation in Vietnam*, Research Report on Missions in Provinces of Vietnam, SASS_ISS Project.

World Bank(2000), *Managing Public Resources Better*, 2, Hanoi : World Bank.

___________(2005), *Vietnam : Managing Public Expenditure for Poverty Reduction and Growth*, Volume I : Cross Sectoral Issues, Report no. 30035-VN, Washington, D.C. : World Bank.

財團法人自治體國際化協會(2007),「ASEAN 諸國の地方行政 : ベトナム社會主義共和國編」. シンガポル 事務所.

新藤宗幸(1999),「地方分權」. 東京 : 岩波書店.

花井清人(2005), 財政改革 : 中央·地方關係を中心に. 財團法人 國際金融情報センタ-, 편,「市場經濟移行國ベトナムおける諸問題と我國のあり方」.

제3장

사회보호제도 도입을 위한 필리핀의 거버넌스 개혁

김은주
(KOICA 거버넌스 전문관)

I. 서 론

2015년 9월 27일, 전 세계 190여 개국은 2030년까지 향후 15년간 지속가능한 개발목표(SDGs)를 달성하기로 합의하였다. 기존의 새천년개발목표(MDGs)와 다른 특징 중 하나는 '제도(institution)와 거버넌스(governance)의 중요성'을 강조하는 개발목표(Goal 16)가 포함되었다는 점이다. 또한 주목할 것은 거버넌스가 단지 하나의 개발목표가 아니라 다른 모든 개발목표를 달성할 수 있도록 하는 전제조건이라는 점에 UN 회원국들이 동의하였다는 것이다. Post-2015 논의 과정에서 무수한 논쟁을 거치는 중에 SDGs가 지향하는 경제개발, 사회개발, 기후변화, 평화 및 안보 등 다른 모든 개발목표를 달성하기 위해서 '거버넌스와 제도'가 '촉진요인(enabling factor)'으로 갖춰져야 한다는 합의가 형성되었다. 지속가능한 개발을 위한 '국가의 기능과 역할'에 대해 모색하는 이 책의 주제 역시 이러한 논의의 연장선에 있다. 사례연구들을 통해 첫째, 국가의 '핵심기능'을 수행하기 위해서 행정부가 갖춰야 할 효율적인 조직과 효과적인 정책조정체계를 고찰하고, 둘째, 경제발전과 사회발전을 선도하기 위해서 국가가 '발전기능과 복지기능'을 수행할 때 개발도상국이 직면하는 문제점과 해결과정을 탐색하고 있다(권혁주, 2015). 그중에서도 본 장은 개발도상국에서 국가가 '복지기능'을 수행하기 위해서 변화를 시도할 때 부딪히는 정책문제와 이를 해결하기 위해서 어떻게 거버넌스 개혁이 이뤄져야 하는지에 대해 살펴보고자 한다.

서구 선진국들이 근대국가에서 현대국가로 오랜 시간에 걸쳐 순차적으로 발전한 것과 달리 20세기 중반에 산업화를 시작한 후발 국가들은 단기간에 국가의 체계를 갖추고 경제발전 목표를 달성해야만 했다. 이를 위해 일부 국가들은 정부가 사회의 자원배분에 관한 권한을 주도적으로 행사하는 이른바 '발전국가(developmental state)'의 양상을 보였다(Johnson, 1999). 그러나 대표적인 발전국가들인 일본, 한국, 대만조차도 먼저 경제발전을 달성한 뒤 그 토대 위에서 20세기 말 복지국가의 모습도 갖추기 시작했다. 하지만 오늘날 개발도상국은 국가의 역량은 부족함에도 불구하고 훨씬 복잡한 상황에 직면해 있다. 선진국들이 수백 년에 걸쳐서 국가의 모습을 갖추고 기능을 점진적으로 발전시켜왔던 것과는 달리, 단기간에 모든 기능을 동시에 달성해야 하는 어려움이 있다. 다시 말해 국가의 핵심기능과 경제발전기능, 사회발전기능 이 세 가지를 동시에 추구하고 달성해야 하는 문제에 직면해 있는 것이다. 흥미로운 것은 반드시 핵심기능, 발전기능, 복지기능이 선형적인(linear) 관계로 순차적으로 진행되는 것은 아니며, 국가가 처한 정치적, 경제적 상황과 특수성 그리고 국가지도자의 정치적 의지에 따라 발전경로가 달라질 수 있다는 것이다(권혁주, 2015).

그렇다면 과연 개발도상국에서 어떻게 '복지기능'과 관련된 정책 아젠다가 등장하게 되는 것일까? 국가가 '복지기능'을 수행하고자 전략적으로 선택한 이후에 그 역할을 하기 위해 필요한 거버넌스와 정책조정체계를 어떻게 구축해 나갈 수 있을까? 본 장에서는 이러한 질문에 답하기 위해 필리핀의 사회보호제도 도입과정을 살펴보고자 한다. 필리핀에서는 2007년 사회보호제도(social protection framework)를 체계화하기 위한 전략을 수립하고, 2008년부터 극 빈곤층(extreme poverty)을 보호하기 위해 현금을 지원하는 '조건부 현금지원 프로그램(conditional cash transfer, 이하 CCT)'을 도입하였다. 이 프로그램은 2008년부터 2013년까지 5년여의 기간 동안 전국의 모든 빈곤가구에 지원되는 프로그램으로 제도화되었다. 본 연구는 필리핀의 사회보호제도 도입과 CCT의 확산과정을 사례연구의 대상으로 하여 개발도상국에서 국가가 복지기능을 수행하기까지의 정책과정에 대해 살펴본다.

필리핀은 스페인의 식민지배(1521~1898년)에 이어 미국의 식민지배(1898~1946년)를 겪었기 때문에 독특한 역사적, 정치경제적 배경을 가지고 있다. 특히 미국의 영향으로 인해서 아시아 국가 중에서도 서구식 민주주의를 비교적 일찍 도입한 나라라고 할 수 있다. 미국 식민지 당시 초대 총독이었던 태프트(William Howard Taft) 총독(1901~1904년)의 통치하에서 미국의 연방주의자(federalist)들이 주장했던 정치제도를 받아들여 1902년 간선제 주지사 선거, 1906년 직선제 주지사 선거 등이 도입되었고, 1907년에 의회선거, 1916년에는 양원제 도입 등 서구식 민주주의가 일찍이 자리 잡았다(Hutchcroft & Joel, 2003). 때문에 필리핀의 정치 및 행정체제는 미국의 영향을 많이 받게 되었다. 이러한 역사적 배경으로 인해서 필리핀은 1950년대까지만 해도 주변 국가에 비해 가장 높은 경제발전 수준을 보였다. 그러나 독립 이후 20여 년(1966~1986년) 동안 마르코스 독재정권의 통치하에 있으면서 소수의 기득권층과 다수의 빈민으로 사회 양극화가 심화되었고, 1986년 민주화 이후에도 경제성장이 정체되면서 지금은 동남아시아의 태국, 인도네시아에 비해서 훨씬 뒤쳐진 발전수준을 보이고 있다.

그런데 2010년부터 새로운 변화가 나타나기 시작했다. 1980년대 민주화를 이끈 코라손 아키노(Corazon Aquino) 전 대통령의 아들 베니그노 시메온 노이노이 아키노(Benigno Simeon Noynoy Aquino) 대통령은 부정부패 근절과 거버넌스 개혁을 공약으로 내걸고 당선되었다. 이후 아키노 대통령은 부패청산과 정치개혁을 추진하는 동시에 포용적 경제성장(inclusive growth), 그리고 빈곤감소를 위한 사회보호제도 등을 추진하였다(NEDA, 2011). 특히 2008~2009년 세계경제위기에 대응하여 단지 경제성장을 위한 정책만 추진한 것이 아니라 국민 대다수를 차지하는 빈곤층을 보호하기 위한 노력을 동시에 추진했다는 점을 주목할 필요가 있다. 이러한 점에서 개발도상국이 국가의 '복지기능'을 확대하기 위해 어떤 정책을 도입하고, 정책의 확산을 위해 어떻게 행정개혁 노력을 기울였는지를 살펴보기에 적절한 연구대상이라고 할 수 있다.

이러한 배경에서 본 장은 구체적으로 다음 두 가지의 연구문제를 중심으로 필리핀의 사회보호제도 도입을 위한 정책과정을 살펴보고자 한다. 첫째, 필리핀은 어떻게 사회보호제도를 도입하고 국가가 복지기능을 수행하게 되었을까? 필리핀 정부는 복지기능을 수행하기 위해서 기존의 정부조직과 정책조정체계를 어떻게 개혁하였는가? 둘째, 그러한 개혁을 가능케 한 원동력과 메커니즘은 무엇이었나? 이를 살펴봄으로써 유사한 문제에 직면한 다른 개발도상국들이 국가의 복지기능을 확대해 나가고자 할 때 필요한 정책적 함의를 제공하고자 한다.

이상의 연구목적을 달성하기 위해서 본 장은 다음과 같이 구성된다. 먼저 Ⅱ에서는 2007년 이후 필리핀에 도입된 사회보호제도의 내용을 개괄적으로 살펴본다. 그리고 Ⅲ에서는 국가가 어떻게 복지기능을 수행하게 되었는지를 탐색하기 위해서 먼저 기존의 정치 및 행정체제와 사회보호정책의 문제점이 무엇이었는지를 살펴본다. Ⅳ에서는 새로운 사회보호제도 도입을 위해 어떻게 거버넌스를 개혁하였는지를 구조적 차원의 개혁과 프로그램 단위의 개혁으로 나누어 분석한다. Ⅴ에서는 거버넌스 개혁을 가능하게 한 원동력과 메커니즘을 탐색한다. 끝으로 Ⅵ에서는 연구내용을 요약하고 나아가 다른 개발도상국들이 복지기능을 확대하기 위해 필요한 정책적 함의를 제시한다.

II.

필리핀의 사회보호제도(social protection)

1. 필리핀이 직면한 사회문제 : 빈곤, 불평등, 불안정한 일자리, 기후변화

1960년대 동아시아 국가들 중 일본에 이어 두 번째로 높은 1인당 국민소득을 보이던 필리핀은 그 이후 40여 년간 발전이 정체되어왔다. 특히 1990년대 이후 동남아시아의 태국과 인도네시아는 신흥산업화국가(NIC)로 불리며 성장을 거듭하였고, 1990년대 중반에는 1인당 국민소득(GDP)이 필리핀을 넘어섰다. 그러나 필리핀은 경제성장률이 정체되고 1990년대 1인당 국민소득이 오히려 1980년대에 비해 줄어드는 가운데 사회 불평등은 더욱 심화되었다. 필리핀의 사회구조적 특징 중 주목할 점은 스페인 식민지 시절부터 이어져 온 구조적 불평등으로 인해서 경제적 부와 정치적 권력을 일부 기득권층이 독점하는 세습적 과두정치(patrimonial oligarchy)라는 점이다(Hutchcroft, 1998). 식민지 독립과 민주화 이후에도 쉽사리 해결되지 않는 정치경제의 구조적 문제로 인해서 2000년대 들어서도 여전히 사회 불평등도가 높았다. 대표적인 불평등 지표인 지니계수가 2000년 0.48에서 2012년 0.46으

[그림 3-1] 필리핀, 인도네시아, 태국의 1인당 GDP와 빈곤율(1980~2009년)

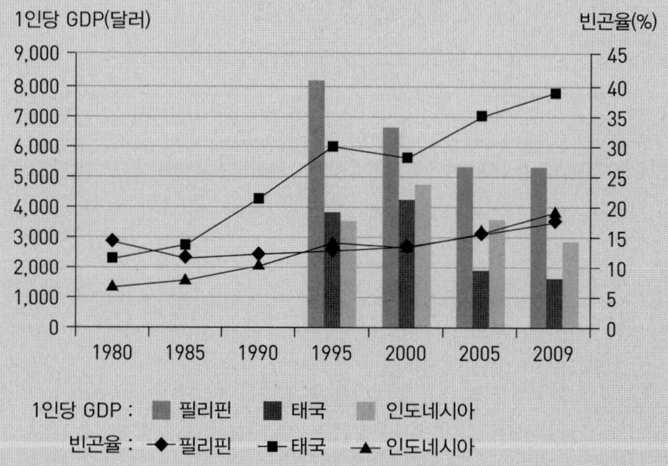

출처: NCSB, Family Income and Expenditure Survey(FIES)

로 변화가 없으며(NCSB, 2015), 지니계수로 판단했을 때 동남아시아 지역 중에서도 가장 불평등한 나라 중 하나로 꼽히기도 하였다(ADB, 2012).

이러한 배경 때문에 1980년대 유사한 경제발전 수준을 보였던 태국과 인도네시아에는 빠른 속도로 빈곤 인구가 줄어들어 2009년도 기준 빈곤율이 태국은 10%, 인도네시아는 15% 수준으로 감소했던 것에 반해서 필리핀은 2000년대 후반까지도 여전히 빈곤선 이하 인구가 약 25% 이상에 달했다([그림 3-1] 참조).

2000년대 후반 필리핀 사회가 직면한 또 다른 사회 문제는 노동시장의 구조적 특징으로 인해서 대부분이 비공식 노동시장(informal labour market)에 속해 있었다는 점이다. 비공식 노동시장 문제는 모든 개발도상국의 공통된 문제이기는 하지만 필리핀 역시 불안정한 일자리에 종사하는 노동자 수가 많았다. 전체 인구의 45%가 비공식 노동시장에 종사하고 있고, 공식 노동시장(formal labour market)에 종사하는 노동자라고 하더라도 그 실정은 단기적, 일시적 일자리에 불과한 경우가 있다. 그리하여 추산하기에 따라서는 77%가 비공식 노동시장에 속해 있다는 통계도 있다(Rainer & Mylene *et al.*, 2011).

또한 필리핀은 기후변화의 영향으로 자연재해가 자주 발생하였다. 다른 동남아시아 국가에 비해서도 태풍이 빈번하게 발생하는데, 이 때문에 취약계층(the vulnerable)이 자연재해로 피해를 입어 극빈층(extreme poverty)으로 전락하는 경우가 자주 발생하였다. 예를 들어, 2013년에 태풍 하이옌으로 인해서 6000여 명의 사망자가 발생하여 전 세계의 주목을 받은 바 있다. 그러나 이는 비단 2013년만의 일이 아니라 거의 매년 수십만 명의 이재민을 발생시키는 태풍이 필리핀을 강타해 왔다. 기후변화 취약성 지표에 따르면 필리핀은 1995년부터 2014년까지 20여 년 동안 기후변화로 인한 피해규모가 세계에서 네 번째로 심각했던 나라로 꼽힌다(Kreft & Eckstein *et al.*, 2015). 따라서 자연재해에 취약한 빈곤층, 그리고 자연재해로 인해 피해를 입는 취약계층을 보호하기 위한 정책도 반드시 필요한 상황이었다.

2000년대 후반 필리핀이 직면한 사회적 문제를 요약하자면, 오랫동안 경제성장이 정체되면서 주변국에 비해 발전수준이 뒤쳐진 가운데 사회구조와 노동시장의 특징에서 기인하는 불평등이 심화되었고 그 결과 빈곤율도 좀처럼 줄어들지 않았다. 이에 더하여 기후변화로 인한 자연재해가 자주 발생하여 취약계층의 상황은 갈수록 악화되었다. 이러한 복합적인 문제에 대응하여 국가가 국민의 기본적인 삶의 질을 보장하는 복지기능이 절실히 필요하게 되었다.

2. 사회보호제도의 개요

이상과 같은 사회문제에 대응하기 위해 필리핀 정부는 2000년대 후반 사회보호제도(social protection)를 도입하기 시작하였다. 1997년 동아시아 경제위기에 대한 대응책으로 동남아시아 개발도상국들도 사회보호제도들을 도입하기 시작하였는데(Asher, 2010), 필리핀 역시 2000년대 초반부터 경제위기에 대응해 빈곤층과 취약계층을 보호할 수 있는 복지제도, 즉 사회보호제도 도입을 논의하였다. 2004년부터 세계은행(World Bank)과 아시아개발은행(ADB)과 같은 국제기구와 필리핀 사회복지개발부(Department of Social Welfare and Development, DSWD)가 협의체(Philippines Development Forum)를 형성하여 오랫동안 논의하였고, 사회보호제도의 틀을 마련하였다. 그 결과 글로리아 마카파갈 아로요(Gloria Macapagal-Arroyo) 대통령은 2007년 포괄적인 사회보호제도 전략(social protection framework)을 발표하였다.

필리핀에서는 일찍이 1960년대부터 사회보험(social insurance)과 같이 기여분에 대한 보장을 해주는 사회보험제도는 존재했지만, 공공부문과 일부 공식 노동시장에 속하는 노동자만 보호한다는 단점이 있었다. 또한 사회보장프로그램들은 실제 도움이 필요한 극빈층이 정책수혜자가 되지 못하거나 수혜조건이 되지 않는 사람들이 서비스를 받는 등 사회서비스 전달체계 자체에 문제가 있었다. 이러한 문제점을 보완하기 위해서 2007년 당시 필리핀 정부가 채택한 사회보호제도 전략은 네 가지 영역으로 구분하여 포괄적인 정책들을 두루 포함하도록 구성되었다(NEDA-SDC, 2007; DSWD, 2008).

첫째, 사회보험(social insurance) 프로그램으로서 기여분에 대해 보장해주는 퇴직연금과 건강보험, 둘째, 사회복지(social welfare) 프로그램으로서 기본적인 사회 서비스, 조건부 현금지원 및 현물지원, 역량개발프로그램, 제도화를 위한 행정시스템 지원 등으로 구성되었다. 셋째, 극빈층을 지원하기 위한 사회안전망(social safety net) 또한 새롭게 재정비하였다. 특히 빈번히 발생하는 자연재해로 인한 피해에 대비하여 취약계층 지원 및 긴급구호 등이 주요 내용으로 포함되었다. 예를 들어 긴급지원, 무조건부 현금지원(unconditional cash transfer), 식량지원, 가격보조, 공공근로, 재교육, 긴급대출 및 자연재해 발생 시 긴급구호 등으로 구성되어 있다. 넷째, 노동시장의 대부분을 차지하는 비공식 노동시장 종사자들과 자영업자들을 지원하기 위한 적극적 노동시장 정책(active labour market policy)을 수립하였다. 예를 들어 고용창출, 기술교육, 노동정책, 농업지원 등이 포함되었다(〈표 3-1〉 참조).

2010년 집권한 아키노 대통령은 전임 아로요 대통령 시절에 결정된 사회보호제도의 틀을 계승하되 더욱 발전시켜 조건부현금제도(CCT)를 필요로 하는 모든 빈곤가정에 제공하고, 기존의 의료보험제도(Phil-Health)를 보편적 의료보험으로 확대하여 국민들이 의료서비스 제공을 보장받도록 하는 등 사회보호제도의 '보편성'을 강화하였다.

2008년 이후 글로벌 경제위기에 대응하는 과정에서 경제성장을 위

〈표 3-1〉 2007년 도입 필리핀의 사회보호제도 전략(social protection framework)

사회보험	노동시장 정책	사회복지	사회안전망
퇴직연금 건강보험 작물보험	고용창출 기술교육 노동/무역 정책 농업지원	기초 사회서비스 조건부 현금지원 현물급여 역량개발 프로그램 프로그램 지원 행정 체제 개선	긴급지원 무조건부 현금지원 식량지원 가격보호 공공근로 재교육 긴급대출

출처: NEDA-SDC, 2007; DSWD, 2008

한 규제정책, 산업정책 등을 적극적으로 실시하며 '발전기능'을 수행하는 것과 동시에 소득보장, 의료보장, 빈곤문제 해결 등 '복지기능' 역시 강화하였다. 또한 복지기능을 수행하기 위해서 정부가 새로운 제도를 만들어 내어 개인이나 기업 등의 활동을 변화시키려는 규제자(regulator) 역할을 하였고, 나아가 필요한 사회서비스를 국민에게 공급하는 공급자(provider) 역할도 담당하기 시작하였다.

필리핀은 어떻게 이런 정치적 선택을 하게 되었을까? 정치적, 전략적 선택 이후 국가가 복지기능을 수행할 수 있는 단계에 이르기까지 정부는 어떤 거버넌스 개혁 조치들을 취하였는가? 이에 대해 답하기 위해서 2007년 이전에 사회보호 프로그램들이 제도화되지 못했던 실패의 원인을 탐색하고, 2008년 이후 마침내 제도화될 수 있었던 원인을 탐색하여 그 차이가 무엇인지를 비교하고자 한다. 두 시기의 차이를 비교분석한다면 국가가 복지기능을 수행하고 규제자 혹은 공급자로서 역할을 감당할 수 있게 된 성공요인들을 밝혀낼 수 있을 것이다.

III.

민주화 이후 필리핀 행정체제와 빈곤감소정책의 특징[1)]

1. 행정체제의 특징 : 지방분권화와 신공공관리(NPM) 개혁의 부정적 부수효과

1960년대부터 마르코스 독재정권이 20년간 이어지면서 필리핀 행정부문은 정치에 종속(subservient)되었다고 평가된다(Endriga, 1997; Tillah, 2011 재인용). 때문에 1986년 민주화 혁명 이후 등장한 정부들은 지속적으로 행정개혁을 시도하였다. 민주화 이후 시도되었던 필리핀의 행정개혁은 세 가지로 그 특징을 정리할 수 있다.

첫째, 지방분권화(devolution)이다. 필리핀에서는 1991년 단행된 지방자치법(Local Government Code, 1991) 도입으로 지방분권화가 시작되었다. 이는 단지 행정시스템에 대한 변화일 뿐만 아니라 민주주의를 회복하기 위한 목적에서 추진되었다. 당시 수도 마닐라에 집중된 정치적, 행정적 권력을 분산시키기 위해 지방자치가 실시된 것이다. 그렇기 때문에 '지방자치(decentralization)'를 넘어서 '지방분권(de-

---

1) 본 장의 Ⅲ, Ⅳ는 김은주(2013)의 박사학위 논문 중 '5장 필리핀의 Pro-poor governance, pp. 175~202'를 바탕으로 주제에 적합하도록 새롭게 작성하였다.

volution)'이라고 할 수 있을 정도로 많은 행정권한이 지방정부(Local Government Units, LGUs)[2)]로 이양되었다. 그 결과, 지방정부는 조세(taxation), 복지정책 집행(general welfare promotion) 등 핵심적인 기능과 토지수용(eminent domain)과 같은 공권력의 행사 등 광범위한 행정권한을 가지게 되었다. 예를 들어 병원과 보건서비스, 사회서비스, 마을의 삼림프로젝트, 지방정부의 공공근로 정책, 학교, 관광활성화 프로그램, 주택정책, 농업정책까지 모두 지방정부가 담당하게 되었다.

둘째, 과거청산을 위해 행정개혁을 실시하면서 정부의 역할이 축소되었다. 마르코스 독재정치의 잔재를 청산하기 위해서 코라손 아키노 정부(Corazon Aquino, 1986~1992)는 "De-Marcosification"을 내세우면서 정부 규모 및 관료정원을 축소하였으며, 경제 분야에서 정부의 역할을 축소하는 개혁조치들을 실시하였다(ARMDEV, 1998; Tillah, 2011 재인용). 그러나 안타깝게도 아키노 정부의 개혁조치들은 끝까지 성공하지는 못하였는데, 예를 들어 기존의 부패관료를 몰아낸 자리에 자기 정파의 사람들로 공무원을 채우면서 엽관주의적 행태(spoils system) 때문에 많은 비판을 받았다. 이후 이어진 라모스 정부(Ramos, 1992~1998), 에스트라다 정부(Estrada, 1998~2001), 아로요 정부(Arroyo, 2001~2010) 역시 행정개혁을 실시하였다. 라모스 대통령의 경우에도 행정개혁의 전반적인 기조는 역시 관료 수를 줄이고 정책결정과 집행에 있어서 지방정부와 민간시민사회단체의 참여를 늘리는 것

2) 필리핀 지방정부(Local Government Units)는 80개 provinces, 143개 cities, 1,491개 municipalities, 42,028개 Barangays로 구성되어 있다.

이었다. 그러나 1997년 아시아 경제위기 등으로 인해 행정개혁 조치는 성공하지 못했다. 뒤이어 등장한 에스트라다 정부는 Philippines Commission on Effective Governance(PCEG)를 설립하고 공공분야의 제도를 강화하기 위한 노력을 하였으며, 행정개혁안(Integrated Administrative Reform Plan)을 수립하기도 하였다. 그러나 부패와 무능으로 인해 에스트라다 대통령은 2001년 제2의 민중혁명을 통해 탄핵되었고, 그의 행정개혁조치 역시 용두사미로 귀결되고 말았다. 이어서 대통령직을 승계한 아로요 대통령은 정부 부처의 민영화 조치를 단행하는 등 가시적인 성과를 남기기 위해 노력하였다. 예를 들어 2002년 77개의 정부부처 혹은 태스크포스 팀이 폐지되었고 6,082명의 공무원을 감축하였다(Tillah, 2011).

셋째, 부정부패 근절을 위한 노력도 지속하였다. 1986년 민주화 이후, 아키노 정부는 기존에 있었던 부패방지법(1961년 제정된 Republic Act 3019)을 강화하였고, 1989년에는 윤리적 기준을 새롭게 하도록 법률을 개정하였으며, 1991년에는 새로운 부패방지법(Anti-Plunder Law)을 제정하기도 하였다. 이어진 모든 정권에서도 행정과 정치부문의 부패개혁을 약속하였고 법 제도를 정비하여, 역설적이게도 필리핀은 아시아에서 반부패 정책수단이 가장 많은 나라로서 7개의 법과 19개의 대통령직속 반부패위원회가 존재하는 나라가 되었다. 그러나 대통령이 바뀔 때마다 반부패 기구들 역시 바뀌었고, 부패전담기구의 인력과 예산이 부족하여 정상적인 활동을 수행할 수 없었다. 따라서 부패개혁이 그 목표를 달성하지 못한 이유는 법 제도의 부재 때문이 아니라 오히려 법 제도가 제대로 집행되지 못했기 때문이라고 볼 수 있다.

또한 사회문화적 원인이 부패가 구조화되는 데 기여하였는데, 예를 들어 공무원들이 낮은 급여 때문에 사적 이익에 포획될 수밖에 없고, 관료적 형식주의(red tape) 때문에 지나치게 규정이 많은데 이것이 오히려 공무원의 재량권 남용과 부패로 연결될 여지를 주었다(Quah, 2010).

요약하자면 민주화 이후 필리핀 행정개혁의 특징은 첫째, 행정효율성과 민주주의 향상을 위해서 지방자치를 실시하고, 둘째, 국가의 역할을 최소화하기 위해 정부 규모를 축소하며, 셋째, 구체제의 청산을 위해 부정부패를 개혁하는 것이었다.

그런데 이러한 행정개혁의 특징은 필리핀에서만 나타나는 것이 아니다. 1980년대 이후 국제기구의 정책 권고에 따라 많은 개발도상국들에서 신자유주의적 구조조정이 진행되었으며 부패를 청산하고 행정부의 업무 효율성을 향상시키기 위해 필리핀과 유사한 내용의 정치·행정개혁이 진행된 바 있다. 이른바 바람직한 거버넌스(good governance)를 구축하여 개발목표를 달성하고자 하는 목적에서 다양한 행정개혁조치들을 시도했던 것이다. 그러나 기대와는 달리 부정적 부수효과(negative side effect)가 나타나기도 했다.

라틴아메리카를 예로 든 연구(Hewitt de Alcántara, 1998)에 따르면 중남미에서도 국제기구들이 바람직한 거버넌스를 강조하면서 국가의 역할을 축소시켰다. 예를 들어 원조를 통해 보건프로그램을 지원하면서 그 집행을 정부기구가 아니라 민간시민단체에 집행토록 하였다. 개발도상국 정부의 능력을 불신한 결과 집행주체로서 시민사회의 참여를 독려하였는데, 결과적으로는 오히려 개도국 정부의 집행능력을 약화시키는 부정적 부수효과를 초래하고 말았다. 또한 공공분야의 행정 조직들을 개편하도록 권고함으로써 개도국 정부의 효율성을 오히려 약화시키게 되었다(Hewitt de Alcántara, 1998).

필리핀에서도 지방분권화 이후 중앙정부의 기능과 능력이 축소되고 지방정부의 권한이 확대되었다. 하지만 이로 인한 부정적 부수효과가 발생하게 되었다. 지역 정치가 부와 권력을 모두 장악한 일부 세력들에 의해 좌우되는 후견주의(patronage) 정치구조 속에서 오히려 사회 전체가 지극히 정치화되는 문제점이 발생하였다. 또한 중앙부처 행정개혁을 위해 실시된 정부 규모 축소로 인해서 중앙정부의 행정능력이 약화되고 말았다(김은주, 2013). 이와 같은 행정체제의 구조적 특징과 문제점은 2007년 이전에 사회보호제도를 집행하는 과정에서도 그대로 드러났다.

2. 빈곤감소정책의 특징 : 정책단절과 후견주의로 인한 정책실패

2000년대 후반 아로요 대통령과 뒤이어 등장한 아키노 대통령이 사회보호제도를 정책의제로 추진하고 제도화하기 이전에도 민주화 이후 등장한 전임 정부들 역시 빈곤문제를 해결하기 위한 정책들을 시행해 왔다. 그럼에도 불구하고 여러 가지 사회보호 프로그램들은 연속성을 갖지 못하고 정권이 바뀔 때마다 단절되었다(ADB, 2009).

1986년 민주화 혁명 이후 등장한 대통령들은 선거공약으로 빈곤문제를 해결하기 위해 다양한 혜택들을 제공하겠다는 것을 약속하고, 정부를 구성한 이후에 실제로 여러 가지 프로그램들을 도입하여 국민의 절대다수를 차지하는 빈곤층에게 물질적 지원을 제공하였다(〈표 3-2〉 참조). 예를 들어, 민주화를 이끈 코라손 아키노(Corazon Aquino) 대통령(1986~1992)은 포괄적인 농촌개혁 프로그램과 '*Tulong sa Tao*'라는 빈곤지역 일자리 창출 프로그램을 시도하였고, 이어서 등장한 라모스(Ramos) 대통령(1992~1998)은 사회개혁 아젠다(Social Reform Agenda)라는 프로그램을 통해 빈곤층에게 교육, 주거, 직업교육, 보건 등 다양한 지원을 포괄적으로 제공하고자 시도하였다. 에스트라다(Estrada) 대통령(1998~2001)도 빈곤층에 대한 포괄적 지원프로그램, '*Lingap Para sa Mahihirap*'를 도입하여 의료, 병원비, 장례비까지 지원하는 정책프로그램을 실시하였다(Kim & Yoo, 2015). 그러나 한 가지 안타까운 점은 이러한 정책들이 연속성을 가지지 못하고 정권이 바뀔 때마다 단절되면서 정책의 불연속성이 발생했다는 점이다. 이로 인해서 일각에서는 필리핀의 빈곤감소 프로그램들을 '누더기 프로그램(patched program)'이라고 불렀으며 수많은 프로그램을 실시했음에도 불구하고 빈곤인구의 수를 줄이지 못했다(ADB, 2009). 이와 같이 2007년 이전의 빈곤감소 프로그램과 사회보호제도의 첫 번째 실패 요인은 정권이 바뀔 때마다 프로그램들이 단절되면서 제도화되지 못한 데서 기인하였다.

또한 프로그램을 집행하는 과정에서 수혜자인 빈곤가구를 정확히 밝혀내지 못하고, 지원받을 필요가 없는 사람들이 서비스 대상자가 되는 등 집행능력이 부족하여 서비스 전달의 효과성과 효율성이 떨어지는 문제가 발생하였다. 서비스 효과성의 문제는 앞서 설명한 바와 같

〈표 3-2〉 필리핀 정권의 변화에 따른 빈곤감소정책의 변화(1986~2010년)

Corazon Aquino (1986~1992)	중기발전계획(MTPDP) 1986~1991 • 목표 : 빈곤감소와 삶의 질 향상 • 빈곤감소를 정부성과의 기준으로 설정 • 최초로 빈곤감소율을 정책목표로 설정 주요정책 • 포괄적 농촌개혁프로그램(Comprehensive Agrarian Reform Program) • 일자리 창출 프로그램 The *Tulong sa Tao* Program
Ramos (1992~1998)	중기발전계획(MTPDP) 1992~1997 • 목표 : 삶의 질과 국제경쟁력 향상 • 인적자원개발 관점에서 빈곤문제에 접근 • 기초적인 필수재(basic needs) 개념 도입 주요정책 • 사회개혁정책(Social Reform Agenda) • 일자리 창출 프로그램 Kabuhayan 2000
Estrada (1998~2001)	중기발전계획(MTPDP) 1999~2004 • 목표 : 지속가능한 개발, 사회적 평등을 전제로 한 성장 • 빈곤감소를 인적자원개발 관점에서 접근 주요정책 • 빈곤층에 포괄적인 서비스를 제공(*Lingap Para sa Mahihirap*)
Arroyo (2001~2010)	중기발전계획(MTPDP) 2001~2004 • 빈곤감소를 위한 4대 전략 : 경제성장, 거버넌스 개혁, 농업현대화, 인적자원개발 중기발전계획(MTPDP) 2004~2010 • 빈곤감소를 위해 경제성장, 일자리 창출, 사회정의, 기본적 필수재 보장, 교육과 청년층 기회 보장, 반부패와 거버넌스 개혁 강조 주요정책 • 조건부 현금지원프로그램 Pantawid Pamilyang Pilipino Program • 농촌개발을 위한 커뮤니티 개발 프로그램(KALAHI-CIDSS) • 빈곤층 창업, 자영업 지원프로그램(SEA-K)
Noynoy Aquino (2010~2016)	중기발전계획(MTPDP) 2011~2016 • 2016년까지 매년 10% 포인트씩 빈곤감소율을 줄이기로 목표 설정 • 궁극적인 목표는 포용적 성장(inclusive growth)이며 이를 위해 거버넌스 개혁을 최우선 수단으로 설정 주요정책 • 조건부현금지원프로그램 Pantawid Pamilyang Pilipino Program • 커뮤니티 개발프로그램(KALAHI-CIDSS) • 보편적 의료보험제도(Universal Health care-Phil-Health)

출처: MTPDP(Medium-Term Philippine Development Plan) of each government

이 필리핀 행정체제의 구조적인 특징에서 기인하기도 한다. 지방분권화의 결과로 지방정부가 복지프로그램의 집행주체가 되었는데, 이 과정에서 정치적인 요인이 복지서비스 전달체계에 영향을 미쳤기 때문이다. 후견주의 정치구조에서는 권력과 부를 독점한 소수의 기득권 계층이 지방정부 역시 장악하고 있는데, 이들이 자신들의 정치적 이해관계에 따라 수혜자를 선정함으로써 부정부패가 발생하게 되는 것이다. 이로 인해 사회보호 프로그램의 지원이 필요한 빈곤층은 제외되고, 서비스 수급요건을 갖추지 못한 사람들이 오히려 지원을 받는 누수(leakage)현상이 발생하여 구조적인 정책실패가 계속되었다(Kim & Yoo, 2015).

IV.

국가의 복지기능을 수행하기 위한 거버넌스 개혁

이처럼 사회구조와 정치구조의 문제로 빈곤감소 프로그램이 제대로 발전하기 어려웠던 필리핀에서 2007년 이후 새로운 사회보호제도의 체계를 갖추고, 이전과는 달리 국가가 적극적인 사회서비스의 규제자이자 공급자로서 역할을 수행하면서 복지기능을 확대하기에 이르렀다. 어떻게 그러한 변화가 가능했던 것일까? 이하에서는 복지기능 수행을 위한 필리핀의 거버넌스 개혁 과정을 분석하기 위해서 구조적 개혁과 프로그램 단위의 개혁으로 나누어 살펴보겠다.

1. 구조적 개혁 : 복지재정배분 방식 개혁

2010년 필리핀의 대통령에 당선된 노이노이 아키노(Noynoy Aquino) 대통령은 "빈곤감소를 위해 거버넌스를 개혁하겠다"는 것을 대통령 선거의 핵심 공약으로 약속하였다. 취임 이후 작성한 필리핀 중기발전계획(MTPDP 2011~2016)에서도 빈곤감소를 위한 바람직한 거버넌스(good governance for poverty reduction)를 가장 중요한 정책 아젠다로 내세우고 있다. 그 핵심은 국민에 대한 민주적 반응성을 높이고 행정부처의 효율성을 개선하며 부패를 척결하는 방향으로 거버넌스를 개선함으로써 궁극적으로 빈곤을 감소하겠다는 것이다(NEDA, 2011). 앞에서 필리핀 사회의 특징을 설명하면서, 정치구조가 세습적 과두정(patrimonial oligarchic state)이기 때문에 사회 불평등이 구조화되어 있고 이로 인해 빈곤문제가 근본적으로 해결되기 어렵다는 구조적 특징이 있다고 설명하였다. 아키노 대통령의 거버넌스 개혁은 바로 이러한 구조적인 문제를 해결하여야만 빈곤감소가 가능하다는 문제의식에서 출발하는 것이다. 그러나 이 같은 문제진단과 개혁시도는 처음이 아니지만 그동안은 세습적 과두정인 정치구조의 특징 때문에(Hutchcroft, 1998) 경제권력과 정치권력을 동시에 장악한 기득권층이 저항하여 토지개혁과 같은 사회구조 개혁은 번번이 실패하였다. 또한 개혁입법 제·개정 권한을 가진 의회가 후견주의(patronage) 정치에 의해 장악되어 있었기 때문에(Hutchcroft & Joel, 2003) 정치개혁도 성공하지 못했다.

이러한 배경에서 아키노 정부의 개혁 조치 중에 주목할 만한 것은 바로 후견주의 정치구조를 쇄신하기 위한 시도이다. 후견주의 정치구조 하에서 지역 정치인들이 정부의 예산안 작성에 개입하는 것은 고질적인 문제였다. 지역개발사업에 배정될 예산을 나눠먹기식(pork-barrel)으로 편성할 뿐만 아니라 중앙정부 부처예산 가운데 정치인 몫으로 예산을 편성하는 경우가 많았다. 필리핀에서는 이러한 예산을 지칭하는 '의회삽입예산(Congressional Insertion Appropriation, CIA)'이란 단어가 있을 정도이다. 또한 예산배분 방식의 문제점이 후견주의 정치를 더욱 강화시켰다. 지방정부를 책임지는 도지사와 시장이 지역구 국회의원의 자원에 의존할 수밖에 없어서 국회의원(congressman)-도지사(governor)-시장(mayor)의 공생관계가 형성되는 구조적인 문제가 있었다. 예산이 하원의회에서 결정되고 예산배분이 도(province) 단위로 결정되기 때문에 만일 시(city) 단위에서 정책을 집행하려고 하면 필요한 재원을 도지사나 국회의원에게 의존할 수밖에 없어 후견주의 정치구조를 개선할 수가 없는 것이다. 이 때문에 아키노 정부는 정치적 실현가능성(political feasibility)을 고려하여 기득권층의 저항을 최소화하면서도 정치구조를 변화시킬 수 있는 개혁을 시도하였다.[3)]

대표적인 개혁조치로 내세운 것은 바로 복지예산 배분과정 개선 조치였다. 상향식 예산편성제도(Bottom-Up Planning Initiative)란 이름하에 예산안 작성을 상향식(bottom-up)으로 전환한 것이다. 각 지방정부(LGUs)가 빈곤감소를 위해 필요한 예산을 직접 작성하여 중앙정부에 제출하도록 하였다. 2013년 회계연도를 기준으로 총 1,634개 지방자치단체(143개 cities, 1,491개 municipalities) 중에서 690개 지방자치정부로 하여금 직접 지역빈곤감소계획(Local Poverty Reduction Action Plans)을 수립하도록 하였으며, 지방자치단체별 빈곤 정도에 따라서 최소 8백만 페소(약 195,000 USD)에서 3,000만 페소(약 730,000 USD)까지 집행예산을 지원하였다. 또한 이러한 예산안을 작성하기 위해서 일반 국민들과 시민사회의 참여를 의무화하는 주민참여예산제도(Open Budget Initiative)조치 또한 실시하였다.

국가빈곤방지위원회(NAPC) 위원장과의 인터뷰에 따르면, 이 두 가

---

3) 국가빈곤방지위원회(National Anti-Poverty Commission, NAPC) 위원장과의 인터뷰 내용, 2013. 1. 22.

지 재정개혁 수단은 재정지출 효율화를 위한 것에 국한되는 것이 아니라 부패척결과 정치사회구조 변화까지 견인하고자 하는 목표로 시도되었다. 예산을 지역(municipality) 단위에서 필요한 대로 결정하도록 하고 예산결정과정에 국민이 참여하도록 하면, 지방자치단체의 시장들은 자신들의 정치적 후견인인 국회의원에 의존하는 것이 아니라 유권자인 시민들을 고려하게 됨으로써 국민에 대한 정치적 책임성(political accountability)이 증대될 것이다. 복지 분야 예산편성 관행을 개혁하는 조치는 단순히 정부예산운영의 효율성을 도모할 뿐만 아니라 나아가 후견주의 정치구조를 개혁하고자 하는 목적을 갖고 시도된 것이다. 또한 빈곤감소 계획을 수립하고 예산을 작성하는 과정에 시민들의 참여를 보장함으로써 빈곤층의 정책수요를 반영할 수 있도록 하였다. 이러한 개혁조치를 통해 궁극적으로는 필리핀의 후견주의 정치체제에 변화를 촉발하고, 구조화되어 있는 부패문제를 해결하고자 하는 의도가 있었다.

2. 프로그램 단위 개혁 : CCT 집행과정과 정책조정체계 개혁

구조적인 거버넌스 개혁과 동시에 정책집행과정에서 프로그램의 효과성과 효율성을 향상시키기 위한 개혁도 이루어졌다. 이를 살펴보기 위해서 분석단위를 사회보호제도 중 대표적인 프로그램인 조건부 현금지원 프로그램(Conditional Cash Transfer Programme, CCT)으로 좁혀서 집행과정에서 개선된 점을 분석해보도록 한다.

필리핀의 CCT인 Pantawid Pamilyang Pilipino Program[4)]은 빈곤가구를 대상으로 취학연령의 아동(3~14세)을 학교에 보내면 한 달에 300페소, 모든 아동(0~14세)이 지역 보건센터에서 건강검진을 정기적으로 받는 조건으로 한 달에 500페소를 현금으로 지원하는 프로그램이다. CCT는 2007년 아로요 대통령 시절에 시작된 이래, 현 아키노 대통령까지 이어지면서 수혜인원과 예산이 지속적으로 확대되어왔다. 그 결과 2013년 기준으로 필리핀에서 가장 큰 규모의 사회보호 프로그램으로 자리 잡았고, 관련 예산은 사회복지개발부(DSWD) 예산의 90%(2012년 기준)를 차지할 정도로 대표적인 프로그램이 되었다. 앞서 설명했듯이 과거에는 정권이 바뀔 때마다 복지프로그램이 바뀌면서 정책의 불연속성으로 인해 빈곤감소효과가 크지 않았는데, 아키노 대통령은 전임 정권의 CCT 프로그램을 승계하여 더욱 확대하여 실시하고 있다는 점이 주목할 만하다. 아로요 정부(2001~2010)가 2007년 6000가구를 대상으로 파일럿 프로그램을 실시한 뒤, 2010년까지 100만 가구를 대상으로 점진적으로 규모를 늘려왔던 것에 반해서, 아키노 정부(2010~2016)는 수급자격이 있는 빈곤가구, 즉 아동이 있는 빈곤가구 전체를 대상으로 확대하였다. 그 결과 2013년 370만 가구, 2014년 420만 가구로 프로그램 시행 4년 만에 약 4배로 수혜자 수가 확대되었다(Kim & Yoo, 2015).

CCT의 성공적인 집행을 위해서는 먼저 지원 자격이 있는 빈곤가구를 정확히 파악해야 한다. 많은 개발도상국들에서 빈곤층을 지원하

4) Building Bridges for the Filipino Family란 의미이며, 필리핀에서는 주로 4P로 불리고 있다.

는 프로그램이 실패하는 가장 큰 원인 중에 하나는 수혜자 선정 과정이 부정확하고 불투명해 부정부패가 개입하게 됨으로써 수급자격이 없는 사람이 수혜자가 되고, 정작 서비스를 필요로 하는 사람들이 지원을 받지 못하기 때문이다. 세계은행(World Bank)을 필두로 한 국제기구들이 2000년대 초반부터 개발도상국에 CCT를 도입하도록 권고하여 라틴아메리카의 브라질, 멕시코, 콜롬비아 등에서는 성공적으로 제도화되었다. 반면 과테말라, 니카라과, 온두라스 등에서는 CCT가 제대로 정착되지 못했고, 아프리카 국가들에서는 소규모 프로젝트에 그치고 마는 경우가 대부분이었는데, 바로 이같이 복잡한 행정절차를 효율적이고 효과적으로 수행할 수 있는 집행능력이 부재하였기 때문이다(Cecchini, 2009; Reyes & Tabuga, 2012).

이러한 문제점을 극복하기 위해서 필리핀에서는 가장 먼저 CCT 수혜자 선정과정을 개선하였다. 2007년에 처음으로 시범사업을 실시할 무렵에는 중앙정부가 빈곤가구에 대한 구체적인 정보를 파악하고 있지 못했다. 기존에는 빈곤감소 프로그램의 수혜자 선정을 위해서 지역단위로 하여 빈곤가구를 파악하는 방법(geographical targeting method)을 사용했기 때문이다. 예를 들어, 전국에서 빈곤율이 가장 높은 지역이 어디인지를 파악하여 중앙정부가 그 지역에 예산을 지원하면 지방정부와 정치인들이 수혜가구를 선정하여 지급하였다. 이 과정에서 필리핀의 후견주의(patronage) 정치문화로 인해서 정치인들의 이해관계에 따라 수혜자를 선정하는 등 부정과 오류(corruption and fraud) 문제가 끊이지 않았던 것이다.

수혜자 선정과정 개혁을 위해서 필리핀 사회복지개발부(DSWD)

는 타깃팅 과정을 개선하는 NHTS-PR(National Household Targeting System for Poverty Reduction)이라는 프로그램을 개발하였다. 전국으로 조사원들이 파견되어 Proxy-means Test를 통해서 빈곤가구를 찾아내고, 이를 마을회관(barangay center)에 공개하여 검증하는 과정을 거쳐서 최종적으로 수혜가구를 확정한다. 수혜자 선정과정에서 객관적으로 생활수준을 검증하고, 투명성을 확보하여 부정부패가 개입할 여지를 줄이려는 노력이었다. 2008년부터 2010년까지 전국적으로 1000만 가구 정도를 조사하였고, 그중에서 520만 가구를 빈곤가구로 선정하였다. 이 중에 아동이 있는 빈곤가구가 약 420만 가구로 추정되었는데, 이에 근거하여 2014년부터는 수급자격이 있는 가구 전체를 대상으로 하는 프로그램으로 확대하게 된 것이다.[5)] CCT라는 새로운 빈곤감소 프로그램이 필리핀에서 5년이라는 비교적 짧은 기간에 전국의 전체 빈곤가구를 대상으로 하는 대규모 프로그램으로 제도화될 수 있었던 가장 핵심적인 성공요인은 바로 정책집행과정에서 타깃팅 시스템을 개혁하였던 것이 첫 번째 원인이라고 할 수 있다.

두 번째 성공요인으로 CCT 집행을 위한 관련 부처와의 정책조정체계 강화를 들 수 있다. 먼저 담당부처인 사회복지개발부(DSWD)는 CCT를 집행하기 위한 전담조직으로서 조직체계를 변화시켰다. 기존 조직구조를 개혁하여 CCT 집행에 필요한 제도들을 준비하는 전담조직으로 제도개발 및 능력함양(institutional development and capacity building) 부서를 신설하였다. 또한 CCT만을 관리하는 전국단위 담당

---

5) NEDA-SDC의 사회개발과 과장(Director of Social Development Staff)과의 인터뷰 내용, 2012. 6. 25.

부서(national project management office)와 지역별 사무소(regional project management office)를 확대하고 수혜자들이 아동들의 교육과 보건에 대한 조건들을 잘 지키는지 순응 여부를 모니터링하는 인력들을 고용하였다. 예를 들어, 수도 지역(national capital region)인 마닐라의 사무소의 경우, 기존 인력이 약 1,000여 명이었는데 CCT 도입 이후 400여 명을 추가로 증원하여 프로그램 집행을 위한 전담인력을 새로 고용하였다.[6)]

또한 사회복지 분야에 관련된 범부처 간의 협업을 위해 정책조정체계를 개혁하였다. 2007년에는 국가경제개발위원회(National Economic Development Authority)가 사회보호전략(Social Protection Strategy)을 수립하는 과정에서 사회복지 및 개발 분야 개혁안(National Sector Support for Social Welfare and Development Reform Project)을 수립하였다. 개혁안의 주요한 내용 중 하나는 사회개발(social development)과 관련된 정부 부처와 정책들이 분절화된 문제점을 극복하기 위해서 사회복지 관련 부처들의 협력체계를 구축하는 것이었다. 예를 들어, CCT 집행에 관련된 부처로는 예산부처인 Department of Budgetary Management(DBM), 보건부처인 Department of Health(DOH), 교육부처인 Department of Education(DOE), 그리고 지방자치를 담당하는 내무부 Department of Interior and Local Government(DILG) 등이 있다. 이들 부처들이 협력할 수 있는 정책조정체계를 구축하여 관계부처 협의체에서 CCT 집행에 필요한 교육 및

---

6) 마닐라 지역 사회복지개발부(Department of Social Welfare and Development) 담당자와의 인터뷰 내용, 2013. 1. 22.

보건 시설 확충에 대해 논의하였다. 사실 CCT 집행 성공을 위해서는 교육 및 보건 기반시설 확보가 전제조건이라고 할 수 있다. CCT 수혜자들이 이용하기 위한 학교, 보건소 등의 시설 확충이 부족한 경우 각 지방자치단체가 시설 확충 방안에 대해 제안하고 관계부처가 협의하여 시설을 늘리는 등 공동의 노력이 있었기 때문에 CCT의 성공적인 집행이 가능했다. 그러한 공동 노력의 토대가 되는 범부처 간 정책조정체제가 2007년의 개혁안을 계기로 이미 만들어져 있었기 때문에 CCT를 집행할 수 있었다.[7)]

7) 필리핀 사회복지개발부(DSWD) CCT 정책담당관(National Program manager)과의 인터뷰 내용, 2012. 6. 21.

V. 빈곤감소를 위한 거버넌스 개혁의 메커니즘

지금까지 우리는 필리핀의 사회보호제도 도입과 확산 과정의 거버넌스 개혁조치들을 살펴보았다. 기존의 정책실패와는 달리 정치와 행정 부문에서의 구조적인 개혁, 그리고 프로그램 집행에 필요한 미시적 수준에서의 개혁 등이 이루어짐으로써 국가가 복지기능을 확대할 수 있었다. 끝으로 다른 개발도상국들이 국가의 기능과 역할을 강화하고자 할 때 유념해야 할 점을 제시하려는 목적에서 복지기능 확대를 위한 거버넌스 개혁의 메커니즘(작동원리)을 정리해보고자 한다.

개발도상국에서 빈곤감소를 위한 사회정책이 도입되고 개혁이 일어나게 되는 원인에 대해서 분석한 선행연구들은 주로 외생적 요인과 내재적 요인으로 구분하여 살펴본다. 즉, 국제기구의 권고에 의해 새로운 정책을 도입하게 되거나 원조를 받는 조건으로 새로운 사회보호프로그램을 도입하게 된다는 설명이 있다(Deacon & Hulse *et al*., 1997; Deacon, 2007). 이와는 반대로 개발도상국 내부에서 개혁을 실현하고자 하는 정치적 의지가 더욱 중요하다는 주장이 있다(Grindle & Thomas, 1989; Devereux & White, 2010). 그런데 단지 외부의 자극과 내부의 의지라는 이분법적인 구분에서 한 단계 더 나아가 생각해볼 필요가 있다. 오늘날 개발도상국에서 일어나는 현실의 사례들을 보면, 당면한 사회문제를 해결하기 위해 국제기구의 권고로부터 변화가 촉발되는 것이 사실이지만 그러한 개혁프로그램이 궁극적으로 개발도상국 내에서 제도화되고 실질적으로 집행되기 위해서는 정책결정자의 정치적 의지를 바탕으로 한 행정능력의 향상이 반드시 필요하다.

정치 거버넌스의 변화가 빈곤감소로 이어질 수 있는 이론적 연결고리에 대해 아마르티아 센(Amartya Sen)은 다음과 같이 설명하였다. 정치체제가 보다 민주적으로 변하게 되면 선거에서 빈곤층의 수요를 고려하여 정책을 만들게 되고, 유권자인 빈곤층의 삶의 질을 개선하기 위한 노력을 기울이게 된다. 이러한 과정을 거쳐 민주적 거버넌스로의 변화가 빈곤감소로 이어질 수 있다고 설명한다(Sen, 2000). 즉, 정치가 민주화되어야 정치지도자들이 유권자인 빈곤층을 위해서 '정치적 의지(political will)'를 가질 수 있다. 빈곤이라는 '사회문제'를 정부가 책임져야 할 '정책의제'로 채택하며, 빈곤문제 해결을 위한 대안들이 구체적인 프로그램으로 형성되고 정책결정 단계를 거쳐 마침내 성공적으로 집행될 수 있도록 하는 이 모든 정책과정의 근본적인 출발점은 정치 거버넌스가 민주적으로 변화하는 것에서부터 시작된다.

정치가 국민의 정책수요를 반영할 수 있는 구조로 변화된 이후 이어서 정책의 효과성이 높아질 수 있도록 하는 행정부문 개혁을 추진해야 한다. 정책이 집행될 때 발생하는 비효율성이 개선될 수 있도록 행정조직을 개선하고 집행과정에서 행정서비스의 전달체계를 개혁하는 등의 노력이 뒤따라야 한다.

일찍이 발전행정론에서는 불균형 발전이론에 기반을 두어 행정이

다른 발전목표들과 상호의존적인 관계이지만 그 자체로 독립변수로서 다른 발전목표들을 선도하며 국가발전의 주도적 역할을 담당할 수 있다는 점을 강조하였다(김영종, 2007). 논자에 따라서는 정치적인 측면의 거버넌스 개혁이나 사법적(judicial) 거버넌스 개혁보다는 행정부의 능력을 강화하는 것이 우선되어야 한다는 주장도 있다(Quibria, 2006). 행정개혁이 국가발전을 선도할 수 있다는 것은 부인할 수 없는 명제이다. 그러나 단발성으로 그치고 마는 행정개혁이 아니라 지속가능한 행정개혁이 되기 위해서는 먼저 정치체제가 정당성을 갖추고, 국민의 삶의 질을 향상시키는 데 필요한 정책수요를 정책과정에 반영하려고 노력하는 정치적 책임성이 전제되어야 한다.

요컨대 빈곤감소에 이르게 하는 거버넌스 개선의 우선순위와 연결순서(sequence)를 살펴보면, 정치제도 측면의 거버넌스로부터 출발하여 행정제도 측면의 거버넌스를 개선하는 것이 빈곤감소를 이끌어 낼 수 있는 거버넌스 개혁, 이른바 친빈곤적 거버넌스(pro-poor governance) 개혁의 순서라고 할 수 있다(김은주, 2015).

필리핀의 사회보호제도 도입 과정의 거버넌스 개혁 역시 이러한 순서에 따라 이루어졌다. 결과적으로 보면 사회보호제도 집행이 가능하도록 행정능력이 향상되었는데, 이를 가능하게 한 것은 정치와 행정부문의 구조적 개혁과 프로그램 단위의 미시적 개혁이 동시에 추진되었기 때문이다. 이 모든 개혁을 가능하게 한 출발점은 정책결정자의 정치적 의지(political will)였다. 먼저 아키노 대통령이 선거과정에서부터 유권자의 절반 이상을 차지하는 빈곤층에 호소하기 위해 빈곤감소와 이를 위한 수단으로서 거버넌스 개혁을 가장 최우선 공약으로 내세

워 당선이 되었다. 이후 대통령으로서 정치적 의지를 가지고 부패청산과 거버넌스 개혁을 전면에 내세웠고, CCT와 같은 사회보호 프로그램을 제도화하고 의료보험제도(Phil-health)를 빈곤층 모두에게 보편적으로 보장하기 위한 조치들을 잇달아 실시하였다. 빈곤감소 및 사회보호에 필요한 복지예산을 배분하는 방식을 개혁하여 그동안 후견주의가 초래해 온 부정부패를 극복하고자 하는 구조적인 개혁 노력을 먼저 실시하였다. 이어서 행정조직의 개편과 정책조정체계의 구축, 프로그램 집행을 위한 서비스 전달체계의 개선조치들이 이어졌다. 이러한 일련의 노력의 결과 CCT의 확산과 사회보호정책의 제도화가 가능해졌고 국가의 복지기능이 확대될 수 있었던 것이다.

VI. 결 론

앞서 개발도상국이 직면한 사회문제를 해결하기 위해 국가가 어떤 기능을 확대할 것인지, 어떤 역할을 담당할 것인지는 정치적·전략적 선택에 따라 결정되는 것이라 전제하였다(권혁주, 2015). 그러나 국가별 특수성을 인정하면서도 그 가운데서 보편성을 발견하기 위해서는 정치적 선택이 이뤄지는 암흑상자(black box) 안을 들여다볼 필요가 있다. 이러한 배경에서 본 연구는 개발도상국의 정책결정자들이 어떻게 복지기능을 확대하기 위한 정치적 선택을 하게 되는 것인지, 전략적 선택 이후 국가의 기능과 역할 확대하기 위해 어떻게 거버넌스를 개혁하는지 등에 대해 고찰하였다.

필리핀은 1990년대 말 아시아경제위기, 2008~2009년 글로벌 경제위기에 대한 대응으로 2007년 사회보호제도를 도입하였고, 2008년부터 빈곤층에게 현금을 지원하는 CCT를 제도화하였다. 그 과정에서 국가가 핵심기능과 발전기능을 넘어서 복지기능을 수행하는 방향으로 기능과 역할을 확대하였다. 이처럼 새로운 사회보호제도의 도입과 확산이 가능했던 이유는 빈곤문제를 해결하고자 하는 아키노 대통령의 강력한 정치적 의지가 있었기 때문이었다. 부패한 정치체제와 행정관행을 개혁하는 구조적 차원의 거버넌스 개혁과 동시에 프로그램 집행을 위해 서비스 전달체계를 개선하는 미시적 차원의 행정개혁도 함께 진행되었기에 사회보호제도가 정착될 수 있었다.

그러나 아직은 필리핀에서 일련의 사회보호제도들이 효과를 발휘하여 궁극적인 빈곤감소로 이어질 것인지를 평가하기에는 조심스러운 측면이 있다. 최근 필리핀의 거버넌스 개혁조치가 과연 뿌리 깊은 세습적 과두정치를 극복할 수 있을지, 양극화와 구조적인 불평등 문제를 근본적으로 해결할 수 있을지에 대해서 쉽게 단언할 수 없다. 또한 이러한 개혁이 2016년 이후 탄생할 새로운 정권에서도 지속적으로 추진될 수 있을지 여부도 아직은 더 지켜봐야 할 것이다. 다만 최근 들어 필리핀의 경제가 주변 동남아시아 국가들에 비해서 높은 성장률을 보이며 발전하고 있고, 거버넌스 개혁에 대해 국제사회의 인정도 받고 있다는 점 등에 비춰볼 때, 이전과는 달리 필리핀에서도 현대화와 빈곤감소를 이룩할 수 있을 것이라는 기대를 해 볼 수 있다.

결론적으로 필리핀에 대한 사례연구를 통해 국가의 복지기능을 확대하고자 하는 다른 개발도상국들에게 다음과 같은 정책적 함의를 줄 수 있다. 첫째, 거버넌스 개혁은 정치적 측면의 개혁과 행정적 측면의 개혁이 모두 이루어져야 한다. 먼저 빈곤층의 수요를 정책과정에 반영할 수 있도록 하는 민주적 거버넌스가 전제되어야 하고, 그 기반 위에서 성공적인 정책집행을 위한 행정부의 개혁이 뒷받침될 때 국가의 복지기능이 강화될 수 있다. 정치체제가 국민에게 책임성을 가질 때 비로소 단발성 행정개혁이 아닌 지속가능한 행정개혁이 가능하기 때문이다. 둘째, 여전히 많은 개발도상국들에서는 후견주의 정치구조로 인해 빈곤감소 프로그램들이 기대효과를 달성하지 못하는 경우가 있다. 따라서 개발도상국에서 국가의 복지기능을 확대하기 위해서는 근본적으로 후견주의 정치구조를 극복할 수 있는 구조적인 개혁이 진행되어야 하며, 이어서 프로그램 단위에서 효율성과 효과성을 높일 수 있도록 서비스 전달체계를 개선하는 것이 필요하다.

지속가능한 개발을 위해 국가의 복지기능을 확대하고자 할 때 이와 같이 정치구조개혁과 행정개혁의 연결 메커니즘을 염두에 두고 국가별 상황에 맞는 전략을 수립해야 할 것이다.

참고문헌

권혁주(2015), 국가의 기능과 역할 : 개발도상국의 경제·사회발전의 관점에서, 서울대학교 행정대학원 아시아개발연구소 학술워크숍, 개발도상국 공공정책과 행정에 관한 사례연구 발표문.

김영종(2007), 신발전행정이론, 서울 : 숭실대학교 출판부.

김은주(2013), 거버넌스가 빈곤에 미치는 영향에 관한 비판적 연구 : 국가 발전 수준에 따른 거버넌스의 역설을 중심으로, 박사학위 논문, 서울대학교.

ADB(2009), Poverty in the Philippines : Causes, Constraints, and Opportunities, Manila : Asian Development Bank.

____(2012), Asia Development Outlook 2012 : Confronting Rising Inequality in Asia, Manila : Asian Development Bank.

Asher, M. G.(2010), Social Protection System in East Asia : An overview and Reform Direction, Social Protection in East Asia-Current state and challenges, in M. G. Asher, S. Oum & F. Parulian, ERIA Research Project Report 2009, Jakarta : Economic Research Institute for ASEAN and East Asia, pp. 1~18.

Cecchini, S.(2009), Do CCT Programmes Work in Low-Income Countries?, *One Pager*, 90, International Policy Centre for Inclusive Growth.

Deacon, B.(2007), *Global Social Policy and Governance*, Los Angeles : Sage Publications.

Deacon, B., Hulse, M. & P. Stubbs(1997), *Global Social Policy-International Organizations and the Future of Welfare*, London : Sage.

Devereux, S. & P. White(2010), Social Protection in Africa : Evidence, Politics and Rights, *Poverty and Public Policy*, 2(3), pp. 53~77.

DSWD(2008), *Social Protection Programs of the Government*, Department of Social Welfare and Development, Manila, Philippines.

Grindle, M. S. & J. W. Thomas(1989), Policy makers, Policy choices, and Policy outcomes : The political economy of reform in developing countries, *Policy Sciences*, 22(3~4), pp. 213~248.

Hewitt de Alcántara, C.(1998), Uses and abuses of the concept of governance, *International Social Science Journal*, 50(155), pp. 105~113.

Hutchcroft, P. D.(1998), *Booty capitalism : the politics of banking in the Philippines*, Ithaca, New York : Cornell University Press.

Hutchcroft, P. D. & R. Joel(2003), Strong Demands and Weak Institutions : The Origins and Evolution of the Democratic Deficit in the Philippines, *Journal of East Asian Studies*, 3(2), pp. 259~292.

Johnson, C.(1999), The Developmental State : Odyssey of a concept, *The Developmental State*, M. Woo-Cumings, Ithaca, New York : Cornell University Press.

Kim, E. & J. Yoo(2015), Conditional Cash Transfer in the Philippines : How to Overcome Institutional Constraints for Implementing Social Protection, *Asia & the Pacific Policy Studies*, 2(1), pp. 75~89.

Kreft, S., Eckstein, D., Dorsch, L. & L. Fischer(2015), Global Climate Risk Index 2016 Bonn, German watch.

NCSB(2015), Family Income and Expenditure Survey(FIES), National Committee of Statistical Board, Philippines.

NEDA-SDC(2007), SDC Resolution No. 1, Series of 2007 : Adopting A Philippine Definition of Social Protection, National Economic Development Authority-Social Development Committee.

NEDA(2011), Philippine Development Plan 2011~2016, N. E. A. D. Authority, Pasig City, Manila.

Quah, J. S. T.(2010), Curbing Corruption in the Philippines : Is this an Impossible Dream?, *Philippine Journal of Public Administration*, 54(1~2), pp. 1~43.

Quibria, M.(2006), Does governance matter? Yes, no or maybe : Some evidence from developing Asia, *Kyklos*, 59(1), pp. 99~114.

Rainer, A., Mylene, H. & R. P. Ofreneo(2011), Social Protection Strategies in response to crisis : The Philippines Experience, ASEAN Workshop on Social Safety Nets Capacity Building, Seoul, KIHASA(Korea Institute for Health and Social Affairs).

Reyes, C. M. & A. D. Tabuga(2012), Conditional Cash Transfer Program in the Philippines : Is It Reaching the Extremely Poor?, Discussion Paper Series, 2012(42), P. I. F. D. Studies, Manila, Philippine Institute for Development Studies.

Sen, A.(2000), Democracy : The Only Way Out of Poverty, *New Perspectives Quarterly*, 17(1), pp. 28~30.

Tillah, M. C.(2011), Globalization, Redemocratization, and the Philippine Bureaucracy, *Globalization, Governance, and the Philippine State*, Makati City, Philippines : Philippine Institute for Development Studies.

제4장

경제위기 이후 캄보디아 정부의 정책과 사회발전 과제

권혁주
(서울대학교 행정대학원 교수)

I.
서 론

캄보디아는 잔혹한 내전과 폴 포트(Pol Pot) 정권에 의한 대량학살 등의 아픈 역사적 상처를 딛고 최근 급속한 경제발전을 이루고 있다. 여전히 세계에서 가장 빈곤한 국가 중의 하나이지만 훈 센(Hun Sen) 정부의 지속적인 경제개발 정책으로 가시적인 성과를 거두고 있기 때문이다. 그러나 훈 센 정부는 권위주의적 정권을 유지하면서 아시아에서 최장의 장기집권을 이어가고 있다. 이 장은 중장기 경제발전 전략을 추진하면서 빈곤층을 위한 사회적 보호 정책과 지방행정체제구축을 시도하고 있는 훈 센 정부의 정책을 조사·분석하고 지속적인 발전을 위한 정책과제를 파악하며 향후 발전방안을 모색하는 것을 목적으로 한다. 이를 위해 먼저 캄보디아의 정치적 전개과정과 경제·사회적 맥락에 대해 간단히 살펴보기로 한다.

II.

캄보디아의 식민지 경험과 내전의 상처

캄보디아는 1431년 샴(Siam) 왕국의 침략에 의해 식민지로 전락하였으며 이후 샴 왕국과 베트남의 경쟁과 침략 속에서 통치자가 번갈아 바뀌는 고초를 겪었다. 19세기에 이르러서는 메콩 지역으로 진출한 프랑스의 식민지가 되었다. 프랑스 식민지배 하에서 시아누크 노로돔(Sianook Norodom)은 실권이 없는 국왕으로 역할을 하고, 실질적인 행정은 프랑스의 관리들에게 맡겨지게 되었다. 이렇게 프랑스의 지배를 받아오던 캄보디아는 1941년 태평양 전쟁의 와중에서 일본 제국주의가 메콩 지역으로 확대해오는 상황에 편승하여 일본의 후원을 업고 프랑스에 대항하여 독립을 선언하였다. 그러나 일본이 전쟁에서 패망하자 독립을 위한 이와 같은 노력은 수포로 돌아갔다. 당시 명목적인 국왕이었던 시아누크는 보다 즉각적인 독립을 원했지만, 프랑스는 캄보디아를 점진적인 과정을 거쳐 독립시키려고 하였다. 시아누크는 내부 통치에서 자율성을 확보하면서 메콩 지역의 국제 정세에서 중립 노선을 지키면서 국가의 독립을 확보하고자 하였다. 그러나 1960년대 이후 베트남에서 공산주의 세력인 베트남 민족자유 전선이 남쪽과의 내전에서 우세를 이어가나 시아누크는 친공산주의 노선을 채택하였다

(박성관, 2003, pp. 323~346).

1970년 이러한 시아누크의 노선에 반기를 들어 론 놀(Lon Nol)과 시릭 마탁이 쿠데타를 통해 정권을 장악하고 시아누크는 망명을 하였다. 그러나 론 놀 정권의 반정부 세력에 대한 강력한 탄압으로 오히려 공산주의 세력이 성장하게 되어 결국 크메르 루즈(Khmer Rouge)라고 하는 공산주의 세력에 의해 권력을 빼앗기게 되었다(박성관, 2003). 1975년 성립한 크메르 루즈의 폴 포트(Pol Pot) 정권은 극단적인 반자본주의 정책을 시도하는데, 그 가운데서도 많은 사람을 대규모 이주시키고 숙청하는 과정에서 대규모 학살이 자행되었다(김성주, 1998). 크메르 루즈 정권은 1979년 헹 삼린(Heng Samrin), 훈 센(Hun Sen) 등이 이끄는 베트남 연합군의 침략으로 붕괴되고 그들의 잔당들은 게릴라 전술을 통한 저항을 계속하였다.

캄보디아 점령에 대한 국제사회의 비난에 따라 베트남은 1989년 캄보디아로부터 철수하고 유엔의 결의에 따라 캄보디아의 독립을 위한 유엔과도정부(UN Transitional Authority of Cambodia, UNTAC)가 설치 및 운영되었다. 1993년 제헌헌법이 공포되고 제헌의회의 선거가 실시되었다. 이에 따라 훈신펙(FUNCINPEC) 당과 캄보디아 인민당(Cambodia People's Party, CPP)이 각각 58석과 51석을 획득하면서 원대 거대정당으로 진출하였다(외교통상부, 2011). 이들 두 정당의 대표였던 라나리드(Norodom Ranariddh)와 훈 센은 공동총리로 취임하게 되었는데, 이들 두 정치세력은 서로 도와가며 정책을 추진하지 못하고 서로에 대해 불만을 갖고 대립하였다. 이러한 정치적 알력으로 인해 갈등은 증폭해 나갔고 급기야 1997년 훈 센은 내부 쿠데타를 시도하여 라나리드를 국외로 추방하고 캄보디아 인민당(CPP)만의 단독정권을 수립한다(정연식, 2006). 그러나 국제사회의 압력으로 훈 센은 1998년 선거를 치루고 훈신펙 당과 권력을 분점하는 연립정권을 수립하였다. 그 이후 훈 센은 기존의 연립정부의 정격을 유지하면서도 자신에게 권력을 집중시키는 데 성공하였다. 2006년에는 개헌을 통해 단독정부 구성을 위해 필요한 의석수를 총 의석의 3분의 2에서 과반수로 축소하였으며, 이에 따라 훈 센의 인민당은 권력을 더욱 공고히 할 수 있었다.

그럼에도 불구하고 최근 훈 센 정부에 대한 국민의 불만이 증가되고 있으며, 이에 따라 야당에 대한 지지도 올라가는 현상을 보이고 있다. 2013년 실시된 총선에서 훈 센의 캄보디아 인민당이 68석을 차지한 가운데 삼 레인시(Sam Rainsy)가 이끄는 캄보디아 구국당(Cambodia National Rescue Party, CNRP)이 55석을 획득하는 선전을 기록하였다. 캄보디아 구국당은 캄보디아 인민당의 부정선거 의혹을 제기하며 선거결과를 인정하지 않았다. 이러한 문제제기에도 불구하고 훈 센은 과반수 의석을 기반으로 단독정부를 구축하면서 새로운 임기를 시작하였다.[1] 이로써 훈 센은 동남아시아뿐만 아니라 전 세계적으로도 최장기 집권을 하는 권력자로 기록되고 있다. 그렇지만 지난 20여 년간 평화가 지속되고, 어느 정도 경제성장을 기록하면서 젊은 인구층을 비롯해 새롭게 증가하는 중산층 등은 훈 센 정부의 정책과 행정관리에 부정적 시각을 갖기 시작했으며, 부정부패에 대한 비판도 증가되고 있는 현실

1) 주간캄푸치아, "집권 인민당(68석), 야당(55석)에 신승", 2013. 8. 2.
http://ecambodia.co.kr/news/view.html?smode=145&skey=%C3%D1%BC%B1&x=23&y=13&page=7&section=145&category=150&no=5911

이다. 그러나 지난 시대의 대량학살을 경험한 캄보디아 국민들에게는 매우 연약한 기반 위에 있는 정치적 타협이 깨질 경우 또 다시 그러한 사태에 봉착할지도 모른다는 두려움이 크게 작용하여 급격한 정치적 변화를 요구하는 것을 꺼리고 있다(박나리, 2013).

III.

정치체제와 정부의 구조

캄보디아는 의원내각제 형태의 헌정체제를 갖고 있다. 따라서 123명으로 구성되어 있는 의회에서 과반수를 획득하여 정부를 구성하게 된다. 국회의원의 임기는 5년이며 이에 따라 정부의 임기도 최장 5년이다. 그 사이에도 2차례 이상 내각이 불신임되고 총리의 제안에 대해 국회의장이 승인하는 경우에는 국왕이 국회를 해산하고 총선을 치르게 된다. 국회의원을 선출하는 방식에서 캄보디아는 비례 대표제와 단순다수제를 혼합하여 사용하고 있다. 15개 선거구에서는 각 당의 득표수에 따른 의석배분을 하고 8개 선거구에서는 단순 다수득표에 따라 국회의원 1인을 선출한다. 캄보디아는 하원과 함께 상원을 갖고 있는데 1999년 헌법 개정을 통해 신설되었다. 상원의원은 61명으로 각 정당이 국회의석비율에 따라 상원의원을 지명하는데 임기는 6년이다.

캄보디아의 행정부는 총리와 여러 명의 부총리 그리고 재정경제부 등 집행 부처들로 구성되어 있다. 부총리들은 총리를 도와 정부를 운영하는 데 참여하는데 특히 이들은 여러 집행부처가 함께 구성하는 내각위원회를 하나씩 맡아 관장한다. 이러한 정부 운영방식은 캄보디아의 독특한 정치적 상황을 반영하는 것으로 볼 수 있다. 훈 센 정부는 권위주의적 정권이라는 외형에도 불구하고 다양하고 복잡한 정치세력의 혼합체로서 각 정파들은 일정한 권력분점을 하고 있으며 그 가운데 정부의 다양한 부처들을 분점하고 있는 것이다. 이에 따라 정부의 부처들 사이에는 일종의 텃세(turf)가 있어서 타 부처가 자기 부처의 일에 관여하는 것을 대단히 꺼리는 모습을 보이며, 각 부처의 상위에 부총리가 관장하는 몇 개의 내각 소위원회를 두어 부처 간의 이견이나 업무를 조정하고자 하는 것이다. 따라서 부총리들은 대체로 정권에 일정한 지분을 갖고 있는 정파의 원로그룹에 속하는 사람들이 맡는 것이 보통이다. 실제로 캄보디아의 정당들은 뚜렷한 정책적 지향을 갖고 있지 못하고 정치 지도자를 중심으로 생성과 분열을 반복해 왔고, 정당들도 제도화된 조직이라기보다는 주요 정치 지도자나 권력자를 중심으로 이들을 추종하는 사람들의 집단에 불과하다고 볼 수 있다. 이에 따라 정부의 주요 직책도 배분되며 정부는 뚜렷한 국가적 비전을 갖고 정책을 추진하기보다는 그때그때의 정치적 이해와 경제적 지대를 추구하는 것에 불과하다는 비판이 제기된다.

캄보디아 공무원은 경쟁적인 시험을 통하여 충원된다. 충원된 공무원은 일정기간 동안 주어진 계급에서 근무하고 해당 기간이 지나면 승진을 하는데, 승진은 연공서열을 기본으로 이루어지며, 탁월한 업무능력과 성취를 한 공무원의 경우 예외적으로 연공서열을 건너뛰어 승진을 할 수 있다. 과거 공무원들의 급여가 너무 낮아 부정부패나 탈법적인 겸직 등이 빈번하여 2002년부터 공무원의 급여를 인상하여 지급하고 있다. 캄보디아 공무원의 급여는 다른 개발도상국들이 일반적으로 전체 국가수입의 약 37%를 사용하는 것에 비해 33%에 머물러 상대적으로 낮은 수준에 있다는 것을 알 수 있다. 또한 국민 대비 공무원의 수가 캄보디아의 경우 1.4%로 다른 개발도상국의 평균 1.6%에 비해 낮다는 것을 알 수 있다(UNDESA, 2004, p. 11).

캄보디아 국민들은 여전히 부정부패가 관료제에 크게 만연해 있는 것으로 보고 있다(UNDESA, 2004). 그 가운데서도 법원이 가장 부패한 것으로 보고 있으며, 검찰과 관세청 등이 부패한 것으로 보고 있다. 이와는 대조적으로 가장 소득이 낮은 계층이 소득 대비 상당히 높은 수준의 금액을 보건소나 학교를 방문할 때 촌지와 같이 일정한 금품을 내는 것으로 나타났다. 캄보디아 정부는 중장기 거버넌스 실천계획(Governance Action Plan)을 통하여 이러한 부패현상을 줄여보고자 노력하였으나 구체적이고 가시적인 변화는 나타나지 않았다.

IV.

캄보디아의 경제정책과 사회정책

1. 캄보디아의 국가발전계획

이러한 분절적 정치체제와 취약한 국정관리에도 불구하고 캄보디아는 지난 20여 년간 정치적 혼란을 겪지 않고 안정적으로 평화를 유지하고 있으며 지속적인 경제성장을 기록하고 있다. 구체적으로 1993년 평화협정 이래 주기적으로 사회경제개발계획을 수립하여 시행하고 있다. 이러한 국가정책에는 다양한 국제기구들이 참여하여 지원을 제공하였다. 1996년 제1차 사회경제개발계획(First 5 Year Socioeconomic Development Plan)을 수립하여 시행하였는데 여기에는 아시아개발은행과 UNDP가 적극적인 역할을 수행하였다. 2001~2005년 시행된 제2차 사회경제개발계획에는 세계은행과 IMF가 적극적인 역할을 수행하였다. 특히 제2차 사회경제개발계획은 세계은행이 강조하였던 빈곤감소 전략서(Poverty Reduction Strategy Paper)를 캄보디아의 상황에 맞게 구체화한 것이었다. 결과적으로 세계은행의 정책방향이 강하게 반영된 것이었는데, 이렇게 국제기구들이 적극적인 역할을 수행하게 된 것은 오랜 내전으로 국가의 기반시설이 파괴되었을 뿐만 아니라 이러한 정책을 입안할 국가의 인적 자원이 거의 상실되었기 때문이었다.

따라서 캄보디아 정부는 국제기구들과 사회경제개발계획을 수립하면서 정부 관료들이 적절한 정책경험과 정책 노하우를 습득하고 축적하는 것을 중요하게 생각하였다. 이와 같은 판단은 국제기구들도 마찬가지였는데, 이를 위해 캄보디아의 중요 정책담당자들과 현지에서 근무하는 국제기구 담당자들은 캄보디아 개발포럼(Cambodia Development Forum)을 구축하여 정책협의 및 학습의 기제로 활용하였다. 이 과정에서 캄보디아의 정부 관료들은 중요한 정책학습을 할 다양한 기회를 가질 수 있었으며, 다양한 국제기구들은 심도 있게 정부 관료들과 정책논의를 하는 기회를 가질 수 있었다.

이러한 현지 정부의 관료들과 국제기구 전문가 사이의 정책협력은 캄보디아의 국가발전전략계획(National Strategic Development Plan)으로 잘 드러난다. 이 계획은 캄보디아의 발전전략을 경제성장, 고용증진, 효율성, 효과성이라는 네 가지 전략적 목표를 중심으로 구성한 것으로서 캄보디아의 현실을 반영하기 위한 노력으로 평가된다. 이 전략계획을 준비하면서 캄보디아 개발포럼이 중추적인 역할을 하였는데, 특히 각 전문분야에서 임시소위원회(Interim Working Group)를 구성하여 보다 심도 있는 정책적 논의와 분석을 시도하였다. 그 가운데 사회안전망을 위한 임시소위원회는 국가발전전략계획이 효과적으로 운영되기 위해서는 캄보디아에 적절한 사회안전망을 구축하는 것이 필요하다는 문제의식을 갖고 사회안전망 구축을 위한 정책협력을 추진하였다.

경제사회적 발전을 위한 정책을 추진하면서 전쟁과 재해, 경제적 퇴

〈표 4-1〉 캄보디아의 국가발전계획 수립연혁

연도	국가발전계획	특징
1986~1990 1991~1995	사회경제적 재건 개발프로그램 (Socioeconomic Rehabilitation and Development Programs, SRDPs)	• 국가개발을 위한 첫 중기전략계획 • 중앙계획경제 추구
1996~2000	제1차 사회경제개발계획 (First Five-Year Socioeconomic Development Plan, SEDP I)	• 시장경제 지향하는 첫 종합 중기발전계획 • ADB, UNDP 지원
2001~2005	제2차 사회경제개발계획 (Second Five-Year Socioeconomic Development Plan, SEDP II)	• World Bank and IMF 지원 국가빈곤감소전략 • 캄보디아 MDGS 고안
2006~2010	국가발전전략계획 (National Strategic Development Plan, NSDP)	• 첫 번째이자 가장 중요한 사회안전망 관련 발전 청사진 • '4각전략'의 체계에 기반
2009~2013	국가발전전략계획 수정 (National Strategic Development Plan Update, NSDP Update)	• 보충적 전략으로써의 사회적 보호를 위한 국가전략계획

행으로 빈곤에 처한 사람들에게 최소한의 사회적 보호를 하는 정책이 필요하다는 문제의식을 갖고 이에 필요한 정책적 대안을 마련하기로 하였던 것이다. 사회안전망 임시소위원회는 훈 센 수상의 승인을 얻어 내무부, 농업부 등으로 구성되어있는 농촌지역 개발을 위한 국무위원회의 주관으로 사회안전망 구축을 위해 공동 작업을 추진하게 되었다. 이러한 노력은 캄보디아 역사에 있어서 최초로, 사회적 보호를 위한 국가전략계획(National Social Protection Strategy)을 수립한 것으로 그 의미가 매우 크다. 이러한 과정에서 캄보디아 정부와 훈 센 수상은 국제기구 및 공여국의 도움을 다음과 같이 캄보디아 발전에 크게 기여하는 노력으로 받아들였다.

> 우리는 캄보디아의 어려움을 극복하기 위해 도움을 주려는 개발협력 동반자들의 사려 깊은 제안을 환영한다. 현재 시행되고 있는 개혁 정책들은 모두 캄보디아에 필요한 것들이며, 우리의 파트너들이 제시하는 제안과 권고는 모두 캄보디아에 필요한 것들이다… 뿐만 아니라 원조를 받는 수원국으로서 캄보디아는 공여국에게 분명하게 투명성을 보여주어야 할 것이다(Ear, 2009, p. 164).

이러한 캄보디아 정부의 적극적인 태도는 국가발전을 위한 적극적인 자세로 받아들일 수 있지만, 비판적으로 보는 시각은 캄보디아 정부가 더 많은 외부의 원조를 끌어들이려는 노력일 뿐이지 실질적으로 경제적, 사회적 변화를 이끌려는 것이라고 보기는 어렵다고 주장한다(McCargo, 2005). 실제로 1993년 정치적 타협을 통한 캄보디아 왕국의 수립 이후 캄보디아 정부 예산의 50%가 외국의 원조에 의해 조달되었다는 점을 감안하면 캄보디아 정부가 이렇듯 해외 공여국에 대해 적극적인 태도를 보이는 것은 자국의 이해에 충실하기 위한 것으로 보인다.

캄보디아 정부는 2008년 경제위기에 적극적으로 대응하고 장기적인 경제발전을 위해 2009년 국가발전전략계획(National Strategic Development Plan)을 수정·보완하는 작업을 실시하였다. 이미 실시되고 있는 전략계획이 아직 시한이 남아있었지만, 세계경제의 위기상황에서 보다 적극적인 대응을 위한 것이었다. 여기서 중요한 변화는 캄보디아 정부가 전략계획 수립에 있어서 보다 주도적인 역할을 맡기 시작했으며, 국제기구의 전문가들은 캄보디아 발전 포럼 등을 통해 과거에 비해 보다 자문에 가까운 역할을 맡았다. 이 수정된 전략을 4각전략(Rectangular Strategy)으로 명명하였는데 그것은 경제성장, 고용창출,

형평성, 효율성이라는 4가지 목표를 기본가치로 삼았기 때문이다.

그런데 캄보디아는 2000년대 후반에 들어서면서 투명성 확보, 부패에 대한 적극적인 대응 등 서구의 전통적인 원조 공여국의 여러 가지 요구에 대해 과거에 비해 소극적으로 수용하는 태도를 보이기 시작한다. 가령 훈 센은 다음과 같이 이야기했다.

> 본인은 원조 공여국들에게 캄보디아의 주권을 존중해주기를 요구한다. 캄보디아는 다른 누구보다 그 자신을 사랑하기 때문에… 원조 공여국들로부터 주권국가의 정부가 압력을 받고 있는 것처럼 본인은 인식하고 있다(Kong, 2005에서 재인용).

이러한 캄보디아 정부의 태도변화는 2000년대 중반부터 국제개발 분야에서 새로운 원조 공여국으로 중국이 부상하는 것과 맥락을 같이한다. 캄보디아의 경우에도 중국이 막대한 자금을 동원하여 개발에 필요한 자금을 지원하였는데, 2006년 주룽지 국무원총리와 이자오싱 외상이 캄보디아를 방문하여 캄포트 지방의 수력발전소 건설을 위해 2억 8천만 달러의 투자를 결정하였던 것이 그러한 예이다.

캄보디아가 경제발전을 위한 전략계획을 수립하고 사회보호를 위한 국가정책을 수립하면서 과연 이러한 정책을 성실히 시행하여 가시적이고 긍정적인 변화가 있는가 하는 의문이 제기되고 있다. [그림 4-1]에서 제시하는 것처럼 캄보디아는 최근 다른 동남아시아 국가와 비교해 보면 가장 낮은 성장률을 보이고 있다. 이것은 캄보디아의 여러 가지 정책적 노력에도 불구하고 정책이 효과적으로 집행되고 있지 못하고 있기 때문이다.

결국 캄보디아 정부는 계획 수립을 넘어 실질적 사회발전과 경제발

[그림 4-1] 동남아시아 국가의 경제성장 추세(1인당 GDP)

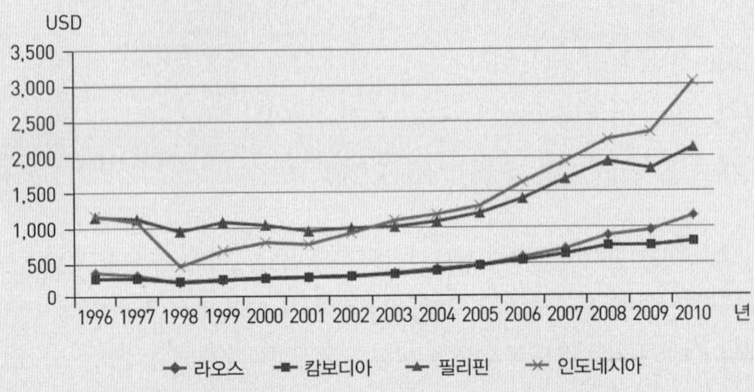

출처: ADB, 2011, Key indicators

전을 위한 가시적인 노력을 하지 못하고 있다는 점이다. 이러한 와중에 캄보디아 경제의 성장은 저임금을 기초로 한 의류 제조 산업에 크게 의존하고 있다. 의류 제조 산업에 종사하는 노동자들의 임금은 월 80달러 수준으로 실제 생계비에도 미치지 못하는 상황이다. 권위주의적 정치 상황에서 노동자들의 임금 인상을 위한 요구나 이를 추구하기 위한 노조활동이 아주 제한되어 있었다. 노동자들은 저임금에 대해 상당한 불만이 있었으나 이를 표출할 제도적 통로를 갖지 못했으며, 정부도 이에 대해 특별한 대책을 마련하지 않고 있었다.

그런데 2013년 7월 캄보디아 총선이 실시되자 그동안 누적되었던 다양한 사회적 불만이 정치적으로 표출될 기회가 제공되었다. 총선이 실시되기 전에는 훈 센 수상이 이끄는 캄보디아 인민당이 손쉽게 승리할 것이라는 예상이 지배적이었지만 총선에서 야당에 대한 지지가 상당히 높게 나타났다. 선거 전에 의회 123석 가운데 90석을 확보하고 있던 캄보디아 인민당이 68석에 머무른 반면 29석에 불과하던 야당인 캄보디아 구국당(CNRP)이 55석을 획득하는 선전을 보였던 것이다.

이러한 상황에서 의류 제조 산업 노동자들이 임금의 2배 인상을 요구하는 시위를 벌이게 되었다. 총선에서 급격히 지지가 약화된 집권당을 압박하여 임금을 인상하기에 가장 좋은 기회라고 판단한 것으로 보인다. 이러한 움직임의 핵심적 역할을 수행한 것은 캄보디아 의류 제조업 노동자 민주동맹(Coalition of Cambodia Apparel Worker's Democratic Union)이었으며, 그 밖에도 교원노조 등이 지지 세력으로 등장했다. 이 가운데 캄보디아 의류 제조업회는 노동부와 함께 이러한 요구에 강력한 반대의사를 표명하였다. 한편 캄보디아의 의류 제조업체들이 납품하는 다국적 기업인 나이키, 아디다스, 갭 등의 회사들도 캄보디아 노동자의 요구를 수용할 것을 제조업회에 요구하기도 하였다.

임금 인상 요구를 해결하기 위해 다양한 정책 당사자들이 참여하게 되었는데, 정부 당국과 노동자 그리고 국제 NGO가 중요한 역할을 담당하는 행위자로 부상하였다. 특히 캄보디아의 정치적 역사나 경험을 고려할 때 노동자들의 임금 인상 요구가 정치적 파국으로 치닫을 수도 있었으나, 국제 NGO 등의 중재와 캄보디아 정부의 정치적, 경제적 고려로 협상의 모양을 갖추게 되었다. 캄보디아 정부로서는 의류 제조업이 캄보디아의 가장 중요한 산업이며, 국제기업들의 하청생산을 하고 있어서 항상 국제적 관심을 받고 있었다는 점을 고려할 수밖에 없었던 것으로 보인다. 결과적으로 의류 제조업 노동자들은 선거 전에 비해 20%의 임금을 인상받는 데 성공하였다.

2. 사회적 보호를 위한 국가전략계획(National Social Protection Strategy)의 수립과 한계

이와 같은 사회적 요구에 대하여 캄보디아 정부는 2008년부터 보다 적극적으로 대응하려는 노력을 시도한 것도 사실이다. 그 가운데 가장 중요한 것이 National Social Protection Strategy의 수립이다. 이것은 2011년 캄보디아 정부가 빈곤감소와 사회적 보호를 위해 제시한 전반적인 정책문건으로 캄보디아에서 처음으로 사회적 보호를 위해 수립한 국가적 계획이다.

이 계획을 수립하기 위해 캄보디아 정부는 프놈펜에 주재하는 ADB, WFP, World Bank 등 여러 국제기구와 실무위원회를 구성하여 2년 여의 준비 작업을 하였다. 이 과정에서 캄보디아 정부의 관료들은 사회적 보호를 위한 기술적 전문성을 확보하고 동시에 정책수립에 참여하는 두 가지 결과를 얻을 수 있었다. 이 계획은 전체적으로 5개 부분으로 나누어 수립되었는데 비상재난 상황에서 이재민에 대한 보호, 인적자원 개발, 식량과 고용창출 정책, 사회부조 및 건강보호, 장애인과 전쟁피해자 보호 등이 그것이다. 이러한 정책수립과 정책집행에서 총괄을 맡은 것은 농촌 및 지방 발전을 위한 내각소위원회였으며, 총괄책임은 부총리가 맡았다. 이것은 대부분의 빈곤층이 농촌에 거주하고 있기 때문에 농촌을 담당하는 농촌 내각소위원회가 맡는 것이 타당하다고 보았기 때문이다. 정책의 출발은 이미 각각의 정부 부처가 시행하고 있는 사회적 보호를 전체적으로 조망하여 범정부적 체계를 갖추어 중복을 방지하고 사각지대를 없애는 것이었다.

또한 많은 사회보호 프로그램이 국제기구의 지원을 받아 단기적 혹은 임시적으로 운영되어 향후에 안정적인 프로그램으로 정착되기가 쉽지 않다는 문제점을 극복하고자 하였다. 예를 들어 2007년 국제 곡물가격과 원유가격의 갑작스러운 인상으로 인해 빈곤층의 식량수급 문제가 급격히 대두되어 이에 대한 대응 정책이 절실히 요구되었다. 임시방편으로 국제식량기구(World Food Program) 등을 중심으로 한 국제기구들이 캄보디아에 식량을 지원하고 이를 빈곤층 및 학교에 배급하여 식량가격 인상으로 인한 기아사태를 방지하고자 하였다. 그러나 실제 식량을 배급하는 과정에서도 캄보디아 정부의 행정체제를 통한 배급보다는 국제식량기구가 시민단체 등과 협력하여 직접 배급하는 형태로 정책이 집행되었다. 물론 일부 지역에서는 캄보디아 정부가 직접 배급하기도 하였지만, 전체적으로 캄보디아 정부가 이러한 정책을 안정적으로 시행하기 위해서는 보다 종합적인 정책체계가 필요하다는 인식이 대두되었던 것이다.

이러한 문제의식을 국제기구와 캄보디아 정부가 공유하였으며, 이를 해결하기 위한 정책체계를 수립하여야 한다는 것에 의견이 모아지게 되었다. 사회적 보호를 위한 국가전략계획(National Social Protection Strategy)을 수립하는 데 조정자 역할을 했던 실무위원회에서 캄보디아 정책담당자들과 국제기구 전문가들은 캄보디아 정부의 사회보호 정책체계 수립은 보다 안정적으로 정책을 추진하기 위해 두 가지 문제를 해결해야 한다는 방향을 정하게 되었다. 첫째, 사회적 보호를 위한 재정수요를 어떻게 만족시킬 것인가 하는 문제이며, 사회적 보호를 제공하기 위해 어떻게 빈곤층을 파악하고, 그들에게 보호를 제공할 행정체제는 어떻게 만들 것인가 하는 것이었다. 재정적인 측면에서 캄보디아 정부는 기존의 소규모 재정공급 외에는 더 추가할 여력이 없으며, 이에 필요한 재원을 국제기구에서 지원해야 한다는 것이었다. 반면 국제기구는 캄보디아의 정부가 일차적 책임을 져야 하며 국제기구는 기술적 지원이나 위기상황에서 지원에 국한하여야 한다는 대립된 입장이다. 이러한 문제를 어떻게 해결해야 할지 명확한 방향이 대두되고 있지 않는 것이 현실이다. 빈곤층을 파악하고 이들에게 사회적 보호를 제공하는 것은 지방행정체제의 수립을 통해 이루어져야 하는데, 이에 대해 캄보디아 정부는 소극적인 반면 국제기구들은 적극적인 추진을 요구하고 있다.

3. 지방행정체제의 수립과 분권화

향후 캄보디아의 지속적인 발전을 위해서는 이에 필요한 정책을 수립하는 것도 중요하지만 그러한 정책을 효과적으로 집행하는 것도 매우 중요하다. 그런데 캄보디아는 여전히 국가의 정책체계가 완성되지 않아 실제로 정부가 수립한 정책을 집행하고 필요한 공공서비스를 국민에게 제공하는 데 커다란 한계를 갖고 있다. 특히 캄보디아의 지방행정체제는 여전히 구축단계에 있기 때문에 이에 대한 시급한 대책이 필요하다고 보인다. 앞에서 논의한 바와 같이 사회적 보호를 위한 다양한 정책을 실질적으로 시행하기 위해서도 지방행정체제의 구축이 반드시 필요하다는 인식이 대두되었던 것이다.

지방행정체제 구축은 정책의 효율적인 집행뿐만 아니라 캄보디아 정치체제의 공고화와 민주주의 발전을 위해서도 꼭 필요한 것이다. 특히 지방행정체제가 구축되지 않고 모든 권력과 행정이 중앙정부에 집중되어 있다면 정치적 불안정이 발생했을 때 이러한 문제가 체제의 문제로 전환되기 쉽다. 이러한 상황은 국가체제가 기본적 안정성을 확보하는 데 있어서 취약성을 갖고 있음을 보여주는 것이다. 뿐만 아니라 지방행정체제가 구축되지 않게 되면 중앙의 프놈펜 이외 지역에서는 실질적인 경제·사회발전이 지체될 수밖에 없는 문제를 야기한다. 따라서 캄보디아 지방행정체제 구축은 캄보디아의 탈집중화, 분권화 개혁 프로그램의 핵심적 내용을 구성하는 전략적 성격을 갖고 있다(Niazi, 2011).

이러한 지방행정체제 구축을 위해 캄보디아 정부는 지방에 필요한 권한을 이양하기 위한 법적 기반으로 정부조직법(Organic Law)을 제정하였다. 이 법은 향후 지방행정체제 구축의 방향에 대한 기본적 토대로 역할을 하게 된다. 이를 계기로 중앙정부도 지방행정체제 구축에 보다 적극적인 태도를 취할 것으로 보인다. 그러나 중앙정부는 여전히 권력과 권한을 독점하려는 경향을 가지고 있어 새로운 계획에 대한 정책이나 과정을 포함한 제도적 프레임워크를 정착하는 데 점진적인 접근을 취하고 있는 것이 사실이며 따라서 지방행정체제 구축이 신속히 진행되리라고 보기에는 어려움이 많다(Niazi, 2011, p. vii).

지방행정체제를 구축하고 지방정부에게 권한을 위임하는 지방분권 정책은 장기적으로 캄보디아 정치의 안정화와 함께 민주주의 체제 확립에 핵심적인 의미를 갖게 될 것이다. 지방정부의 시민참여와 민주주의에 대한 움직임은 캄보디아 역사에 있어서 새로운 시도이기 때문이다.

ADB의 지방분권 보고서에 따르면 캄보디아는 특정 지역을 중심으로 한 세력들 간에 반복적인 대립, 군주정·프랑스 식민통치·베트남 점령기 혹은 최근의 관료제적 통치와 밀접하게 연관된 정당을 통한 정치적 권력의 독점, 역사적으로 전무한 시민참여 경험과 정치 및 관료 엘리트의 지시에 복종하는 시민문화, 보수주의와 후견인 정치(이권 정치)에 대한 경향을 갖고 있어서 언제든지 정치세력 간의 갈등이 터질 수 있으며, 이러한 갈등을 수용하고 극복할 수 있는 제도적 기반이 매우 취약하다. 중앙의 정치인들은 자신들을 지지하는 세력과 지역을 포섭하고 이를 수직적으로 통합하여 자신들의 권력 기반으로 활용하려는 욕심을 갖고 있기 때문에 제도화된 지방행정체제의 수립과 분권은 매우 중요한 정치적, 제도적 과제라고 판단된다.

캄보디아가 좀 더 효과적인 경제개발을 목적으로 하는 행정기구의 탈집중화에 관심을 가진 것은 비교적 최근의 일이다. 그러나 캄보디아의 정부 내에서 여전히 집권당의 정치적 이익을 유지하려는 요구와 중앙 통제를 유지하려고 하는 생각도 여전히 존재한다. 통합 국가(Unitary State)에 대한 인식과 안보(치안, 국방 등)에 초점을 맞춘 중앙집권적 통제에 대한 중요성 등과 같은 과제에 집권자들의 인식이 머물고 있기 때문이다. 아주 최근까지도 민주주의 관점에서 지방정부의 운영방식에 대한 어떠한 고려도 없었다. 지방정부의 의사결정에 있어서 캄보디아의 시민들은 어떠한 형태로든 참여한 적이 없으며, 단지 중앙 통치자가 지방마다 위임한 대리자들에게 순종하는 것이 정상적인 일이었다. 코뮌 수준에 이르기까지 공공서비스의 핵심 인물들은 모두 CPP의 당원으로서 거의 모든 행정기관이 본질적으로 하나의 권력에 의존하는 형태이다.

그러나 효과적인 정책을 추진하기 위해서 공식적인 제도와 전문성, 그리고 업무에 있어서 자율성을 갖는 행정체제는 효과적인 정책수행을 위해 필수적이다. 그런데 캄보디아에서는 지방행정에 필요한 재정을 조달하고 운영하는 공식적인 재정관리 시스템을 책임 있게 관리한 경험이 매우 적고, 이에 따라 항상 부정과 부패에 빠질 위험이 높다. 이와 함께 캄보디아 정부는 여전히 국가 재정 가운데 60% 이상을 해외에서 원조 등의 재원을 통해 조달을 하고 있는 바, 이러한 재정에 대한 정책적 책임성을 확보하는 것은 ADB와 같은 국제기구의 관점에서 반드시 필요한 일이다. 이와는 대조적으로 캄보디아 정부는 세금을 통해 조달한 것이 아니기 때문에 상대적으로 정부 재정에 대한 책임성이 낮을 수밖에 없다. 이러한 맥락에서 캄보디아의 지방행정체제구축과 분권은 매우 복잡한 함의를 갖고 있는 것이다.

4. 지방행정체제 수립과정

지방행정체제를 구축하기 위한 행정 과업에 많은 정책행위자들이 참여하고 있지만, 실제로 개혁을 위한 관리계획이나 제도적 능력은 많은 영역에 있어서 약한 것이 현실이다. 또한 이 과정에 참여한 다양한 이해관계자들이 대립관계를 보이기도 한다. 민주적 발전을 위한 국가위원회(National Committee for Democratic Development, NCDD)가 전체적인 조정을 하는 역할을 하며 내무부(The Ministry of Interior, MOI)와 재무부(The Ministry of Finance, MOF) 그리고 감사국(The

National Audit Authority, NAA)이 각자 중요한 역할을 맡아 정책을 시행하고 있다. 그 가운데서 국고국(National Treasury)은 지방재정체제 구축을 맡아서 정책을 집행하고 있으며, 성공적인 개혁 성과를 창출하는 데 가장 핵심적인 역할을 하는 정부기관이라고 볼 수 있다. 정부의 정책이 효과적인 정책 효과를 창출하기 위해서는 지방정부의 역할이 필수적이며, 이러한 정책과정이 완성되기 위해서는 지방정부에 대한 재정지원이 필수적이기 때문이다. 캄보디아 정부의 재정을 지원하는 해외 원조 공여국과 국제기구들은 이러한 점에서 지방정부에 대한 재정지원이 투명하고 효율적으로 이루어지기를 원하고 있다.

특히 캄보디아 지방정부는 재원을 마련할 능력이 극히 미약하여 중앙정부와 해외 원조에 대한 재정의존도가 굉장히 높은 것이 사실이다. 더욱이 지방 지출의 대부분은 기본적인 행정관리 비용을 충당하기 위해 사용되며, 실질적으로는 아주 일부분만이 개발을 위한 사업에 지출되고 있다. 그러나 최근 나아진 세입여건으로 개발 지출에 대한 점진적인 개선이 일어나고 있다. 한편 재정에 있어서 중앙과 지방 간 수직적 불평등뿐만 아니라 지방과 지방 간 수평적 불평등도 존재하고 있다. 수직적인 재정 분권화의 초점은 대부분 임금과 운영자금(wages and operations)에 쏠려있다. 수평적 불평등을 초래하는 주된 이유로는 해외 공여기관에 의해 제공되는 개발 자금에 대해 중앙정부가 막강한 통제(권한)를 갖고 일부 지역에 편중되게 배분하는 현상을 보이기 때문이다.

국가의 지방분권 정책은 적절한 전략적 프레임워크를 제공하지만, 통합 행정의 접근에 대한 구체적 대안이 잘 나타나있지 않고, 정부 각 계층의 역할, 권한, 기능에 대한 부분이 여전히 불분명하게 남아있다. 집행 설계에 대한 내용도 수립되어 있지만 원하는 성과를 달성하기 위한 행위나 전략에 대해서는 모호한 상태이다. 국가의 지방분권 정책의 개선을 위해서 상당한 시간과 노력이 필요할 것으로 보인다. 또한 정책에 참여하는 정책행위자들이 자신들의 이해관계만을 고려할 것이 아니라 실질적으로 지방행정체제를 구축하기 위한 목적을 달성할 수 있도록 노력해야 할 것이다.

지방행정체제 구축과 분권화를 위해 노력하는 과정에서도 지속적으로 지방정부는 재정부족 상태에서 빠져 나오기가 쉽지 않을 것으로 보인다. 이에 대해 공적원조를 통한 지원이 지속되어야 할 것이지만 적시에 이러한 지원이 이루어질 수 있을지는 불투명하다. 그럼에도 불구하고 탈집중화, 분권화의 토대를 마련하기 위한 법적 기반들이 지속적으로 갖추어지고 있기 때문에 반드시 비관적일 필요는 없다. 여러 법률 간 불일치와 차이가 존재하고 있는 것은 사실이지만 개혁에 대한 상당히 일관된 형태의 법적 토대가 향후 몇 년 안에 등장할 것으로 기대한다.

V. 결 론

캄보디아는 지난 2013년 프놈펜에서 ASEAN 회의를 개최하였다. 오랫동안 내전과 정치적 격변을 겪으며 국제적으로 고립되어 있던 캄보디아가 ASEAN 회의를 주최한 것은 격세지감이라고 할 수 있다. 또한 훈 센 수상을 비롯한 캄보디아 인민당 정부에게는 그들의 장기집권을 정당화하는 하나의 획기적 사건이라고 할 수 있다. 이 장에서 살펴본 바와 같이 지난 20년간 경제적·사회적 측면에서 캄보디아는 상당한 발전을 이루었다. 중장기 경제발전계획의 지속적인 실시, 그리고 National Social Protection Strategy의 수립과 추진 등으로 캄보디아는 경제적 측면과 사회적 측면의 발전을 도모하고 있다. 이와 더불어 보다 효과적인 정책의 집행과 지방분권을 위한 지방행정체제구축과 분권화 작업도 살펴보았다. 이 과정에서 캄보디아 정부는 아직도 여러 차원에서 부족한 기술적 능력과 정책적 지식을 보완하고 필요한 재원을 마련하기 위해 다양한 국제기구들과 공동의 노력을 취하고 있는 것도 파악할 수 있었다. 그러나 이러한 협력관계는 조화로운 관계, 혹은 일방적 관계라기보다는 협력과 긴장이 공존하는 것으로 파악되었다.

더욱 중요한 것은 경제적, 사회적 발전을 위해 캄보디아 정부가 다양한 노력을 경주하고 있는 것은 사실이지만, 정책적 과제를 해결하기 위해 전력을 다해 매진하지 못하고 있다는 점이다. 전체적으로 큰 무리가 없이 진행되지만, 효과적으로 정책결과가 산출되지 못하고 있다는 것도 사실이다. 이렇게 보면 지금까지 캄보디아가 이룬 성과는 여전히 부족하며 앞으로의 전망도 낙관적이지만은 않다고 할 것이다.

이러한 상황을 반영하여 최근 총선에서 훈 센이 이끄는 캄보디아 인민당이 국회에서 세력이 축소되고 야당이 약진을 하였다. 그리고 의류 제조업에 종사하는 노동자들이 임금 인상을 위해 적극적 요구에 나서는 등 정치적 변화가 감지되고 있다. 그러나 캄보디아 정치가 정치적·경제적 갈등 조정 능력이 취약하다는 점과 과거의 비극적인 역사를 감안할 때 여전히 국가적 취약성이 노정될 수밖에 없다는 우려를 지울 수 없다. 경제발전과 정치적 안정의 시기를 통해 앞으로 분출될 사회적 갈등을 조화롭게 관리하고 지속적인 사회발전을 이루기 위해서는 캄보디아 정부뿐만 아니라 국제적인 관심과 지원이 필요하다고 판단된다.

참고문헌

김성주(1998), 베트남과 캄보디아의 정치체제와 정책, 『社會科學』, 37(2), pp. 141~177.

박나리(KIEP 연구원), "캄보디아 총선 결과 및 향후 전망", 2013. 10. 15. (http://www.emerics.org/mobile/weekly_issue.do?systemcode=03&action=detail&brdctsno=124531)

박성관(2003), 캄보디아의 정치적 파벌과 민주화 과정, 『동남아시아연구』, 13(2), pp. 323~346.

외교통상부(2011), 캄보디아 개황.

정연식(2006), 캄보디아의 선거과정 : 정치적 기능과 의미, 『동남아시아연구』, 16(1), pp. 93~118.

주간 캄푸치아, "집권 인민당(68석), 야당(55석)에 신승", 2013. 8. 2.(http://ecambodia.co.kr/news/view.html?smode=145&skey=%C3%D1%BC%B1&x=23&y=13&page=7&section=145&category=150&no=5911)

Ear, S.(2009), The Political Economy of Aid and Regime Legitimacy in Cambodia, in J. Ojendal & M. Lilija(eds.), *Beyond Democracy in Cambodia : Political Reconstruction in a Post-Conflict Society*, Copenhagen : Nordic Institute of Asian Studies.

Kong, S.(2005), Le Cambodge s'aime plus les autres ne l'aiment' Cambodge Sir, Phnom Penh, Cambodia.

McCargo, D.(2005), Cambodia : Getting Away with Authoritarianism, *Journal of Democracies*, 6(4), pp. 98~112.

Tariq, N.(2011), *Deconcentration and Decentralization Reforms in Cambodia*, Mandaluyong City, Philippines : Asia Development Bank.

UN DESA(2004), *Kingdom of Cambodia : Public Administration Country Profile*, Department of Economic and Social Affairs, United Nations.

제5장

태국과 한국의 무역정책 비교연구 : 발전지향적 무역정책의 다양성 관점에서*

구민교(서울대학교 행정대학원 교수)·**홍석빈**(서울대학교 행정대학원 박사)

* 본 장은 저자들의 기 출판 논문인 "Varieties of East Asian Developmentalist Trade Policy : The Trade Liberalization-Industrial Policy Nexus in Thailand and South Korea", *Journal of International and Area Studies*, 21(2), 2014, pp.1~25를 바탕으로 재구성하고 업데이트한 것입니다.

I.
서 론

동아시아의 정책 엘리트들은 1997~1998년 아시아 외환위기와 세계화의 압력을 거치면서 국가의 경제정책은 신자유주의로 수렴해야 한다는 합의에 도달한 듯하였다. 경제정책 분야에서 동아시아 국가들의 전통적인 기능은 기업과 시민단체 등 비 국가 행위자들에게 이전되거나 서서히 소멸되어야 하는 것으로 인식되었다. 한 시대를 풍미했던 동아시아 발전국가 모델은 정실자본주의의 탄생을 야기한 주범으로 비난의 대상이 되었으며, 국가와 시장을 분리하려는 노력이 이뤄졌다(Krugman, 1994; Chang, 2007; Dittmer, 2007; Ha & Lee, 2007; Lee & Han, 2007).

그러나 2008년 미국 발 글로벌 금융위기 및 2010년 남유럽 발 재정위기는 신자유주의 정책 처방에 대한 의구심을 불러일으켰다. 금융 및 재정위기에 대응하여 미국과 유럽 정부들은 양적 완화 내지는 부실기업을 지원하는 산업정책의 형태로 국가의 시장개입을 정당화하고 확대한 것이다. 특히 글로벌 경제위기는 경제개발과 무역 간의 관계에 막대한 영향을 줄 수 있는 국가의 역할에 관한 새로운 논쟁에 불을 지폈다. 현재 미국, 영국, 프랑스, 독일, 일본, 중국, 그리고 한국과 같은 주요 국가들에서 무역과 연계된 산업정책은 또다시 관심의 대상이 되고 있다(Economist, 2010. 8. 7.). 세계화의 확산에도 불구하고 발전지향적 무역정책의 유용성이 여전하다는 주장이 제기되고 있는 것이다(Dittmer, 2007; Stubbs, 2009; Lim, 2010; Joshi, 2012).

동아시아 국가들은 이러한 '신자유주의 대 발전주의'라는 추세 속에서 2000년대 들어 자유무역협정(Free Trade Agreement, FTA)을 적극적으로 추진해 왔다. 한편으로는 관세 및 무역에 관한 일반협정(General Agreement on Tariffs and Trade, GATT) 및 세계무역기구(World Trade Organization, WTO)에 의해서, 다른 한편으로는 화교자본과 일본 및 미국의 다국적 기업의 네트워크에 의해 전통적으로 유지되었던 동아시아 시장의 연계를 보다 촘촘히 제도화할 필요성이 급속도로 증가하였기 때문이다(Aggarwal & Koo, 2005, 2008).[1)]

아시아 외환위기 이후 및 글로벌 금융위기를 겪고 난 후에도 동아시아 국가들은 여전히 산업 및 무역정책의 목표를 설정하고 이를 추진하는 데 있어 얼마나 자율적이며 중심적인 역할을 수행하고 있는가가 본 연구의 핵심 질문이다. 이 질문에 대한 답을 구하는 데 있어 태국과 한국은 중요한 사례를 제공한다. 이 두 국가는 동아시아의 발전지향적 무역정책의 성쇠를 살펴볼 수 있는 유용한 연구대상이다. 태국과 한국은 FTA를 추진하는 과정에서 유사한 특징을 공유하면서도 다른 특징을 갖고 있고, 그 무역정책의 결과도 다르기 때문에 역내 발전지향적 무

1) FTA 확산의 결정적인 계기가 된 것은 2001년 체결된 일본과 싱가포르 간 '신시대 경제동반자협정(Japan-Singapore Agreement for New Age Economic Partnership)'이었다. 이후 한국-칠레(2003), 일본-멕시코(2004) 등의 협정이 줄을 이었다. 2015년 말 현재 동아시아 국가에 의해 체결된 FTA는 100건이 넘는다. 자세한 사항은 아시아개발은행(Asia Development Bank)의 데이터베이스(http://www.aric.adb.org/)를 참조할 것.

역정책의 다양성을 이해하는 데 도움이 된다.

태국은 동남아 국가들 중에서는 드물게 일방적 자유화 덕분에 1980년대와 1990년대를 거쳐 고도로 개방되었으며 세계경제와 유기적으로 통합될 수 있었다. 아시아 외환위기의 여파 속에서도 태국은 무역에 관한 한 자유화 정책을 견지하였다. 2001년 Thaksin이 정권을 잡음에 따라 발전지향적 목표가 자유무역정책과 결합되면서 FTA는 중요한 정책편향이 되었다(Nagai, 2002; Sally, 2007). 당시 다른 지역에서는 이미 급속히 확산되고 있던 FTA 체결에 대해 싱가포르를 제외한 다른 동남아시아 국가들이 미온적인 태도를 보인 것을 고려하면 태국의 정책 전환은 매우 획기적인 것이었다. 이후 동남아시아 국가들이 FTA 체결에 적극성을 띠게 된 배경에는 태국의 영향이 적지 않았다. 그러나 초반의 열정과 성공에도 불구하고 태국의 FTA 추진은 2000년대 중반에 접어들면서 대내외적으로 큰 혼란에 빠지고 말았고, 2006년 Thaksin 총리가 군사 쿠데타에 의해 축출됨에 따라 제자리걸음을 하게 되었다.

이와 대조적으로 보호주의 정책으로 비판을 받아온 한국의 경우 FTA 추진에 비교적 늦게 뛰어들었음에도 불구하고 자유무역 전략에 산업정책적 목표를 성공적으로 연계시키고 이를 제도화함으로써 2000년대 들어 동아시아 국가들 중 FTA를 가장 성공적으로 추진한 사례로 꼽힌다. 한국은 2003년 칠레와 첫 환태평양 FTA를 체결한 이래 미국, EU, 중국 등 일련의 거대 경제권과 성공적으로 양자협정을 체결함으로써 FTA를 통한 자유무역의 확산이라는 추세를 이끌어 왔다. 2016년 1월 현재 한국이 체결한 14개의 FTA가 완전히 이행될 경우, 한국의 전체 교역량 중 70% 이상이 이들 FTA의 테두리 안에 들어오게 된다.

태국과 한국 FTA 전략의 진화 과정과 상이한 결과는 대외적인 요인 못지않게 대내적인 요인들의 차이, 즉 자유무역을 둘러싼 다양한 대내적 행위자들이 이를 지지하고 거부하는 방식의 차이에 주목할 필요가 있다. 특히 발전국가론의 진화라는 관점에서 보면 양국의 FTA 전략의 성쇠에 관한 비교분석은 새로운 무역환경에 국가의 개입주의가 어떻게 적응하는지의 관점에서 접근할 필요가 있다(Johnson, 1982; Woo-Cumings, 1999).

분석적 관점에서 볼 때 본 장의 논의는 세 가지 차원에서 중요하다. 첫째, 태국과 한국 두 국가는 전후 다자주의 무역체제에 배타적으로 의존하던 경향에서 벗어나 FTA를 통한 '정부 주도'의 무역자유화를 추진했다는 공통점을 갖는다. 둘째, 양국의 FTA 전략은 기업집단 내지는 일반 시민사회로부터의 상향식 요구라기보다는 최고 지도자의 정치적 결단에 따라 하향식으로 계획되고 추진되었다는 공통점을 갖는다. 셋째로, 그러나 태국의 무역정책은 부문별 정실주의로 전락한 반면 한국은 발전주의 및 자유주의를 혼합하여 지속가능성을 확보하였다.

본 장의 구성은 다음과 같다. II의 1절과 2절에서는 발전국가 대 신자유주의 간 논쟁의 쟁점을 비판적으로 검토한 후 정부의 산업정책 및 무역자유화 범위 간의 특정한 조합이 각국의 무역정책의 균형에 어떤 영향을 주는지를 살펴보기 위한 개념적 틀을 제시한다. II의 3절 및 4절에서는 태국과 한국이 FTA를 추진함에 있어서 기존에 중점을 두었던 시장기반 자유주의(태국) 및 발전주의적 중상주의(한국)에서 벗어나 각각 부문별 정실주의 및 발전주의적 자유주의에 어떻게 그리고 얼마나 배태되어 왔는지를 분석한다. III에서는 본 장의 주요 주장을 요약하고 정책적 함의를 도출한다.

II.

발전지향적 무역정책의 다양성에 관한 개념적 틀

1. 발전국가 대 신자유주의적 수렴[2)]

Chalmers Johnson의 1982년 저서 *MITI and the Japanese Miracle*의 출판 이래, 발전국가모델은 전후 동아시아의 급속한 경제성장을 설명하는 대표적 이론이 되었다. 20세기 초 Alexander Gerschenkron의 후발경제발전(late economic development) 모델과도 관련이 있는 Johnson의 발전국가모델은 동아시아의 추격형 경제에 관한 가장 설득력 있는 설명 중의 하나로서, 계획비합리적인(plan-irrational) 사회주의 모델로부터 자유주의적 근대화 이론에 이르는 경제발전의 다양하고도 널리 수용된 모델들에 이의를 제기하면서 출발하였다. 그의 계획합리적 발전국가 시각에서는 동아시아의 눈부신 경제발전이 경제성장에 필요한 자본, 경제개발계획, 희소자원, 산업정책, 정치적 절연(political insulation) 등과 같은 요소들을 시장이 아닌 국가가 장악했기 때문에 가능했다고 본다(Amsden, 1989; Johnson, 1982; Pempel, 1999; Wade,

2) 이 절은 참고문헌에 표기된 신자유주의적 수렴에 관한 주 저자의 기존 연구에 기반하며 일부 확장하였다.

1990; Woo-Cumings, 1999).

무엇보다 경제적 민족주의는 동아시아 발전국가의 출현에 중요한 배경이 되었다. 동아시아 국가들의 경제적 민족주의는 서구의 경제발전을 뒤쫓는 과정에서 자연스레 중상주의와 결합되었다. T. J. Pempel(1998)은 배태적 중상주의 정책이 1960년대 이후 일본 거시경제의 성공을 장려하기 위해 추진되었다고 주장한다. 그에 따르면, 일본은 패전에 따른 정치적 갈등을 케인즈주의적 총수요관리정책, 인플레이션, 조합주의(corporatism) 등을 통해 감소시킨 것이 아니라, 국내산업 보호, 산업정책, 수출장려 등을 통한 급속한 성장, 즉 '배태적 중상주의'에 의해 해소했다. 결과적으로 1960년대 일본에 나타난 보수적 레짐(conservative regime)은 다른 서구 산업사회에서는 찾아 볼 수 없는 것이었다는 주장이다.

Pempel이 말하는 배태적 중상주의를 설명하기에 앞서, 배태적 자유주의(embedded liberalism)에 대해 먼저 짚고 넘어갈 필요가 있다. 어떤 정부이건 자유주의에 대한 대중들의 정치적 지지를 확보하기 위해서는 시장개방에 따른 사회적 조정비용을 개입정책이나 정부지출을 통해 최소화함과 동시에, 시장개방에 따른 편익을 경쟁의 패배자들에게도 고루 분배해주어야 한다는 것이 배태적 자유주의 사상의 핵심이다. Karl Polanyi는 그의 1944년 저작 The Great Transformation에서 서유럽 자본주의가 19세기 말에는 '경제적 자유주의'와 '사회적 약자에 대한 보호' 간의 조화를 이루어 만개할 수 있었지만, 20세기 초에는 방임적 자유주의(laissez-faire liberalism)의 무분별한 확산에 따라 사회 안전망이 붕괴되어 큰 정치경제적 혼란 속에 빠져들게 되었다고 주장했다.

배태적 자유주의란 용어를 처음 도입한 학자는 J. G. Ruggie이었다. 그는 그의 1982년 논문에서 'embedded liberalism'이란 용어를 전후 새로운 국제무역질서를 설명하기 위해 사용했다. 전후 국제무역질서는 GATT를 중심으로 재편되었는데, 이 GATT체제는 자유무역을 가로막는 모든 규제와 차별의 철폐를 가장 큰 목표로 삼으면서도, 무역자유화로 인해 피해를 입는 집단을 배려하기 위해 각국 정부가 예외적으로 무역제한 조치를 취하거나 각종 사회보장 프로그램을 운용하는 것을 허용하였다. Ruggie에 따르면, 무역자유화는 필연적으로 국내적으로 패자집단을 만들어 내기 때문에 민주적으로 선출된 정치인들이라면 무시하기 어려운 정치적 반대에 부딪히게 되고, 따라서 정부는 시장개방에 대한 국내 정치적 지지를 확보하기 위해 복지국가 정책을 채택하게 된다는 것이다.

'배태성'이란 개념이 서구사회에서는 복지국가의 출현을 설명하기 위해 등장한 반면, 동아시아에서는 발전국가의 자율성을 설명하는 과정에서 사용되었다. 동아시아를 연구하는 학자들은 배태성이 자율적 발전국가(autonomous developmental state)와 결합될 경우, 그러한 배태성은 서구적 배태성에 따른 복지국가 이상으로 보다 적극적인 역할을 국가에게 요구한다고 본다. 특히, Peter Evans(1995)는 동아시아의 성공적인 발전국가들이 어떤 사회경제적 목표를 달성하고자 할 때 정치적 지원세력이 될 수 있는 기업이나 시민단체들과의 긴밀한 유대관계를 형성했음에 주목하여 이를 '배태적 자율성(embedded autonomy)'으로 개념화했다. 그에게 배태적 자율성은 동아시아의 성공적인 발전국가를 중남미의 "관료적 권위주의 국가(bureaucratic authoritarian state)”로부터 구분시켜주는 핵심 요소이다. 또한 그에 따르면, 국가의 배태성은 단순한 복지적 역할에 그치는 것이 아니라 경제발전을 위한 산파로서의 역할(the state as midwife)로까지 확장된다. 배태적 자율성을 지닌 발전국가는 사회구조를 변화시킴으로써, 그리고 새로운 사회단체와 이익의 출현을 지원함으로써 산업을 육성하고 경제발전을 촉진할 수 있다는 것이다.

그러나 소위 자유주의적 수렴가설(convergence hypothesis)은 국가의 자율성이 특히 중요한 동아시아 발전국가모델에 직접적으로 의문을 제기하였다. 수렴가설에 따르면 모든 국가들의 권위는 국가의 크기와 강약을 떠나서 세계화의 결과로 급속히 실추되고 있다. 고도로 통합된 경제에서는 자본가, 고도로 숙련된 노동자, 그리고 많은 전문가들이 상당한 유동성을 보유하며, 그들의 자원을 가장 필요로 하는 부문에서 사용할 수 있다. 이들의 이탈과 유출을 막기 위해서 국가는 자본과 기술의 이동을 예측하면서 이들의 이주가 이뤄지기 전에 이들에게 부담을 주는 조세를 삭감하고 복지 프로그램을 해체해야만 한다. 결과적으로 국가 경제정책이 신고전적 자유주의 및 무역자유화에 점점 수렴한다는 것이다(Hall & Soskice, 2001; Strange, 1996).

과거 발전연대의 폭발적인 경제성장에 뒤이어 찾아온 1990년대 후반의 경제위기는 동아시아 발전국가모델의 타당성과 유용성에 관한 철저한 검증이 이루어진 시기였다. 아시아 외환위기의 영향으로 동아시아의 경제적 기적에 관한 환상은 산산조각이 났다. 발전국가모델은 도덕적 해이에 취약한 부패한 정실자본주의로 전락하고 말았다. 이에 대한 대안으로 ‘워싱턴 컨센서스’로 대변되는 신자유주의 사조는 기업 거버넌스의 투명성과 국가 개입의 최소화를 해결책으로 제시하였다(Sohn, 2013). 기업 거버넌스에 관하여 많은 서구 학자들은 시장화(marketization)와 금융화(financialization)에 중점을 둔 영미식 자유주의 시장경제 체제로의 수렴이 불가피하다고 설파하였다(Dore, 2000). 미국과 서유럽 국가들은 동아시아 국가들의 중상주의 정책에 대해 더 이상 관대한 모습을 보이지 않았다. 공정무역(fair trade)을 기치로 서구국가들은 동아시아 국가들의 시장개방을 거세게 요구하였다(Koo, 2010; Sohn & Koo, 2011).[3)]

전통적인 발전국가모델 및 신자유주의 수렴이론은 각각의 설명력을 가지고 있음에도 불구하고, 모두 공간적 그리고 시간적으로 다양한 모습을 취해온 동아시아 발전국가의 전개과정을 충분하게 포착하지 못한다. 발전국가모델은 왜 일부 지역에서 상대적으로 자율적인 정부의 개입이 지속되는지를 설명할 수 있다. 그러나 이 관점은 왜 일부 국가들이 중상주의 정책을 버리고 포괄적인 무역자유화를 택했는지 설명하지 못한다. 신자유주의적 접근은 일부 국가들의 무역자유화 정책을 설명할 수 있는 반면, 왜 일부 국가들에서 관료들이 여전히 상대적으로 자율성을 누리고 있는지에 대해서는 그 어떤 설명도 제공하지 못한다. 따라서 본 연구는 발전주의와 자유주의의 다양한 결합을 고려할 수 있는 통합적인 분석틀을 제안하고자 한다.

3) 특히 미국은 '비대칭적 상호주의'의 잣대를 들이댔다. 이는 미국의 무역업자 및 투자자들에게 유리하게 시장을 개방하는 한편 국내 시장기반 개혁가들에게 보상을 제공 및 지지하고 민주주의 제도를 발전시키는 것을 뜻한다. 이는 부시 정권이 21세기를 맞이하여 추진하기 시작한 사안이었다(Feinberg, 2003). 미국 무역정책결정과정에서 자유무역과 공정무역 이념 간의 상호작용에 관해서는 Goldstein(1988)을 참조할 것.

2. 발전주의와 자유주의의 연계

무역협상을 할 때 개별국가는 협정의 특성을 선택하게 되는데, 다음 두 가지 측면에서 상이한 선호를 갖게 된다. 첫째, 협상이 다루는 이슈의 범위가 좁은지 넓은지의 여부, 둘째, 정부가 산업정책적인 목표를 갖고 협상에 임하는지의 여부가 그것이다.[4)]

첫째, 이슈의 범위와 관련하여 많은 국가들은 시장개방을 위해 부문별로 범위를 좁혀 협상을 해왔다. 예를 들어, 미국은 통신, 정보기술 및 금융 서비스 분야의 경우 부문별 협상을 선호해왔다. 미국의 동아시아 무역 상대국의 대부분 역시 이러한 경로를 따랐다. 그러나 대다수의 품목을 포함하는 포괄적 무역자유화 협상과는 달리 부문별 협상은 2005년 철폐되기 전까지 섬유부문의 과다한 보호주의를 조장했던 다자간 섬유협정(Multi-Fiber Arrangement, MFA)의 예에서와 같이 무역장벽을 야기할 수 있다. 한편, 적절한 부문별 보호는 포괄적 자유화라는 더 큰 명분을 위해 때로는 감수해야하는 것으로 여겨지기도 했다. 왜냐하면 부문별 보호를 통해 자유무역을 반대하는 연합세력을 달랠 수 있기 때문이다(Aggarwal & Ravenhill, 2001).

무역자유화의 이슈 범위에 대한 선호는 산업정책적 목표를 갖는 국가의 개입여부에 따라 각각 다른 함의를 갖는다. 발전국가에 관한 기

4) 물론 개별국가가 무역협상을 할 때 선택해야 하는 다른 특성들도 존재한다. 가령 협상의 참여자가 양자인지 다자인지에 관한 행위자의 범위, 협상이 역내에 중점을 두는지 아니면 역외인지에 따른 지리적 조건, 무역 상대국이 대국인지 소국인지 여부, 협상 결과의 법적 구속력 등이 이에 해당한다. 그러나 이슈의 범위와 산업정책 목표라는 두 가지 측면은 동아시아 내에서 가장 주목할 만한 다양성을 보여준다.

존의 연구들은 국가의 역할을 축소시켜 기업의 이익을 강조하는 신자유주의와는 대조적으로 정부의 '배태적 자율성'(Evans, 1995)과 더불어 '선택적 국가개입' 전략의 중요성을 강조한다(Grabowski, 1994, p. 413). 정부가 "규율을 어긴 기업을 제재하고, 더 나아가 정치과정에서 부패를 막는 능력"(Gainsborough, 2009, p. 1319)은 발전국가 성공의 주요 열쇠로 간주되었다. 이를 위해 편협한 이익집단과 이에 포획된 엘리트들의 간섭을 극복함으로써 사회를 통찰하고 변모시킬 수 있는 강력한 국가의 역량이 요구되었다(Haggard, 1990; Joshi, 2012; Migdal, 1988; Wade, 1990).

가장 중요한 점은 발전국가적 산업정책의 사회적 배태성이 발전국가로 하여금 경쟁적인 수출산업을 육성함과 동시에 경쟁력이 없는 국내 산업을 보호하는 일거양득의 효과를 가져왔다는 것이다. 1970년대 및 1980년대의 한국이 가장 대표적인 예이다(Lee, 2011; Sohn, 2006). 발전주의와 자유주의의 연계는 산업정책의 목표와 무역자유화 이슈의 범위의 관점에서 다음과 같이 분류할 수 있다.

첫째, 발전주의적 중상주의(mercantilism)/부문주의(sectoralism)는 좁은 이슈 부문에서 강력한 산업정책목표를 수반한 무역자유화를 특징으로 한다. 이 분류에 속하는 사례로 1960년대 및 1970년대 국내보호-산업정책-수출 장려에 중점을 둔 일본과 한국의 발전주의적 전략을 들 수 있다. 이러한 무역정책은 앞서 언급한 바와 같이 '배태적 중상주의'로 불리기도 한다.

둘째, 시장기반 부문주의(market-based sectoralism) 또는 부문별 정실주의(sectoral cronyism)는 넓은 이슈 범위와 약한 산업정책목표에 기반을 둔 무역자유화의 특징을 보인다. Aggarwal & Ravenhill(2001)에 따르면, 시장개방을 위한 좁은 범위의 부문별 무역협상은 긍정적인 측면과 부정적인 측면을 동시에 내포하고 있다. 범위가 좁은 협상의 경우 합의가 쉬운 이슈들을 우선적으로 다루게 됨에 따라 결과적으로 포괄적인 무역자유화를 촉진시킬 수 있다. 이는 시장기반 부문주의로 분류할 수 있다. 그러나 부문별 협정은 궁극적으로 다자협정의 타결을 위해 필요한 정치적인 추진력을 약화시킬 수 있기 때문에 그 사회적 비용이 클 수 있다. 이 경우 부문별 정실주의로 분류된다.

셋째, 발전주의적 자유주의(developmental liberalism)는 넓은 이슈에 걸쳐 강력한 산업정책 목표를 지닌 무역자유화의 특성을 보인다. 발전주의와 자유주의라는 제도 간의 결합은 모순어법으로 들릴 수 있다. 그러나 양자는 FTA 체결을 통해 시장을 개방하려는 정부 주도의 하향식 노력이 경쟁력 있는 수출산업을 육성하는 한편, 경쟁력이 떨어지는 산업은 부가적인 보상(side payments)의 지급을 통해 달랠 수 있다는 점에서 양립가능하다고 본다. 이 경우 산업 및 무역정책의 사회적 배태성이 발전주의와 자유주의 간의 긴장을 완화시키는 역할을 한다. 세계화의 경쟁적인 압력 속에서 국제무역의 이득을 누리면서도 강력한 시장의 힘으로부터 자유로운 국가는 없다. GATT 및 WTO의 전통적인 다자주의와는 달리, 비대칭적인 협상력을 가진 국가들 간의 FTA는 일국이 타국 시장에 무임승차하는 것을 허용하지 않는다. 한국과 멕시코 등 미국과 FTA를 체결한 대부분의 국가들이 높은 수준의 개방에 동의한 것이 이를 반증한다. 그럼에도 불구하고 FTA 협상에서 우선순위 부문을 육성하는 한편 경쟁이 뒤처지는 부문이 입은 손실을 보상

〈표 5-1〉 산업정책과 무역자유화의 연계

		무역자유화 이슈의 범위	
		좁음	넓음
산업정책 목표	강함	발전주의적 중상주의/부문주의	발전주의적 자유주의
	약함	시장기반 부문주의 또는 부문별 정실주의	시장기반 자유주의

할 수 있는 여지가 전혀 없는 것은 아니다(Koo, 2010).

넷째, 시장기반 자유주의(market-based liberalism)는 넓은 이슈에 걸쳐 약한 산업정책적 목표를 추구하는 무역협정에 해당된다. 이 분류는 수직적/부문별 산업정책을 지양하고 전 부문에 걸친 수평적 산업정책 정책만을 허용하며 무역자유화는 '실질적으로(substantially)' 모든 무역을 포괄해야 한다고 보는 신자유주의 관점과 동일선상에 있다.

3. 태국 : 시장기반 자유주의에서 부문별 정실주의로의 전환

1970년대 초 태국은 무역정책 플랫폼을 수입대체 산업화 전략에서 수출지향 전략으로 변화시켰다. 이에 따라 과거에 지배적이었던 농업 중심의 경제는 주로 노동집약적인 제조업 중심의 경제로 변화되었다.[5] 아시아 외환위기 이전 태국은 GATT/WTO 체제 하에서 무차별적

5) 국민소득 내 농업, 임업, 어업의 점유율은 1950년 47%에서 1990년 10%로 하락한 반면, 제조업 부문은 1986년 23%에서 2001년 35%로 증가하였다(출처: Office of the National Economic and Social Development Board, http://www.nsedb.go.th/).

이고 일방적인 자유화 정책을 견지하면서 고도로 개방적이고 세계 경제에 통합되어 있는 경제체제를 유지하고 있었다(Kwon, 2003; Sally, 2007). 1997년 상품 교역량은 태국 GDP의 80%에 달하였다. 외환위기 이전 10년 간 태국 경제는 매년 약 10%씩 성장하였다(Bank of Thailand, 1998).

외환위기의 혼란을 수습하기 위해 등장한 Chuan Leekpai 행정부(1997~2001)는 국제통화기금(International Monetary Fund, IMF) 지침에 따라 일련의 내부 경제개혁을 수행하였다. 당시 태국 정부는 1982년 태국이 GATT에 가입한 이래로 고수해온 시장기반 자유주의적 무역정책을 유지하였다. Chuan 총리와 그의 측근, 특히 상무장관 Supachai Panitchpakdi는 수출과 해외직접투자를 확대하는 것이 태국 경제 회복에 절실하다고 굳게 믿었다. 그들은 기업 활동에 대한 광범위한 규제를 풀었으며, 외국인 투자자들에게 다양한 인센티브를 제공하였다(Sen & Sally, 2005).

그러나 Chuan 행정부의 개혁 프로그램은 본질적으로 IMF의 긴급구제 프로그램의 특징과 유사하였기 때문에 대중들의 지지를 받지 못하였다. Chuan의 경기회복 프로그램은 지나치게 재정 및 통화 부문에 편향되어 있었고, 이는 정부 부채의 증가, 소득 불평등 심화, 부패 스캔들과 같은 의도치 않은 부작용만 낳았다. GDP 성장률은 1999년 4.4%에서 2001년 2.2%로 하락하였다. Chuan 행정부는 일반 태국 국민들, 특히 저소득층 및 중간 소득계층으로부터의 지지를 얻는 데 실패하였다. 바트화의 50% 이상의 평가절하로 인한 수입품 가격의 급등과 이로 인한 물가 상승은 일반 국민의 고통과 분노를 야기하였다(Thitinan &

Sally, 2008; Thitinan, 2011).

일반 국민들의 불만은 결국 2001년 총선에서 여당에 대항한 정치적 심판으로 이어졌고, 재계 거물이었던 Thaksin Shinawatra가 주도하는 TRT(Thai Rak Thai)당의 압승을 이끌어냈다. 2001년 취임 후 Thaksin 총리는 소위 Thaksinomics 정책을 추진하였다(Pran, 2004). TRT의 원내 다수당으로서의 위치는 Thaksinomics 정책에 안정적인 정치적 기반을 제공하였다.[6] 임기 초반, Thaksin은 근본적인 경제개혁을 추구함에 있어 자신의 리더십을 대담하게 발휘하였다. 한편으로는 전체 인구의 80% 이상을 차지하는 도시와 농촌 빈곤층의 경제문제를 덜어주기 위해 재정지출을 통한 경기부양을 시행함과 동시에 다른 한편으로는 공격적 무역정책을 채택하여 GATT/WTO 중심의 다자주의에서 벗어나 양자 FTA에 보다 많은 무역정책 역량을 쏟아 부었다. 1999년 새로운 다자간 라운드를 개시하고자 했던 시애틀에서의 실패와 후속 도하(Doha) 협상의 교착은 이와 같은 무역 정책의 변화를 더욱 가속화했다(Bidhya, 2004).

이는 초기의 시장기반 자유주의로부터 발전국가적 자유주의로의 전환을 의미하는 것이었다. 일련의 강력한 산업정책 목표와 함께 Thaksin 정부는 FTA 파트너와 지리적 범위의 선정, 시장개방의 정도를 결정하는 데 있어서 주도적인 역할을 수행하였다. Thaksin이 취임할 당시만 하더라도 태국의 무역정책은 무역자유화에 대한 국제적 압력과 보호주의에 대한 국내 요구 사이에서 진퇴양난의 상황이었다. Thaksin

6) TRT당은 2001년 하원에서 과반에 가까운 자리를 획득하였고, 2005년에는 절대 다수를 획득하였다.

행정부는 세계시장으로부터 배제되는 것에 대한 공포를 가지고 있었기 때문에 국제적 압력을 무시할 수 없는 상황이었지만, 국내의 이해관계자들을 고려할 때 신자유주의적 압력에 무조건적으로 순응할 수 있는 처지도 아니었다. TRT당의 공동 창립자 중 핵심 인물이었던 Pansak Vinyaratn 경제고문과 Somkid Jatusripitak 재정상업장관은 무역정책 플랫폼을 과거 시장기반 자유주의에서 정교하게 조정된 정부 주도의 발전국가적 자유주의로 변화시키도록 Thaksin을 설득하였다(Talerngsri & Vonkhorporn, 2005).

2001년 들어 태국 경제는 성장 동력을 잃고 있었다. 위에서 언급한 바와 같이 GDP 실질 성장률은 1999년 4.4%에서 2001년 2.2%로 하락하였다. 제조업 성장률 역시 같은 시기 동안 11.9%에서 1.4%로 둔화되었다. 수출둔화는 더욱 극적이었다. 1999년 12.1%에서 2001년 0.3%로 하락하였다(NSOa, 2007; IMF, 2013). 게다가 제조업 부문으로의 해외투자 유입은 1998년 GDP의 6.5%에서 2001년 GDP의 2.7%로 감소하였다(BOT, 2001). 컴퓨터 및 컴퓨터 부품, 자동차 및 자동차 부품, 의류, 그리고 플라스틱 제품과 같은 제조 상품은 태국 총 수출의 약 40%를 차지하고 있었기 때문에, 이와 같은 하락은 태국의 정책 입안자들에게는 매우 곤혹스러운 일이었다.

태국의 수출 부문이 많은 시장을 잃게 되자 위기의식이 고조되었다. 정책 엘리트들 사이에서는 태국 경제가 한편으로는 중국, 인도, 베트남과 같은 저임금 국가들, 다른 한편으로는 한국, 대만, 싱가포르와 같은 혁신적인 공업국들 사이에 끼어있다는 인식이 널리 퍼져있었다. 예를 들어, 2001년 제조업의 단순 생산 노동자의 평균 인건비는 베트남의 인건비보다 약 5배 정도 높았다(Kang, 2002). 베트남은 태국 총 수출의 55%에 달하는 태국 최대 수출시장인 미국, 일본, 싱가포르, 홍콩 그리고 중국에서 태국과 경쟁하였다. 결과적으로 무역수지 흑자는 1998년 GDP의 10.3%에서 2001년 GDP의 2.6%로 크게 줄어들었다(NSOb, 2007).

정부 개입의 긴급한 과제 중 하나는 경쟁력 없는 수입대체산업을 정치적으로 달래는 한편, 수출 산업의 경쟁력을 회복하고 해외시장에 대한 접근성을 확보하는 것이었다. 시장개방에 대한 신자유주의의 압력과 제조업 강국으로서 중국과 인도의 대두에 따라 Thaksin 행정부는 무역정책 플랫폼을 GATT/WTO 기반의 다자주의에서 양자 FTA에 중점을 둔 특혜적 접근으로 전환하였다. 적극적이고 선제적인 노력은 당시 Thaksin의 정상외교에서도 잘 나타난다. 그는 2001년 11월 일본 방문과 2001년 12월 미국 방문 기간 동안 전격적으로 양자간 FTA 협상 개시를 제안하였다(Nation, 2001). 무역정책 분야에서 발전국가적 자유주의의 추구는 교착상태에 빠진 수출시장에서 생존하는 동시에 국내 세력 기반을 유지하기 위한 Thaksin 행정부의 불가피한 선택이었다.

Thaksin은 Lee Kwan Yew 싱가포르 전 수상의 가부장주의와 개발주의적 리더십을 공개적으로 천명하였다. 그는 농촌사회의 문제를 해결하고, 국내 사업의 이익을 보호하며, 태국 경제를 혁신적이고 국제적으로 경쟁력 있는 지식기반 경제(knowledge-based economy)로 변화시킬 것을 약속하였다(Brown & Hewison, 2005). 산업 고도화는 그의 발전국가적 자유주의의 캐치프레이즈였다. Thaksin은 양자 FTA를 통한 산업 고도화가 태국이 일류 국가로 새롭게 도약할 수 있는 기회를 제공할 것이라고 믿었다(Lauridsen, 2008).

태국 정부는 1990년대 말부터 FTA를 정책 옵션으로 고려하기 시작하였다. 그러나 FTA가 진지하게 정책적으로 고려된 것은 Thaksin이 취

〈표 5-2〉 태국의 다중 트랙 FTA 전략

		협정국 수	
		양자	다자
지리적 범위	지리적 집중	인도(3.18%, 2003, 2010)[1][2] 중국(15.51%, 2003년 이후 조기 발효)[3]	BIMSTEC(6.92%, 2004, 2010)[4]
	지리적 분산	호주(3.17%, 2004, 2005) 뉴질랜드(2.73%, 2005, 2005) 일본(26.01%, 2005, 2007) 미국(17.97%, 2006년 이후 계류) 페루(1.12%, 2004년 이후 계류) 바레인(0.97%, 2004년 이후 계류) 칠레(1.11%, 검토 중) 체코(0.68%, 검토 중) 크로아티아(0.59%, 검토 중) 멕시코(1.22%, 검토 중) 파키스탄(0.78%, 검토 중) 남아프리카(0.49%, 검토 중) 스리랑카(0.98%, 검토 중)	ASEAN-한국(10.93%, 2005, 2007, 2009, 2009)[5]

출처: IMF, The Direction of Trade Statistics, 2012; WTO RTA 데이터베이스, 2014

1) % 수치는 2011년 태국 총 무역(수출+수입)에서의 비율로 양자 간 무역의 가치를 나타낸다.
2) % 수치 옆의 수치는 협정을 체결한 연도와 협정이 발효된 연도를 나타낸다.
3) 홍콩 포함
4) BIMSTEC: 뱅갈만기술경제협력체(The Bay of Bengal Initiative for Multi-Sectoral Technical and Economic Cooperation)
5) ASEAN은 한국과 다음과 같은 협정을 맺었다: 2005년에 체결한 포괄적 경제협력에 관한 기본협정; 2006년에 체결하고 2007년부터 발효된 상품무역에 관한 협정; 2007년에 체결하고 2009년부터 발효된 서비스 무역에 관한 협정; 2009년에 체결하고 2009년부터 발효된 투자에 관한 협정

임한 이후부터였다(Nagai, 2002, p. 10; Sally, 2007). Thaksin의 새로운 무역 정책의 전환점은 2003년 후반 멕시코 칸쿤 WTO 각료회담에서 다자간 무역자유화에 대한 어떠한 의미 있는 합의도 도출하지 못하면서부터였다. 2003년 인도와 첫 번째 양자 FTA를 체결한 이래 Thaksin 행정부는 호주, 뉴질랜드, 일본, 한국, 그리고 BIMSTEC과 연달아 FTA를 맺었다.

발전국가적 자유주의에 기반을 둔 Thaksin 무역정책의 정점은 2004년 7월 태국-미국 FTA(TUSFTA) 협상의 개시였다. 당시만 하더라도 싱가포르가 미국과 포괄적 FTA를 맺은 동아시아 유일한 국가임을 고려했을 때, 태국과 같은 개발도상국이 세계에서 최대의 경제와 FTA 협상을 개시했다는 것 자체가 대단한 이슈였다. 이는 미국과의 무역수지 흑자 감소를 역전시키고자 하는 Thaksin의 필사적인 노력의 결과였다.[7] 2001년 태국의 총 무역 흑자는 약 35억 달러였던 반면, 미국과의 무역 흑자는 약 60억 달러였다(MOC, 2004). TUSFTA 협상의 성공적인 체결은 Thaksin 정부가 태국 경제를 활성화시킬 수 있는 중요한 수단이었다.

TUSFTA 협상의 초기 단계에서 Thaksin 정부의 정치적 입지는 매우 공고하였다. 2005년 2월 총선에서 Thaksin의 TRT당은 다시 한 번 압도적인 득표로 승리함에 따라 그는 두 번째 임기도 의회 내에서 절대 과반을 확보한 상태에서 시작하였다. 여당이었던 TRT당은 하원 500석 중 377석을 차지하였으며, 정부에 대한 대중의 높은 지지는 계속 유지

7) 태국의 미국과의 무역흑자는 1999년 85억 달러에서 2003년 65억 달러로 24% 감소하였다(MOC, 2004).

되는 듯하였다. 선거 결과에 고무된 Thaksin은 모든 산업 분야에서 발전주의적 무역자유화를 추진하고, 태국을 지식기반 경제로 업그레이드 시키고자 하는 그의 확고한 의지를 의회에서 재차 강조하였다. 그러나 이러한 Thaksin의 자신감은 그의 몰락의 시작이었다.

그의 야심찬 목표인 산업 고도화를 용이하게 만들기 위해 Thaksin은 전보다 신속한 무역정책 수립 과정이 필요하였다. 따라서 어떠한 반대 의견도 용납되지 않았다. 이는 기존의 관제를 무시함으로써 Thaksin의 최측근 세력이 무역정책 결정과정에서 직접적인 영향력을 행사하는 것을 의미하였다.[8] Thaksin과 그의 측근들은 태국을 경제 강국으로 재창조하길 원했다. 그의 집권 초기에는 태국이 '주식회사 태국(Thailand, Inc.)'으로 순조롭게 변해가는 것처럼 보였다. 그러나 태국은 결국 '주식회사 Thaksin(Thaksin, Inc.)'으로 변질되어 갔다(Bidhya, 2004; Pasuk & Baker, 2009; Thitinan, 2011).

Thaksin은 정치적 파벌과 관료제로 구획되어 있던 정치적이고 행정적인 의사결정 구조를 빠르게 중앙집권화하였다.[9] 그는 신속하게 결정을 내렸고, 관료들이 그의 결정을 빠르고 망설임 없이 수행하기를

---

8) Thaksin의 핵심적인 경제정책 자문단은 Somkid Jatusripitak, Pansak Vinyaratn, Suvit Maesincee와 같이 주로 사업가와 신자유주의 학자들로 구성되어 있었다. 전 재정상업장관인 Somkid는 Manager Media Group의 공동창업자이며 태국 소비재 주요 대기업인 Saha Pattanapibul Group의 임원이기도 했다. Pansak은 Bangkok Bank Group의 임원이었으며 언론계 거물 Sondhi Limthongkun의 Asia Times 편집자였다.

9) Thaksin 권력의 중앙 집권화는 내각, 의회 그리고 관료제의 견제를 받지 않았다. Thaksin은 또한 군대, 경찰, 독립적 감시 메커니즘(예를 들어 국립반부패위원회(National Counter Corruption Commission), 선거위원회, 헌법재판소 등), 언론, 비정부기구를 제압하고자 하였다. 그는 국가를 하나의 '회사'로 간주하였고 CEO Thaksin이 되고자 하였다(Lauridsen, 2008, p. 425).

원했다(Baker & Pasuk, 2004). 미국과의 FTA 협상과정에서 Thaksin과 그의 측근들은 'FTA 전략 및 협상위원회(FTA Strategy and Negotiations Committee, FTA SNC)'라는 새로운 조직을 만들었다. Thaksin이 집권하기 전에는 무역정책의 전통적 컨트롤 타워는 '국제경제정책조정위원회(International Economic Policy Coordination Committee, IEPCC)'였다. 상무부와 외무부의 쌍두마차가 이끄는 IEPCC는 재무부, 농림부, 산업부와 같은 정부기관들 간의 견해차를 조정하는 역할을 하였다. 그러나 Thaksin이 들어서자 IEPCC와 다른 정부기관들은 모두 무시되었고, Thaksin의 비선라인이 Thaksin과 FTA SNC에 직접 보고하는 등 의사결정 체계에서의 왜곡이 심화되었다(Talerngsri & Vonkhorporn, 2005). 이처럼 불안정한 제도적 기반 위에서 Thaksin은 촉박한 기한에 맞추어 일방적으로 TUSFTA 협상을 추진해 나갔다.

그러나 그의 계획은 순조롭게 진행되지 않았다. 미국과의 FTA가 GDP 성장률의 하락, 무역수지 악화, 산업 경쟁력 감소와 같은 태국의 고질적인 경제문제를 일거에 해결할 수 있는 만병통치약이 아니라는 것은 갈수록 분명해졌다. 설상가상으로 반(反)TUSFTA 감정으로 촉발된 반-Thaksin 움직임이 전국으로 퍼져나가기 시작했다. '지식기반 경제'라는 슬로건 하에 Thaksin과 그의 TRT당은 도시와 농촌의 저소득층을 위한 대중영합적 프로그램을 통해 자신들의 세력 기반을 강화시키고자 하였다.[10] 그러나 이들 프로그램 중 극히 소수만이 실제로 집행

10) 예를 들어, Thaksin은 보조금, 부채상환 연기, 무역피해 보조, 관세 환급금과 같은 수단을 통해 FTA에 의해 피해를 입을 빈민층과 산업들을 보호해줄 것을 약속하였다(Kang, 2002).

되었고, 따라서 빈민층들의 불만과 상실감은 더욱 커졌다.

미국은 자동차, 자동차 부품, 전자 장치, 쌀, 설탕, 인력이동, 농업 보조금, 위생 및 식물위생조치, 덤핑방지 관세와 같은 태국의 관심분야에는 양보의 여지를 보이지 않은 반면, 태국에게 시장접근, 무역규칙, 지식재산권 등 미국의 주요 관심분야에 있어서는 포괄적 양보를 요구하였다.[11] 태국 언론들은 미국과의 FTA가 체결될 경우 태국이 경제적 주권을 잃고 미국의 다국적 기업들이 태국 경제의 모든 것을 빼앗을 것이라는 악몽 같은 시나리오를 앞다투어 다루기 시작하였다.

TUSFTA 협상 기간 동안 태국의 국론은 찬반양론으로 분열되었다. 대규모 영농기업, 첨단 기술기업, 그리고 기타 수출 지향형 기업들은 미국과의 자유무역협정을 지지했다. 반면 소작 농민 및 어민, 제약회사, 지식재산권 관련 기업, 그리고 서비스업 부문은 미국의 시장개방 압력에 극도의 위기의식을 느끼며 자유무역 협정 체결에 반대했다(Laudrisen, 2008). 야당, FTA Watch[12]와 같은 비정부기구, 그리고 노동자 계급 및 중산층 방콕인, 학자 그리고 학생들로 구성된 민주국민연맹(People's Alliance for Democracy, PAD)은 반(反)Thaksin과 반(反)TUSFTA 운동을 효과적으로 조직하였으며, 급기야 Thaksin의 사

11) 미국은 태국이 농업은 물론 의료분야와 같이 미국의 다국적 기업을 위한 서비스 부문에서도 시장을 더 개방할 것을 요구하였다. 투자자-국가분쟁해결 외에도 미국은 협상의제로 지식재산권 보호도 포함시킬 것을 강력히 원하였다(Sally, 2007).

12) FTA Watch는 17개 비정부기구의 연합기구로서 강력한 반(反)Thaksin 집단을 조직하였다. 이는 2006년 1월 치앙마이에서의 6번째 협상을 포함한 태국-미국 FTA 협상에 대항하는 주도집단이었다. FTA Watch 활동가와 지지자들은 궁극적으로 Thaksin의 몰락을 가져온 중요한 정치적 행위자가 되었다(Theerada, 2007; Thitinan, 2011).

퇴를 요구하기에 이르렀다. 많은 태국 국민들은 Thaksin과 그의 측근들이 장악한 정부에 등을 돌렸다. TUSFTA 협상은 교착상태에 빠졌다(Thitinan, 2011).

Thaksin의 발전국가적 자유주의는 정부 관료들의 반발도 샀다. 경영자의 길을 거쳐 정치인이 된 Thaksin은 관료 엘리트들에 대한 반감을 가지고 있었고, 최고 정치 지도자가 되자 이들의 의견을 의도적으로 무시했다. Thaksin 통치 이전에는 각 부처 장관들의 권한은 국장이나 과장급 관료들의 권한과 비교했을 때 상대적으로 약했다. 전통적으로 이러한 관료제 구조는 간부 수준의 관료들에게 자치권과 지휘권을 부여했다(Lauridsen, 2008). 그러나 Thaksin은 이들 관료들의 자치권과 지휘권을 인정하지 않았다. Thaksin은 낡은 관료제에 의존하기보다는 새로운 부처와 부서를 만들어서 이를 우회하는 전략을 택했다. 그는 무자비하게 반대자들을 침묵하게 만들었으며 새로운 자리를 정실인사들로 채웠다. 통상전문 관료들과 Thaksin의 정실인사들 사이의 고조된 긴장과 갈등은 권력의 견제와 균형 시스템을 심각하게 약화시켰다. 명령체계를 둘러싼 분쟁이 심화됨에 따라, 지난 20년 동안 무역협상을 통해 쌓아온 관료들의 협상능력과 기술들은 사장되고 말았다. 여러 부처들과 총리실 간의 효율적인 정책 조정은 불가능했다. 태국의 발전국가적 자유주의는 거기까지였다.

TUSFTA 협상의 개시는 Thaksin의 발전국가적 자유주의의 화려한 등장과 동시에 그 몰락을 가져왔다. 한때 광범위한 범위와 힘을 가지고 있던 Thanksin의 산업정책은 TUSFTA 협상이 진행됨에 따라 갈수록 그 입지가 좁아지고 약해졌다. 많은 태국 국민들은 TUSFTA가 '주식회사 Thaksin'이 아닌 '주식회사 태국'에게 이득을 줄 것인지에 대해 의문을 갖기 시작했다. 발전국가적 자유주의는 Thaksin 정권의 후원자-고객관계 속에서 괴물처럼 성장한 부문별 정실주의로 대체되었다.[13)]

'정실주의'는 Thaksin과 그의 핵심 측근들에 의한 지대추구를 허용하였다. 예를 들어, 교통부 장관이었던 Suriya Jeungrungruengkit가 소유한 한 자동차 부품 회사는 Thaksin 통치기에 여러 특혜적인 조치를 통해 독점권을 행사함으로써 호주로의 자동차 부품 수출을 75% 이상 늘이기도 했다(Thitinan, 2011). 또한 Thaksin과 그의 가족은 여러 부패 혐의에도 연루되어 있었다. 그의 Shinawatra가(家)는 TUSFTA 협상이 진행되던 2006년 1월에 그들의 Shin Corporation 전체 지분을 싱가포르 투자회사인 Temasek Holdings에 팔아 막대한 차익을 얻었다. Shinawatra가(家)와 Damapong가(家)는 증권거래소에서 주식을 판 개인은 자본이득세가 면제된다는 규정을 이용하여, 주식 매각을 통해 약 730억 바트(약 18.8억 달러)의 이득을 누렸다. 이 거래는 Thaksin을 부패 혐의의 표적으로 만들었고, 그는 외국기업에 국가적으로 중대한 자산을 팔아 넘겼다는 비판을 받게 되었다.[14)]

Thaksin 임기 중에 TUSFTA가 타결되었더라면, 2007년 한국과 미국의 협상 타결보다 앞서 동아시아에서 가장 포괄적인 FTA가 되었을

---

13) Thaksin은 그의 지지자들을 위해 정부 고위직을 만듦으로써 후원정치를 하기 위해 새로운 6개의 부처와 17개의 부서를 만들었다. Thaksin은 태국의 가장 큰 농공산업 대기업과 주요 자동차 부품사업단 출신인 주요 각료들 중 몇몇을 임명하였다(Luaridsen, 2008).

14) 2008년 Thaksin은 부패한 토지거래를 했다는 이유로 궐석재판에서 2년형을 선고받았다. 이로 인해 Thaksin은 총리 지위에서 부패로 유죄선고를 받은 첫 번째 태국 정치인이 되었다.

것이다. 그러나 2006년 9월 19일에 발생한 군부 쿠데타를 통해 사임을 강요받으면서 그의 시도는 실패로 끝이 났다. 이는 TUSFTA 협정이 교착상태에 빠진 이후 8달 만의 일이었다. Thaksin 행정부의 FTA를 통한 발전국가적 자유주의로의 이행이 실패한 근본적 원인은 무역정책 결정과정을 제도화시키지 못하고 새로운 정책 패러다임을 사회구조 내에 배태시키는 데 실패한 데에 있다. 정치권력의 중앙집권화를 통해 Thaksin은 비교적 오랫동안 총리직을 유지하였고, 발전국가적 자유주의 관점에서 'Thaksinomics' 정책을 추구할 수 있었다. 그러나 권력의 사유화는 결국 태국 경제를 지식 기반 경제로 변화시키겠다는 원대하지만 거짓된 약속에서 출발한 부패한 부문별 정실주의로 귀결되었다.

4. 한국 통상정책의 발전국가적 자유주의로의 전환[15)]

1970년대의 극적인 경제도약 이후 한국은 GATT/WTO의 다자간 무역체제의 제도적 틀 내에서 수출지향적 산업화의 편익을 누렸다. 1967년 GATT 가입 이후 한국의 적극적인 수출부문의 진흥은 한국을 세계시장에 적극적으로 참여하게 하였는데, 무역 의존적인 국가로서 세계무역체제로의 통합은 선택이 아닌 생존의 문제였다. 이러한 성공적인 수출지향적 산업화는 발전주의적 중상주의의 대표적인 사례가 되었다. 한국의 발전국가는 국가 경제를 성공적으로 산업화하고 확대하였다.

15) 이 절은 참고문헌에 표기된 한국의 통상정책에 관한 주 저자의 기존 연구에 기반하며 일부 확장하였다.

정책의 초점은 빠른 일자리 창출과 소득 개선에 맞춰졌다(김일영, 2001; Amsden, 1989).

그러나 포괄적인 사회 안전 시스템은 결여되어 있었다. 개발연대의 한국의 사회복지정책은 대부분 사회보험 프로그램으로 이루어졌으며, 결과적으로 공식적인 직업을 가진 구성원들만 사회적 보호에 접근할 수 있었으며 자영업자나 비공식적으로 고용된 이들은 체제 밖으로 배제되었던 것이다. 발전주의 초기단계에서 사회정책은 경제발전을 위한 수단이었고, 인구의 제한된 부분만 그 혜택을 누렸다(Kwon, 2005).

이러한 배경에서 한국의 발전국가는 비경쟁적인 부문과 지방영역에서(대체적으로는 경쟁적, 수출지향적 부문과 도시 지역을 위하여 착취하긴 했지만) 다층적인 공식·비공식 무역장벽을 통하여 최소한의 안전망을 제공하였다. 1993년 문민정부의 등장과 함께, 전통적으로 사회적 안전망의 혜택 받지 못한 집단들은 더욱 조직화되고 목소리가 커짐에 따라 정부가 비경쟁적, 수입경쟁적 산업에 불리하게 영향을 줄 자유무역을 협상하기가 더욱 어려워졌다. 예를 들면, 우루과이 라운드에서 한국 정부는 소비자와 자유무역국으로서의 한국의 국제적 평판을 희생하면서 쌀과 기타 농업, 어업 제품을 보호하기 위한 노력을 기울였다(Koo, 2010).

1947년에 국제무역기구(International Trade Organization, ITO)의 출범이 무산되면서 이를 대신할 잠정적 조약체계로 출범한 GATT는 1995년 WTO 체제로 개편되어 2016년 1월 현재 162개의 회원국으로 구성되어 있다. 원칙적으로 GATT/WTO를 통한 무역자유화는 회원국 지위를 획득해야만 최혜국대우(most favored nation)나 내국민 대우(national treatment)와 같은 편익을 누릴 수 있는 배타적 클럽재(exclusive club good)이지만, 실질적으로 공공재로서의 성격이 더 강했다. 오늘날 전 세계 190여 개 주권국가들 중에서 이미 80% 이상 GATT/WTO에 참여하면서 그 배타성이 많이 약화되었을 뿐만 아니라, GATT 회원국들이 개도국에 대하여 차별적으로 보다 특혜적인 대우를 할 수 있도록 허용한 권능부여조항(enabling clause)이나 GATT/WTO의 최대주주인 미국의 전략적 고려 때문에 비회원국들도 조건부적으로 최혜국대우 지위를 부여 받아 무역자유화에 무임승차가 가능했기 때문이다. 따라서 배태적 중상주의 전략을 채택했던 한국은 그동안 자국시장을 수입으로부터 보호하고, 미국시장의 개방에 따른 편익을 비대칭적으로 누릴 수 있었다(Aggarwal & Koo, 2006).

그러나 GATT/WTO를 통한 전통적인 다자간 무역자유화가 최근 몇 년간 답보상태에 빠지면서 무역자유화라는 공공재의 공급에 차질이 생기기 시작했다. 때문에 한국을 비롯해 수출의존도가 높은 동아시아 국가들은 양자간 혹은 소다자간 FTA를 통해서 수출시장의 확보에 나선 것이다. 이 과정에서 한국은 기존의 중상주의 정책을 어느 정도 포기할 수밖에 없게 되었다. 앞서 말한 이유로 무임승차가 가능했던 GATT/WTO를 통한 무역자유화와는 달리 FTA를 통한 무역자유화에서는 개도국 특혜조항 등과 같은 보편적 예외의 허용이 어렵고, 보다 구체적이고 호혜적인 시장개방 압력이 따르기 마련이다. 원칙적으로 FTA는 자국시장을 좀 더 구체적으로 개방해야만 다른 회원국 시장의 개방에 따른 편익을 누리는 것이 가능한 양자간 혹은 소다자간 클럽재로서

의 무역자유화를 의미한다.[16)]

FTA를 통한 무역자유화에서는 보편적 예외의 허용이 어렵고, 보다 구체적인 시장개방 압력이 따르기 마련이다. 하지만 반대로, FTA는 협상 상대국을 정하고, 농산물과 같은 정치적으로 민감한 소수의 품목들을 협상대상에서 제외하는 것이 다자간 무역협상보다 용이하기 때문에 무역자유화를 추구하면서도 경제개혁의 속도를 조절하고자 할 때 유리할 수 있다. 한편, 대외적인 요인으로는 무엇보다도 동아시아 외환위기가 한국의 FTA 정책 확대에 결정적 역할을 했다. 갑작스런 외환위기의 결과, 무역개방에 대한 대외적 압력이 더욱 증가했을 뿐만 아니라, 대내적으로도 도덕적 해이에 빠진 중상주의적 통상정책의 개혁에 대한 요구가 높았기 때문에 FTA 정책의 도입이 용이해졌다. 한국에서 두드러지게 나타난 것처럼, 외환위기는 중상주의적 주장을 약화시키고, 신자유주의적 경제개혁과 FTA 정책 수용에 유리한 정치적 환경을 제공했다(Mo & Moon, 2003).

16) 이와 관련하여 최근 많은 연구들은 동아시아 국가들이 추진하고 있는 FTA가 경제적 후생을 증가시킬 수 있다고 본다. 예를 들면, Vinod K. Aggarwal & Shujiro Urata(2006)는 FTA를 통해 상품무역과 서비스 무역은 물론 외국인투자를 촉진하는 것이 많은 동아시아 국가들의 일차적 목적임을 발견하였다. 또한 아시아 외환위기에 따른 구조적 변화에 따라, FTA를 통한 양자간 혹은 소다자간 무역자유화는 GATT/WTO를 통한 다자주의를 보완할 뿐만 아니라, 각국의 경제안보에도 중요한 역할을 한다는 인식이 널리 확산되고 있다. 동아시아 국가들의 FTA는 그것이 일단 도입되자 경쟁적으로 더욱 가속화되는 경향을 보이고 있다. 이는 FTA에 참여하는 국가들이 갖는 가장 중요한 동기 중의 하나가 배제의 두려움(fear of exclusion)이라는 것을 암시한다. 논란이 되었던 한·미 FTA에서 보듯이 미국이 그 우월적 지위를 남용할 수도 있다는 우려에도 불구하고, 일본과 중국으로부터의 거센 경쟁압력 때문에 미국시장에서 배제될 수도 있다는 두려움이 한국으로 하여금 전향적으로 미국과의 FTA협상을 매듭짓게 하였다. 한·미 FTA의 타결은 그동안 한국과의 FTA 협상에 소극적인 태도를 보이던 일본과 중국을 적극적으로 만드는 계기가 되기도 하였다(Sohn & Koo, 2011).

하지만 한국이 적극적으로 FTA 정책을 추진하기 시작했다는 것이 곧 신자유주의적 무역자유화를 맹목적으로 추구하기 시작했다는 것을 의미하지는 않는다. 물론 FTA의 급속한 확산은 한국의 전통적 중상주의 정책, 더 넓게는 발전국가모델이 세계화라는 거센 도전 속에서 그 유용성을 상실했다는 것을 암시한다. 그러나 한국에서 국가의 배태성은 여전히 유지되고 있다는 점도 주목해야 한다. 예를 들어, 노무현 정부가 2006년 2월에 미국과의 FTA 추진을 선언한 직후, 국내 곳곳에서 한·미 FTA는 신자유주의적 이익에만 봉사하여 경제적 양극화를 심화시킬 것이라는 중상주의자들의 볼멘소리가 터져 나왔다. 그러자 노무현 정부는 여러 이면보상책을 마련하여 한·미 FTA에 따른 잠재적 피해자들을 달래고자 했다. 협상단계에서보다 더 진통을 겪었던 국내 비준과정에서 이명박 정부가 보여준 태도도 마찬가지였다.[17] 이를 다시 1990년대 후반 이후 세 정권별로 살펴보면 아래와 같다.

동아시아 외환위기의 즉각적인 여파로 김대중 대통령의 자유주의적 개혁과 IMF에 의하여 부과된 긴축 프로그램 때문에 노동조합과 농민조직 등 국내의 보호주의적 거부권자들은 일시적으로 와해상태에 빠지게 된다. 경제에서의 그들이 차지하는 절대적·상대적 지분의 감소가 계속됨에 따라 그들의 정치적 영향력이 상당히 약화되었던 것이다(Yang, 2006). 대외적으로는 발전국가적 중상주의만으로는 전례 없는

17) 이와 유사한 경향을 일본이나 중국에서도 발견할 수 있다. 물론, 일본이나 중국은 한국과는 달리 피해가 예상되는 집단들에게 현금이나 보조금 같은 직접보상책을 제공하기보다는 정치적으로 민감한 품목들은 협상대상에서 아예 배제하는 네거티브 리스트 전략을 구사하지만, 이러한 전략도 광의에서는 이면보상책의 일종이라고 할 수 있다.

경제적 위기에 대처할 수 없음이 명백해졌다. 김대중 정부는 경제개혁을 단행하여 한국의 발전경로를 변경시켰다. 그러나 여기서 주목할 점은 그럼에도 개혁 과정은 발전국가의 유산을 반영하여 국가가 여전히 경제개혁을 계획·집행·지속하는 데에 중요한 역할을 했다는 점이다(Mo & Moon, 2003). 김대중 정부는 1998년 11월에 공식적으로 자유무역협정 추진을 선언함으로써 WTO를 중심으로 한 다자주의를 통한 선진국(특히 미국) 시장에의 접근과 경쟁력 없는 국내산업의 보호라는 전통적 중상주의적 통상정책의 기조에서 벗어나기 시작했다. 김대중 정부는 외환위기 이후의 대외적 여건이 한국이 다른 국가의 시장에 무임승차하도록 허용하지 않을 것임을 이해하기 시작했으며 한국의 주요 수출기업의 생존을 보장하기 위해서는 시장개방을 해야 함을 인식했던 것이다. 이는 한국 통상정책 패러다임의 되돌릴 수 없는 전환의 시작이었다(Koo, 2009).

그 뒤를 이은 노무현 정부는 2003년 8월 「FTA 추진 로드맵」을 확정·발표하여 동시다발적 FTA 추진전략을 선언하였다. 노무현 정부는 FTA 정책을 통해 대외적으로 동북아 시대의 비전을 제시하고 이를 실현하려 했을 뿐만 아니라 대내적으로 경제개혁을 가속화함과 동시에 자유무역에 대한 정치적 지지를 확보하기 위해 보호무역주의자들을 끌어안기 위해 노력했다. 노무현 정부 하에서 한국의 통상정책 기조의 변화는 한·미 FTA에 의하여 가장 잘 드러난다. 원래의 로드맵대로라면 미국과 같은 거대경제와의 포괄적 FTA는 장기적인 목표였으나 주요 정책 엘리트들이 FTA의 전략적 가치를 강조함에 따라 조기에 추진되었던 것이다. 김현종 전 통상교섭본부장 등 한국의 고위 통상관료들은 미국과의 FTA가 한국의 시장지향적 개혁과정을 가속화하고 경제의 체질을 개선할 것으로 기대하였고, 노무현 대통령도 미국과의 전략적 유대관계를 강화하기 위한 외교적 수단으로 FTA의 전략적 효용을 옹호하였다. 그의 진보적 성향에도 불구하고 노 대통령은 또한 경제성장의 비결로서 자유무역과 시장개방의 가치를 믿게 되었다. 그는 그 스스로를 자립적이며 민족 우선적이지만 자유무역의 힘을 믿는 '좌파적 신자유주의자'로 칭했다. 특히 그는 일본식 '기러기형' 발전모형(flying geese model)을 거부하고, 한국은 전통적 초점인 중공업에서 벗어나 첨단기술과 서비스 산업에서 경제적 미래를 찾아야 한다고 주장하였다. 그의 경제적 민족주의가 중상주의가 아닌 자유주의의 형태를 띈 것은 주목할 만한 사실이다(Sohn & Koo, 2011).

제도적 차원에서 볼 때 FTA의 착수와 협상권한을 부여받은 통상교섭본부의 실질적 권한을 강화시킨 것은 노무현 정부의 새로운 통상전략에 대한 열정과 헌신을 보여준 것이었다. 자유주의적 경제 아이디어의 옹호자로서 통상교섭본부는 특정 이해집단의 압력으로부터 분리되어 있었기 때문에 FTA 추진을 위한 충분한 대중적 지지를 획득하는 데 어려움이 있었다. 그럼에도 불구하고 통상교섭본부에 의하여 추진된 FTA 전략은 본질적으로 발전국가적 성격을 내포한 것이었다. 즉, 비경쟁적인 부문은 FTA 추진에 따라 일방적으로 희생될 수밖에 없으며 외압을 이용한 경제의 구조조정 노력인 FTA는 한국의 경제적 양극화만 심화시킬 것이라는 인식[18]을 불식시키기 위해 노무현 정부는 무역자유

18) 이는 한·미 FTA를 둘러싸고 격화되었던 논쟁이 잘 말해준다. 당시 동아시아 외환위기의 그림자로부터 회복한 전통적 보호무역주의 집단은 반세계화 NGO와 반

화로 인해 피해를 입을 계층을 보호하고, 무역자유화에 대한 지속적인 정치적 지지를 확보하기 위해서 매우 관대한 이면보상 조치들과 무역자유화 조치들을 병행했던 것이다. 예를 들면, 2004년 한·칠레 FTA의 비준을 위해 정부는 농업과 어업 부문에 대한 잠재적 피해를 보상하기 위하여 고안된 특별법을 통과시켜 향후 10년 동안 8조 원 이상의 공공 및 민간 기금의 조성을 통해 농업과 어업의 구제 프로그램에 배정하기로 약속하였다. 한·미 FTA 협상 과정에서도 정부 보조금 형태의 일련의 이면보상이 약속되었다.[19] 노무현 정부의 적극적인 FTA 협상의 성공은 한편으로는 통상교섭본부가 주축이 되어 FTA를 통한 경제개혁의 추구와 전략적 파트너십의 강화라는 정책이념이 제도화된 덕분이기도 하지만, 다른 한편으로 FTA로부터 피해를 입을 이들을 지원하기 위한 넉넉한 보상 패키지로 구성된 사회적 배태성에 의하여 달성되었던 것이다.

2008년 2월에 출범한 보수적인 이명박 정부도 노무현 정부에 의한 동시다발적 FTA 전략을 유지했다. 정권 교체 후에 많은 정책 분야에서

자본주의적 노동조합과 긴밀히 협력하였다. 소수 급진주의자들에 의해 주도된 반한·미 FTA 운동은 한·미 FTA와 신자유주의적 개혁 간의 은밀한 관계를 '제2의 IMF식 자유화'이며 '제2의 외환위기'라고 공격하였다.

19) 2006년 3월 스크린 쿼터의 감축에 대한 보상으로 영화 산업에 4천억 원의 지원을 약속받았다. 그 밖에도 한·미 FTA의 발효에 따른 농어민의 소득 손실의 85%까지 보상하기 위해 7년간 현금 수당(cash allowance) 제공 및 폐업 시 농어민을 위한 5년간 정부 보조금 지급 약속, 농업의 투자를 장려하기 위하여 민간 농업투자기금의 형성을 장려하기로 약속하고 농업 관련 기업들이 산업 밖에서 최고경영자를 데려올 수 있도록 허용, 한·미 FTA로 인하여 매출의 25% 이상을 잃는 기업들을 위하여 저리의 융자를 제공하고 다른 산업으로 전환하거나 근로자들을 재배치할 경우 1년간 급여의 75%까지 보조금을 제공, 직업을 잃은 농어민을 고용하는 기업에게 한 달에 60만 원까지 현금 인센티브 제공 약속 등이 그것이다.

전 정권의 제도적 유산을 제거하려 했던 것에 비추어 볼 때 FTA 정책의 지속은 매우 큰 의의를 가진다고 할 수 있다. 'Global Korea'라는 슬로건 아래 적극적인 세계화라는 외교정책목표를 세운 이명박 정권에게 FTA의 도구적 유용성은 매우 높았다. 요컨대, 노무현 정부와 이명박 정부의 동시다발적 FTA 전략은 발전주의적 자유주의를 취하여 세계적으로 경쟁력 있는 부문을 위해 무역을 더욱 개방하고 무역자유화로 인해 피해를 입을 수 있는 이들을 위한 관대한 이면보상을 제공하는 이원적 체제를 구축한 것이다. 대외적으로 파트너를 선정할 때에는 대단히 적극적이고 국내 정치적 지원을 모을 때에는 배태적인 한국 FTA 전략의 가장 중요한 특징은 개혁과정이 국가가 경제개혁의 계획, 실행 및 유지에 있어 중요한 역할을 하며 발전국가의 유산을 반영한 것이다.

동시다발적 FTA 전략에 따라 한국은 크고 작은, 그리고 동아시아 역내 및 역외의 무역 상대국들과 포괄적이고 법적으로 구속력 있는 FTA를 추진해왔다. 앞서 언급한 바와 같이 가장 중요한 변화의 기제는 1997~1998년 외환위기였다. 동 위기 이후 높은 요소 이동성이 비경쟁적이지만 정치적으로 목소리가 컸던 부문의 영향력을 약화시켰다. 이러한 사회경제적 변화는 관료제 내부의 힘의 균형에서의 변화와 함께 정치 및 관료적 리더십이 양자적 FTA를 통한 무역자유화를 추구할 수 있는 정치적 공간을 만들었다. 비록 일부 농민단체들과 노동조합은 여전히 공격적 성격을 유지하였지만, 경제에서의 그들의 절대적 및 상대적 경제적 몫 모두가 계속하여 감소되자 그들의 정치적 영향력도 따라서 약화되었다. 김대중 대통령의 경제적·전략적 의제에서의 다소 주변부적인 지위와 대조적으로 FTA는 노무현 대통령의 개혁정책과 비전에서 핵심적인 요소가 되었다. 제도적으로 볼 때 1998년에 출범한 이후 관련부처 간의 힘겨루기 속에서 한때 사면초가에 몰리기도 했던 통상교섭본부의 정부 부처 내에서의 조직적 위상은 노무현 대통령 집권 당시 크게 향상되었으며, 통상교섭본부는 조직의 명운을 걸고 FTA를 추진하게 된다(Koo, 2013).

한국의 통상 엘리트들과 친 자유무역 기업들은 왜 FTA와 같이 법률

〈표 5-3〉 한국의 다중 트랙 FTA 전략

		협정국 수	
		양자	다자
지리적 범위	지리적으로 집중	일본(10.81%, 2004년 이후 협상 중단)[1] [2] 중국(24.85%, 2015, 2015)[3]	일본-중국 (35.66%, 협상 중)
	지리적으로 분산	칠레(0.88%, 2003, 2004) 싱가포르(3.51%, 2005, 2006) 미국(9.81%, 2007, 2011) 인도(1.50%, 2009, 2010) 페루(0.20%, 2011, 2011) 터키(0.47%, 2012, 2012) 콜롬비아(0.17%, 2013, 2014) 호주(2.61%, 2014, 2014) 캐나다(1.13%, 2014, 2014) 뉴질랜드(0.23%, 2014, 2015) 베트남(0.96%, 2015, 2015) 멕시코(1.14%, 2006년부터 협상 중) 남아프리카공화국(0.47%, 공동연구 중) 러시아(2.28%, 공동연구 중) 이스라엘(0.22%, 공동연구 중)	EFTA(0.64%, 2005, 2006) ASEAN(10.93%, 2005, 2007, 2009, 2009) EU(11.06%, 2010, 2011) GCC(9.60%, negotiation since 2008) Mercosur(1.40%, under study)

출처: IMF, The Direction of Trade Statistics, 2012; WTO RTA 데이터베이스, 2014

1) % 수치는 2011년 한국 총 무역(수출+수입)에서의 비율로 양자간 무역의 가치를 나타낸다.

2) % 수치 옆의 수치는 협정을 체결한 연도와 협정이 발효된 연도를 나타낸다.

3) 홍콩 포함

적으로 구속력 있는 접근을 선호하게 되었는가? 이에 대한 설명은 지난 30년 동안 한국이 GATT/WTO의 주요 수혜자였다는 사실에서 찾을 수 있다. 한국의 GDP 대비 국제무역의 비중은 2000년대 중반에 이르자 70%를 상회할 정도로 커졌으며, WTO를 통한 추가적인 무역자유화에 제동이 걸린 상황 속에서 수출시장을 확보하고 이에 대한 접근을 구속적인 방식으로 보장하는 것이 중대한 목표가 된 것이다. 아울러 FTA 협상이 통상교섭본부에 의하여 주도됨으로써 자유주의적이고 법률적 성향의 통상교섭본부 관료들은 그들의 선호를 반영시킬 수 있었다. 통상교섭본부의 높아진 조직적 위상은 2004년 7월 3대 김현종 통상교섭본부장의 임명뿐만 아니라 한덕수 초대 본부장의 부총리 및 기획재정부 장관으로의 승진으로 절정에 달하기도 했다.

앞서 언급한 바와 같이 이명박 정권은 많은 정책 차원에서 그 전임자들과 거리를 두기 위해 노력해 왔다. 그러나 통상교섭본부 중심의 FTA 전략 추진은 이명박 정부가 전 정권의 제도적 유산을 유지하는 몇 안 되는 분야 중 하나였다. 지난 2008년 상반기의 미국산 쇠고기 수입 논쟁에 따라 막대한 정치적 조정비용을 지불했음에도 불구하고, 이명박 정부는 동시다발적인 FTA 전략을 그대로 유지한 것이다. 그 임기 중 인도와 EU와 같은 주요국과 FTA 체결에 성공하였고 한·미 FTA의 국내 비준을 위해 애 썼다는 점도 FTA 정책이 뿌리를 내렸음을 반증한다(Koo, 2009, 2010).

한국의 양자주의에 대한 선호로 대변되는 통상전략 변화는 일본과의 비교를 통해 더욱 명확하게 드러난다. 일본의 정치인들과 관료들은 개혁의 상징적인 영향력을 극대화하는 동시에 무역자유화에 따른 주요 국내집단이 입을 피해를 최소화하기 위한 방편으로 FTA 정책을 활용해 왔다(Pempel & Urata, 2006; Solis & Katada, 2007). 결과적으로, 일본은(포괄적인 FTA 정책을 추진해 온 한국과는 달리) 이슈 범위에서 제한적인, 법률적 구속력이 상대적으로 약한 양자간 무역협정을 선호하여 쌀을 포함하는 농업 문제와 같이 정치적으로 민감한 많은 사안들을 이러한 합의의 밖에 두었다. 중국의 선제적인 움직임은 물론 한국의 추격적 움직임에도 불구하고 2000년대 초반부터 시작된 ASEAN 국가들과의 FTA 협상이 지지부진함을 면치 못한 것도 일본의 수동적이고 방어적인 전략에 기인한다.[20)]

---

20) 2009년 8월 역사적인 총선의 결과로 일본 민주당이 의회의 다수를 차지하며 정권교체에 성공하였다. 많은 일본인들은 민주당이 구시대적이고 비효율적인 정치경제체제를 변화시킬 것을 기대하였다. 그러나 민주당 정부는 자민당뿐만 아니라 자신들의 지지세력으로부터도 강력한 반대에 직면했다. 전통적으로 민주당과 강력한 유대관계를 가진 농민과 조직된 노동자 등과 같은 집단들이 FTA를 통한 무역자유화에 조직적으로 반대했기 때문이다(Hoshiro, 2011). 농업과 노동계로부터의 강력한 반대 외에도 일본의 분산된 FTA 정책결정 구조는 일관성 있고 법적으로 구속력 있는 FTA 협상 능력을 근본적으로 제한해 왔다. FTA 협상과 관련된 정부기관들은 조정의 결여로 인해 분산된 이해관계를 갖고 있다. 외무성, 경제산업성, 재무성과 농림수산성으로 구성된 4성 체제는 각 성이 거부권을 보유하고 있기 때문에 많은 시간이 걸리는 협의와 논의를 필요로 한다(Lee, 2011). 그중에서도 농림수산성이 법적으로 구속력 있는 FTA에 대한 거대한 장애물이 되어 왔다. 아울러 경제산업성과 외무성은 국가 경제의 구조조정을 강화할 장치로서 FTA를 계속 요구하고 있지만, 다른 한편으로는 WTO에 의해 추진되는 (따라서 국내경제의 구조조정 비용을 높일) 포괄적 무역자유화에 대한 대안으로 FTA를 추진하는 양면성을 보여 왔다. 다만, 이러한 일본의 상황은 Abe Shinzo 수상이 재집권한 2012년 12월 이후 크게 변화하였다. 광범위한 대중적인 인기를 등에 업은 그의 리더십이 4성 체제로 대변되어온 일본의 무역정책 결정구조를 근본적으로 변화시켰는지의 여부에 대해서는 논란이 있지만, 표면적으로 드러난 일본의 무역정책 기조는 소극적인 것에서 적극적인 것으로 변화되었다. 2013년 3월, 국내의 많은 반대에도 불구하고 미국 주도의 환태평양경제동반자협정(Trans-Pacific Partnership Agreement) 협상 참여를 전격적으로 선언한 것이 이를 반영한다. TPP 협상은 2015년 10월에 타결되었다.

이상에서 살펴본 바와 같이 한국은 2000년대 들어 동시다발적으로 추진한 FTA 정책을 통해 통상전략을 성공적으로 변화시켰을 뿐만 아니라 제도적 관점에서 볼 때 매우 독특한 통상교섭본부라는 정부조직을 중심으로 통상관료들의 대외협상력도 비약적으로 향상시켰다는 점에서 대외적으로는 매우 성공한 사례로 평가 받는다. 그러나 대내적으로는 2008년 한·미 FTA와 쇠고기 협상[21)]을 거치면서 "통상관료들의 고삐 풀린 독주를 막아야 한다"는 우려의 목소리가 커지기도 했다. 때문에 대외협상의 대내적 민주성을 확보할 수 있는 통상정책 결정시스템을 바꿔야 한다는 지적이 계속되어 왔다. 이러한 주장의 요지는 이해 당사자들과 국민의 의견수렴을 거쳐야 협상 후유증이 최소화될 수 있고, 부처 간 의견수렴도 더 원활히 이뤄질 수 있다는 것이다. 통상교섭본부를 탄생시킨 1998년 정부조직개편의 기본적 취지는 대외협상과 대내협상을 분리함으로써 대외협상의 효율성과 효과성을 높이자는 것이었다. 따라서 정부조직 구조상 통상교섭본부에게 대외협상의 대내적 민주성 확보의 책임을 전가하는 것은 논란의 여지가 있다. 사실상 FTA 추진에 따른 대내협상은 그간 기획재정부 산하 무역협정 국내대책본부에서 담당하도록 되어 있었다. 그럼에도 불구하고 대외협상 부문에서 통상교섭본부가 거둔 눈부신 성공으로 인해 무역자유화와 관련된 모든

21) 2008년 4월 한·미 쇠고기 협상은 한국의 검역 주권이 훼손되었다는 이유로 국민적 저항에 부딪혔다. 당시 통상교섭본부는 졸속협상 배후라는 비판에 직면했다. 국회에서 공개된 통상교섭본부 작성문건에는 '한·미 FTA 연내 비준을 위해 쇠고기 문제는 이 대통령의 방미 전 반드시 풀어야 한다'는 내용이 담겨 있기도 했다. 반면 주무부처인 농식품부에서는 "국민건강과 식품안전을 무시하고 검역 주권을 포기했다는 비난이 우려된다"는 반대기류가 강했지만 협상에서 농식품부의 의견이 무시되었다는 불만이 팽배했다.

대내적 불만과 비난의 화살이 통상교섭본부로 향했던 것이다.[22)]

따라서 통상교섭본부를 견제하기 위한 제도적 장치가 마련되었다. 첫째는 2011년에 제정된 「통상조약의 체결 절차 및 이행에 관한 법률」(일명 '통상절차법')을 통한 견제이다. 둘째는 2013년 정부조직법 개편을 통해 통상교섭본부를 해체하고 통상교섭 권한을 신설 산업통상자원부로 이관한 것이다.

우선 신설 통상절차법에 따르면 정부는 통상조약 체결을 위한 계획을 수립하고 이를 국회에 지체 없이 보고해야 하며, 누구든지 정부에 대하여 통상협상 또는 통상조약에 관한 의견을 제출할 수 있고 그 의견에 상당한 이유가 있다고 인정되면 정부는 이를 정책에 반영해야 한다. 또한 정부가 통상조약 체결 계획의 중요 사항을 변경하는 경우와 국내 산업 등 경제적 파급 효과에 중대한 변화가 예상되는 통상협정 등은 국회에 보고하도록 규정하고 있다. 그 밖에 통상협상 개시 전 경제적 타당성의 검토, 통상조약 서명 후 산업통상자원부 장관의 국회 보고 의무화, 공청회 개최, 통상교섭민간자문위원회 설치, 통상 관련 공무원의 재직 중 및 퇴직 후 비밀엄수, 통상조약이 국내법과 같은 효력이 발생하는 시기는 국회가 통상조약의 이행에 필요한 법률을 제정 또는 개정한 이후로 한다는 내용도 포함되어 있다. 아울러 국회 동의가 필요한 조약인지 여부에 대한 판단권을 실제로는 행정부가 행사했

---

22) 한 주요 시사지에 따르면 "최근 몇 년 사이에 급격하게 부상한 것은 통상관료들이다. 요즘 외교통상부 산하 통상교섭본부는 '정부 위의 정부'로 불린다. 통상교섭본부장은 '관료 위의 관료'"라고 한다. "FTA를 추진하는 과정에서 과거 개별 부처들이 갖고 있던 교섭 권한이 통상교섭본부에 집중됐고, 이후 교섭본부가 개별 부처와 관련된 통상정책을 광범위하게 제어하는 컨트롤 타워가 됐다"는 인식이 그것이다(출처: 주간경향, "[줌인]통상교섭본부 '견제받지 않는 권력'," 2010. 11. 30.).

는데, 동 법은 "국회는 서명된 조약이 통상조약에 해당한다고 판단할 경우 정부에 비준동의안의 제출을 요구할 수 있다"고 규정함으로써 통상협상 전반에 관한 국회의 견제와 감시 기능을 강화하였다.

2013년에 집권한 박근혜 정부는 통상교섭본부를 둘러싼 민주성 논란을 동 본부 자체를 해체함으로써 종식시키고자 하였다. 이로써 통상교섭본부는 1998년 신설된 이후 15년 만에 역사의 뒤안길로 사라지게 되었다. 기존에 통상교섭본부가 담당했던 통상교섭 권한은 신설된 산업통상자원부 내 통상교섭실로 이관되었다. 통상교섭 권한을 제조업과 에너지 산업을 전담하는 부처로 옮김으로써 대내적으로 이해관계자들의 목소리를 보다 적극적으로 수용하겠다는 의지로 풀이된다. 박근혜 정부 역시 이전 정부들의 정책들과 차별성을 강조하기 위해 노력해 왔음에도 불구하고 중국과의 FTA를 성사시키는 등 통상협상에 있어서 만큼은 이전 정부들의 적극적인 정책을 수용해 왔다. 다만 '발전국가적 자유주의'가 지속적으로 뿌리를 내릴 수 있을지에 관해서는 논란이 있다. 산업부처의 특성 상 '발전국가'의 특성은 유지할 수 있지만 산업계의 여러 고객집단을 갖는 부처인 만큼 특수이해관계자 그룹에 의해 포획될 개연성이 높고, 따라서 자유주의 기조가 쇠퇴할 수 있기 때문이다. 예를 들어 홍석빈(2014)의 연구에 따르면 통상교섭본부 관료들에 비해 산업통상자원부 내의 통상관료들의 자유주의적 정책이념은 다소 후퇴하였다. 향후 한국의 통상정책 분야에서 '자유주의' 이념과 '민주주의' 이념이 어떤 절충을 통해 새롭게 자리매김할지 계속 지켜봐야 할 것이다.

III.

결론 및 정책적 함의

발전지향적 무역정책은 구시대의 유물이 아니다. 동아시아 외환위기를 거치며 정실자본주의의 대명사로 여겨졌던 동아시아의 발전국가 이념은 글로벌 금융위기의 여파 속에서 새롭게 주목 받고 있다. 전 세계적으로 경제 분야에서 국가의 개입이 증가하고 있는 현상은 발전국가주의의 제도적인 탄력성을 보여준다. 특히 무역 의존도가 높은 동아시아 국가들은 자유무역협정을 통해 자국 산업을 보호하고 증진하기 위해 노력해 왔다. 물론 동아시아 국가들이 모든 동일한 패턴을 갖는 것은 아니다. 무역정책을 발전지향적으로 새롭게 정의하는 가운데서도 많은 다양성을 보이고 있다.

본 장은 동아시아의 발전지향적 무역정책이 시공간에 따라 다양하게 전개되어 왔다는 관찰로부터 시작되었다. 태국과 한국은 발전지향적 무역정책의 다양성을 보여주는 두 가지 좋은 예이다. 그리고 양국의 발전지향적 무역정책을 더욱 체계적으로 비교하기 위해 무역자유화의 범위와 산업정책의 연계를 네 가지 다른 유형, 즉 발전주의적 중상주의/부문주의, 시장기반 부문주의 또는 부문별 정실주의, 발전주의적 자유주의, 시장기반 자유주의로 분류하였다.

본 장에서 본 주요 결과는 다음과 같다. 첫째, 태국의 발전지향적 무역정책은 발전주의적 자유주의에서 부문별 정실주의로 이행하였는데, 이는 GATT 및 WTO의 다자무역체제를 핵심으로 하는 시장기반 자유주의에 중점을 둔 기존의 시각에서 탈피한 것이다. 둘째, 한국의 발전지향적 무역정책은 정부관료 및 사회적 관계망을 연계하여 그 내부에서 무역자유화와 산업적 목표를 성공적으로 제도화하였고, 이를 통해 발전주의적 중상주의에서 발전주의적 자유주의로 성공적으로 이행하였다. 다만 이를 견인하였던 통상교섭본부 체제는 '민주적 정당성' 논란에 휘말린 끝에 현재는 해체되었고, 통상교섭권한은 신설된 산업통상자원부로 이관되었다.

GATT 및 WTO라는 다자주의 체제 내에서 20년 넘게 경제적 호황을 누려온 태국은 1990년대 말 외환위기를 겪으면서 딜레마 상황에 빠지게 되었다. 이러한 혼란기에 집권한 Thaksin 총리는 2001년 초 자국 내 산업을 한 단계 발전시킴으로써 태국을 보다 선진화된 지식기반 경제로 탈바꿈시킬 포부를 가지고 집권하였다. 그는 태국이 전통적인 GATT/WTO 기반의 다자주의에서 탈피하여 양자 간 특혜협정을 중심으로 발전주의적 자유주의 전략을 채택하였다. 초기에 Thaksin 정권은 FTA 체결을 통해 해외의 수출시장을 확보하여 정체에 빠진 제조업 부문을 육성하겠다는 명확한 산업정책 목표를 설정하였다. 그러나 상당히 전도유망했던 Thaksin의 무역정책의 공세는 궁극적으로 정실주의의 늪에 빠지게 된다. 특히 미국과의 무리한 FTA 협상 진행은 그의 무역정책은 물론 그의 정권 자체에 직격탄이 되었다. 비현실적으로 촉박한 마감시한을 가지고 지나치게 많은 FTA 협상을 동시다발적으로 추진한 데에 따르는 여러 가지 사회적 비용 외에도 Thaksin의 독불장군형 리더십과 정실주의는 정부 관료들뿐만 아니라 시민단체로부터 심각한 도전에 직면하게 되었다. Thaksin은 측근들의 인적 네트워크에만 의존함으로써 자신의 새로운 무역정책 이념을 제도화하는 데 실패하였다. 설상가상으로 그의 측근들은 경제적 지대를 추구하기 시작하였고, 이에 따라 발전주의적 자유주의는 부문별 정실주의로 전락하게 되었다.

이와 대조적으로 한국은 지난 발전연대를 거치면서 발전주의적 중상주의로 널리 알려져 있었다. 예컨대 다양한 형태의 정부개입을 통해 수출산업을 증진하면서도 수입 경쟁 산업은 철저하게 보호하는 이중성을 보인 것이다. 그러나 한국은 산업정책의 목표를 기업 및 사회 관계망에 성공적으로 배태시킴으로써 중상주의적 무역정책을 발전주의적 자유주의 정책으로 성공적으로 변모시켰다. 이 과정에서 통상교섭본부의 역할이 가장 중요했다. 통상교섭본부는 신중하게 부처 간 정책결정과정을 조정하였고, 너그러운 피해보상을 제공함으로써 보호주의적 이해관계집단을 달랠 수 있었다. 통상교섭본부는 비록 해체되었지만 제도적인 배태성을 통해 한국의 발전주의적 자유주의는 당분간 지속될 것으로 판단된다.

태국과 한국의 비교 분석을 통해 이하 세 가지 결론을 내릴 수 있다.

첫째, 양국은 모두 적극적으로 FTA를 수용하였는데, 이는 기업의 요구에 따른 상향식 방식이 아닌 뚜렷한 산업정책적 목표를 가진 국가 엘리트의 주도에 의한 하향식 방식에 의한 것이었으며, 이는 곧 발전국가의 특징으로 볼 수 있다. 양국이 GATT/WTO 중심의 다자주의에서 벗어나긴 했지만 양자 내지는 소다자적 FTA 체결을 통한 정부 주도의 무역자유화를 보다 적극적으로 추진한 것은 자유주의적 특성을 나타낸다.

둘째, 양국의 정책 패러다임은 시간의 흐름에 따라 다양한 형태로 전개되어 왔다. 이는 동아시아의 발전지향적 무역정책은 단일한 이상적인 형태가 아닌 다양성을 보유하고 있음을 시사한다. 본 장에서 제시한 개념적 틀은 이러한 변화를 추적하는 데 유용한 분석틀을 제공한다.

셋째, 태국의 부문별 정실주의 및 한국의 발전주의적 자유주의 간의 대조는 산업정책의 목표를 추구하면서도 자유무역정책을 성공적으로 추진하기 위해서는 제도화가 중요하다는 점을 보여준다. 비록 정책의 사회적 배태성과 자유주의 정책 간의 적절한 조화는 앞으로 계속 진화해 나가겠지만, 본 장은 발전주의적 자유주의가 동아시아의 새로운 발전지향적 무역정책에 있어 주목할만한 특징이 될 수 있음을 보여준다.

끝으로 최근 한국의 사례에서 보듯이 '발전주의적 자유주의'는 통상협상 절차와 결과에 대한 '민주성 확보'라는 도전에 직면하고 있다. 이러한 점에서 한국의 발전주의적 자유주의가 향후 어떻게 새로운 대내적 환경에 적응하여 진화할 것인지 주목된다. 특히 한국의 통상절차법은 입법부와 이해관계자 집단의 적절한 역할 수행이 대외협상 과정에서 국익을 보다 적극적으로 추구하도록 하고 국내적으로 사회의 요구를 협상 내용에 반영할 수 있는 제도적 장치를 마련했다는 측면에서 매우 중요하다. 민주주의의 핵심인 책임성을 실현하고 대외협상에 민주적 정당성을 부여하기 위해서는 대내협상에서 입법부의 역할이 보다 강화되어야 함은 자명한 사실이다. 한국의 국회가 무역협정의 마지막 단계인 비준단계에서 대외협상의 거부권자로서 역할에 치중하는 기존의 소극적 기능에서 벗어나, 정책형성 초기단계부터 더욱 적극적인 역할을 하는 것은 일견 바람직한 변화이다. 국회의 적극적인 역할은 대외경제정책이 최종단계에서 정치적 저항에 직면하여 좌초될 가능성을 감소시켜 정책결정과정에 투입되는 시간과 자원의 낭비를 방지하는 데에 기여할 수 있기 때문이다.

그러나 통상절차법의 구체적인 내용과 범위에 관해서는 여전히 논란의 여지가 있다. 또한 주요국들의 사례를 볼 때 통상협상 전 과정에 걸쳐 입법부의 권한이 지나치게 커질 경우 입법부 내에서의 당파적 투쟁이 대외협상을 볼모로 나눠먹기식(pork barrelling) 대내협상을 조장할 뿐만 아니라 대외적 통상협상의 문제가 대내적으로 지나치게 정치화 될 가능성도 적지 않다. 무역개방의 비용을 지불하는 보호무역집단의 조직적 로비에 행정부 내의 관료집단이 포획될 수 있는 것처럼 입법부도 정치적으로 큰 목소리를 내는 집단의 이익만을 대변하고 분산된 다수의 이익을 방치하는 오류를 범할 수 있다. 특히 한국의 국회와 같이 주요 정책결정 과정에서 주변부적 위치에 머물러 있고, 사회구성원들의 이익을 집약하여 정책결정에 반영하고 정책의 형성과 집행 과정에서 따르는 갈등을 제도권 내에서 조정하는 역할이 대단히 미흡한 경우에는 더욱 그러할 개연성이 크다.

그간 대외 협상력이 떨어진다는 이유로 정보를 독점해온 한국의 행정부도 문제이지만 FTA와 관련된 비준 동의권을 합리적이고 체계적으로 행사하기보다는 이를 정쟁의 수단으로 삼으려 한 입법부 역시 민주적 정당성의 논란으로부터 자유로울 수 없다. 따라서 향후 통상절차의 민주성 확보 논쟁의 핵심은 행정부의 대외 협상권한에 민주적 정당성을 부여하면서도 입법부에 의한 각종 보호무역주의적 압력과 정치적 이해득실에 따른 근시안적 통제를 최소화시킬 수 있는 제도적 안전장치를 마련하는 것이다. 이에 관한 한국과 태국뿐만 아니라 다른 동아시아 국가들에 대한 후속연구를 기대해본다.

참고문헌

Aggarwal, V. K. & M. G. Koo(2005), Beyond Network Power? The Dynamics of Formal Economic Integration in Northeast Asia, *The Pacific Review*, 18(2), pp. 189~216.

____________________________(2008), Asia's New Institutional Architecture : Evolving Structures for Managing Trade, Financial, and Security Relations, New York : Springer, pp. 1~34.

Aggarwal, V. K. & J. Ravenhill(2001), *Undermining the WTO : The Case Against 'Open Sectoralism'*, Hawaii : East-West Center.

Aggarwal, V. K. & U. Shujiro(2006), eds., *Bilateral Trade Arrangements in the Asia-Pacific : Origins, Evolution, and Implications*, New York : Routledge.

Amsden, A. H.(1989), *Asia's next giant : South Korea and late industrialization*, New York : Oxford University Press.

Baker, C. & P. Phongpaichit(2004), *Thaksin : The Business of Politics in Thailand*, Seattle : University of Washington Press.

Bank of Thailand(2001), "Foreign Direct Investment Statistics". (http://www2.bot.or.th/statistics/BOTWEBSTAT.aspx?reportID=654&language=ENG)

_______________(2003), "National Statistics Report".(http://www.bot.or.th/English/Statistics/Pages/index1.aspx)

Bidhya, B.(2004), Thaksin's Model of Government Reform : Prime Ministerialization through 'A Country is My Company' Approach, *Asian Journal of Political Science*, 12(1), pp. 135~153.

Brown, A. & K. Hewison(2005), Economics in the Deciding Factor : Labor Politics in Thaksin's Thailand, *Pacific Affairs*, 78, pp. 353~375.

Chang, K. S.(2007), The End of Developmental Citizenship? Restructuring and Social Displacement in Post-Crisis South Korea, *Economic & Political Weekly*, 40(50), pp. 67~72.

Dittmer, L.(2007), The Asian Financial Crisis and the Asian Developmental State, *Asian Survey*, 47(6), pp. 829~833.

Dore, R.(2000), *Stock Market Capitalism, Welfare Capitalism : Japan and Germany versus the Anglo-Saxons*, Oxford : Oxford University Press.

Economist(2010), "Picking Winners, Saving Losers", August 7, 2010.

Evans, P.(1995), *Embedded Autonomy : States and Industrial Transformation*, Princeton : Princeton University Press.

FTA Watch(2005), *Free Trade Agreements : Impact in Thailand*, p. 109.

Gainsborough, M.(2009), The (Neglected) Statist bias and the Developmental State : The Case of Singapore and Vietnam, *Third World Quarterly*, 30(7), pp. 1317~1328.

Grabowski, R.(1994), The Successful Developmental State : Where Does It Come From?, *World Development*, 22(3), pp. 413~422.

Glassman, J.(2005), Reviews Thaksin : The Business of Politics in Thailand, *Journal of Contemporary Asia*, 35(3), pp. 404~405.

Ha, Y. C. & W. H. Lee(2007), The Politics of Economic Reform in South Korea : Crony Capitalism after Ten Years, *Asian Survey*, 47(6), pp. 894~914.

Haggard, S.(1990), *Pathways from the Periphery : The Politics of Growth in the Newly Industrializing Countries*, Ithaca, New York : Cornell University Press.

Hall, P. & D. Soskice(2001), *Varieties of Capitalism : The Institutional Foundations of Comparative Advantage*, Oxford : Oxford University Press.

Hoshiro, H.(2011), Building an 'East Asian Community' in Vain : Japan's Power Shift and Economic Regionalism in the New Millennium, A paper prepared for a Workshop on "Democratic Accountability and Diplomacy in Asia," organized by the Yale-Todai Initiative at the University of Tokyo, September 16, 2011.

International Monetary Fund(2013), *World Economic Outlook 2013*, Washington, D.C. : International Monetary Fund.

Johnson, C. A.(1982), *MITI and the Japanese Miracle : The Growth of Industrial Policy, 1925~1975*, Stanford : Stanford University Press.

Joshi, D. K.(2012), Varieties of Development States : Three Non-Western Pathways to the Millennium Development Goals, *Journal of Developing Societies*, 28(3), pp. 355~378.

Kang, K. W.(2002), Thailand, Thai Economy and Major Economic Polices of Thaksin's Government, *Journal of Business Research*, 11, pp. 55~77.

Koo, M. G.(2009), South Korea's FTAs : Moving from an Emulative to a Competitive Strategy, in M. Solis, B. Stallings & S. N. Katada(eds.), *Competitive Regionalism : FTA Diffusion in the Pacific Rim*, New York : Palgrave Macmillan, pp. 181~197.

__________(2010), Embracing Free Trade Agreements, Korean Style : From Developmental Mercantilism to Developmental Liberalism, *Korean Journal of Policy Studies*, 25(3), pp. 101~123.

__________(2013), Trade Policy for Development : Paradigm Shift from Mercantilism to Liberalism, in H. J. Kwon & M. G. Koo(eds.), *The Korean Government and Public Policies in a Development Nexus*, New York : Springer, pp. 95~113.

Krugman, P. R.(1994), *Peddling Prosperity : Economic Sense and Nonsense in the Age of Diminished Expectations*, New York : W. W. Norton.

Kwon, H. J.(2005), Transforming the Developmental Welfare State in East Asia, *Development and Change*, 36(3), pp. 477~497.

Kwon, K. D.(2003), Thailand's FTA Policy and Its Implications, KIEP Regional Report, 03(3), p. 23.

Lauridsen, L. S.(2008), The Policies and Politics of Industrial Upgrading in Thailand during the Thaksin Era 2001~2006, *Asian Politics and Policy*, 1(3), pp. 409~434.

Lee, S. J.(2011), Trade Liberalization in South Korea : The Political Economy of Openness, Protection and Compensation, *The Korean Political Science*

Review, 45(5), pp. 349~369.

Lee, S. J. & T. Han(2006), The Demise of "Korea, Inc." : Paradigm Shift in Korea's Developmental State, *Journal of Contemporary Asia*, 36(3), pp. 305~324.

Lim, H. R.(2010), The Transformation of the Developmental State and Economic Reform in Korea, *Journal of Contemporary Asia*, 40(2), pp. 188~210.

Migdal, J. S.(1988), *Strong Societies and Weak States : State–Society Relations and Sate Capabilities in the Third World*, Princeton : Princeton University Press.

Ministry of Commerce(MOC) of Thailand(2004), "Trade Balance Statistics". (http://www2.ops3.moc.go.th)

Mo, J. R. & C. I. Moon(2003), Business-Government Relations under Kim Dae-jung, in S. Haggard, W. Lim & E. Kim(eds.), *Economic Crisis and Corporate Restructuring in Korea : Reforming the Chaebol*, New York : Cambridge University Press, pp. 127~149.

Nagai, F.(2002), Thailand's Trade Policy : WTO Plus FTA?, *Institute of Developing Economies APEC Study Centre Working Paper Series*, 01/02(6).

National Statistics Office of Thailand(NSO)(2007a), "Foreign Trade Balance". (http://web.nso.go.th/en/survey/bts/datafiles/foregion%20trade.pdf)

____________________(2007b), "Manufacturing, Agriculture and Service". (http://web.nso.go.th/en/survey/bts/datafiles/manufacturing%20agriculture%20and%20service.pdf)

Pasuk, P. & C. Baker(2009), *Thaksin*, Chiang Mai, Thailand : Silkworm Books.

Pempel, T. J.(1999), The Developmental Regime in a Changing World Economy, in M. Woo-Cumings(ed.), *The Developmental State*, Ithaca, New York : Cornell University Press, pp. 137~181.

Pempel, T. J. & S. Urata(2006), Japan : A New Move toward Bilateral Trade Agreement, in V. K. Aggarwal & S. Urata(eds.), *Bilateral Trade Agree-*

ments in the Asia-Pacific : Origins, Evolution, and Implications, London : Routledge.

Polanyi, K.(2001), *The Great Transformation : The Political and Economic Origins of Our Time*, 2, Boston : Beacon Press.

Pran, P.(2004), *Thaksinomics : Thaksinomics and CEO of Thailand*, Bangkok : Matichon Press.

Ruggie, J. G.(1982), International Regimes, Transactions, and Change : Embedded Liberalism in the Postwar Economic Order, *International Organization*, 36(2), pp. 379~415.

Sally, R.(2007), The Thai Trade Policy : From Non-discriminatory Liberalization to FTAs, *The World Economy*, 30(3), pp. 1594~1620.

Sen, R. & R. Sally(2005), Trade Policies in Southeast Asia in Wider Asian Perspective, *Journal of World Trade*, 39(1), pp. 568~601.

Sohn, Y.(2006), The Political Economy of FTA in Korea : An IPE Perspective, *Journal of World Politics*, 27(2), pp. 93~133.

Sohn, Y. & M. G. Koo(2011), Securitizing Trade : The Case of the Korea-U.S. Free Trade Agreement, *International Relations of the Asia-Pacific*, 11(3), pp. 433~460.

Solis, M. & S. Katada(2007), The Japan-Mexico FTA : A Cross-Regional Step in the Path towards Asian Regionalism, *Pacific Affairs*, 80(2), pp. 279~302.

Strange, S.(1996), *The Retreat of the State : The Diffusion of Power in the World Economy*, Cambridge : Cambridge University Press.

Stubbs, R.(2009), Whatever Happened to the Developmental State? The Unfolding Debate, *The Pacific Review*, 22(1), pp. 1~22.

Talerngsri, P. & P. Vonkhorporn(2005), Trade Policy in Thailand : Pursuing a Dual-track Approach, *ASEAN Economic Bulletin*, 22(1), pp. 60~74.

Thitinan, P. & R. Sally(2008), *Thailand's Trade Policy Strategy and Capacity*, Department of International Relations, Bangkok : Chulalongkorn University.

Thitinan, P.(2011), Between Economic and Political Crises : Thailand's Contested Free Trade Agreements, *Japan International Cooperation Agency*, A Discussion Paper Prepared for the Second Workshop of JICA's Project on The Second Asian Miracle. Tokyo, February 13~14, 2011.

Wade, R.(1990), *Governing the Market : Economic Theory and the Role of Government in East Asian Industrialization*, Princeton : Princeton University Press.

Woo-Cumings, M.(1999), Introduction : Chalmers Johnson and the Politics of Nationalism and Development, in M. Woo-Cumings(ed.), *The Developmental State*, Ithaca, New York : Cornell University Press, pp. 1~31.

Yang, J. J.(2006), Corporate Unionism and Labor Market Flexibility in South Korea, *Journal of East Asian Studies*, 6(2), pp. 205~231.

제6장

싱가포르의 실용주의(Pragmatism)에 대한 비판적 검토*

고길곤
(서울대학교 행정대학원 교수)

* 본 장은 2015년도 서울대학교 '인문·사회계열 학문전공교수 해외연수 지원 사업'의 후원을 받아 수행된 연구 결과물임을 밝힙니다.

I. 서 론

"흔히들 싱가포르에는 이념(ideology)이 없다고 이야기한다. 실용주의는 그저 습관적으로 반복되는 주문 같은 것으로 생각하기도 한다. 하지만 '국가에 대한 맹세(national pledge)'를 자세히 살펴보면 그 맹세가 국가의 이념임을 알 수 있다. 즉 양도할 수 없는 가치와 실용주의의 매력에 바탕을 두도록 하는 가르침으로 이루어진 이념인 것이다."[1)]

많은 연구에서 실용주의를 싱가포르를 이해하는 핵심 키워드 중의 하나로 간주해왔다(Schein, 1996; Somjee & Somjee, 1995). 실제 싱가포르의 실용주의는 정치이념이기도 하며, 정책결정의 기준이 되기도 하고, 일반 시민의 의식 속에도 자리 잡고 있는 가치이기도 하다. 이들 연구에서는 싱가포르의 정치·행정·사회를 설명하는 데 실용주의가 매우 중요하다는 점에는 동의하면서도 그 내용에 대해서는 단편적인 설명을 제시할 뿐이었다.[2)] 그 결과 싱가포르의 실용주의는 리콴

1) 지명 국회의원(Nominated Member of Parliament, NMP) 비스와 사다시반(Viswa Sadasivan)의 국회 처녀 연설, 2009. 8. 18.

2) 싱가포르의 유명한 사회학자 추화벵화(Chua Beng-hwa)처럼 실용주의를 중요한 싱가포르의 중요한 사상 중의 하나라고 이야기하면서도 실용주의의 정의와 범위는 구체적으로 제시하고 있지 않고 있다(Chua, 2002).

유(Lee Kuan Yew)와 같은 지도자의 리더십을 설명하는 데 머무르거나 단순히 효율성 지향의 행동 방식으로 이해되는 경향이 지배적이었다. 또 한편으로는 긍정적인 결과를 초래한 정부의 정책을 싱가포르 실용주의의 결과로 보는 사후적 정당화 경향을 보이기도 하였다. 그 결과 싱가포르의 경험을 배우고자 하는 많은 국가들이 싱가포르 실용주의 실체를 제대로 이해하는 것이 쉽지 않았다. 이러한 배경에서 본 장에서는 "싱가포르의 실용주의란 무엇인가?"라는 연구문제를 제시하고자 한다.

실용주의의 사전적 의미는 "실제 생활에 가장 효과가 있는 지식이 진리라고 주장하는 철학" 혹은 "어떤 관념에서도 그것이 유용한 결과를 가져오면 곧 진리라고 보는 견해"로 제시되고 있다. 실용주의 입장에서는 어떤 것이 규범적으로 바람직한지는 상대적으로 덜 중요하다. 대신 어떤 것이 효율적인지 혹은 도움이 되는지가 더 중요한 질문인 것이다. 물론 규범적으로 바람직한 것과 효율적인 것이 항상 상충하는 것이 아니다. 그러나 일반적으로 이념이나 규범, 도덕적 가치보다는 효율성, 생산성, 성장과 같은 가치들을 우선시하는 태도를 실용주의라고 볼 수도 있다. 실용주의가 갖고 있는 이러한 현실주의적 측면 때문에, 실용주의를 합리적 의사결정을 위한 노력으로 보아야지 하나의 이념으로 보아서는 안 된다는 주장도 가능하다. 본 장은 실용주의가 싱가포르 사회의 행태적 특징을 넘어서 이념적 특징을 가지고 있음을 보여주고자 한다. 특히 싱가포르에서 실용주의는 엘리트주의, 관료주의, 능력주의, 경제우선주의 등과 결합된 독특한 이념이라는 점을 지적하고자 한다.

아울러 "싱가포르식 실용주의"를 연역적으로 정의하기보다는 귀납적으로 살펴보고 그것이 어떻게 경제정책 및 각종 정책에 반영되고 있는지를 살펴볼 것이다. 이러한 귀납적 접근이 유용한 것은 싱가포르의 실용주의가 계획되고 주어진 것이 아니라 사회발전 과정에서 형성된 가치관이기 때문이다. 이러한 귀납적 접근을 통해 싱가포르의 실용주의가 직면하고 있는 여러 한계를 비판적으로 접근하고자 한다.

II.

싱가포르의 실용주의에 대한 다양한 관점

싱가포르의 실용주의는 싱가포르가 독립한 1965년 혹은 그 이전부터 계속적으로 변해온 사상이다(Chua, 2002). 따라서 실용주의 실체는 인위적으로 만들어진 연역적인 실체라기보다는 오랜 세월동안 나타나는 다양한 행동 양식 중 하나라고 할 수 있다. 싱가포르의 실용주의에 대해 제시된 모형이 있었다면 이에 기반을 두고 연구를 진행하겠지만 저자가 알고 있는 한 이러한 모형이 구체적으로 제시된 연구는 찾기 어렵다. 따라서 싱가포르의 실용주의가 무엇인지를 이해하기 위해서는 다양한 관점들과 사례들을 중심으로 그 특징을 도출하는 귀납적 접근이 적절하다고 할 수 있다.

1. 실용주의에 대한 일반적인 관점

싱가포르의 실용주의는 매우 다양하게 해석되기 때문에 이를 단일한 개념으로 설명하기 어렵다. 하지만 인터뷰와 문헌연구를 수행해보면 적지 않은 사람들이 몇 가지 특성에 대해서는 동의하고 있음을 확인할 수 있다. 이를 열거하면 다음과 같다.

첫째, 탈이념과 경제적 효율성에 기반을 둔 실용주의이다. 아래의 연설내용은 싱가포르의 지도자가 민주주의에 대해 어떤 태도를 갖고 있는지를 잘 보여준다.

> "무엇이 우리의 우선순위인가? 첫 번째는 복지와 국민의 생존이고, 그 다음이 우리가 때로는 보류해야만 하는 민주적인 규범과 절차이다."[3)]

> "아주 예외적인 경우를 제외하고는 민주주의가 새로운 개발도상국에게 혜택을 가져다주지 못해왔다. 아시아적 가치라는 것은 미국식이나 유럽식의 가치와 같을 필요가 없다. 서양인들은 개인의 자유를 가치 있게 본다. 중국문화에 바탕을 둔 한 명의 아시아 사람으로서 나의 정부에 대한 가치는 정직하고 효과적이며 효율적인 정부를 위한 것이다."[4)]

리콴유의 연설이 공통적으로 제시하는 것은 개인의 자유와 같은 기본적인 민주적인 규범을 우선시하는 정부보다는 국민들의 현실적인 문제들을 해결해줄 수 있는 효율적인 정부가 바람직한 정부라는 것이다. 리콴유가 국민의 복지와 생존을 민주주의보다 우선시한다고 해서 사회주의나 공산주의와 같은 이념을 중요시한다는 것은 아니다. 그는 일찍이 공산주의의 한계를 알고 있었고, 또 사회주의에 대한 심정적 동조는 있었지만 그것이 국민의 복지와 생존에 반하는 경우에는 과감히 배격하였다.[5)] 그에게는 민주주의, 공산주의, 사회주의, 혹은 자유주의 같은

---

3) 리콴유의 국정 연설(1986) 중에서 발췌함.

4) 리콴유의 Democracy, Human Rights and the Realities 연설(Tokyo, 1992. 11. 10.) 중에서 발췌함.

5) 리콴유의 이러한 태도는 1960년대 인민행동당(PAP) 내의 권력 투쟁 과정에서 공산주의 및 사회주의와 결별하는 모습으로 잘 나타난다. 또한 1978년 당시 중국의 부수상이던 덩샤오핑이 싱가포르를 방문했을 때 리콴유가 중국이 동남아시아 화교를 대

기존의 정치이념들이 중요한 것이 아니며, 이들의 궁극적인 목적이 국민의 복지와 생존에 있다는 점에 주목하고 있다. 즉 자유나 권력분립과 같은 것은 그 자체로 가치가 있는 것이 아닌 도구적인 것이며, 궁극적인 가치는 국민의 의식주 및 복리를 증진시키는 데 있다는 것이다. 따라서 자유나 권력분립과 같은 추상적인 가치에 매몰되지 말고 직접적으로 국민의 의식주 및 복리를 증진시키는 효과적인 정부를 만드는 것이 필요하다는 주장이다. 이것은 의식주가 개인의 자유와 권리를 위한 도구적 가치로 이해되는 일반적인 민주주의 이론과 배치된다고 할 수 있다.

둘째, 싱가포르의 실용주의에서 경제성장이나 물질적인 성공은 수단이 아니라 목표로 간주된다. 리콴유는 신생국가에게 중요한 것은 민주적 정당성이나 국민 참여와 같은 것이 아니라 국민의 삶의 수준을 높이고, 풍족한 교육과 주택 그리고 사회 서비스들을 시민들에게 제공하는 것이라고 굳게 믿어 왔다. 따라서 싱가포르에서는 인간의 삶과 사회 문화를 풍요롭게 하는 수단이 아닌 국민의 삶의 질 증진 그 자체가 실용적인 목표로서 설정되어야 한다고 생각해왔다(Somjee & Somjee, 1995). 실제로 그와 그의 지지정당인 인민행동당(People's Action Party, PAP)는 실용적인 목표를 달성함으로써 정당성을 획득하였고, 리콴유는 그 정당성을 도구적인 정당성이 아니라 본질적인 정당성으로 간주하였다. 이러한 초기 싱가포르 정부의 입장은 지금까지도 크게 바뀌지 않고 있다.

상으로 공산주의를 선전하는 방송을 중지할 것을 요구한 것도 이념을 배제한 경제적 관계를 우선시하는 리콴유의 관점을 잘 보여준다. 이러한 관점은 중국과 대만이 상호 교류를 하도록 주선하는 과정에서도 탈이념의 양안(兩岸)관계에 입각하도록 조언한 것에도 잘 드러난다.

물질주의와 성공이 목표가 된 대표적인 예는 HDB(Housing and Development Board)에서 추진한 주공아파트 정책이다. 1960년대 주택부족으로 고생하고 있던 싱가포르는 고층아파트 중심의 주택정책을 입안한다. 국민들에게 집과 일자리를 제공한다는 것은 집권당인 PAP의 슬로건이 되고 이것은 싱가포르의 국가목표가 되었다. 그 결과 국민의 85%가 주공아파트에 살 수 있게 되었다. 2000년대 후반까지만 해도 결혼을 하려는 싱가포르의 예비 부부들은 3천만 원 정도의 자금만 있어도 정부의 주공아파트를 구입할 수 있었다. 지금도 싱가포르에서 주택정책은 정부의 가장 중요한 정책 중의 하나이며, 싱가포르 정부의 정당성을 끊임없이 확인시켜주는 성공적 정책 사례로 남아있다.[6] 주택 소유는 싱가포르의 성공의 상징으로 간주되고 있고, 이것은 싱가포르 실용주의의 대표적인 사례로 받아들여지는 것이다.

셋째, 리콴유식 실용주의는 능력주의와 엘리트주의에 기반을 둔다. 리콴유는 효율적 의사결정은 다수가 하는 것이 아니라 현명한 철인(philosopher king)이 한다고 주장하고 있다.

> "나는 자본주의자도, 시장경제 선봉자도, 밀튼 프리드먼(Milton Friedman)도 아닌 실천(practice) 그 자체를 중시하는 사람입니다. 내 관심사는 늘 내가 추진하는 정책, 제도, 기구가 제대로 작동하는지 여부입니다. 가치 있는 일이라고 판단되면 시도를 합니다. 만일 현실에 부합되지 않

6) 싱가포르 주택정책은 싱가포르의 정치·경제 시스템의 핵심적인 위치를 차지한다. 2013년 현재 가계부채는 GDP 대비 77%에 달하고 있으며 이는 한국의 80% 수준보다 약간 낮은 수준이라고 할 수 있다. 이 가계부채는 대부분 싱가포르 민간은행으로부터 대출 형태로 되어 있기 때문에 부동산 가격의 불안정은 싱가포르 금융시스템의 불안정과 직결되게 된다. 또한 고용불안정은 대출상환능력에 영향을 주어 사회의 불안요소가 될 가능성이 매우 크다.

거나 작동되지 않는다면 원인을 규명하고 방법을 연구하며 필요하다면 내 소신도, 제도도 바꿉니다. 국민들의 반대도 무릅쓰고 다시 시도합니다. 그래서 결국 실행에 옮기는 것, 그것이 가장 중요하다고 봅니다."(이상수, 2003)

위 인용문에서 나타나고 있듯이 리콴유는 포퓰리즘을 경멸하고 있다. 1959년 선거 승리 이후 계속된 PAP의 승리는 정치권력이 시민의 위임을 받은 것이라는 개념 자체를 약화시켜버렸다. 이런 상황에서 리콴유에게 선거는 정부가 무엇을 할 것인지를 시민들에게 알리는 행위에 불과한 것이다(Somjee & Somjee, 1995). 이 같은 생각은 싱가포르의 3대 국부 중의 한 명으로 초대 외교장관이었던 라자라트남(S. Rajaratnam)에게서도 발견된다. 아래 인용문에서 볼 수 있듯이 그는 단일정당 체제가 가지고 있는 위험성보다는 그 장점을 강조하면서 강력한 권력을 바탕으로 한 정부의 의사결정의 필요성을 강조하고 있다.

"단일 정당으로 이루어진 정부는 야당이나 다른 대리인들이 귀찮게 하는 정부에 비해 훨씬 독립적으로 행동할 수 있는 역량을 갖출 수 있다는 것은 명백하다. 마치 비숍(bishop)이나 성(castle)이나 기사(knight)인 양 행동하는 졸병(pawn)이 자꾸만 체스판에 끼어들면 어떤 경우에는 매우 불편하고 짜증나는 상황이 되어버린다."(Rajaratnam, 1975)

위 인용문에는 의사결정을 할 현명한 철인이 누구인가에 대한 싱가포르 지도자들의 잠재적 가정이 담겨져 있다. 일차적으로는 현재 집권여당이 그 철인이며, 그 집권여당의 인사들은 능력주의를 바탕으로 유능한 인재를 확보하고 있다고 가정하고 있다. 반면에 철인이 가져야 하는 품성(personality and attitude), 지식(knowledge), 그리고 지도력(leadership)에 대한 판단은 쉽지 않다. 그럼에도 불구하고 싱가포르는 교육적 성취를 엘리트의 기준으로 제시하고 있다.

싱가포르는 모든 사람들이 초등학교 입학의 기회를 동등하게 갖고 있다고 가정하고, 학업성취 결과를 통해 엘리트 코스와 그렇지 않은 코스를 밟을 학생들을 초등학교 과정에서 선발한다. 이렇게 선발된 학생들은 명문 중학교와 고등학교를 거쳐 사회의 엘리트로 성장하게 된다. 특히 1990년대까지만 해도 대학에 진학할 수 있는 학생은 10%대에 머물렀으므로 학업성취는 능력 평가의 기준으로 많은 사람들에게 인정받을 수 있었다.

이러한 교육시스템은 인종차별의 문제를 잠재우는 데도 기여했다. 즉 인종과 관계없이 능력에 따라 채용되기 때문에 사회 불평등의 원인은 인종이 아니라 개인의 능력 차이에서 기인한 결과로 단순화된다. 결국 실용주의에서 전제되는 능력주의의 본질은 소수의 교육받은 사람들에 의해 나라가 통치되는 엘리트주의의 변형일 뿐이다. 이러한 독특한 상황은 싱가포르에서 교육, 엘리트주의, 능력주의, 그리고 경제우선주의가 결합한 싱가포르식 실용주의를 형성하였다.

넷째, 문제해결 중심의 접근이다. 다음 인용문에서처럼 리콴유는 어떠한 변화를 일으키고 문제를 해결할 수 있는 것에 더 가치를 두고 있다. 이에 대한 그의 생각은 싱가포르 항공과 같은 국영기업의 사례에서도 잘 나타난다. 그는 싱가포르 항공이 말레이시아 항공으로부터 분리되어 나왔을 때 "싱가포르 항공은 경쟁력이 있고 자족(self-supporting)할 수 있어야만 하고 만일 손실이 발생하는 경우 폐쇄시킬 수밖에 없다"는 점을 경영자와 노조원들에게 명확히 하였다(Lee, 2000). 이와

[그림 6-1] 싱가포르의 실용주의의 주요 영향요인

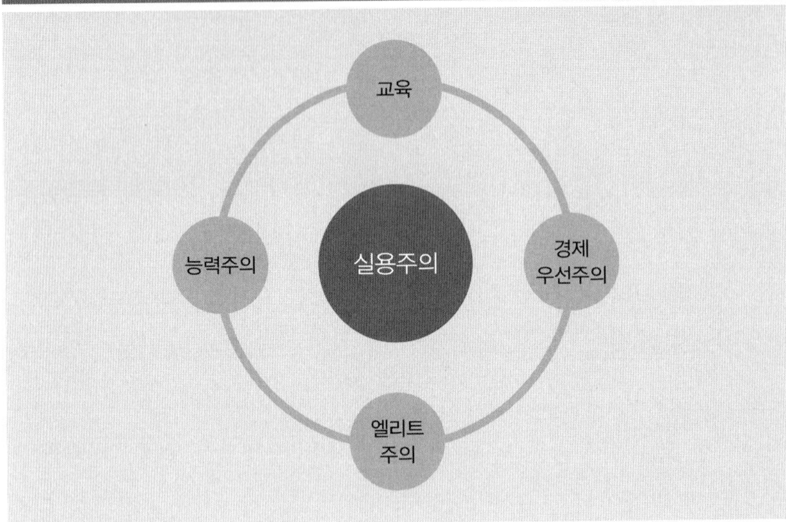

같이 강력한 집행력을 바탕으로 문제를 해결할 수 있는 능력이 리콴유식 실용주의의 특징이라고 할 수 있다.

> "나는 아이디어 자체에는 관심이 없고, 지성적인 자극에 의해서 당신에게 줄 수 있는 심원한 감동에 관심이 있습니다. 나는 아이디어가 우리 사회의 변혁을 촉진시킬 수 있을 때 그 아이디어에 관심을 갖습니다." (Barr, 2000)

싱가포르의 전직 외교관이자 싱가포르 국립대학의 행정대학원 원장인 키쇼어 마부바니(Kishore Mahbubani) 역시 문제해결 중심의 싱가포르식 실용주의를 강조한다.[7] 그는 여러 연설문과 저서에서 싱가포

7) Kishore Mahbubani, "Why Asia is Rising Now", http://the-stars.ch/public/uploads/Mahbubani_Rise%20of%20Asia.pdf, 2010년 5월 검색.

르 실용주의를 설명하면서 덩샤오핑(鄧小平)의 '흑묘백묘' 즉 흰 고양이든 검은 고양이든 쥐만 잘 잡으면 된다는 주장과, 일본의 메이지 유신(明治維新)이 서양의 좋은 모범들을 모방하여 적용하려 했던 노력을 실용주의의 좋은 예로 든다. 또한 싱가포르의 부수상이었던 고갱쉐이(Goh Keng Swee)가 주장했던 것처럼 싱가포르가 어떤 문제에 직면한다면 이미 누군가에 의해 어디선가에서 해결점이 찾아져 있을 것이고 이를 찾아 해결책을 모방하면 된다는 생각 역시 실용주의의 중요한 예라고 생각된다.[8)]

2. 싱가포르의 실용주의의 사례

1) 국가전략 설정과 실용주의

국가전략 설정에서의 싱가포르의 실용주의는 탈이념과 경제우선주의의 형태로 나타난다. 싱가포르의 국가전략은 매년 8월 독립기념일 기간에 수상의 국정연설(national day rally speech)에서 제시된다. 2007년 리셴룽(Lee Hsien loong) 수상의 국정연설을 분석해보면 '교육'이라는 단어는 무려 21번 사용되었고, '주택'은 24번이나 사용되었다. 개인과 가족에 책임을 전가하고 있는 의료서비스의 경우에는 그 빈도수가 1회 밖에 되지 않는다. 반면에 리셴룽 수상은 투명성(transpar-

8) 모방이 기존의 싱가포르 가치와 충돌하는 경우, 다른 나라에 유용한 해결책이 싱가포르에도 유용한 해결책인지 여부, 그리고 다른 나라의 해결책을 제대로 이해하고 이를 창조적으로 모방할 수 있는 정부의 역량이 되는지 등은 또 다른 현실적인 문제라고 할 수 있다.

ency), 책임성(accountability), 참여(participation) 그리고 민주주의(democracy)와 같은 단어는 전혀 사용하고 있지 않다. 이것은 리센룽 수상에게만 국한되는 것은 아니다. 2000년부터 2008년까지 싱가포르 수상의 국정연설 원고를 분석한 결과 민주주의라는 단어는 단 한 번도 사용되지 않았던 반면, 경제(economy)는 2001년 연설에만 해도 60회 가까이 언급되었을 정도로 중요하게 사용되고 있음을 발견할 수 있다. 이는 싱가포르의 국가전략이 탈이념의 성격을 강하게 띠고 있으며 이념보다 현실적인(realistic) 목표에 초점을 맞추고 있음을 잘 보여준다.

이런 탈이념에 기초한 판단은 카지노 허가 문제에서도 잘 드러난다. 엄격한 사회규율을 강조하는 싱가포르 사회에서 카지노를 허가하는 것은 쉽지 않은 문제였다. 도박을 금하는 이슬람교도들에게 카지노를 허가하는 것은 종교적으로 받아들이기 어려운 것이었으며 기독교 및 사회복지 단체들도 카지노를 반대하였다. 그러나 관광사업, 특히 각종 국제회의를 통한 고부가가치 관광객을 유치하려는 싱가포르 정부의 전략과, 중국계 관광객의 유치, 그리고 인근 동남아 국가(특히 인도, 말레이시아, 인도네시아)의 카지노 수요에 대한 고려는 싱가포르 정부가 카지노를 허가하는 중요한 배경이 된다.

2005년 카지노 설립 계획이 발표되고 여론 수렴의 과정에서 많은 반대가 있었지만 리센룽 수상은 두 개의 카지노 설립을 허가한다. 싱가포르의 집권여당은 싱가포르의 관광산업을 전략적으로 발전시키기 위해 컨벤션센터, 종합리조트, 그리고 카지노가 함께 제공되어야 한다는 판단을 한 것이다. 여기서 흥미로운 점은 경제적 효율성이 시민들의 윤리적 거부감이나 저항 문제보다 우선시되었다는 점이다. 오럴섹스

금지나 동성애와 관련한 정책에 대해서는 종교단체의 의견을 근거로 금지하면서도 경제적인 문제에 대해서는 종교단체의 의견이 크게 고려되지 않고 있는 것이다.

탈이념과 경제우선주의는 싱가포르 정부의 국정관리(governance) 철학에도 잘 나타나 있다. Quah(2010, pp. 209~229)는 싱가포르의 정책개입의 9가지 전략을 〈표 6-1〉과 같이 제시하고 있다. 이 원칙에서 시민들의 기본적인 욕구란 대부분 경제적·물질적 욕구 및 기본적 안정 욕구와 연관된 것으로, 이를 만족시키는 것을 정부의 핵심적인 역할로 이해하고 있다. 그리고 이러한 역할을 정치적 통제와 엘리트주의에 바탕을 둔 개입주의를 통해 달성하고자 한다. 이 지점에서 어떠한 이념적 가치가 개입될 여지가 줄어드는 것이다.

물론 싱가포르 정부가 시민 참여를 정치적으로 무시한 것은 아니다. 1984년 12월 선거 때 야당의 득표율이 37%까지 올라가게 되자 싱가포르 정부는 시민의 정책과정 참여를 보장하는 여러 가지 시도를 한다.

〈표 6-1〉 싱가포르의 정책개입의 9가지 전략

1. 시민들의 기본적인 욕구를 충족시킬 것
2. 능력주의의 전통을 유지할 것
3. 부패를 줄이고 청렴한 정부를 유지할 것
4. 교육 투자를 통한 시민 능력을 증진할 것
5. 종교적·인종적 갈등을 줄일 것
6. 내부치안유지법(Internal Security Act) 등을 바탕으로 내부 혼란과 폭동을 예방할 것
7. 문제해결을 위해 다른 나라의 경험으로부터 배울 것
8. 복지국가의 아이디어를 채택하지 않을 것
9. 선제적이고 개입주의적인 리더십에 바탕을 둘 것

그러나 이 노력이 싱가포르 정부의 근본적인 변화를 초래했다고 보기는 어려우며, 여전히 싱가포르는 경제발전과 정치안정을 달성하기 위해 다른 여러 수단들을 어떻게 효과적으로 사용할지에 대한 고민에 초점을 맞추고 있다고 할 수 있다.

2) 역사인식과 실용주의

현실주의적인 관점에 기반을 둔 실용주의는 역사인식에서도 잘 나타난다. 싱가포르는 한국과 마찬가지로 1942년부터 1945년까지 일본의 지배 하에 있었다. 1942년 2월 싱가포르를 통치하고 있던 영국군이 일본군에 패배한 후 일본군은 중국계 싱가포르인 중 위협이 될 수 있는 청년들을 집단 숙청하기 시작하였다. 그 수는 자료에 따라 다르지만 리콴유는 5만 명에서 10만 명의 중국계 싱가포르 사람들이 죽었다고 주장하고 있다(Lee, 2000, p. 558). 이러한 역사적 경험에도 불구하고 싱가포르는 1967년 일본과 국교회복 협정을 체결하였고, 경제협력과 역사문제를 분리하여 다루어왔다.[9] 일본 식민지배 경험을 통해 잔악한 통치에 대한 혐오에도 불구하는 그는 "산업자본가들이 싱가포르에 투자할 수 있도록" 국교수립을 추진했다(Lee, 2000, p. 559). 이것은 양국 간 관계에 있어서 직접적인 문제(경제문제)가 아닌 역사

9) 흥미로운 것은 싱가포르는 말레이시아와 같은 해에 국교회복 협정을 일본과 체결했는데 배상 금액도 동일하게 29.4억 엔이었다. 참고로 일본은 전쟁 이후 막대한 전쟁배상금 1조 362억 5711만 엔을 아시아 각 국가들에게 지불하였다(출처: http://aikokuseigijuku.com/koreaphoto/kor-007.html). 이 배상은 직접적인 금전 제공보다는 현물 및 출자배상의 규모가 커서 일본의 국내생산을 촉진하고 동남아시아 시장을 개척하는 데 도움이 되었다.

문제는 핵심적인 쟁점으로 삼지 않는 싱가포르의 태도를 잘 보여주고 있다. 또한 실용적인 역사인식은 식민지 통치자였던 스탬포드 래플즈(Stamford Raffles)를 기리고 식민지 시대의 유물을 관광자원으로 활용하는 것에서도 잘 나타난다. 즉 싱가포르인들에게 식민지 역사 그 자체가 중요한 것이 아니라 그것이 현재에 주는 경제적 가치가 더 중요한 것이다.

3) 경제정책과 실용주의

싱가포르 경제정책에서 실용주의는 어떤 자본이든지 경제발전과 고용을 늘릴 수 있다면 이를 적극적으로 받아들인다는 것을 의미한다. 싱가포르의 산업구조는 매우 흥미롭다. 많은 싱가포르 전문가를 자처하는 외국인들에게 싱가포르의 중요 산업이 무엇인지를 물어보면 적지 않은 사람들이 금융 산업,, 석유화학 산업, 서비스 산업 등을 이야기한다. 이에 비해 제조업의 규모는 미미하다고 주장을 한다. 실제로 싱가포르를 자세히 들여다보지 않으면 오차드 거리(Orchard Road)나 클라키(Clarke Quay)와 같은 쇼핑과 관광지들만 보일 뿐 산업단지를 쉽게 찾기 어렵기 때문이다. 그러나 제조업은 싱가포르에서 핵심적인 산업이다.

〈표 6-2〉는 2014년 1/4분기 싱가포르의 산업구성을 보여준다. 이 자료에서 확인할 수 있듯이 제조업은 19.76%를 차지하는 데 비해 금융은 11.54%에 불과함을 알 수 있다. 싱가포르 제조업 비중은 다른 선진국과 비교해도 높은 편이다. 미국의 경우 GDP 대비 제조업이 2009년 현재 11.9% 수준이며 영국과 프랑스는 각각 10.9%, 10.7%, 독일은

〈표 6-2〉 2014년 1/4분기 싱가포르의 산업구성

산업분야	비중(%)
제조 산업(Goods Producing Industries)	26.00
제조업	19.76
건설업	4.83
전기, 가스, 수도	1.38
기타 제조업	0.03
서비스 산업(Services Producing Industries)	66.30
도매 및 소매	18.18
운수업	7.81
숙박 및 음식점업	1.87
출판, 영상, 정보 등	3.72
금융, 보험	11.54
사업시설, 사업지원	13.62
기타 서비스업	9.55
기타	7.70

출처: 싱가포르 통계청

19.3%, 일본은 17.8% 수준이다.[10] 이러한 제조업 중심의 산업구조는 싱가포르의 자연자원이나 지리적 협소성을 고려하면 매우 이례적인 것이라고 할 것이다.

제조업 활성화가 가능했던 배경에는 고용을 증대시키기 위한 싱가포르의 실용주의적 경제정책이 자리하고 있다. 1980년대까지 성공적인 경제성장과 산업구조의 전환을 달성한 싱가포르는 1991년 전략적

10) 주간동아, 제조업 30% 법칙-저성장 경계경보(2014. 4. 8.), http://weekly.donga.com/docs/magazine/weekly/2014/04/08/201404080500010/201404080500010_1.html

경제계획(strategic economic plan)을 발표하면서 제조업과 서비스업의 두 가지 산업을 경제성장의 엔진으로 제시한다. 이 계획에서 제조업은 고용 증진을 위한 중요한 산업이므로 산업단지(industrial cluster) 전략 등을 통해 2000년까지 GDP의 25% 수준, 그리고 고용의 20% 수준을 유지할 수 있도록 하는 방향을 제시한다. 이러한 제조업 중시 전략은 1998년 국가경쟁력보고서(Singapore's competitiveness report)에서도 재확인된다. 이후 2003년 경제검토위원회(economic review committee)보고서에서도 제조업의 경쟁력 하락을 걱정하면서 제조업은 싱가포르 경제의 기초를 다양하게 할 뿐 아니라 외부적 충격으로부터 회복을 빠르게 하는 등 그 중요성이 여전히 크기 때문에 제조업과 서비스업을 바탕으로 한 성장전략은 여전히 유효하다는 점을 지적하고 있다(Chia, 2005). 싱가포르가 여전히 제조업 경쟁력을 유지할 수 있었던 것은 제조업 중시 전략을 뒷받침할 수 있는 적극적인 외국인 직접 투자(Foreign Direct Investment, FDI) 유치 정책이 있었기 때문이다.

싱가포르는 경제발전과 고용이라는 목표를 달성하기 위해 국내자본과 외국자본을 차별하지 않는 정책을 추진하였다. 2001년 현재 싱가포르 경제에서 50% 이상의 지분을 외국인이 소유한 외국계 기업이 제조업 생산의 약 78.7%를 차지하고 있으며, 제조업의 부가가치 중 71.9%를 설명하고 있다. 외국인 지분이 100%인 외국기업은 각각 72%의 제조업 생산과 66.6%의 부가가치 생산을 책임지고 있다. 그리고 이들 기업은 약 41.2%의 제조업 고용을 담당하고 있다(Chia, 2006, p. 207). 이러한 높은 외국인 소유 기업비율은 내국인과 외국인의 투자를 차별하지 않은 싱가포르 정부의 정책 때문에 가능했다. 즉 싱가포르 정부는 경제발전과 고용을 위해서는 외국인 투자가 필요하며 이들에게 투자유인을 제공하는 것은 문제가 되지 않는다고 판단한 것이다. 또한 국가주의 성향이 강한 싱가포르임에도 불구하고 외국 경제에 종속될 수 있다는 걱정은 경제발전과 고용이라는 목표 앞에서 부차적인 문제로 간주되었다.

싱가포르의 경제정책과 관련된 실용주의의 또 다른 특징은 시장기능에 대한 상당한 신뢰를 갖고 정책을 추진한다는 것이다. 정부는 공공이냐 민간이냐의 문제보다는 어느 것이 더 경제발전에 도움이 되는지에 관심을 기울일 뿐이다. 이러한 현상은 싱가포르의 산업구조조정 과정에서도 잘 나타난다. 싱가포르는 말라카 해협의 석유수송로라는 지리적 이점을 활용하여 싱가포르에 석유화학 산업을 발전시켜왔다. 하지만 원유 가격의 하락과 석유화학 시장의 경쟁 심화에 따라 1970년대 중반까지는 전체의 50% 이상을 차지하던 석유관련 수출 비중이 2000년대 들어서는 18.3%로 줄어든다. 대신 전자관련 제품들의 수출이 1976년 16.5%에서 2001년 48%로 증가하게 된다. 이러한 변화는 1970년대

〈표 6-3〉 싱가포르의 수출 상품(commodity)별 구성 비율 (단위: %)

연도	석유	전기·전자	기계 및 운송장비	일반제조	화학	기타
1976	50.0	16.5	10.2	6.7	2.9	13.7
1984	47.6	22.2	10.9	3.6	4.0	11.7
1991	26.1	42.4	9.9	3.4	6.4	11.8
2001	18.3	48.0	10.0	2.4	10.2	11.1

출처: Economic Survey of Singapore, Koh, W. T. H. & Mariano, R. S., The economic prospects of Singapore, Singapore : Pearson-Addison Wesley, 2006, p. 126.

중후반 싱가포르 정부가 산업구조를 전자산업 쪽으로 재편하려는 정책을 시도한 결과이다. 이때 정부는 인위적으로 여러 중소 전자산업을 통폐합하거나 국영화하여 전자산업을 육성하기보다는 외국인 투자와 민간 사업자의 경쟁을 장려하는 시장적 접근을 추구하였다. 이것은 경제위기 상황에서 한국정부가 흔히 시도했던 정부 주도의 산업 및 기업 구조조정 및 통폐합과는 대비되는 접근이라고 할 수 있다.

4) 싱가포르의 실용주의와 공기업 정책

싱가포르의 공기업 정책은 민간이냐 공공이냐의 이념적 논쟁이 아닌 누가 경제발전과 고용에 더 잘 기여할 수 있는지에 대한 실용주의적 문제로 귀결된다. 싱가포르 정부의 실용주의 경제정책을 잘 보여주는 것은 이러한 국영기업에 대한 태도이다. 싱가포르는 공기업(Government-Linked Companies, GLCs) 비중이 크기 때문에 당연히 정부가 시장보다는 정부 관리에 의한 공기업 형태를 선호한다고 오해할 수 있다. 하지만 사회주의 및 발전국가론(developmental state approach) 입장이 상대적으로 강했던 1960년대에서도 싱가포르 정부는 시장의 힘의 중요성을 충분히 인식하고 있었다. 1969년 리콴유는 "싱가포르 정부는 자본과 기술은 민간 혁신기업가에 의해서 가장 잘 축적되어 갈 수 있으며 상업회사의 주식공유와 이사회를 통한 대표제 등을 통해서 잘 준비되어 질 수 있다"(Turnbull, 2009, p. 326)고 하면서 공기업 중심의 접근 방법은 싱가포르식이 아님을 천명하였다. 이 배경에는 공기업을 정치적 목적에서 접근하기보다는 바로 이익의 창출이라는 실용적인 관점에서 접근했기 때문이다. 실제로 싱가포르 정부는 공기업의 이익을 다른 사회개발 지출을 위해 사용하지 않았다. 일반적으로 적자가 나는 지하철이나 버스와 같은 공공교통 관련한 공기업의 경우도 싱가포르에서는 흑자를 유지할 정도로 공기업의 1차적 목표를 경제적 이익 창출에 두고 있다.

싱가포르의 실용주의에서 경제적 효율성의 강조는 단순히 정부냐 시장이냐의 문제가 아니라 문제해결 중심의 의사결정으로 나타난다. 1972년 싱가포르 항공(Singapore Airlines)이 말레이시아-싱가포르 항공(Malaysia-Singapore Airlines)으로부터 독립하여 설립되었다. 당시 인구 2.1백만에 불과한 작은 나라 싱가포르가 국제 항공사를 설립하는 것 자체가 쉽지 않은 결정이었다. 리콴유를 비롯한 싱가포르 정부의 관료들은 수익성을 내지 못하는 경우 싱가포르 항공이 존속할 수 없음을 명확히 하였다. 이 원칙은 항공사 경영자들(이들의 상당수는 전·현직 관료출신이었음)에게 충분히 주지되었다. 이들은 기내서비스의 혁신[11)]에서부터 최신 항공기의 도입에 이르기까지 자율적인 경영의사결정을 하였고 그 전제에는 어떻게 경영을 하던 수익을 창출해야 한다는 실용주의적 접근이 자리 잡고 있었다.

공기업 민영화에서도 실용주의적 접근이 두드러진다. 1970년대 말 영국을 중심으로 거세게 몰아친 민영화의 바람은 싱가포르에서도 예외가 아니었다. 싱가포르 정부가 20% 이상의 지분을 가지고 있는 공기업(State Owned Enterprises, SOEs)이 국민총생산의 13%를 차지할 정

11) 싱가포르 항공은 1970년대 기내서비스에서 이어폰을 무료로 제공하고, 음식과 승무원의 서비스 질에서 국제적인 명성을 얻게 되었는데 경우에 따라서는 불필요한 국제항공기구의 규제를 따르지 않고 지속적으로 서비스 질을 개선하여 후발 항공사로서 입지를 강화시켜나갔다.

도로 많은 공기업을 갖고 있다. 신자유주의라는 이념이 급속히 전파되던 1980년대 중반부터 싱가포르에서도 민영화 논의가 본격적으로 시작되었다. 그런데 흥미로운 것은 싱가포르에서는 공기업이냐 민영화냐 하는 형식적 논의에 초점을 맞추기보다는 "어떤 소유구조가 싱가포르에 적합한가?" 하는 실질적 질문에 초점을 맞추었다는 점이다. 이것은 1990년대 말 김대중 정권 초기에 한국에 거세게 몰아친 민영화의 논의가 민영화냐 공기업이냐 하는 소모적인 이분법적 논쟁에 빠져들었던 것과 대비된다. 싱가포르는 급격한 민영화를 추구하기보다는 점진적인 민영화를 추구하였고 덩샤오핑의 "흑묘백묘(흰 고양이든 검은 고양이든 쥐만 잘 잡으면 된다)" 논리처럼 문제해결을 중심으로 진행되었음을 보여준다.[12)]

싱가포르 투자청(Government of Singapore Investment Corporation, GIC)은 싱가포르식 실용주의가 철저히 수익창출에 관심을 두고 있음을 잘 보여주는 예이다. 1981년 고갱쉐이에 의해 만들어진 GIC는 싱가포르의 대표적인 국부펀드다. 그 규모가 정확히 공개되지는 않고 있지만 1999년에는 약 1,400억 싱가포르 달러 규모의 해외투자를 운영하고 있는 것으로 알려져 있다. GIC 회장은 현재 싱가포르 수상인 리센룽이 맡고 있으며 이사회 역시 정부의 장관 및 주요 여당 인사들로 구성되어 있다. 특히 리콴유는 GIC 운영에 대한 공개를 적극적으

12) 경제적 효율성을 핵심가치로 강조하는 싱가포르식 실용주의는 성공적인 싱가포르의 국가 중심 경제발전을 설명하는 요소로 자주 이용된다(예를 들면 장하준 교수의 "나쁜 사마리아인들"이라는 저서를 보면 싱가포르는 신자유주의적 경제정책에 반대되는 정책을 채택했음에도 성공적인 사례로 자주 인용되고 있다). (Chang, 2008)

로 반대하였으며 지금도 이러한 운영상의 불투명성은 문제로 남아있다 (Low, 2002).[13] 그럼에도 불구하고 2014년 현재 싱가포르 본부 투자 전문 인력 중 34%는 외국인이고 해외지사의 경우에는 투자전문 인력의 98%가 외국인으로 구성되어 있다. 이것은 GIC 운영에 있어서도 외국인이냐 내국인이냐를 구분하지 않고 오직 투자 수익률 달성을 핵심 목표로 제시하고 있음을 알 수 있다.

5) 실용주의와 싱가포르의 외교정책

실용주의가 가장 잘 반영된 분야 중의 하나는 외교정책이다. 싱가포르는 미국과 영국을 중심으로 한 외교관계를 유지하면서도 중국과도 긴밀한 외교관계를 유지하고 있다. 또한 중국과의 관계 못지않게 대만과 인도와의 외교적 관계 역시 유연하게 유지하고 있다. 말레이시아, 인도네시아와 긴장관계에 있었음에도 불구하고 1967년 아세안(Association of Southeast Asian Nations, ASEAN)을 함께 출범시켰고, 아세안을 바탕으로 소국으로서의 싱가포르의 한계를 극복하고 싱가포르 외교력을 성공적으로 극대화하였다.

중국과의 외교관계는 이를 잘 보여준다. 베트남전이 종료되면서 싱가포르는 동남아시아에서 중국의 영향력이 증대될 것으로 예측했다. 1976년에는 리콴유는 중국을 방문하게 된다. 싱가포르에 많은 화교가

---

13) GIC의 투자 수익률은 13/14년도 보고서에 따르면 20년 평균 실질 수익률이 4.1%로 공시되어 있다. 그러나 이 실질 수익률이 물가상승률을 고려했는지는 명확하지 않다. 동일한 보고서에서는 US 달러 명목기준으로 20년 수익률을 6.5%로 제시하고 있는데 환율과 물가의 조정이 필요하겠지만 높은 수준의 수익률이라고 보기는 어렵다.

있다는 점을 고려한다면 리콴유의 중국 방문은 당연한 것처럼 보일 수 있다. 하지만 싱가포르는 다수의 중국계로 구성된 싱가포르가 적극적으로 친(親) 중국 정책을 표방하게 되면 주변국가뿐만 아니라 미국 및 유럽 국가의 견제를 받을 수밖에 없다는 점을 잘 이해하고 있었다. 따라서 인종적인 관점에서 싱가포르와 중국의 관계가 비춰지는 것을 극도로 경계하였다. 리콴유가 1976년 중국을 공식적으로 방문했을 때에도 그 방문은 공식적인 외교적 방문이지 중국계로서의 방문이 아님을 명확히 하려고 애쓴 것도 이러한 배경이 자리하고 있다. 따라서 싱가포르의 대 중국 외교가 실리가 아닌 인종적 유대감에 기반을 하고 있다고 보는 것은 지나치게 단순한 견해라고 할 수 있다.

싱가포르는 외교에 있어서 자국이 가지고 있는 카드가 무엇인지를 잘 알고 있었다. 1970년대 중국은 동남아시아에 외교관계의 교두보를 거의 갖고 있지 못한 실정이었다. 사회주의 국가인 베트남은 중국과 적대적이었던 러시아와 깊은 동맹관계를 유지하고 있었다. 캄보디아의 경우 베트남의 영향력 하에 있었고, 라오스에 대한 중국의 영향력도 크지 않았다. 이처럼 중국의 남쪽 국경을 마주하고 있는 동남아 국가들은 비록 사회주의 국가이기는 했지만 중국의 우방이라고 보기는 어려웠다. 한편 인도네시아나 말레이시아는 자국 내 화교세력의 확장에 대한 경계심이 높았다. 화교에 대한 직·간접적인 정치적 차별은 동남아시아 국가에서 보편적인 현상이었다. 3천 만 내지 4천 만(동남아 지역 인구의 약 6%)에 달하는 인구가 화교인 상황에서[14] 중국의 영향력

14) Zhiqun Zhu(2010, p. 184)는 이 숫자를 제시할 뿐 정확한 통계의 근거를 제시하고 있지 않다. 그러나 화교의 수뿐만 아니라 경제적 영향력은 상당한 것이 사실이

확대는 화교들의 영향력 확대로 이어지지 않을까 하는 동남아 국가들의 우려를 낳게 된다.

동남아시아에서 외교적인 교두보를 전혀 가지고 있지 못했던 중국이 빠른 속도로 동남아시아에서 외교적 영향력을 확장해 나갈 수 있었던 배경에는 싱가포르의 역할이 크다고 할 수 있다. 중국이 동남아시아 국가들과 접근하기 위해서는 아세안(ASEAN)의 지지가 필요하였다. 싱가포르가 아세안에서 적극적인 조정자의 역할을 수행해왔기 때문에 중국의 입장에서는 싱가포르와의 협조가 필수적이었다. 싱가포르는 이러한 점을 잘 인식하고 있었고, 동남아 외교에서 중국과 동남아시아 국가의 외교문제를 조정해주는 역할을 1970년대 후반부터 시작해왔다. 실제로 리콴유는 1976년에 훠궈펑(Hua Guofeng)을 만났을 때에도 또 덩샤오핑과 1978년 그리고 그 이후에 만났을 때에도 이 점을 직접적으로 지적하였고 중국 측도 싱가포르의 외교적 중요성을 충분히 인식하고 있었다.[15)]

경제적 실리를 추구하기 위해 중국과의 관계 개선에 적극적이었음에도 불구하고 싱가포르는 안보의 관점에서는 미국과의 외교관계를 강화하였다. 싱가포르는 동남아시아에서 미국이 전략적 균형자로서 역할을 해야 한다고 꾸준히 주장을 하였고 이것은 아세안의 기본적인 입장

다. 예를 들면 중국의 개방정책 초기에 외국인 대 중국투자의 대부분이 화교자본이었다는 점, 중국과 인도네시아 교역의 90% 이상이 화교에 의해 이루어지고 있다는 것(ibid, p.185)은 화교에 대한 동남아시아 국가의 경계심이 충분히 근거가 있음을 보여준다.

15) 1970년대와 1980년대 중국과 싱가포르의 외교관계에 대한 것은 Lee Kuan Yew, From Third World To First, pp. 635~691을 참고.

이 되었다. 뿐만 아니라 미국의 테러와의 전쟁에서 미국의 입장을 적극적으로 지지하였다.

싱가포르와 대만과의 관계도 흥미롭다. 싱가포르는 1971년 UN 연설에서 "하나의 중국이 존재할 뿐이며 대만은 중국의 부분일 뿐이고, 따라서 대만 문제는 중국 인민이 결정해야 된다"는 입장을 표명하였다(Lee, 2000). 하지만 싱가포르는 대만과 매년 군사훈련을 함께 할 정도로 가깝게 지냈다. 이러한 싱가포르와 대만의 밀접한 외교관계는 대만에 대한 고립주의를 표방했던 당시 중국정부의 입장에서는 받아들이기 어려운 것이 사실이었다. 하지만 리콴유는 1976년 중국의 훠궈펑을 만났을 때부터 싱가포르의 특수한 처지를 이해시켰고 명확히 싱가포르는 하나의 중국정책을 지지한다는 것을 지속적으로 천명하면서도 싱가포르와 대만의 특수적 관계에 대한 양해를 얻어내게 된다. 또한 대만과 중국의 중계자를 자처하면서 덩샤오핑을 비롯한 중국 지도자의 정치적 의중을 대만에 전달하고 양국의 교류를 촉진시키는 데 기여한다. 그 결과 1993년에는 1949년 내전 종식 후 처음으로 중국과 대만의 고위급 회담이 싱가포르에서 이루어지게 된다.

반면 지나치게 이념적인 외교관계에 대해서는 항상 거리를 두었다. 싱가포르는 비동맹운동(non-alignment movement)에 대해서 오히려 부정적이었고, 1976년에는 국제사회주의(international socialism)에서도 탈퇴를 한다.

III.

싱가포르의 실용주의의 시사점과 도전

싱가포르의 실용주의는 초기 경제개발 단계의 유산이라고 할 수 있다. 전통적인 싱가포르 실용주의는 탈이념주의, 경제우선주의, 엘리트주의, 성과주의 등에 기반을 두고 있음을 확인할 수 있었다. 이 실용주의가 싱가포르의 경제성장을 이루는 데 긍정적 기여를 하였음은 분명하며, 현재 싱가포르 정부의 각종 정책의 기본적인 철학이 되고 있는 것도 사실이다. 하지만 싱가포르의 실용주의는 다른 개발도상국이 받아들이기에는 많은 한계를 갖고 있는 것도 사실이다.

싱가포르의 실용주의의 첫 번째 한계는 정부가 추구하는 목표가 모호해지고 있다는 점이다. 초기 싱가포르 정부의 주요 지도자들은 당시 세 가지의 중요한 목표, 즉 시민들이 일정 수준의 생활을 유지할 수 있는 사회의 건설, 일하고자 하는 사람이 일할 수 있는 일자리 제공, 그리고 지속적이고 빠른 경제성장을 통한 임금 및 생활 수준의 향상을 제시하였다(Goh, 1976). 이러한 목표 달성 여부는 싱가포르 정부의 정당성(legitimacy)을 부여하는 데 매우 중요한 역할을 하였다. 그러나 경제우선주의는 국민들의 삶의 가치관을 물질주의에 경도되도록 왜곡하기 시작하였다. 싱가포르에서는 5C, 즉 현금(cash), 차(car), 민영

주택(condominium), 신용카드(credit card), 경력(career)이 싱가포르에서 좋은 삶(good life)과 성공의 상징이 된 것이다. 1999년 싱가포르 21세기 위원회(Singapore 21 Committee)는 품성(character), 용기(courage), 헌신(commitment), 열정(compassion), 창조(creativity)와 같은 것의 중요성을 잃어가고 있다고 주장하면서(Quah, 2010, p. 202) 이를 바꾸려고 노력했지만 여전히 물질주의는 싱가포르에 만연하다. 정부 역시 개인적 이익추구에 바탕을 둔 실용주의의 문제를 잘 인지하면서도 여전히 국가와 공동체의 이익에 봉사하도록 하는 시민상을 제시함으로써 개인보다는 국가를 우선시하는 실용주의의 틀에서 벗어나고 있지 못한 실정이다.

그러나 국민소득이 5만 달러가 넘는 사회에서 정부의 목표가 더 이상 경제적 효율성에만 머물러 있을 수는 없다. 정부는 사회의 다양한 가치를 반영한 새로운 목표를 제시해야 하고 이러한 목표를 달성하기 위한 활동이 실용주의의 중요한 내용이 되어야 한다. 그럼에도 불구하고 싱가포르 정부는 국가의 중요한 목표로 복지나 국민의 행복을 제시하는 데 적극적이지 않다.

둘째, 실용주의와 엘리트주의 그리고 능력주의(meritocracy)의 관계 역시 모호해지고 있다는 점이다. 싱가포르의 실용주의는 교육을 통해 능력 있는 관료들을 선발하고 이러한 능력주의에 바탕을 둔 엘리트들에 의해 정책이 결정되는 시스템에 바탕을 두었다(Chua, 2002, pp. 60~64). 그러나 소수의 대학교육을 받은 사람들이 존재하던 이전과 달리 싱가포르의 대학진학률은 2013년 현재 29.4%에 달하고 있으며[16] 경제수준

16) 싱가포르 교육부(MOE)는 대학에 입학하는 학생들의 초등학교 1학년 코호트(cohort) 자료를 이용하여 입학률을 평가하고 있다.

향상에 따라 고등교육을 받은 사람들이 늘어나고 있다. 이러한 상황에서 대학교 졸업장이 더 이상 능력을 평가하는 현저한 기준이 되기 어려워졌다. 또한 단순한 학업 능력을 넘어선 다양한 능력을 요구하는 지식기반 사회에서 능력을 평가하는 기준의 모호성은 더욱 커지고 있다. 개인의 능력보다는 집단지성의 중요성이 커지는 상황에서 능력주의를 통해 선발된 엘리트가 더 우월하다는 증거는 희박해지고 있다. 따라서 실용주의를 추구하더라도 능력주의와 엘리트주의에 바탕을 둔 정부의 권위 있는 의사결정과 집행은 점점 더 어려워지고 있는 현실인 것이다.

셋째, 결과지향에서 과정지향 행정으로의 전환 문제이다. 현대 행정에서 투명성에 대한 국민들의 요구는 매우 커지고 있다. 수상으로 임명된 지 2년도 안 된 리센룽 수상은 카지노 건설과 관련한 논쟁이 심각하게 진행될 때 건설 허가에 따른 최종적 책임은 자신에게 있음을 명확히 밝혔다. 즉 정부 정책에 대해서는 결과로 심판을 받겠다는 것으로 이는 싱가포르식 결과 지향적 행정의 특징 중의 하나이다. 실제로 싱가포르 정부는 이러한 결과 지향적 행정을 추구해왔다. 국부펀드의 운영을 공개하지 않으면서도 그 운영결과의 효율성을 과시하면서 정당성을 확보해왔다. 행정부 내에서 능력주의를 적용할 때도 관료의 성과를 중심으로 평가함으로써 결과 중심의 관리를 해 왔다. 그 결과 통계와 구체적인 숫자 중심의 관리가 우선되고 각종 조직에서 성과지표(Key Performance Indicator, KPI)가 운영의 핵심적인 요소가 되었다.

하지만, 행정환경의 불확실성이 커질수록 결과지향의 실용주의를 적용하기는 더욱 어렵게 된다. 실제로 실용주의를 지향하는 싱가포르 정부도 많은 구조적인 실패를 경험했다. 1970년대 오일쇼크 및 각종 경제충격에 대응하기 위해 선제적 개입(preemptory intervention)의 일환으로 노동자들의 임금을 통제한 결과 산업분야의 혁신이나 기계화가 늦어지게 된 문제라든지, 국내 은행산업의 보호주의 정책을 취하다가 은행의 경쟁력이 악화된 것, 미혼 여자 대학생들을 위해 국가가 임의로 결혼 주선을 위한 정책을 취한 것, 노후 및 복지 준비를 개인과 가족에 전가함으로써 복지국가로의 전환을 어렵게 한 점, 효율성 중심의 의료서비스 운영 결과 국민들의 의료서비스 접근성이 떨어지게 된 점 등은 싱가포르에서도 정책 실패가 예외적인 것은 아님을 보여준다. 이렇게 정부 실패 가능성이 항상 존재하는 상황에서 결과지향의 실용주의 입장을 취하는 것은 정부의 정치적 부담을 높일 수밖에 없다. 반대로 시민의 정책과정 참여를 높이게 되면 의사결정 효율성이 떨어지고 과거의 결과지향 중심의 실용주의와 갈등을 일으킬 가능성이 커지게 된다. 싱가포르는 이런 결과지향 중심에서 과정지향 중심으로의 변화에 적응해야 하는 도전에 직면하고 있다.

넷째, 탈이념에 기반을 둔 실용주의는 탈정치와 권위주의를 정당화하는 문제를 초래하고 있다. 싱가포르의 표현의 자유(freedom of speech)는 매우 제한되어 있다. 2000년에 들어서야 시내 중심부에 있는 조그마한 공원을 지정하여 정부의 허락을 받아 정치적 발언을 하도록 한 것은 싱가포르의 표현의 자유가 얼마나 제약되어 있었는지를 잘 보여준다. 싱가포르 정부는 이상적인 민주주의란 존재하지 않으며 여러 국가들이 현실에 맞는 정치 시스템을 만들어 나가야 한다고 주장하면서 실용주의적 접근을 강조한다. 그러나 실용주의와 민주주의가 서로 적대적인 개념이 아님에도 불구하고 다양한 가치관이나 이념을 부정함으로써 국민들의 정치적 무관심을 증폭시키고 있는 상황이다. 또한 개인보다는 공동체를 강조하면서 국가의 권위에 개인을 종속시키려는 노력은 젊은 세대의 반발을 사고 있는 상황이다.

다섯째, 공동체 정신의 약화이다. 싱가포르의 실용주의는 정부를 정당화하는 근거로 사용되었지만 역설적으로 개인주의를 강화시키는 결과를 초래하고 있다. 실용주의는 궁극적으로 효율적이고 직접적으로 실생활에 도움이 되는 것이 바람직하다고 보는 견해이기 때문에 지나치게 개인주의적이고 자기중심적인 사고를 갖게 한다. 이러한 개인주의적이고 자기중심적인 싱가포르 사람들을 지칭하는 말로 사용되는 것이 키아슈(Kiasu, 낙오자가 되는 것에 대한 두려움)이다. 키아슈 문화는 싱가포르가 강조해온 가족 중심, 커뮤니티 중심의 문화를 파괴하고 개인주의적 문화를 조장함으로써 싱가포르의 정체성을 해치고 있다. 국가권위를 강조하는 싱가포르 정부의 입장에서는 이러한 개인주의가 국가의 효율성을 해치는 위협으로 간주되고 있다.

여섯째, 싱가포르의 실용주의의 기본 전제를 충족시키기 어렵다는 점이다. 싱가포르의 실용주의는 기본적으로 탈이념과 탈정치가 가능할 수 있도록 정치체계가 매우 안정되고 정치이념에 대한 논쟁과 갈등이 작아야 한다. 그러나 이러한 조건을 충족하는 국가는 많지 않다. 또 실용주의는 명확히 경제적 목표와 가시적으로 확인할 수 있는 정책결과에 대한 국민들의 동의가 있어야 하지만 많은 개발도상국은 경제발전이라는 단일한 목표만을 갖고 있는 것은 아니다.

이를 종합해 보면 싱가포르의 실용주의는 점차 그 유용성을 잃어가고 있는 개념이라고 할 수 있다. 1970년대와 1980년대 경제적, 정치적 어려움에 처해있던 작은 도시국가 싱가포르가 “생존”이라는 절박한 상황에 처해있을 때 여러 어려움을 극복할 수 있었던 힘이 문제해결에 초점을 맞추는 적극적인 실용주의 정신에 있었다고 볼 수 있다. 그 결과 싱가포르는 20세기 동안에 빠른 경제성장, 효율적인 사회시스템을 구축할 수 있게 되었다. 이것은 싱가포르가 추구하는 실용주의의 목표가 어느 정도 달성되어가고 있음을 의미한다. 하지만 싱가포르는 아직 “새로운 세대의 실용주의의 목표는 과연 무엇이 되어야 하는가?”라는 질문에 대한 대답을 찾지 못하고 있다. 적지 않은 싱가포르의 신세대들은 현재의 탈이념, 탈정치의 실용주의 시스템이 부적절하다고 생각하고 있다. 그러면서도 그들은 정치참여나 새로운 이념을 적극적으로 탐색하는 것이 쉽지 않다는 점을 잘 인식하고 있다. 지난 50년간 PAP의 권력독점이 앞으로도 쉽게 바뀌지 않을 것으로 생각하고 있다. 안타깝게도 실용주의는 신세대들에게 다시 탈이념과 탈정치를 암묵적으로 선택하게 만들고 있다. 뿌리 깊은 실용주의적 사고는 신세대들로 하여금 현실성이 낮은 정치개혁에 관심을 기울이게 하기보다는 정치무관심주의를 심화시키는 부정적인 역할을 하고 있는 것이다. 여러 인종으로 구성되어 있고 다양한 동서양의 문화를 흡수해 온 싱가포르가 싱가포르만의 예술(연극, 영화, 음악 등)과 창조적인 문화를 만드는 데 성공적이지 못한 이유도 어쩌면 실용적인 목표를 강조하면서 창의성을 억압하는 싱가포르의 문화에 기인한다고 할 수 있다.

2015년 리콴유 사망 이후에도 PAP는 무려 70%의 지지를 받아 총선에서 압승을 하였다. 싱가포르의 탈이념, 탈정치의 실용주의의 결과는 단순히 리콴유의 유산이 아니라 여전히 현재 진행형임을 보여준다.

참고문헌

이상수(2003), 이광요의 근대화 리더십 연구-공동체주의적 발전전략을 중심으로-, 한국정신문화연구원 박사학위논문.

Barr, M. D.(2000), *Lee Kuan Yew : the beliefs behind the man*, Washington, D.C. : Georgetown University Press.

Chang, H. J.(2008), *Bad samaritans : the myth of free trade and the secret history of capitalism*, New York : Bloomsbury Press.

Chia, S. Y.(2005), *The Singapore Model Of Industrial Policy : Past Evolution And Current Thinking*, in the Second LAEBA Annual Conference, Buenos Aires.

Chua, B. H.(2002), *Communitarian Ideology and Democracy in Singapore*, New York : Routledge.

Goh, K. S.(1976), A socialist economy that works, in C. V. Devan Nair(ed.), *Socialism that Works*, Singapore : Federal Press.

Lee, K. Y.(2000), *From Third World to First : the Singapore story, 1965~2000*, New York : Harper Collins Publishers.

Low, L.(2002), Rethinking Singapore Inc. and GLC, *Southeast Asian Affairs*, Institute of Southeast Asian Studies(ISEAS), pp. 282～302.

Quah, J. S. T.(2010), *Public administration Singapore-style*, Bingley : Emerald.

Rajaratnam, S.(1975), Non-Communist Subversion in Singapore, in C. M. Seah(ed.), *Trends in Singapore : proceedings and background paper*, Singapore : Singapore University Press.

Schein, E.(1996), *Strategic Pragmatism : The Culture of Singapore's Economic Development Board*, Cambridge, Massachusetts : MIT Press.

Somjee, A. H. & Somjee, G.(1995), *Development Success in Asia Pacific : An Exercise in Normative-Pragmatic Balance*, New York : St. Martin's Press.

Turnbull, C. M.(2009), *A History of Modern Singapore, 1819~2005*, Singapore : National University of Singapore Press.

Urata, S. *et al.*(2006), *Multinationals and Economic Growth in East Asia : Foreign Direct Investment, Corporate Strategies and National Economic Development*, New York : Routledge.

제7장

탄자니아의 행정조직 및 행정개혁 사례연구

이수영
(서울대학교 행정대학원 교수)

I. 서 론

본 장은 탄자니아(Tanzania)의 행정조직 및 행정개혁에 대한 개괄적인 탐색을 목적으로 하고 있다. 그러나 이에 대한 본격적인 분석에 앞서 우리에게 아직은 많이 노출되어 있지 않은 탄자니아의 역사적 그리고 정치적 특성에 대한 개괄적인 이해를 도모하고자 한다.

탄자니아는 아프리카 동남부에 위치하여 케냐, 우간다, 잠비아 등과 접하고 있다. 면적은 945,087㎢로 한반도의 약 4배에 해당하고, 인구는 4천5백만 명으로 추정(2011년)되어 우리나라보다 약 5백만 명 정도 적은 수준이며, 129개 종족으로 구성된 다민족 국가이다. 또한 영국의 식민지배를 받았던 역사로 인해 공용어로 스와힐리어와 영어를 공동 채택하고 있다. 탄자니아 헌법은 신앙의 자유를 보장하고 있으나, 탄자니아에서 종교가 있는 사람 중 56%는 이슬람교를, 42%는 기독교를 믿고 있는 등 이 두 종교가 대부분을 차지하고 있으며, 두 종교로 인한 갈등도 존재하고 있는 상황이다.

탄자니아는 1964년 탕가니카(Tanganyika)와 잔지바르(Zanzibar)가 연합한 합중국이다. 역사적으로 탄자니아는 세계대전으로 인한 피해를 받았는데, 탕가니카는 1885년부터 1916년까지 독일의 보호 하에 있었으며, 제1차 세계대전 후 국제연맹에 의해 영국으로 이전되었다가 제2차 세계대전 후 UN에 의해 영국의 신탁통치국이 되었다(김창환, 1990). 잔지바르 섬은 1861년 오만으로부터 분리되어 독립된 술탄국이 되었으나, 1890년부터 영국의 보호를 받았다. 1964년 잔지바르의 Abeid Karume(추후 잔지바르 초대 대통령)가 주도한 시민혁명에 성공하여 술탄 군주제는 와해되었으며, 이에 따라 탕가니카 공화국과 연합할 수 있었고, 1965년 탄자니아 합중국(United Republic of Tanzania)을 수립하였다. 129개 종족으로 구성된 다민족 국가임을 고려할 때, 합중국의 형태를 오래전부터 유지해 왔다는 것은 특기할만한 점이라고 할 것이다.

비록 합중국 형태를 유지하고 있지만 탄자니아는 정치적으로 복잡하고 불안한 형태를 지니고 있다. 탕가니카와 잔지바르의 연합 과정에서 제정된 '잠정헌법(Interim Constitution)'으로 불리는 헌법은 단일 정당국가제체를 인정하고 있어(김창환, 1990), 1992년까지 일당제가 유지되었다. 모든 정책행위가 정당의 주관 하에 이루어졌으며 정당 구성원만이 의회진출의 자격을 가졌었다는 것(김창환, 1990)을 감안한다면, 일당제로서의 문제가 있었으리라고 예상할 수 있다. 탄자니아의 외교, 국방, 대외무역, 통화정책 등 분야의 권한은 연방정부가 갖고 있으나 잔지바르는 별도의 대통령이 있는 특이한 형태로 행정부를 구성하고 있다. 본토 사람들은 잔지바르가 인구 규모 등에 비해 정치적으로 과다 대표되고 있다고 생각하고, 잔지바르는 이와 달리 공직에 참여할 수 있는 기회가 불균등하며 본토와 경제적으로 격차가 상존한다는 인식을 갖고 있다. 이러한 불만은 오랜 기간 지속되어 1979년에는 별도의 잔지바르 자치 헌법이 제정되었고, 1984년 잔지바르 소요사태에 이어 최근 2001년 1월에는 대선과 총선에 대해 부정선거를 주장하며 불복한 유혈사태가 발생하기에 이르렀다. 이 사건으로 인해 많은 야당지도자와 지지자들이 에티오피아와 케냐로 탈출하는 등 독립 이후 최대의 정치적 갈등이 일었다. 그러나 이후 3월 유혈폭동진압 살상진상조사위원회를 구성하여 정부 측은 피해자에 대해 보상하고 해외탈출 시위가담자의 귀국을 보장하는 등 치유를 위해 힘썼고, 같은 해 10월 평화협정을 체결하여 사태를 진정시킬 수 있었다.

국내의 정치적 불안에도 불구하고 탄자니아는 우호적인 외교를 펼치고 있다. 비동맹, 범 아프리카주의를 추구하고 아프리카의 공동안보와 지역협력에도 적극적으로 힘쓰고 있다. 특히 인접국 간 분쟁을 적극적으로 중재하고, 아프리카 내 최대 난민 수용국이라 불리는 등 역내 평화 정착을 주도한 전통이 있어 아프리카 대륙에서 상당한 발언권과 외교적 영향력을 행사하고 있다. 이밖에도 경제발전을 위해 서양과 협력적인 관계를 유지하고 있으며, 냉전의 종식과 더불어 사회주의 경제체제에서 시장경제체제로 변모한 이후에도 러시아, 중국, 북한과 같은 사회주의 국가와도 우호적인 관계를 유지하고 있다. 탄자니아는 식민종주국이었던 영국과의 관계도 깊은데, 영국은 식민지배 이후 탄자니아의 최대 원조 공여국이 되었으며, 잔지바르 사태가 발생했을 때에도 중재자 역할을 하는 등 탄자니아의 정치적 안정을 위해 힘쓰고 있다. 영국 식민지의 역사를 가진 국가인 만큼 탄자니아는 법률, 교육, 조직 등 사회 전반에 걸쳐 영국식 문화를 유지하고 있다. 같은 식민지 역사를 지닌 우리나라와 일견 비슷한 측면도 있으나, 해방 이후 오랜 기간 수교하지 않고 여전히 일제 강점기의 문화를 의식적으로 지양하며 역사의 해석 문제 등으로 갈등하고 있는 우리나라와는 차이를 보인다. 이념 차이로 한국과의 수교는 상대적으로 늦은 편이다. 사회주의 체제 하에서 1965년 1월 북한과 수교를 시작한 이래 줄곧 친북적 성향을 지니고 있던 탄자니아는 시장경제체제를 도입한지 약 6년이 지난 1992년 4월 30일 한국과 수교를 맺었으며 같은 해 10월 21일에 주 탄자니아 한국대사관을 설립하였다.

탄자니아의 1인당 국민소득은 $1,006(USD, 2014년 IMF 기준)으로 추정되고 있다. 이처럼 상대적으로 낙후된 경제에 대한 책임의 일부는 자립적인 사회주의 경제체제에 실패한 정부에 있다고 볼 수 있다. 니에레레(Nyerere) 초대 대통령이 도입했던 '우자마(Ujama) 사회주의'로 인한 지나친 국유화와 정부의 개입, 반강제적인 집단 부락화 추진으로 탄자니아의 경제는 급격하게 후퇴하였다. 또한 정부는 지나치게 낮은 가격으로 농산품을 수매하여 농민들의 생산의욕을 저하시켰고, 이것이 곧 외화의 부족으로 이어져 만성적인 생필품 부족과 암시장 형성 및 부패를 초래하였다. 이후 1970년대에 농작물과 다이아몬드 등의 광물을 수출하였고 당시 유가도 안정적이었기 때문에 연평균 5%의 성장을 기록하였으나, 1979년 발생한 오일쇼크와 불안정한 커피 및 면화의 가격, 가뭄, 우간다와의 전쟁 등으로 1985년까지 저성장 상태가 지속되었다. 1986년 시장경제체제로의 전환 이후에도 정부의 노력은 계속되었으나, 탄자니아는 여전히 도로, 철도 등 사회기반시설이 부족하고, 농산물과 광물을 수출하는 단순한 경제구조에 머물러 있으며, 정부 예산의 35~40%는 외국 원조에 의존함과 동시에 공무원들의 무능

함과 부패로 인해 경제발전에 어려움을 겪고 있다. 잔지바르는 본토와 비교했을 때 더욱 열악한 경제상태가 지속되고 있으며, 향신료와 관광을 중심으로 단조롭게 편중된 경제 구조를 유지하고 있다.

오랜 식민지배와 사회주의 체제를 경험하고, 국가적 차원의 불황과 함께 냉전을 맞이하였으며, 이후 급격한 시장경제체제를 도입하면서 위기를 겪었음에도 불구하고 사회 안정을 유지했던 탄자니아와 관련하여 많은 학자들은 탄자니아의 갈등관리 및 사회자본 축적에 대해 관심을 가졌다(조창현·김창수·백인립, 2015). 김광수(2008)는 탄자니아가 여러 부족을 통합할 수 있었던 이유 중 하나로 국어를 스와힐리어로 선택한 것을 꼽는다. 스와힐리어는 동부 아프리카의 인도양 해안지역에서 사용되던 언어인데, 탄자니아는 1960년대 독립 이후 국립 스와힐리 위원회(National Swahili Council, BAKITA)를 설립·운영할 만큼 스와힐리어를 국어로 채택하고 널리 쓰이게 하기 위한 많은 노력을 하였다. 이러한 노력 덕분에 탄자니아는 기존의 문화나 언어를 파괴하거나 인종적인 분열을 일으키지 않고 국민통합을 이끌어 낼 수 있었다. 또 하나는 국민통합, 국가발전, 국가건설 등을 목표로 제시한 교육방식이다. 초대 대통령 니에레레는 교육이 고급 인력의 양성을 목표로 한다면 개인주의적인 엘리트 계층을 생산할 수 있다고 우려하여, 협력을 중시하는 교육기조를 수립·유지해왔다(김광수, 2008). 이와 같은 국가적 차원의 사회자본의 형성을 위한 노력의 결과, 탄자니아의 이웃간 결속력, 가치공유, 신뢰형성 등은 높은 편이라는 평가를 받고 있다(조창현·김창수·백인립, 2015).

II.

탄자니아의 행정부 조직체계

1. 중앙정부

탄자니아는 입법부·행정부·사법부가 분리 독립되어 있는 삼권분립 시스템을 가지고 있다. 그런데 행정부의 경우, 대통령[1]·부통령·국무총리제도를 모두 보유하고 있는 독특한 거버넌스 구조를 채택하고 있다. 임기 10년의 대통령과 부통령은 같이 선거에 출마하는 러닝메이트 시스템으로 구성되어 있고, 대통령은 탄자니아의 최고 지도자이며, 부통령은 대통령의 가장 중요한 조력자이다. 2016년 현재 대통령은 John Magufuli이고, 부통령은 Samia Suluhu이다. 행정부 업무의 관리·감독 역할을 수행하는 국무총리는 대통령이 국회의원 중에서 임명하도록 헌법에 규정되어 있고, 2016년 현재 국무총리는 Kassim Majaliwa이다. [그림 7-1]처럼 탄자니아 행정부는 21개 부(ministry)로 구성되어 있고, 각 부의 장관(minister)은 내각(cabinet)의 구성원이 된다.

---

1) 앞서 언급한대로 탄자니아 합중국의 일원인 잔지바르는 별도의 대통령을 보유하고 있다. 하지만 잔지바르는 탄자니아의 아주 작은 부분에 불과하므로 본 장에서는 잔지바르를 제외한 탄자니아 전체 정부 시스템에 초점을 두고자 한다. 또한, 입법부·사법부·행정부 중 행정부에 분석의 초점을 두고자 한다.

행정 각 부의 구성은 가장 기본적으로 수행하는 기능 중심으로 구성되는데, 이를 보완하기 위해 정책대상 중심의 구성을 추가적으로 고려하기도 한다. 수행하는 기능을 중심으로 행정 각 부의 구성을 세부적으로 살펴보면 다음과 같다. 먼저 외교 및 국방 기능과 관련된 부처로 외교부와 국방부가 존재하는데, 특이한 점은 지정학적 위치를 고려한 동아프리카협력부가 설치되어 있다는 것이다. 탄자니아가 동아프리카 쪽에 위치해 있고, 케냐, 모잠비크, 말라위, 르완다, 부룬디, 우간다, 마다가스카르, 콩고, 잠비아 등 9개국과 국경을 접하고 있다는 점이 고려된 것으로 판단된다. 앞서 언급한대로 역사적으로 아프리카에서 발생하는 분쟁에 적극적으로 개입하여 중재 역할을 수행하였다는 것 또한 이와 무관하지 않다고 생각된다. 국가의 내치와 관련되는 기능을 수행하는 부처로는 내무부와 법무부가 설치되어 있고, 경제 혹은 산업과 관련된 문제를 담당하는 부처로 재무부, 산업통상마케팅부, 농업식품부, 해양축산부가 존재한다. 자원개발과 관련해서는 자원관광부, 수자원부, 에너지광물부가 설치되어 있는데, 천연자원 및 지하자원이 풍부한 점이 반영된 정부조직 구성이라고 할 것이다. 또한, 물과 관련된 수자원부(Ministry for Water)가 별도로 설치되어 있다는 점이 특색 있는데, 깨끗한 물 수급의 필요성을 보여준다고 판단된다. 건설 및 교통 등 사회기반시설과 관련된 기능을 담당하는 부처로는 건설부, 교통부, 과학통신부, 토지주택부 등을 들 수 있다. 건설부와는 별도로 토지주택부를 두고 있다는 점이 특이하며 국민들의 주거여건에 국가적인 관심을 쏟고 있는 것으로 생각된다. 마지막으로 교육·복지·노동 등과 관련된 기능을 수행하는 부처로는 보건복지부, 교육직업훈련부, 노동

[그림 7-1] 탄자니아의 중앙정부 조직도

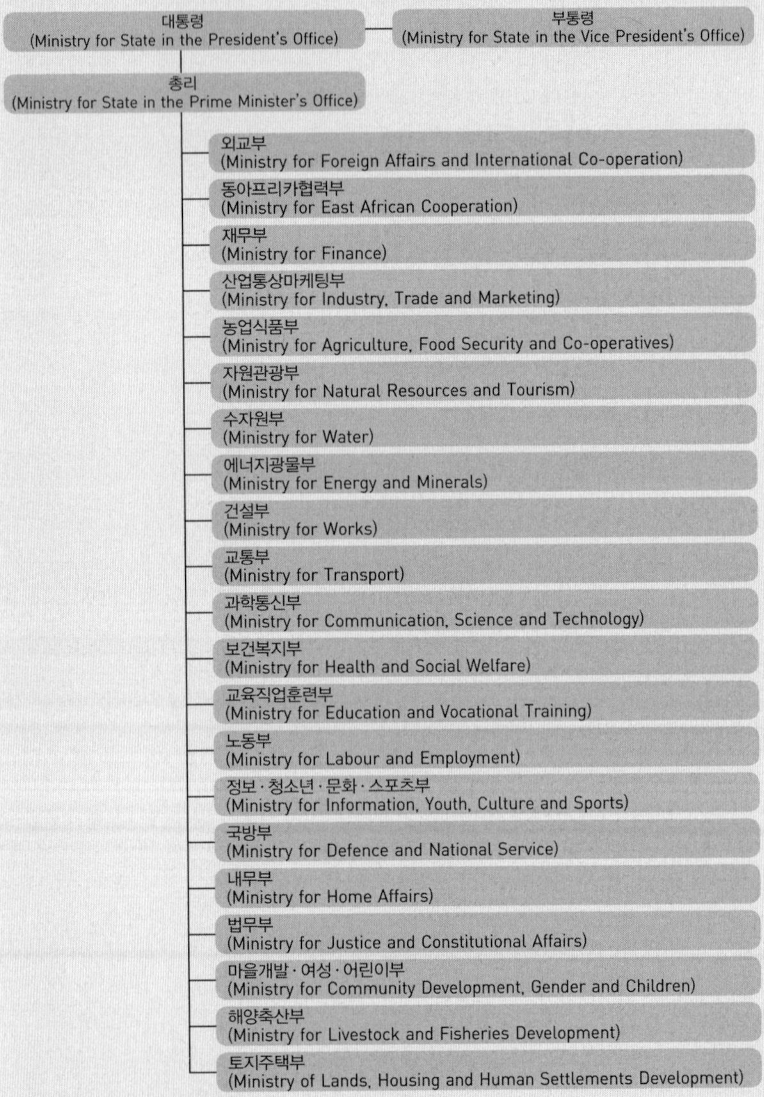

출처: Tanzania Government Directory, 2012

부, 정보청년문화스포츠부가 설치되어 있다. 정책대상자를 중심으로 행정 각 부 구성도 살펴보면, 마을개발여성어린이부와 정보청년문화스포츠부가 대상자 중심의 부처임을 쉽게 파악할 수 있을 것이다. 이는 국가적으로 어린이, 청소년, 여성 등과 같은 사회적 약자에 대한 고려를 많이 하고 있는 정부조직 구성으로 판단된다.

한편, 위에 소개된 행정 각 부 이외의 중앙정부조직들도 상당수 존재하는데, 독립관청(independent department) 혹은 위원회(commission) 조직들도 많이 관찰되고 있다. 독립관청조직으로는 아래 〈표 7-1〉에 나타나 있듯이 검찰청, 경찰청, 감사원 등을 들 수 있다. 이들 부서들은 특정 행정 각 부의 소속 기관이 아니라 독립된 관청으로 존재함으로써 독립성을 유지할 수 있다는 특성을 가진다.

또한 위원회 조직도 존재하는데, 중요한 의사결정의 경우 독임제 조직의 일방적인 의사결정이 아니라 다수 위원들의 토론과 합의를 통해 다양한 이해관계 및 의견을 반영하여 보다 민주적인 결정을 지향하기 위한 시도로 판단된다. 헌법심의, 선거, 공정거래, 대학교육, 과학기

〈표 7-1〉 탄자니아의 독립관청

구분	기관
독립관청 (Independent Department)	다레살람 증권거래소(Dar es Salaam Stock Exchange)
	국가회계감사원(National Audit Office)
	출입국관리사무소(Immigration)
	검찰청(Attorney General's Chambers)
	윤리사무국(Ethics Secretariate)
	교정청(Prisons's Services)
	경찰청(Police Force)

출처: Tanzania Government Directory, 2012

〈표 7-2〉 탄자니아의 위원회

위원회 (Commission)	유네스코국가위원회(UNESCO National Commission)
	헌법심의위원회(Constitutional Review Commission)
	공정경쟁위원회(Fair Competition Commission)
	탄자니아대학위원회(Tanzania Commission for Universities)
	과학기술위원회(Commission of Science and Technology)
	국가토지개발계획위원회(National Land Use and Planning Commission)
	탄자니아원자력위원회(Tanzania Atomic Energy Commission)
	국가선거관리위원회(National Electoral Commission)

출처: Tanzania Government Directory, 2012

술 및 원자력 등과 같은 국가 중대사가 그 대상이 되고 있고, 위의 〈표 7-2〉와 같이 위원회 조직이 설치되어 있다.

2. 지방정부

탄자니아의 지방정부 거버넌스 구조는 1926년 영국의 식민지배하에서 구축되었고, 지금까지 3번 정도의 변화를 겪으면서 다음 [그림 7-2]와 같은 현재의 구조에 이르고 있다(Venugopal & Yilmaz, 2010). 1961년 영국으로부터 독립할 당시에는 중앙과 지방의 구분 없이 통합된 관리체제를 수립하였고, 그 후 1970~1980년대 경제위기를 겪으면서 지방정부 재구축 작업에 착수하였다. 1999년에는 지방정부 개혁 프로그램(local government reform program)을 도입하여 정부 간 재정개혁, 역량 강화, 지방 책임성 심화, 지역주민 참여 강화 등에 초점을 두고 지방정부에 기능적 책임성과 권한을 이양하는 방식으로 세 번째

[그림 7-2] 탄자니아 지방정부 구조

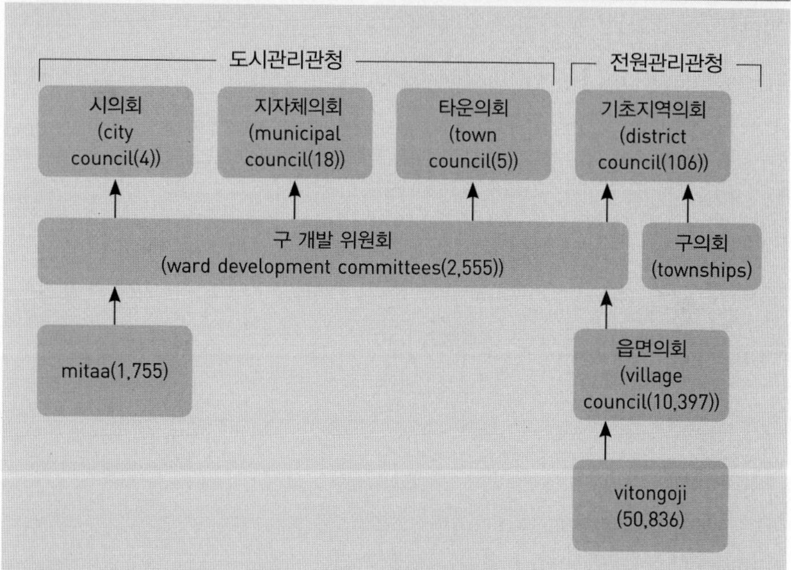

출처: Dege Consult, 2007; PMO-RALG, 2008

변화를 도모하였다.

탄자니아의 지방정부를 관장하는 관청(local government authorities)은 도시(urban)관리관청과 전원(rural)관리관청으로 나누어진다. 전원관리관청은 district councils, township authorities, ward development committees(WDCs), village councils, 그리고 vitongoji(때로는 hamlets라고 불림)로 구성되고, 도시관리관청은 city councils, municipal councils, town councils, WDCs, 그리고 mitaa(때로는 neighborhood로 불림)로 구성된다.

전원 지역에서 계획이나 예산 같은 가장 중요한 의사결정은 district

수준에서 이루어지고, vitongoji는 의사결정권 없이 단순히 상위 정부에서 지역사회로 지시사항을 전달하기 위한 포럼의 역할만을 수행한다. village council은 village governance의 중요한 축인데, 인구 9000명이 넘는 village나 district는 township으로 분류된다. 한편, ward는 지방정부조직이 아니라 관리조직을 의미한다. 전원 지역의 경우, mitaa가 도시 지역의 vitongoji와 유사한 소통 기제인 포럼 역할을 수행하고 있으며, city · municipal · town council들이 중요한 의사결정 임무를 담당하고 있는 것으로 파악된다.

III.

탄자니아 행정개혁에 대한 연혁적 분석

1. 행정개혁 관장기관 : 공공서비스관리처

탄자니아의 행정개혁에서 핵심적인 역할을 하는 부처로 대통령실(President's Office)에 속해 있는 공공서비스관리처(Public Service Management)[2]를 들 수 있다(Issa, 2010). 명칭이 약간 다르기는 하지만, 미국의 대통령실에 소속되어 있는 관리예산처(Office of Management and Budget)와 유사한 형태의 기관으로 파악된다. 탄자니아 대통령실의 공공서비스관리처는 탄자니아 행정부의 조직, 인사, 행정시스템 등 행정개혁 전반에 걸쳐 핵심적인 역할을 담당하고 있는 것으로 알려져 있다. 이렇게 중요한 임무를 수행하고 있는 탄자니아 공공서비스관리처의 조직도는 다음 [그림 7-3]과 같다.

2) 이 조직은 과거에 공직관리부(Civil Service Department)로 불렸다.

[그림 7-3] 탄자니아 공공서비스관리처 조직도

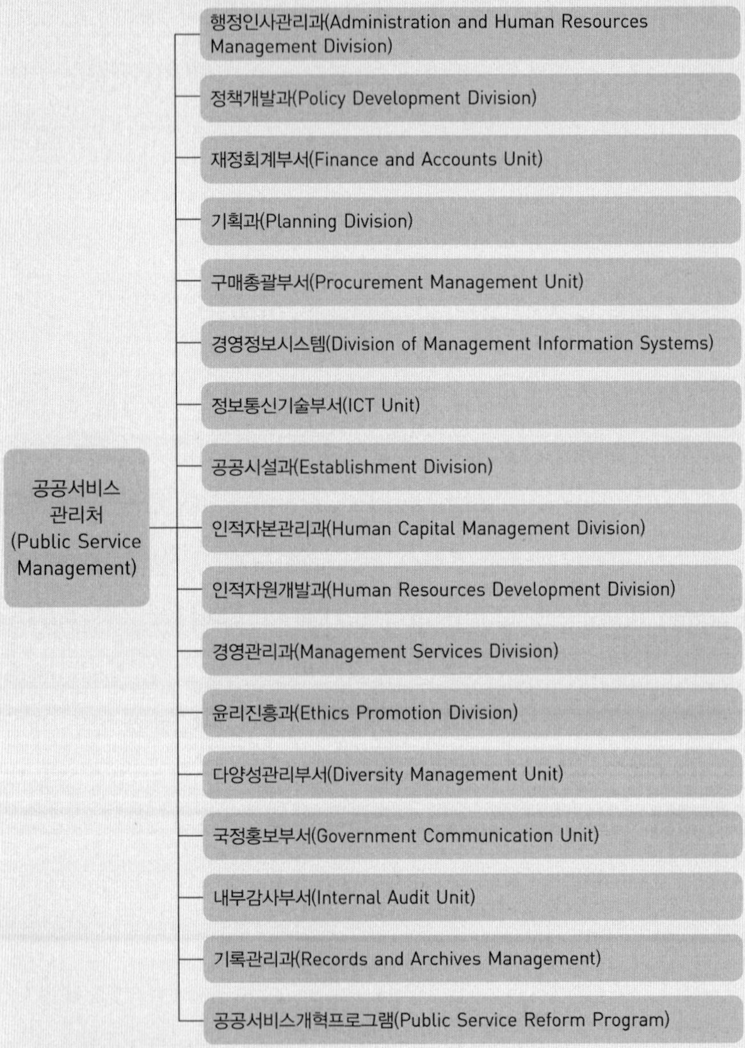

출처: Tanzania Government Directory, 2012

2. 탄자니아 행정개혁의 연혁적 분석

탄자니아 행정개혁의 연혁적인 변화[3)]를 먼저 살펴보면 다음과 같다. 1961년 영국으로부터 독립할 당시 탄자니아의 공직 시스템은 여전히 식민지 역사에 얽매여 있었다. 공직의 최상층은 원주민이 아닌 비아프리카인들이 차지하였고, 정부 규모도 아주 적은 상태였다. 따라서 이 시기에는 새로운 국가 건설 필요에 상응하는 제도적 그리고 인적 역량을 축적하는 것에 개혁의 초점이 집중되었다. 1960년대 후반에 이르러 탄자니아는 자립에 대한 자신감을 회복하여 국민에게 더 가까이 다가가기 위해 정부가 재화 생산과 배분의 핵심적인 역할을 수행하는 정책을 도입하였다. 그 결과 정부의 규모와 범위에 있어서 급속한 확장이 이루어지게 되었다. 하지만 1980년대 중반에 닥친 경기 위축으로 인해 생필품의 부족을 겪게 되고, 정부는 경제 시스템에 대한 길고 고통스러운 개혁에 착수하게 된다.

그러던 중 1990년대 초에 그때까지 탄자니아 경제체제의 기초였던 사회주의 체제에서 자유시장경제로의 전환이 필요하다는 사회적 합의가 이루어지게 되었고, 그 변화는 공직사회까지 영향을 주어 1991년부터 1998년까지 공공서비스개혁프로그램(Civil Service Reform Program)을 입안하여 실행하였다. 이 시기 행정개혁의 핵심적인 내용은 정부 역할과 기능의 재정립, 지방정부로의 분권화 착수, 핵심정부기관의 설립 및 비 핵심기능의 민간위탁 등을 담고 있었다. 작고 효율적인 정부 추구라는 전 세계적인 신공공관리적 변화 추세에 발맞추어 공무

---

3) http://www.utumishi.go.tz/index.php/about-us/backround

원의 수도 대폭 감축하였으나, 보다 나은 서비스 제공을 위해 공무원 보수는 실질적으로 향상시켰다. 그렇지만 실제 이 개혁은 비용절감에 초점이 맞추어졌고, 정치적 다원주의를 경험하기 시작하면서 보다 나은 정부 서비스에 대한 요구가 강해진 국민의 수요를 충족시키기에는 역부족이었다. 그 결과 탄자니아 정부는 2000년에 들어서 보다 포괄적인 공공서비스개혁프로그램(Public Service Reform Program)을 재입안하여 실행하게 되었다.

이 새로운 공공서비스개혁프로그램의 핵심 목표는 보다 효율적인 행정서비스 제공을 통해 행정 각 부의 공공서비스와 규제의 질을 향상시키는 것이었는데, 대통령실의 공공서비스관리처가 주도한 이 개혁은 각각 다른 주제를 가진 세 차례의 국면을 지나 지금에 이르고 있다. 1차 개혁(2000~2007년)의 핵심 주제는 성과관리시스템의 도입이었고,

[그림 7-4] 탄자니아 공공서비스개혁 변천과정

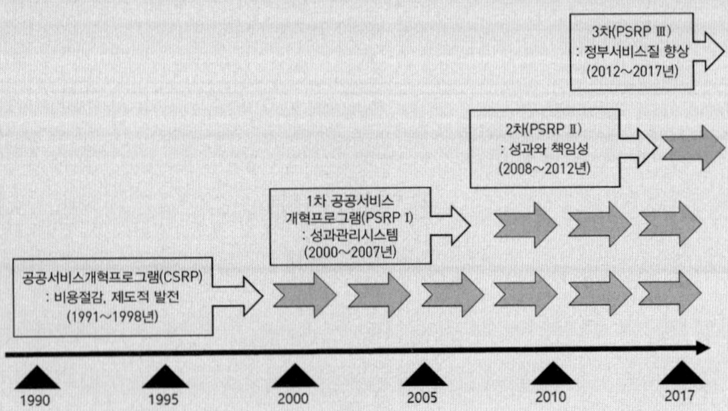

출처: Issa, 2010

2차 개혁(2008~2012년)은 성과와 책임성의 강화에 초점이 맞춰졌으며, 3차 개혁(2012~2017년)[4]은 정부 서비스 질의 향상 체제를 구축하는 것이다. 이상의 탄자니아 공공서비스개혁 변천사는 앞의 [그림 7-4]와 같이 요약 가능하다. 이하에서는 이상과 같은 탄자니아 공직시스템의 역사적 변천과정을 보다 자세하게 살펴보고자 한다.

1) Civil Service Reform Program(CSRP, 1991~1998년)

1991년 탄자니아 정부는 UNDP(United Nations Development Program)의 도움을 받아 비용억제(cost containment)에 초점을 둔 Civil Service Reform Program을 공식적으로 추진하였다. 이후 많은 학자들이 그 개혁안에 대한 문제점과 우려사항을 지적한 결과, 이 개혁안의 집행을 위한 보다 포괄적인 실행안을 World Bank와 협력하여 다시 고안하고 1993년에 집행하였다. 이 개혁 실행안의 기본 목표는 더 작으면서 유지가능하고 적절히 보상받으며 효율적인 성과를 생산하는 공직 시스템을 구축하는 것이었는데, 구체적인 내용은 다음과 같다(Rugumyamheto, 2004).

- 공무원 수의 대폭 감축 : 1992년 35만5천 명에서 1998년 26만4천 명으로 감축
- 정부조직의 합리화 : 정부역할과 기능의 재정립, 정부조직의 25% 감축, 비 핵심기능의 지방정부 위임 혹은 민간위탁(contracting out)
- 통합 인적자원관리 및 보수 시스템 도입을 통해 신규채용 및 보수

4) Public Service Reform Program III에 대한 자료는 온라인상에서도 아직 이용가능하지 않은 관계로 본 장에서는 2단계 행정개혁까지만 다루고자 한다.

지출을 통제함으로써 공공서비스 규모의 무분별한 확대 억제

- 공무원 수당의 기본급화와 보다 투명하고 효율적인 보수시스템 구축을 통해 실질 임금의 상승 지향
- 보다 나은 서비스 제공을 위한 시스템 재구축과 분권화 : 분권화 프로그램 도입, 핵심집행부의 설치, 비 핵심기능의 민간위탁, 서비스 전달체제 재구조화
- 역량 개발 : 높은 보수 지급을 통한 핵심 인재 채용 및 핵심 기술에 대한 훈련 프로그램 시행
- 지속가능한 개혁을 위한 정책 및 입법 환경 조성

2) Public Service Reform Program I(PSRP I, 2000~2007년)

앞서 언급한대로 정부성과 향상에 대한 관심과 양질의 정부 서비스 공급에 대한 요구가 더욱 높아짐에 따라 탄자니아 정부는 보다 나은 정부 서비스를 제공하기 위해 효율적이고 효과적이며 산출 중심의 정부로 변화시키기 위한 1단계 Public Service Reform Program을 2000년부터 2007년까지 진행하였다(Issa, 2010). 이 목적을 달성하기 위한 핵심 전략으로는 성과관리시스템 도입을 통한 서비스 전달 방식의 향상, 공공부문의 책임성 강화, 분권화를 통한 서비스 전달 방식의 다원화, 제도적 다원화에 대한 의도적인 전략적 접근, 공무원 보수체계의 개선, 양질의 숙련된 공무원 채용 및 유지 등을 들 수 있다. 이것 외에도 추가적인 고려사항들이 있는데, 여기에는 인적자원 관리방식 개선, 효율적인 공공서비스 운영 및 기록(정보) 관리를 위한 정보통신기술(Information and Communication Technologies) 활용, 공무원 훈련과

개발을 통한 지속적인 변화관리 역량 강화, 공공서비스개혁에 대한 더 나은 소통과 관리 역량 개발 등이 포함된다. 이 1단계 공공서비스개혁에서 구체적으로 시행된 시책들은 아래와 같다(Issa, 2010).

- 모든 정부 부처에 성과관리시스템(performance management system) 도입
- 전략적 기획, 고객서비스헌장, 고객만족서베이 도입
- 전략기획 및 지출계획과 국가경제성장 및 빈곤해소 전략의 통합
- 공개성과평가시스템(Open Performance Review and Appraisal Systems, OPRAS)의 전 정부적 시행
- 2000년에서 2007년 사이에 24개의 새로운 정부 조직 신설
- 2007년 말까지 불만 처리 시스템 완비
- 공무원 보수 대폭 상향 조정 : 평균 보수가 2000년에서 2007년 사이에 215% 상승
- 7천여 명이 넘는 공무원에게 리더십, 고객관리, OPRAS, 윤리와 책임성 등에 대한 다양한 교육훈련 실시
- 모든 부처에 인터넷 홈페이지 구축 등을 포함한 정보통신기술 활용 역량 강화

하지만 1단계 공공서비스개혁프로그램도 그 집행과정에서 다음과 같은 세 가지 어려움에 직면하게 된다(Issa, 2010). 첫째, 이 개혁의 과정에서는 대통령실의 공공서비스관리처가 재정 및 자원 조달을 포함하여 주도적인 역할을 수행하였는데, 이 점이 각 정부 기관의 개혁 과정에 있어서의 주인의식을 약화시켜 결국에는 정책적 조정이 원활히 이

루어지지 않도록 만들었다. 둘째, 1단계 공공서비스개혁프로그램은 당시 탄자니아에 국지적으로 존재하던 다양한 행정개혁조치들을 리드(lead)하는 혹은 모태(parent)가 된 정책인데, 기존의 하위 개혁프로그램들과 조화를 이루거나 중복을 제거하려는 노력은 하지 않은 것으로 나타났다. 셋째, 행정 각 부가 사용한 시스템에 중요한 변화가 생겼음에도 불구하고, 책임성 메커니즘이 여전히 약해서 OPRAS나 고객서비스헌장(Client Service Charters)의 영향력을 무력화시켰다.

3) Public Service Reform Program Ⅱ(PSRP Ⅱ, 2008~2012년)

1단계 Public Service Reform Program이 관리 시스템과 과정에 대한 개선을 통해 공공서비스 전달의 질과 효과성을 향상시키는 것에 초점이 있었던 것에 반해, 2008년부터 시작된 2단계 Public Service Reform Program은 임무수행결과와 책임성(performance results and accountability) 강화라는 최상위 목표 아래 행정부의 각 부처들이 더 나은 공공서비스를 제공하도록, 적절성과 우선순위를 가지고 정책을 집행하도록, 그리고 민간부문의 성장과 사회발전을 위해 예측가능하고 잘 규제된 환경을 만들도록 돕는 것을 지향하였다(Issa, 2010).

앞선 두 번의 행정개혁 조치들은 외부 전문가와 공공서비스관리처가 중심이 된 개혁이었기 때문에 행정부의 각 부처들과 산하 기관들은 개혁조치를 일방적으로 수용해야 하는 상황에 처하게 되었다. 즉 행정개혁을 시도하면서 행정과정, 행정수단, 행정체제 등에 대한 다양한 변화와 재설계 조치들이 시행되었는데, 공공서비스관리처가 중심이 된 행정개혁은 각 부처의 요구와 특수성을 반영하기에는 어려움이 많았던

〈표 7-3〉 2차 공공서비스 개혁프로그램(PSRP II)의 세부 개혁 조치들

핵심성과영역(Key Results Area, KRA)은 정책이슈, 문제, 산출(결과)에 따라 적절하게 분류됨. 각 핵심성과영역은 중간산출에 대한 계획을 포함하고 있음.						
KRA 1: 공공서비스 전달 체계 지원 시스템	KRA 2: 정책개발	KRA 3: 유인체계와 보상	KRA 4: 책임성과 반응성	KRA 5: 공무원 관리 시스템	KRA 6: 미래의 공공서비스 선도	KRA 7: 프로그램 집행관리
• 공공서비스 전달에 있어 관료주의와 형식주의 완화 • 공공서비스에 대한 접근성과 효율성을 향상시키기 위한 시스템 및 구조 구축 • 행정 내부관리 및 운영 시스템 효율화 • 공공서비스 전달체계에 도움이 되는 지식관리	• 부문별 정책, 부문 간 정책은 효과적이고 실현가능하며 일관성을 가질 것 • 정부 부처 및 기관들은 적극적으로 국가개발계획과 개발전략과 관계된 정책을 개발하고 감독	• 의욕적이고, 잘 훈련된 윤리적인 공무원 • 역량이 있는 유능한 인재를 채용하는 정부의 능력 • 공무원들의 원활한 은퇴 • 급여자원을 효과적이고 효율적으로 사용 • 정부 부처 및 기관들의 소속 공무원들에 대한 동기부여 제공	• 시민과 고객의 공공서비스 이용 및 접근성에 대한 인식 증대 • 공공서비스의 질과 접근성 개선에 대한 요구 증대 • 공무원은 정중하고 반응성 있는 모습으로 경청할 것 • 공공서비스 관리자들의 정보공유 성향 증대 • 공공서비스 전달 결과에 대해 보다 책임성을 갖는 공무원	• 공공서비스의 효과적 전달을 위해 최적 규모의 인원 유지 • 인적자원의 효과적, 효율적 사용 • 최신의 기술과 역량을 구비한 공무원 • 공무원 사회 내 HIV/AIDS 감염률 감축 • HIV/AIDS 감염 공무원의 존엄성을 존중하는 공정한 관리 • HIV/AIDS 감염 공무원에 대한 복리후생 제공 • 채용절차는 최고의 지원자를 선발하도록 할 것 • 교육훈련은 공무원의 지식, 기술, 직무역량을 개선할 것 • 공무원 사회는 국가의 인적 구성의 다양성을 반영할 것 • 실적제에 따른 채용, 임용, 평가 및 승진	• 리더는 전략적 변화를 주도하는 기업가적 모습을 보이고, MKUKUTA와 집권당 성명에 의해 천명된 국가 개발목표들을 실현할 수 있을 것 • 리더는 자신의 조직에 영감을 주고, 이끌고 관리함으로써 공공서비스 전달을 개선함 • 리더는 책임성, 진실성, 투명성을 보여줄 것	• PSRP의 집행과정은 각 정부 부처 및 기관이 주인의식을 가지고 주도할 것 • 공공부문 개혁에 있어 시너지와 조정이 발휘될 것 • 정부의 모든 수준에서 PSRP의 중요성을 인식할 것

출처: Issa, 2010

것으로 나타났다. 이러한 1단계 개혁의 제약점을 반영하여 2단계 개혁에서는 다음과 같은 사항들을 새롭게 실시하였다. 또한, 2단계 행정개혁에서 시행된 구체적인 조치들은 앞의 〈표 7-3〉에 자세히 제시되어 있다.

- 해외 외부 전문가들과 행정 부처의 내부 문제 해결팀의 협력을 통한 문제 분석틀 공유
- 전 부처를 대표하는 팀과 공공서비스관리처 담당자들의 협력을 통한 개혁프로그램 입안과 최초 집행 준비
- 계획된 일곱 가지 핵심 성과 영역과 개혁의 목표, 지향, 활동의 일관성 유지
- 공공서비스관리처의 개혁정책 조정 부담을 덜어주기 위한 개혁프로그램 조정 부서 설치
- 행정개혁 과정에서 각 부처의 주인의식 유도와 요구사항 반영을 위한 소통팀(facilitation team) 구성

3. 탄자니아 공공부문 성과관리 시스템

탄자니아 공공부문에서 성과관리 시스템의 도입은 위에서 소개된 Public Service Reform Program의 가장 핵심적인 사업 중의 하나인데, 공공서비스 제공의 효율성과 효과성을 제고하고 투입되는 재원의 가치를 확실히 구현하기 위한 장치로 고안되었다(Bana, 2009). 즉 행정 부처의 개별 공무원과 그들로 구성된 팀 단위 조직의 업무수행과 공공서

비스 공급의 목적 및 결과를 직결시키면서 그 효과성을 강화하기 위한 시도인 것이다. 이 성과관리 시스템은 관리대상이 되는 공공서비스의 구조와 범위에 대해 총체적(holistic)으로 접근하고 있는데, 공공서비스의 운영과정, 수혜자, 공급자 등을 총망라해서 거의 모든 부분을 고려하여 관리하는 시스템으로 고안되었다. 달리 말하면, 조직·부서·개인 수준의 임무수행결과에 기여하는 성과의 다양한 측면들을 최대한 포괄적으로 고려하는 시각을 적용하고자 시도하였다는 것이다. 또한 이 성과관리 시스템은 공무원들이 실제로 한 것, 임무수행 과정의 행태와 방법, 그리고 실제로 그들이 달성한 결과를 유기적으로 연결하기 위해 공식·비공식적인 측정방식들을 최대한 포함하려고 노력하였다.

탄자니아 공공부문에서의 성과관리 시스템 도입은 Public Service Management and Employment Policy of 1999와 Public Service Act, No. 8 of 2002를 근거로 이루어졌다. 전자는 공공부문에서의 성과의 중요성과 결과 지향적 행정의 필요성을 천명하고 있고, 후자는 공공서비스에서의 성과관리를 위한 법적인 틀을 제공하고 있다. 양자는 탄자니아 공공부문에서 성과와 책임이라는 중요한 행정문화를 만들어가기 위한 촉매제와 같은 역할을 수행하였다. 또한, 탄자니아 공공부문에서 성과관리 시스템을 제도화하기 위해서 다수의 세부적인 성과관리 수단과 메커니즘 등을 도입하였는데, 전략기획, 고객서비스헌장(Client Service Charters),[5] 공공서비스 서베이, 자기평가프로그램, 성과예산제도, 공개성과평가시스템(Open Performance Review and Appraisal

5) 탄자니아 행정부의 고객서비스헌장은 기관 단위에서 국민들의 요구에 대한 책임성을 강화하기 위해 행정 각 부처와 지역 단위 행정조직에 공히 적용하도록 고안되었다.

System, OPRAS) 등이 여기에 포함된다. 이하에서는 OPRAS와 공무원 윤리규정 등에 대해 보다 자세히 살펴보고자 한다.

1) 공개성과평가시스템(OPRAS)

OPRAS는 개별 공무원의 성과관리를 위해 2004년에 도입되었는데, 탄자니아 인적자원관리 역사와 성과관리 문화에 큰 변화를 가져온 획기적인 제도이다. OPRAS는 개별 공무원의 목표와 소속 부서의 목표, 그리고 조직의 목표가 하나로 유기적으로 일원화될 수 있도록 구조화한다. 과거에는 비공개 방식으로 개개인의 근무실적을 평정하는 방식을 취했는데, 일방향적인 평정방식의 문제점이 많이 노정되어 쌍방향적인 OPRAS 제도를 도입하게 되었다. OPRAS는 모든 개별 공무원들이 그들의 상급자와 대화 및 토론을 통해서 조직의 목표와 전략적 기획 범위 안에서 개인의 목표, 성과지표, 성과기준을 설정해서 달성하려고 노력한 후 그 결과를 평가하는 방식을 취한다. 또한 성과목표 수립 후 6개월이 지나면 그 달성 정도에 대한 중간점검(Mid-Year Review)을 통해 원래 목표가 제대로 수행되고 있는지, 그리고 향후 6개월의 임무 수행을 위해 어떠한 자원들이 요구되는지 등을 재확인하고 있다.

공무원 개개인이 자신의 성과관리 과정(성과목표 설정·수행·점검·평가)에 적극 참여하게 함으로써 자신의 업무와 관련된 전반적인 과정 및 그 결과에 대한 투명성과 주인의식을 고취하기 위해 의도된 OPRAS는 직원과 상관의 지속적인 의사소통과 개인 목표와 조직 목표의 연계를 핵심으로 한다. 기존의 탄자니아 성과관리 시스템과 대비되는 OPRAS의 네 가지 특징적인 요소는 다음과 같다(Kaji, 2014).

- 공개성(openness) : 직원과 상관이 한 해 동안 달성할 개인과 조직의 목표에 대해 토론을 통해 합의에 도달한다.
- 참여(participation) : 평가의 대상자인 공무원 개개인이 목표, 성과지표, 기준 설정과정 및 기록·평가 과정에 적극적으로 참여한다.
- 책임성(accountability) : 공무원 개개인이 매년 자신의 성과협약에 동의하고 목표 대비 결과 달성도에 대해 책임을 진다.
- 주인의식(ownership) : 개인별 성과목표가 조직의 목표와 어떻게 연결되는지 분명히 함으로써 자신의 업무 수행을 통해 조직에 기여하는 바를 이해하게 되고 그 결과 본인 업무에 대한 주인의식을 고양한다.

이상과 같이 아주 진취적인 의도를 가지고 도입된 OPRAS도 초기에는 많은 시행착오를 겪었다. 우선 원래 강제적으로 시행하도록 되어 있었지만, 도입 초기에 팽배했던 회의적인 시각으로 인해 행정 각 부처의 수용률은 51% 정도 밖에 되지 않았다(World Bank, 2008). 또한 초기 OPRAS의 형태가 지나치게 복잡하고 공무원의 직종별·직급별 특성을 고려하지 않고 있다는 문제점도 제기되었다. 그리고 OPRAS가 행정 부처의 중·하부 단위까지 그리고 지방 단위까지 적절히 유포되지 않는다는 지적도 있었다. 그렇지만 공무원들이 점차 이 성과관리 시스템에 적응을 하고 있으므로 지금은 과거보다 훨씬 긍정적인 추세로 나아가고 있다고 할 것이다(Kaji, 2014).

2) 공무원 윤리 규정(Code of Ethics)

탄자니아 행정부 공무원들이 준수해야 할 윤리규정은 Authority of Section 34 of the Public Service Act of 2002와 Regulations 65(1) of the Public Service Regulations of 2003을 근거로 만들어졌다. 이 윤리규정은 크게 여덟 가지 원칙을 담고 있는데, 최고의 서비스 추구(pursuit of excellence in service), 정부에 대한 충성심(loyalty to government), 근면(diligence), 공평무사(impartiality), 도덕성(integrity), 법 존중(respect of law), 국민에 대한 책임성(accountability to the public), 공공 정보의 적절한 이용(proper use of official information)이 여기에 포함된다(Nagu, 2005). 각 원칙에 대해 보다 자세히 살펴보면 다음과 같다. 한 가지 특색 있는 것은 공무원의 정당 가입 및 정치참여를 인정해 주고 있다는 점이다.

(1) 최고의 서비스 추구

공무원들은 국민들에게 최고의 공공서비스를 제공하기 위해 다음과 같은 행동양식을 따라야 한다.

- 이 윤리규정을 숙지하고 존중해야 한다.
- 가장 높은 성과 수준을 달성할 수 있도록 현실적인 성과 지표를 설정해야 한다.
- 지식과 기술을 연마함으로써 성과 향상을 위해 지속적으로 혁신적이고 창의적인 노력을 기울여야 한다.
- 공공서비스 제공에 있어서 성과주의 원칙을 적용해야 한다.
- 근무 부서의 복장 원칙의 범위 내에서 적절한 의복과 위생 상태를

유지해야 한다.

- 팀워크를 강화하도록 노력해야 한다.

(2) 정부에 대한 충성심

- 공무원은 정통성을 가지고 구성된 현재 정부에 충성해야 한다.
- 공무원은 장관과 다른 정부 지도자의 합법적인 지시와 정책을 집행해야 한다.

(3) 근면

공무원은 최고 수준의 규율을 유지하면서 근면하게 주어진 임무를 수행하기 위해 노력해야 한다. 또한 다음과 같은 사항들을 확실히 담보함으로써 책임성을 보여야 한다.

- 최상의 결과를 달성하기 위해 기술·지식·전문성을 발휘해야 한다.
- 주어진 시간 내에 최고 수준으로 임무와 책임을 완수해야 한다.
- 업무 성과에 부정적 영향을 줄 수 있는 어떤 행동도 하지 않는다.
- 어떤 장소에서도 일할 준비가 되어 있어야 한다.
- 직장에서의 업무시간과 공식적인 약속에 시간을 엄수해야 한다.

(4) 공평무사

- 공무원은 정당의 일원이 될 민주적 권리가 있고, 선거에서 자신이 속해 있는 정당을 위해 투표할 수 있다.
- 공무원은 그들의 공평무사함을 손상시키지 않거나 않을 것으로 보이는 경우 정치에 참여할 수 있다.

- 공무원이 정치에 참여할 경우에도 다음과 같은 제약은 지켜야 한다 : 근무시간과 근무장소에서 정치활동을 해서는 안 된다, 정치적 관련성 때문에 공공서비스에 문제가 발생해서는 안 된다, 정당에 자신이 수행하는 업무와 관련된 정보나 문서를 제공해서는 안 된다.
- 공무원은 현행법을 위반하지 않는 범위에서 어떤 종파(religious sect)에도 가입할 수 있다. 하지만 탄자니아 정부는 공식적인 종교가 없는 관계로 종교적인 믿음이 공식 업무 수행 시에 전파되어서는 안 된다.

(5) 도덕성

- 공무원은 자신에게 주어진 권한을 정해진 범위 내에서만 사용해야 하고, 그 권한을 자신이나 친지의 이익을 위해서 사용하거나 다른 사람을 해하는 데 사용해서는 안 된다.
- 공무원은 자신에게 맡겨진 공적인 자금과 재산을 보호해야 하고, 감독 태만이나 개인적인 이익을 위한 손실 혹은 횡령이 발생해서는 안 된다.
- 공무원은 업무시간을 공식적인 책임을 수행하기 위해 사용해야 하고, 공식적인 허가 없이 업무시간을 개인적인 활동이나 휴식을 위해 사용해서는 안 된다.
- 공무원은 자신의 부하에게 공식적인 업무 이외의 다른 활동을 요구하거나 지시해서는 안 된다.
- 공무원은 향응을 제공해서도 안 되고, 자신이 업무와 관련해서 뇌물을 받아서도 안 된다. 또한 동료 공직자에게 선물을 제공해서도 안 된다.

(6) 법 존중

- 공무원은 규정, 규제, 절차 등을 숙지하고 있어야 하고, 적절히 준수해야 한다.
- 공무원은 동료 공무원을 성별, 부족, 종교, 정치적 성향, 국적, 민족, 결혼 유무, 장애 등을 이유로 차별해서는 안 된다.

(7) 국민에 대한 책임성

- 공무원은 예의바르게 국민을 대해야 하고, 사회적 취약계층인 노인, 여성, 어린이, 가난한 사람, 환자, 장애인 등을 대할 경우 더 특별한 신경을 써야 한다.
- 공무원은 민원인으로부터 행정규제나 절차의 결과에 대한 정보 제공을 요청받을 경우 즉각 분명하게 응해야 한다.
- 공무원은 자신들이 국민의 공복임을 인식하면서 행동해야 한다.

(8) 공공 정보의 적절한 이용

- 공무원은 인가받지 않은 사람에게 허락 없이 타인의 정보를 유포해서는 안 된다.
- 공무원은 퇴직 이후에도 그동안 획득한 공식 문서나 개인 정보 등을 개인적인 목적에 사용해서는 안 된다.
- 공무원은 언론에 어떤 정보를 제공하고자 할 경우 홍보 부서나 상관을 통해서 해야 한다.

IV. 결 론

앞서 언급한 것처럼 본 장에서는 탄자니아 정부조직과 행정개혁에 대해 살펴보고자 하였다. 아프리카 동남부에 위치한 탄자니아는 영국의 식민지였던 역사를 가진 다민족 국가이며, 본토인 탕가니카와 잔지바르라는 섬의 연방제 국가 형태를 취하고 있어 양 당사자 사이에 과다 대표와 참여기회 불평등이라는 이슈로 계속 정치적 갈등을 겪어 왔다. 일단 위급한 사태는 넘겼지만, 여전히 국내 정치 상황은 그렇게 안정적이지는 않다고 할 것이다.

탄자니아는 입법·행징·사법이 분리 독립된 삼권분립체제를 지니고 있으며, 대통령·부통령·국무총리를 모두 보유하고 있다는 특징을 갖는다. 대통령과 부통령은 국민의 직선으로 선출되지만, 국무총리는 대통령이 국회의원 중에서 임명하도록 되어 있었다. 행정조직의 경우 다음과 같은 몇 가지 특색 있는 점이 발견되었다. 먼저 탄자니아는 아프리카 동남부에서 케냐, 모잠비크, 말라위, 르완다, 부룬디, 우간다, 마다가스카르, 콩고, 잠비아 등 9개국과 국경을 접하고 있다는 지정학적 특징을 활용하여 동아프리카협력부를 설치하여 아프리카에서 발생하는 분쟁 중재에 적극적 역할을 수행하고 있었다. 다음으로 자원개발

측면에서 수자원부(Ministry for Water)를 별도로 설치함으로써 깨끗한 물의 개발과 공급이 갖는 중요성을 드러내고 있다. 또한, 정책대상 집단을 중심으로 설치된 것으로 보이는 마을개발여성어린이부의 존재는 우리나라가 1960~1970년대에 새마을운동으로 마을을 개발하고 잘 살아 보려는 노력을 기울였던 것과 유사한 역할을 수행하는 것으로 판단된다.

자칫 불안정할 수 있는 국내 정치적 환경에도 불구하고, 탄자니아 행정부는 행정개혁에도 신경을 쓰고 있는 것으로 파악되었다. 대통령실 산하에 공공서비스관리처를 설치하여 탄자니아 정부의 조직, 인사, 행정시스템 등과 관련된 전반적인 사항에 대해 혁신적인 변화를 추진하고 있었다. 특히 1991년부터 4년 혹은 7년 단위로 공공서비스개혁프로그램을 작성하여 추진해오고 있는데, 공직 시스템의 변화, 성과관리 시스템의 개혁, 행정 책임성 및 결과지향성 강화 등을 단계적으로 추구해오고 있었다. 특히 성과관리 시스템의 경우, 전략기획, 고객서비스헌장(Client Service Charters), 공공서비스 서베이, 자기평가프로그램, 성과예산제도, 공개성과평가시스템(Open Performance Review and Appraisal System, OPRAS) 등과 같은 선진적인 제도들이 포함되어 있었다.

이상으로 본 장에서 살펴본 탄자니아 정부조직과 행정개혁에 대한 내용들을 정리해보았다. 개발도상국이라는 상태를 고려하더라도 탄자니아는 정부조직 측면에서 자신들에게 꼭 필요한 부분이 무엇인지 잘 파악하여 그것을 정부조직 구성에 반영하고 있었고, 자신들이 잘 할 수 있는 일이 무엇인지도 적절히 분석하여 정부조직 구성에 활용하고 있었다고 판단된다. 또한 행정개혁 측면에서도, 아주 세련된 프로그램을 완벽히 구축했다고 보기는 어렵더라도, 어느 선진국 못지않게 국민에게 더 나은 행정서비스를 제공하기 위해 꼭 필요한 혁신적인 행정개혁제도들을 잘 구비하고 있었다.

마지막으로, 탄자니아 정부가 꼭 관심을 가져야 할 두 가지 사항이 있다. 첫째는 제도가 아무리 완벽하고 훌륭하게 구축되어 있다고 할지라도 실제로 그 제도가 어떻게 운영되는지가 혁신적인 제도의 성패에 결정적인 영향을 준다는 점이다. 특히 성과관리 혹은 인사관리 시스템 측면의 개혁프로그램들은 운영상의 공정성과 객관성을 어떻게 확보하느냐가 제도 성공을 위한 관건이라고 할 것이다. 다음으로, 혁신적인 변화 조치들이 무작정 다른 선진국들의 개혁정책을 모방적으로 동형화한 것인지 아니면 탄자니아의 특수성을 적절히 고려하여 맞춤형 혁신정책으로 도입된 것인지에 대한 진지한 고민이 필요하다고 할 것이다. 대부분의 국가에서 이루어지는 개혁정책들(특히 신공공관리론적 변화들)은 유행처럼 무조건적으로 도입되는 경우가 빈번한데, 여기에 대해서는 조심스러운 접근이 필요하다고 할 것이다.

참고문헌

김광수(2008), 탄자니아의 언어정책과 국가건설에 대한 역사적 고찰, 『한국아프리카학회지』, 28, pp. 3～40.

김창환(1990), 탄자니아 정치제도에 관한 연구, 『한국아프리카학회지』, 5(1), pp. 127～145.

조창현·김창수·백인립(2015), 탄자니아 지역공동체와 사회자본에 대한 실증분석, 『아프리카 연구』, (37), pp. 175～212.

Bana, B. A.(2009), *Performance Management in the Tanzania Public Service*, A paper presented at the Conference on "Governance Excellence : Managing Human Potential" held at Arusha International Conference Centre, United Republic of Tanzania, March 2～4, 2009.

Dege Consult(2007), *Local Level Service Delivery : Decentralization and Governance—A Comparative Study of Uganda, Kenya and Tanzania Education, Health and Agriculture Sectors*, Tanzania Case Report, Tanzania.

Issa, F. H. H.(2010), Implementing Change by Continuous Learning : The Public Service Reform Programs in Tanzania, *International Journal of Public Administration*, 33(10), pp. 474～486.

Kaji, J. S.(2014), *Research on the Introduction of Open Performance Review Appraisal System*, 서울대학교 행정대학원 석사학위논문.

Nagu, M. M.(2005), *Code of Ethics and Conduct for Public Services*, Tanzania President's Office-Public Service Management.

PMO-RALG.(2008), *The Status of Implementation of Decentralization by Devolution on Mainland Tanzania and the Way Forward*, Paper presented by the Permanent Secretary, PMO-RALG in the National Convention on Public Sector Reforms, June 17～18, 2008, Ubungo Plaza, Dar es Salaam.

Rugumyamheto, J. A.(2004), Innovative Approaches to Reforming Public Services in Tanzania, *Public Administration and Development*, 24(5), pp. 437~446.

Venugopal, V. & S. Yilmaz(2010), Decentralization in Tanzania : An Assessment of Local Government Discretion and Accountability, *Public Administration and Development*, 30(3), pp. 215~231.

World Bank(2008), Implementation Completion and Results Report for a Public Service Reform Project(IDA-33000 IDA 3300A).

제8장

우간다의 정책조정 환경과 행정개혁

임도빈

(서울대학교 행정대학원 교수)

I.

서 론

우간다의 정책조정 체계를 다루기에 앞서 우간다의 근현대 역사와 사회적 특징을 살펴볼 필요가 있다. 정책과정은 그 사회의 독특한 역사와 사회적 특징에 좌우되기 때문이다. 즉 우간다에 대한 지식과 정보가 절대적으로 부족한 한국의 입장에서 우간다의 인문, 사회적 환경을 파악하는 것은 현재 우간다의 정책조정 체계가 자리 잡게 된 원인을 유추하는 데 중요한 작업이다.

1. 우간다 개황

우선 지리적으로는 동아프리카에 위치하고, 수도는 캄팔라(Kampala)이다. 동쪽으로는 케냐가, 북쪽으로는 수단, 서쪽으로는 콩고민주공화국, 남쪽으로는 르완다, 탄자니아와 맞닿아있으며 적토를 관통하는 내륙 국가이다. 남한의 2.4배 정도 되는 면적에 약 3,600만 명(CIA Factbook, 2014)의 인구가 살고 있다. 2011년 기준으로 우간다 인구의 절반 가량(48.7%)이 15세 미만인데 이는 사하라 이남 아프리카의 평균인 43.2%보다 높으며 세계 평균 26.8%를 훨씬 상회하는 수준이다. 때문에 세계에서 가장 젊고 인구 증가율이 높은 국가 중 하나로 꼽힌다. '아프리카의 진주(Pearl of Africa)'로 표현되는 우간다는 아름다운 자연경관과 더불어 최근에는 25억 배럴에 달하는 석유가 매립되어 있는 것이 발견되었다. 2018년부터는 석유 생산을 앞두고 있는데, 석유 생산이 시작되면 우간다 현 GDP의 70%에 맞먹는 수익이 날 것으로 예측되고 있다.

우간다의 경제는 비교적 높은 성장률을 보였다. 2000년에서 2003년 사이에 6.8%의 성장을, 2004년에서 2007년 사이에 8% 이상의 경제성장을 이룩하였다. 우간다의 GDP는 지난 28년간 16배 증대되었으며, 경제 예측에 따르면 국가발전계획(National Development Plan, NDP) 기간의 GDP 성장률은 연평균 7.2%에 달할 것으로 예측되고 있다(IMF, 2010). 2013년 기준, 1인당 GDP는 608달러이다.

2. 우간다의 역사

역사적으로는 넓은 땅에 종족들이 흩어져 사는 상태였는데, 영국의 식민지 시대부터 일종의 국가라는 단위가 인식되기 시작하였다고 볼 수 있다. 1962년 영국으로부터 독립한 후 우간다는 전체 국민의 왕국, 종교, 종족에 따른 구분이 뚜렷한 나라였으며, 그중에서도 특히 왕을 중심으로 하는 왕국에 따른 분류가 중요하였다. 역사적으로 우간다의 지배적인 위치를 점했던 왕국은 부간다 왕국이었다. 그런데 영국 식민 통치 시 '잃어버린 지역'을 부간다에게 빼앗겼다는 이유로 부뇨로 왕국을 포함한 다른 4개 왕국은 큰 불만을 갖게 되었다(황원규, 2011). 독립과 동시에 우간다인민국회(Uganda People's Congress, UPC) 수장

밀톤 오보테(Milton Obote)는 초대 수상이 되었고, 상대적으로 정치적, 경제적인 안정기를 경험하였다.

1971년 군사 쿠데타로 인하여 이디 아민(Idi Amin)이 정권을 잡았다. 그러나 군인 출신인 아민은 국가 요직에 군 출신 인사들을 대거 활용하고, 행정에 군의 원칙을 적용하며 군대 예산 지원에 총력을 기울이는 등 비정상적 통치를 하였다. 특히 아민 정권의 공포 정치는 오늘날에도 우간다의 아픈 역사로 손꼽히고 있다. 군사 쿠데타로 정권을 잡은 데 따른 정권의 합법성 결여로 인해 아민 대통령은 전임 수상이었던 오보테에 대한 두려움에 사로잡혀 있었던 것으로 보인다. 따라서 자신의 정권에 비판이나 위협이 되는 사람들을 체포했고, 정권에 반대하는 사람은 현장에서 즉사시켰다. 이 과정에서 8년 동안 적게는 10만 명, 많게는 50만 명에 이르는 목숨이 희생될 정도로 우간다는 폭력과 학살로 물들었고, 결과적으로 국가 전체와 경제의 붕괴를 가져왔다.

1980년에는 군부 지원으로 오보테가 선거에서 승리하여 재집권에 성공하고, 이에 대하여 요웨리 무세베니(Yoweri Museveni)의 국민저항군(National Resistance Army, NRA)이 게릴라전을 개시하는 등 혼란기가 시작되었다. 이러한 정치적, 경제적 혼란기는 1979년에서 1985년까지 지속되었다.

마침내 현 대통령인 무세베니가 이끈 NRM이 1986년에 권력을 잡았고, 우간다는 정치, 경제적 재건을 시작하였다(World Bank, 2011). 1996년 5월 무세베니는 무세베니 정권 하에서 치러진 최초의 선거에서 당선되었고, 2001년과 2006년은 물론 2016년 2월에 시행된 선거에서도 대통령에 당선되어 현재까지 장기집권 중이다.

무세베니 정부의 첫 10년은 경제 재건과 정치적 자유를 통해 정권의 합법성을 확보하고자 노력하였다. 그러나 북부지역의 시민전쟁으로 인하여 많은 시민이 죽임을 당하고 경제는 악화되었으며 빈곤은 심화되었다. 평화적 노력을 통해 신의 저항군(Lord's Resistance Army, LRA)이 2005년에 축출되었으며 그 이후로 심각한 안보적 사태는 발생하지 않고 있다(World Bank, 2011).

II. 우간다의 정치 체계

1. 헌법구조

우간다는 다른 아프리카 국가와 마찬가지로 부족 중심의 사회질서 유지의 전통이 있는 나라이다. 그러나 영국 식민지배(1894~1962년)의 영향으로 우간다의 법 체계는 영국 관습법의 영향을 받아 고유한 아프리카 관습법을 따르는 경향이 있다. 그러나 우간다에 적용되는 법률은 성문법 체계를 가지고 있으며, 대통령 중심제를 택하고 있기 때문에, 실질적으로는 영국보다 프랑스 5 공화국 체제와 유사하다고 하겠다.

헌법의 1차적 기능은 정부의 기본적 구조를 제시하는 것이다. 즉, 국가의 헌법은 입법·행정·사법의 3부에 할당되는 권력과 책임을 명시하여 이들 기관 간의 관계와 국민 간의 관계를 조절한다. 우간다의 헌법은 우간다 최상위 법으로, 제정되는 어떤 법도 헌법을 위배하지 않아야 한다. 현행 헌법은 1995년에 제정된 것이며, 우간다의 헌법은 영국으로부터 독립한 이래로 4번(1962, 1966, 1967, 1995년)이나 새로이 제정된 바 있다. 특히 4번(1962, 1966, 1967, 1995년)에 걸쳐 개헌이 이루어졌다. 현 헌법의 두 번째 개정안(2005년)에는 대통령 임기제한을 없애는 내용이 포함되어 현 대통령의 장기집권을 가능케했다.

헌법은 다른 선진국의 국제관례와 유사하게 원칙적인 것이 명시되어 있다. 우간다 헌법은 전문(Preamble)과 국가목표와 국가정책의 지침 원칙(National Objectives and Directive Principles of State Policy) 및 19개 장으로 구성되어 있다. 헌법 전문은 우간다의 정치적, 헌법적으로 불안정했던 과거와 폭정, 억압과 착취의 힘에 대항했던 역사를 천명하고 보다 나은 미래를 지향한다고 명시하고 있다. 따라서 헌법은 "화합·평화·평등·민주주의·사회정의와 진보의 원칙"에 기반을 두고 있다.

국가목표와 국가정책의 지침 원칙에서는 정치적 목표, 기본권과 기타 인권과 자유의 보호 및 촉진, 사회적·경제적 목표, 문화적 목표, 책임성, 환경, 외국인 정책의 목표와 시민들이 준수해야 할 의무 또한 포함하고 있다. 소외그룹에 대한 공정한 대표와 성 평등, 발전에 있어 국가와 국민의 역할, 교육, 스포츠, 의료서비스, 식품안전과 영양, 자연재해 등 사회 전반을 아우르는 영역을 포함함으로써 정치적·경제적·사회적 발전을 동시에 도모하는 이상적인 상태를 지향한다고 명시하고 있다.

이후 19개 장의 경우, 제1장은 헌법, 제2장은 국가, 제3장은 시민권, 제4장은 기본권 및 인권, 자유, 제5장은 국민의 대의권, 제6장은 입법, 제7장은 행정, 제8장은 사법, 제9장은 재정, 제10장은 공공서비스, 제11장은 지방정부, 제12장은 방위와 국가안보, 제13장은 정부감찰, 제14장은 리더십 행동규칙, 제15장은 토지 및 환경, 제16장은 전통적 또는 문화적 지도자 기관, 제17장은 일반 및 기타, 제18장은 헌법 개정, 마지막 제19장은 과도기적 규정에 관한 조항이다.

헌법 제1조는 국민주권을 표명하며, 헌법 제2조에 의거하여 우간다 전체의 모든 기관과 사람에 대한 헌법의 구속력을 선언한다. 헌법은 기본권과 개인의 자유를 인정하고, 인간의 기본권 보호와 차별로부터의 자유, 종교의 자유, 고문과 노예 금지, 개인정보보호, 집회 및 결사의 권리 등의 자유를 보장한다.

2. 입법부 및 정당 체계

1) 국회

(1) 공식적 구조

국회는 상·하원이 따로 나누어져있지 않은 단원제로 운영된다. 1995 헌법 제78조 제1항에 의하면 우간다 국회는 직접 선출에 의한 지역구 의원과 각 주요 집단을 대표하는 의원(비례대표)으로 구성된다. 2011년 시작된 제9회 국회는 지역구 의원 238석, 지역 여성대표 의원 112석, 군부대표 의원 10석, 청년대표 의원 5석, 장애인대표 의원 5석, 노동자대표 의원 5석, 직무상대표 의원(대통령 임명) 13석으로 구성되어 있다. 즉, 지역구 의원과 구역(district)마다의 한 명씩의 여성대표가 대부분을 이룬다.

이렇듯 헌법규정에 따라 여성대표나 군부대표, 청년대표, 노동자대표를 의무적으로 일종의 할당식 비례대표제 국회의원으로 구성하게끔

되어 있지만, 실제 입법과정을 보면 국회에서 정책결정의 주도권은 지역구 대표의원들이 쥐고 있다. 즉, 국회의 국민 인구구성을 고려한 다양한 의견을 반영토록 비례대표제를 부가하고 있지만, 발의안과 채택안들을 보면 사실상 이들 비례대표보다는 여당의 의견이 정책에 주로 반영된다.

국회는 의장에 의해 주재되고, 의장 부재 시에는 국회의원들에 의해 선출된 자와 의장 대리인이 함께 주재한다. 정부안들은 모두 국회나 국회 내부의 상임위원회의 논의를 거치고, 국회의원 전체회의에서 절반 이상의 동의가 있어야 의결된다. 대통령이 독주하는 체제이므로 국회는 우간다 정책결정 시스템 하에서 어느 기관보다 영향력이 크다고 할 수 있다.

헌법 제79조는 국회의 기능을 다음과 같이 명시하고 있다.

- 제79조 제1항 : 헌법의 규정에 따라, 국회는 평화, 질서, 개발 및 우간다의 굿 거버넌스에 대한 문제에 법을 만드는 권한을 가진다.
- 제79조 제2항 : 헌법에 규정된 경우를 제외하고, 국회법에 의해 부여된 권한을 제외한 누구도 법 효력을 지닌 조항을 만들 권한이 없다.
- 제79조 제3항 : 국회는 민주적 거버넌스를 촉진하기를 명한다.

또한 국회는 다음의 입법 역할, 관리·감독 역할, 대표자로서의 역할, 정부 예산 통과의 역할을 한다. 첫째, 우간다의 굿 거버넌스를 위한 법들을 통과시킨다. 둘째, 과세, 채권취득 등 법적 제재를 통해 정부 업무를 수행하는 수단들을 제공한다. 셋째, 정부 정책과 행정을 조사한다(사전입법조사, 경비 지출의 목적 조사, 공적 자금 이용의 투명성과 책임성을 보장, 정부 프로그램과 프로젝트 감시). 넷째, 대통령의 국회시정 연설에서 강조된 관심사에 대해 토의한다. 다섯째, 헌법이나 기타 법령 하 대통령에 의해 임명된 자의 임명권을 검토한다.

특이한 것은 다른 개발도상국에서 흔히 찾아볼 수 있는 의원들의 권한을 확장시키고 지역구민들과 유대를 강화할 수 있는 장치에 대해 견제를 한다는 점이다. 의원들은 본인 선거구의 도로, 교량, 병원과 학교에 대한 건설·보수에 대한 법률상 의무를 갖지 않고 결혼식이나 수업료에 기부할 의무를 갖지 않는다. 이것은 국회의원의 권력기반을 낮게 하여, 대통령의 독점권을 유지하기 위한 장치로 보인다.

대통령제 국가로서 최종정책결정권은 대통령에게 주는 장치도 되어 있다. 국회는 법안을 통과시킴에 따라 입법권을 행사하는데, 그 법안은 다시 대통령의 승인을 받아야 한다. 헌법 제91조 제3항에 따르면 대통령은 법안을 국회에 되돌려 보내 재의를 요구할 수 있다. 만일 대통령이 90일 내에 서명하지 않을 시 국회는 대통령 서명 없이 법안을 통과시킬 권한을 가진다. 이것은 보통 내각제에서 존재하지 않는 제도로서 이미 구성상 국회를 장악하고 있는 대통령을 위해 2중 장치를 하여 절대적 권력을 보장해주는 것이라고 하겠다.

(2) 그림자 내각

영국, 캐나다, 호주 등의 국가에는 야당 당수와 간부들로 구성된 그림자 내각(shadow cabinets)이 존재한다. 이는 각 부처 구성대로 예비(그림자) 장관을 정하여 당의 정책이나 국회안에 대한 대안을 협의하는 협의체이다. 야당은 내각의 멤버가 될 수 없고, 대신에 국회 감사 시 책임성과 투명성 확보를 위해 약간 간여할 뿐이다. 때문에 그림자 내각은 야당이 정권을 잡을 경우를 대비한 시나리오라 할 수 있겠다.

영국 식민지배 역사를 가진 우간다는 영국의 그림자 내각 제도를 도입하였고, 제1야당이 정부 부처구성을 그대로 본떠 부처마다 일대일 대응으로 그림자 내각 장관을 조직한다. 그림자 내각의 구성원들은 정부 내각의 부처들의 시각과 정책에 반대되는 의견이나 대안이 되는 정책을 제시함으로써 정부의 불합리한 정책결정이나 집행, 권력의 오남용에 대한 통제역할을 한다. 사회문제를 공공의제화하여 정부의제가 될 수 있도록 본 내각과는 별도로 사회문제를 내부적으로 논의하고 공공의제화시키는 방안들을 고려한다.

우간다의 그림자 내각은 국회 홈페이지 상에 그림자 내각 카테고리가 따로 있을 정도로 공식적인 조직이다. 그러나 내각은 부처의 정책 문제들을 비밀에 부치기 때문에, 아이러니하게도 그림자 내각의 존재 자체는 공식적이나 그 영향력은 본 내각의 그림자에 머문다.

2) 정당제도

현재 우간다는 다당제의 공화국이다. 1986년 무세베니 정권이 들어섰을 당시 당파적 갈등을 저지한다는 명분 아래 모든 정당 활동은 금지되었다. 대신 대통령이 의장으로 있는 국민저항운동(National Resistance Movement, NRM)이라는 정치적 조직만 허용되었다. 1986년부터 2005년까지 정당의 명칭을 갖지 않았을 뿐 사실상 정당과 다름없는

〈표 8-1〉 우간다 제9회 국회 정당 및 의석 수 현황

정당명	의석 수
National Resistance Movement(NRM)	263
Forum for Democratic Change(FDC)	34
Democratic Party(DP)	12
Uganda People's Congress(UPC)	10
Conservative Party	1
Justice Forum	1
Uganda Federal Alliance(UFA)	-
People's Progressive Party(PPP)	-
Conservative Party	-
Federal Democratic Party	-
National Democrats Forum	-
Uganda Patriotic Movement	-
Uganda Green Party	-
Wahb Yeka Party	-
무소속	43
공석	1

NRM 일당체제로 19년을 지내온 것이다.

그러나 무세베니 정권은 국내외의 압력에 굴복해 다당제를 수용할 수밖에 없는 입장이 되었다. 결국 2005년 7월 다당제 복귀를 위한 국민투표에서 유권자의 90% 이상이 찬성함으로써 헌법이 개정되고 다수 당체제로 변모하였다(경제사회연구원, 2011, p. 78). 2011년 제9회 국회의원 선거 결과 우간다의 정당 현황 및 정당별 의석수는 〈표 8-1〉과 같다.

무세베니가 의장으로 있는 NRM은 권위주의 정당으로 국가에 대한

충성을 최상위 이념으로 삼고 있다. 즉, 대통령이 여당의 당수를 겸하고 있고, 실질적으로 국회를 지배한다고 할 수 있다. 국회 의석 수 365석 중 263석을 NRM이 확보하고 있기 때문이다. 형식적으로 다당제체제이기는 하지만, 일당체제의 역사가 고스란히 남아있고, 절대 다수당인 여당 NRM이 우간다의 실질적 정책 결정권을 쥐고 있다. 특히 부처수준에서 정책을 발전시키는 과정에서 NRM의 공약은 정책의 중요한 방향을 결정하는 부분이며 선거공약을 정부 정책에 반영하기 위해 정책 수단들을 개발한다.

무세베니 정권의 독단적인 정책결정과 장기집권으로 인한 병폐로 기존의 지지층이 이탈하기도 하는데, 이탈한 지지층은 대개 정당노선을 변경하여 민주적 변화를 위한 포럼(Forum for Democratic Change, FDC)의 당원이 된다. 제1야당인 FDC는 권위주의적이고 보수적인 NRM의 정책 결정에 항상 반대하며 NRM의 독단적 결정을 막기 위해 노력한다. 그 예로, 2011년 4월에는 FDC 지도자 Kizza Besigye 주도하에 Democratic Party(DP)와 Uganda People's Congress(UPC) 멤버들, 시민사회 단체의 멤버들이 무세베니 정부에 대항하는 반정부 시위(Walk-to-Work campaign)를 벌였다. Walk-to-Work는 식품과 연료비 상승, 무세베니의 NRM 정부의 부적절한 경비지출, 부패 등에 저항하는 시위로, 매주 월요일과 목요일에 집에서 직장까지 교통수단을 이용하지 않고 걸어가는 시위였다. 시위를 진압하는 과정에서 우간다 경찰당국은 Besigye를 체포했을 뿐만 아니라, 시위참여자들을 무력으로 진압하여 4명 사망, 167명 부상 등의 사상자를 냈다.

이렇듯 무세베니 정부는 FDC를 포함한 야당 세력이 커질 것을 우려해 야당의 활발한 활동을 무력으로 진압한다. 공공질서관리법(Public Order Management Act)에 의하면, 정당이나 정치적 단체 주관의 공개 집회(Public meeting)는 3~15일 이전에 신고하도록 되어있다. 그러나 실제로는 경찰로부터 허가를 받아야 하며, 허가 없이 진행되는 집회에 대하여 경찰은 무차별적이고 무자비한 제재를 가한다. 때문에 야당의 정책적 논의는 양지로 나오지 못하는 실정이다. 요컨대 정치적으로 건전한 정당이 존재하지 않으며, 그나마 존재하는 반정부적 세력들도 정부가 강력히 탄압하는 억압정치가 이뤄지고 있다고 하겠다.

이미 예상되었던 일이기는 하지만, 2016년 2월에 치러진 총선거에서도 야당 지도자인 Kizza Besigye는 35%의 득표를 하며 패배하였다. 이제까지 총 4차례 대선에 출마하여 패배한 셈이다. 또한, 제10회 국회에

[그림 8-1] 우간다의 정책형성과정

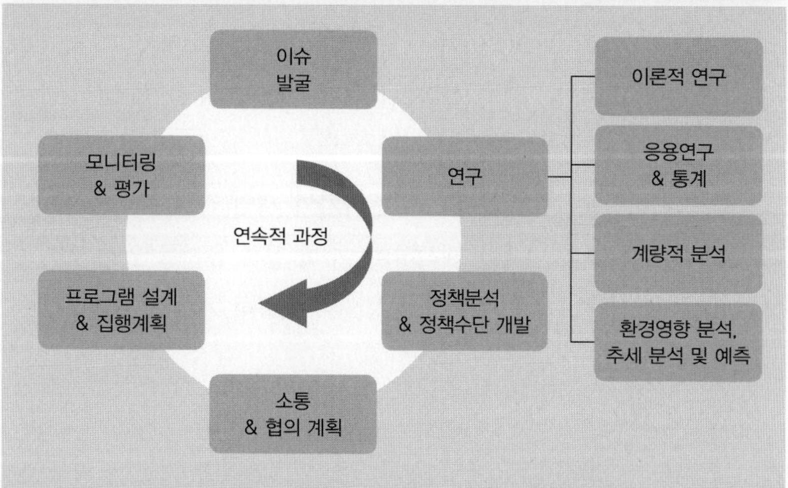

출처: Tumweigye *et al.*, Health research policy and systems, 11, 2013, p. 7

서 NRM은 30개의 의석을 추가로 확보하였으며, FDC의 총수 필립 와풀라 오구투(Phillip Wafula Oguttu)는 선거에서 패배하며 야당의 세력이 더욱 약화되었다. 이에 각종 부정선거기법이 동원되어 패배한 것으로 보고 반정부시위가 벌어졌고(The Wall Street Journal, 2016. 2. 23.), 경찰은 최루가스 등을 이용하여 무력으로 시위를 진압하였으며, 정부전복기도 혐의로 Besigye를 체포하였다. 30년 장기집권을 하려는 현 대통령에 맞서는 전형적인 갈등이 지금까지도 지속되고 있는 것이다.

3. 사법부

사법부는 3권 분립 하 3부에 해당한다. 사법부는 최상위에 대법원, 그 아래 항소법원, 고등법원으로 구성된다. 하위법원으로 치안법원, 지방의회 법원, 결혼, 이혼, 재산과 수호 법원(Qadhis' courts for marriage, divorce, inheritance of property and guardianship), 그리고 토지법, 통신법, 전력법, 세금심사재판법(Tax Appeals Tribunal Act) 등에 따른 특수법원들이 있다.

사법부의 주 기능은 개인 간, 혹은 국가와 개인 간의 분쟁을 해결하고, 우간다의 헌법과 법률을 해석하며, 사회 질서 유지를 위해 법의 규칙을 도모하고, 헌법과 민주주의 원칙을 수호하며 개인의 인권을 보호하는 것이다.

사법부는 2011년 12월부터 2016년까지의 미션으로, "모두에게 정의를 실현하는 독립적이고, 능력 있고, 신뢰받고 책임 있는 사법부(An independent, competent, trusted and accountable Judiciary that ad-

[그림 8-2] 우간다의 법원 구성

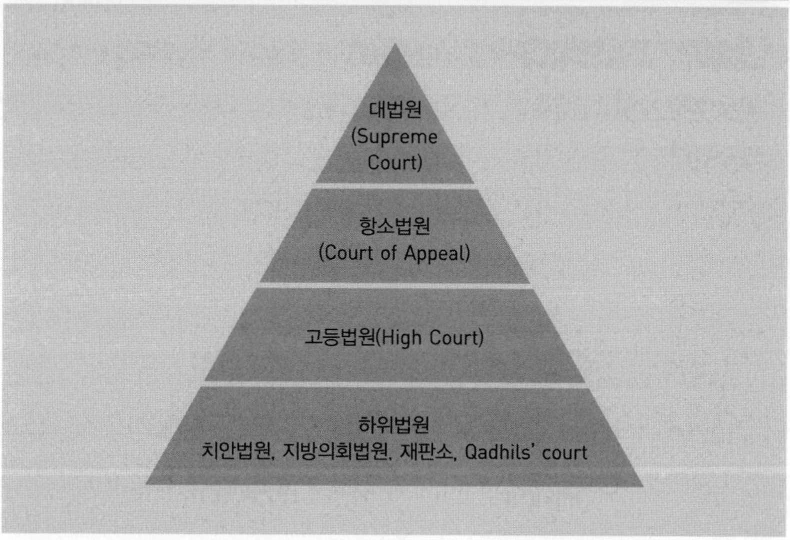

ministers justice to all)"를 언명하였다. 그러나 실제로 사법부가 독립적으로 작동하고 있다고 보기는 어렵다. 대통령의 장기집권 하에서 사법부도 정치탄압에 활용되고 있을 뿐만 아니라, 유력인사들의 특권적 행태가 큰 제재 없이 이뤄지고 있기 때문이다.

III. 우간다의 행정 체계

1. 중앙정부

1) 대통령과 부통령

우간다 정부는 대통령을 중심으로 하는 공화제를 택하고 있다. 헌법 제98조 제1항에 따르면, 우간다의 대통령은 국가 원수이자 우간다 공화국 행정부의 수장이며, 국군 통수권을 지닌다. 대통령은 투표로 선출되며 5년 임기이다. 이 점에서 적어도 헌법체제 면에서 우리나라의 세제와 유사하다.

현재 대통령은 요웨리 무세베니(Yoweri Museveni)이며 2006년 대통령 선출에 이어 2011년에 2월과 2016년 2월 대통령 선거에서도 당선되어 현재 연임 중이다. 앞서 언급한 바와 같이, 2005년 헌법 개정으로 인해 대통령 연임의 제한은 없어지는 대신 피선거권 연령이 35세 이상, 75세 이하로 제한되었다. 하지만 우간다의 기대수명이 55세 수준인 점을 고려해볼 때, 75세 연령 제한은 대통령 연임을 가능하게 하는 데 따른 반발을 고려해 추가한 것으로 보인다. 18세 이상의 모든 우간다 국민은 대통령 선거의 투표권을 가진다. 대통령은 국회의 승인을 받아 부통령을 임명하는데, 부통령은 대통령이나 법에 의해 주어진 의무를 수행하거나 대리 역할을 한다(헌법 제108조 제2항, 제3항).

대통령실(the Office of the President)은 정부 정책관리에 있어 대통령과 부통령의 전반적인 리더십 규정을 지원하고, 정부 정책을 수립하고 실행하는 내각을 지원한다. 대외적으로 우간다에 대한 호의적인 이미지를 제고하고 더불어 우간다의 사회적·경제적 발전을 도모하기 위한 노력들을 한다(대통령실 공식 홈페이지). 실제로는 우간다 정책체제의 중심에 있는 기구라고 할 수 있을 것이다.

대통령실과 별도로 국무원(State House)이 있는데, 국무원은 대통령, 부통령과 그 가족을 지원하고, 정부와 외교관, 일반 대중들과의 공식적 연결고리 역할을 한다. 국무원 내에는 대통령 개인비서실(the Office of the Principal Private Secretary to H.E.), 개인비서차장(the Office of the Deputy Principal Private Secretary to H.E.) 외에도 대통령 언론/홍보팀, 의전팀, 외교팀, 법무팀, 안보와 방위팀, 경제팀, 그리고 재무관리부서가 있다. 이들은 주로 해당 분야에 대해 대통령과 부통령에게 정보나 자문을 제공하여 대통령의 의사결정을 보좌한다. 개인비서실은 각 팀들의 조정자이자, 감시자이자, 관리자이다. 관련된 팀들과 개인비서들은 개인비서실장에게 보고하는 시스템이다.

2) 국무총리

국무총리(Prime Minister)는 국회의원으로 선출될 자격을 갖추거나 국회의원들 중에서 국회의 승인을 받은 후 대통령에 의해 임명된다(헌법 제108A조 제1항). 국회의원으로 자격을 한정하지 않은 것은 내각 책임제와 다른 점이다. 이 점에서도 영국의 내각제를 본받았다고 보기 어렵다. 국무총리는 국회 내 정부 업무의 리더로서 부처와 행정기관들의 정부 정책을 조정 및 집행하고, 대통령이나 법률에 의하여 정해진 다른 의무들을 수행한다(헌법 제108A조 제2항). 여기서 대국회관계가 주를 이루고 있음을 알 수 있는데, 이 점이 부통령과의 차이점이기도 하다.

국무총리실(the Office of the Prime Minister)은 국회에서 정부 업무를 지휘하고, 정부 정책과 프로그램을 조정·감시·평가하며, 국가개발계획의 집행조정을 착수하는 등 정책 조정과 관련하여 국무총리를 보좌한다.

대통령실이나 국무원, 국무총리실은 정책 최종 결정권자인 대통령, 부통령, 국무총리실에 정책 관련 정보를 전달하고 보좌한다. 하지만 각자가 가진 정보를 공공에 공개하거나 주요 기관들과도 서로 정보를 공유하지 않는다. 이로 인해 정책 조정 및 결정 시 일관성이나 투명성이 떨어지고, 기관들 간 정보 불균형으로 인해 효율적인 의사결정이 어려운 한계가 있다. 이것은 대통령의 권한행사와도 관련된 통치행위로서 일부 불가피한 점도 있지만, 그 정도 차이의 문제가 있는 것은 사실이다.

3) 내각

내각(Cabinet)은 헌법 제111조의 규정 하의 최상위 정책 입안기관이다. 내각은 대통령, 부통령, 국무총리, 다수의 장관으로 구성된다. 내각은 결정, 수립, 그리고 정부의 결정을 실행하는 기능을 갖고, 사무국의 도움을 받아 주요 정책·재정·자원에 대한 결정을 한다.

장관은 국회의원으로 선출될 자격을 갖추거나 국회의원들 가운데 국회의 승인을 받고 대통령에 의해 임명된다. 내각 장관(Cabinet Ministers)의 수는 총 21명을 넘지 않도록 규정하고 있어(헌법 제111조, 제113조) 장관의 수를 무한정 늘리는 데 대한 제약을 두고 있다.

장관의 종류에는 두 가지가 있다. 행정부 부처들을 이끄는 내각 장관이 있고, 내각 장관 아래에는 국무부 장관(Ministers of State)이 있다.

[그림 8-3] 정부 정책관리의 제도적 체계

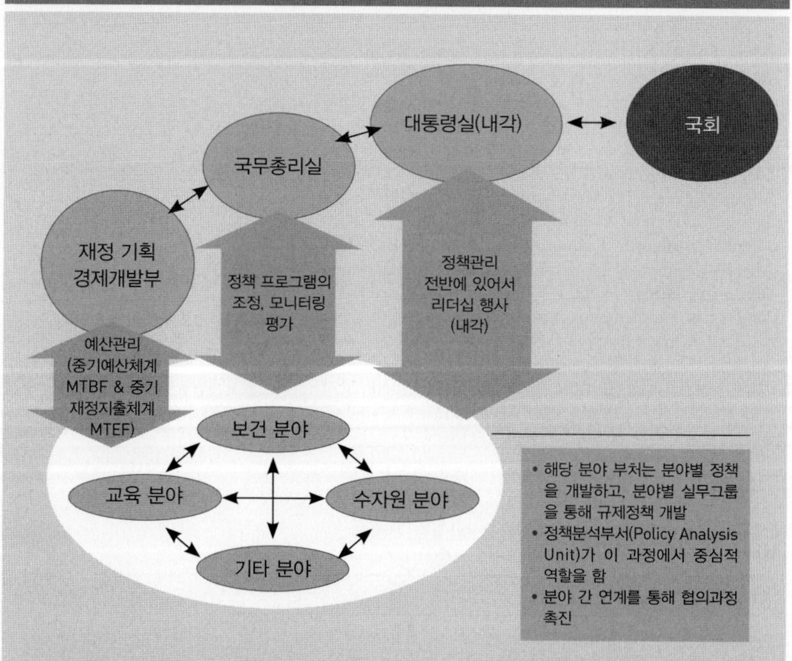

출처: Cabinet Secretariat, Office of the President, A Guide to Policy Development & Management in Uganda, 2009

보통 다른 나라에서는 국무부 장관은 보통 장관보다 높은 상징성을 가지고 있는데, 우간다의 경우 차관 정도에 해당하는 것으로 정반대이다.

4) 부처 및 위원회

각 부처의 수장은 장관(Minister)이다. 장관 이하 각 부처에서 최상위 직급은 사무차관(Permanent Secretary)이다. 정부에서 주요 현안으로 다루는 정책 유무에 따라 부처와 위원회 조직은 분리와 합병을 거

〈표 8-2〉 부처 및 위원회 조직(2013년 기준)

부 처
Ministry of Agriculture, Animal Industry & Fisheries(농수산·식품)
Ministry of Information Communication Technology(ICT)
Ministry of Defence(국방)
Ministry of East African Community Affairs(동아프리카 공동체 문제)
Ministry of Education & Sports(교육·스포츠)
Ministry of Energy & Mineral Development(에너지·광물자원)
Ministry of Foreign Affairs(외교)
Ministry of Finance, Planning & Economic Development(경제개발)
Ministry of Gender, Labour & Social Development(성·노동·사회개발)
Ministry of Health(보건)
Ministry of Information & National Guidance(정보·국가지도)
Ministry of Internal Affairs(내무부)
Ministry of Justice & Constitutional Affairs(법무·헌법)
Ministry of Lands, Housing & Urban Development(토지·주택·도시개발)
Ministry of Local Government(지방행정)
Ministry of Public Service(공공서비스)
Ministry of Security(치안)
Ministry of Trade & Industry(무역·산업)
Ministry of Tourism, Wildlife & Antiquities(관광·야생·유물)
Ministry of Water & Environment(물·환경)
Ministry of Works & Transport(노동·교통)
위원회 조직
Health Service Commission(건강 서비스)
Judicial Service Commission(사법 서비스)
Inspectorate of Government Judiciary(감사단)
Education Service Commission(교육 서비스)
Public Service Commission(공공 서비스)

듭해왔다. 2013년 기준 부처 및 위원회 조직은 〈표 8-2〉와 같다.

대통령 명령, 부처 명령, 내각 명령은 부처나 기관의 가장 지배적 정책 의제를 형성하는 방법이다(Cabinet Secretariat, Office of the President, 2013). 내부주도형 정책의제 설정이 주를 이루기 때문이다. 물론 그 외에도 선거공약, 국가개발계획, 영역별 계획, 예산, 연구결과나 서베이, 일반 공중의 요구 역시 정책 문제 형성에 영향을 끼친다. 하지만 대부분의 경우, 실제 정책의 구체적 개발은 관계 부처에서 진행된다는 점은 다른 나라와 유사하다. 즉, 행정국가화 현상이 발견된다.

5) 중앙정부 내 정책조정 체계

행정부 내의 정책조정은 각 위원회에 의해서 이뤄진다는 점이 특이하다. 물론 실질적인 권한은 대통령에게 있지만, 적어도 형식적으로 정책조정위원회, 정책집행조정운영위원회, 기술집행조정위원회, 분야 실무그룹의 4단계의 계서적으로 이루어진 조정체계(내각 사무처)가 존재한다.

먼저 정책조정위원회는 국무총리가 위원장이고, 정책집행조정운영위원회는 공공서비스와 비서장(Secretary to Cabinet)이 위원장이며, 기술집행조정위원회는 국무총리실 상임비서관이 위원장을 맡는다(Ssansa Mugenyi, 2012). 가장 최하위에는 분야별 실무그룹이 있다.

이렇게 체계적인 조정체계는 정부의 다른 수준에서 개발 파트너들, NGO, 기업들과 협력하여 장기적인 대화가 가능하다는 이점이 있다. 또한 정책과 프로그램 실행 단계에서 수평적, 수직적 조정이 가능하다.

정책 의제설정과정을 보면, 우간다는 내부접근모형(inside access

[그림 8-4] 제도적 정책조정 체계

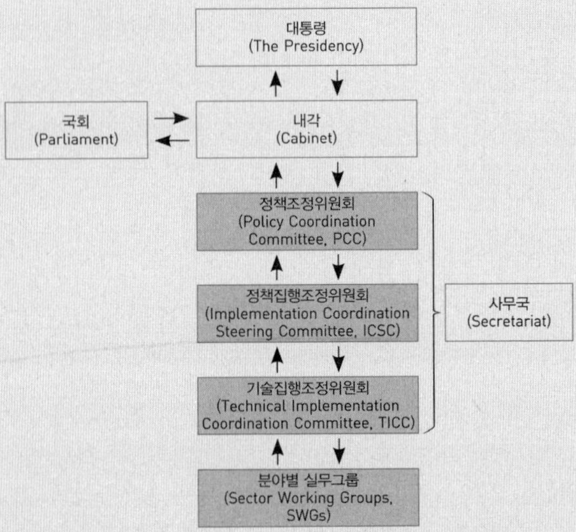

출처: Mr. Ssansa Mugenyi, 'Building sustainable systems to measure and track investment climate reforms', material for Network of Reformers 4th Peer-to-Peer Regional Learning Event Organized by the World Bank Group, Investment Climate Advisory Services, in collaboration with, and co-hosted by Rwanda's Ministry of Trade and Industry, 2012

model)에 가깝다. 내부접근모형에서는 정부 내 관료집단의 주도하에 사회문제가 공식의제로 채택되고, 공중의 참여를 배제하고자 시도한다(임도빈, 2014). 또한 우간다 정부에서는 엘리트주의와 비공식네트워크가 강하게 작용한다. 부와 권력이 내각에 집중되어 있고, 부처 내 고위공무원의 승진에도 주도집단인 NRM의 네트워크가 최우선 조건이다. NRM의 뜻에 따른 결정을 용이하게 만들기 위해 공중의제화를 막는 것이다.

그렇기 때문에 국민들의 정책 요구에 대한 우간다 공공서비스 기관들의 반응성은 매우 약한 편이다. 민주주의가 정착되지 않은 상황에서 민주행정을 담보하기는 쉽지 않은 것이다. 이 문제는 영국의 식민지배 시절의 거슬러 올라가 기관배치나 정부 구조에서도 원인을 찾을 수 있다. 영국의 정부 구조를 상당 부분 따른 우간다 정부 구조는 현재의 시민과 비즈니스 행위자들에게는 맞지 않는 구조이다. 기관과 기능이 맞아떨어지지 않아 다양한 공공서비스 기관에 의한 불필요한 관료제, 갈등, 기능의 중첩과 중복이 해결되지 않고 있다. 이러한 상황은 정책 결정과정에서 국민, 즉 수요자보다는 공급자 중심의 정책을 선택하게 되는 오류를 범할 수 있다. 또한 사실상 규제기관(평가기관)과 모부처 간의 권력관계가 복잡하기 때문에 부처들을 제대로 규제하고 평가하기에는 어려움이 따른다(IMF, 2010).

조사에 따르면, 정책 조정과정에서 부처와 기관들의 70%는 정책 소통에 결함이 있음이 밝혀졌다. 그중 16%는 정책 소통계획을 개발 중인 것으로 밝혔으나, 나머지 84%는 그마저도 없었다(Cabinet Secretariat, Office of the President, 2013). 성공적인 정책 개발과 집행을 위해서는 이해관계자의 참여가 필요하다. 부처나 기관 간, 부처나 기관 내 원활한 소통이 요구되지만 정보 공개를 꺼리는 행정문화가 소통의 장애물이 되는 것이다. 부처 관계자들 역시 주요 이해관계자들의 조언과 협력이 필요함을 인식하고 있다(Cabinet Secretariat, Office of the President, 2013). 정책과정의 투명성이 부족한 것 역시 민주제도의 미흡함에 기인하는 것이다.

2. 지방정부

1) 지방정부의 구성

우간다의 행정구역은 4개의 광역도와 80개 기초지역(District)로 나누어져 있다. 원래 56개 지역으로 시작하였는데 2005년부터 지속적으로 추가되어 현재의 80개에 이르게 되었다. 기초지역들은 자치기구로서 다시 시(Municipal), 타운(Town), 하위카운티(Sub County) 단위로 나누어지고, 각 단위에 지방의회가 존재한다. 즉, 우간다에서는 기초자치구역(District)이 지방 자치정부를 구성하는 기본적인 행정 단위이다.

[그림 8-5] 우간다 지방정부의 위계구조 및 관계(2008년 9월 기준)

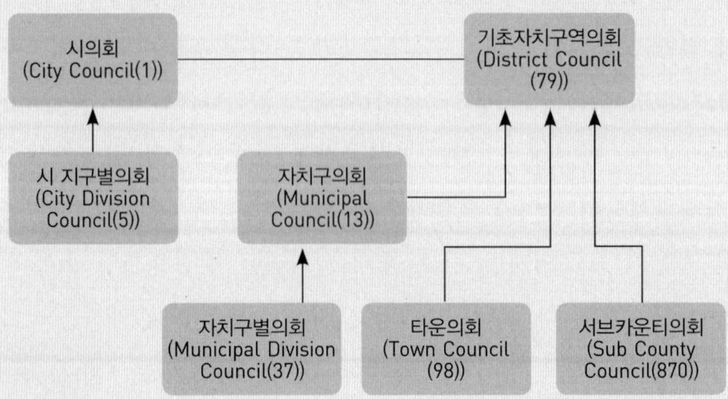

출처: Johnson Bitarabeho, 'The Experience of Uganda – Local Government's Role as a Partner in the Decentralization Process to Strengthen Local Development', Conference on Access to Development Funding for Local Governments in Africa, 2008, p. 3

지방정부별로 주민 직선에 의해 지방의회를 구성한다. 지방의원들은 자신의 출신 선거구를 대표하는 일반 지역구 의원 3분의 2와, 의원의 3분의 1은 장애인·청년·여성 의원으로 구성된다. 지방정부에는 지역 서비스 위원회뿐 아니라 공공, 건강, 교육, 사법서비스 위원회가 있다. 공무원 인사체계 역시 중앙정부 공무원과 지방정부 공무원을 따로 구분하여 채용·관리한다.

2) 중앙-지방정부 관계

우간다에는 40개 이상의 부족이 살고 있고, 이들 부족은 특정지역에 모여 살고 있다. 가장 큰 부족은 바간다(부간다의 부족)로, 전체 인구의 17%를 차지한다. 영국의 식민 통치 하에서 4개의 왕족이 인정되었는데, 부간다, 부뇨로, 토로, 앙콜 왕족이 이에 해당한다. 2011년 대통령과 의회선거 당시, 합법적 군주와 지역 의회가 있는 부간다에서 자치 요구의 압력이 거세었다. 우간다 내 가장 영향력 있는 부간다 지역의 독립 요구는 우간다 중앙정부에 위협요인이 될 수 있었다. 그러나 무세베니 대통령은 중앙정부의 틀은 유지하되 지방정부로의 권력 이양을 약속함으로써 지역 감정을 달랬다(황원규, 2011, p. 70).

우간다 내 LRA와 ADF의 반정부 세력은 무세베니 정권의 정치적 근간에 위협을 가했다. LRA는 인접한 수단의 지원을, ADF는 D.R. 콩고의 지원을 받는 무장 세력이었다. 이들은 민간인 마을과 정부군을 공격하는 등 끊임없는 내전을 벌였고, 그 결과 우간다의 전반적인 경제상황도 열악해졌다. 결국 2001년 미국의 애국자법(Patriot Act)에 따라 LRA와 ADF는 무장테러단체로 지목되어 무세베니 정부는 국제사회로부터 반역군에 대해 군사적 제재를 가할 수 있는 정당성을 인정받게 되었다. 따라서 정부군은 2002년 무장 헬리콥터를 이용하여 반군을 공격하였고, 그 결과 LRA는 평화 협상 의지를 표명하고 ADF는 2004년에 공식적으로 군사적 활동을 중단하였다. 이처럼 국제사회는 우간다 정부의 활동에 영향력을 끼치고 있다.

무세베니 정부는 반투 부족이 우세한 남부지역의 지지층을 확보하고 있는 반면, 북부지역은 아콜리 부족이 정착해있는 지역으로 과거 오보테 정권에 충성하고 NRM에 반대하는 LRA(Lord's Resistance Army) 세력이 포진해있는 지역이다. D.R. 콩고와 맞닿아있는 서부지역은 이슬람 급진세력인 ADF(Allied Democratic Forces)가 포진해있던 지역으로(Rohner, D., Thoenig, M. & F. Zilibotti, 2013, p. 218), 이 두 지역은 전통적인 야당지역이다. 2011년 선거에서는 NRM이 이 두 지역과 부간다 등 지역 전반에서 의석을 획득했다. 이는 전통적인 부족 중심의 정치적 지지는 약화되고 있음을 보여주는 것이다(황원규, 2011, p. 71).

이처럼 부족 중심의 정치적 갈등이 적고 중앙정부에 대한 국민적 합의가 이루어지고 있다면 지방정부는 분권화의 이점을 가진다. 지방정부는 시민과의 거리가 가깝기 때문에 시민들의 니즈를 가까이에서 파악할 수 있고, 보다 적절한 서비스 형태나 수준에서 서비스를 공급할 수 있다. 그러므로 서비스 공급에 있어 지역 공동체에 보다 책임감을 갖게 되는 이점이 있다(Livingstone, I. & R. Charlton, 1998).

현재 우간다의 지방정부들은 중앙정부로부터 이양 받은 기능, 권력, 서비스 등이 분권화되어있고, 아프리카 다른 국가들에 비해 분권화 체계가 잘 갖추어져 있는 편이다. 분권화를 위한 법적 개혁은 1987년 법령, 1993년 지방정부법령에서 시작하여 1995년 헌법에까지 영향을 미쳤다. 1997년에는 지방정부법(Local Government Act)이 제정됨에 따라 분권화의 범위는 확대되었다(Andrew, 2014).

지방정부에 부여된 권력은 지방 정책을 만들고 서비스를 조정하며, 지역 우선순위에 따른 개발 계획을 수립할 수 있도록 하였다. 더불어 예산 승인과 집행을 통해 수입을 관리하고 배분하도록 하였다. 즉, 분권화는 국민들의 정치적·입법적 권한부여, 재정권력이양, 지방의회에 의한 행정기구통제라는 세 가지 측면에 기초를 두고 있다(Bernard Bashaasha, Margaret Najjingo Mangheni & Ephraim Nkonya, 2008, p. 4).

그러나 재정 기획 경제개발부(Ministry of Finance, Planning & Economic Development) 공무원과의 인터뷰에 따르면, 실제로 지방정부의 상당수는 중앙정부 예산에 의존하고 있으며, 시골 지역 정부의 경우 예산 의존도가 더욱 높아 분권의 목적을 달성하지 못하고 있는 경우가 많다.

지방정부부(Ministry of Local Government)는 지역 개발, 지방정부 감시 및 평가, 정책, 기획을 보조하는 부처이다. 지방정부들은 자발적, 비영리적인 연합을 구성하여 지방정부의 목소리를 전달하는 데 앞장서고 있다. 우간다 정부에서 분권화정책을 시행하기 시작한 1994년에 설립된 지방정부연합(Uganda Local Governments' Association, ULGA)은 우간다 지방정부 중 80% 가량이 가입하여 지방정부의 이해와 헌법적 권리를 주장한다.

IV.

우간다의 민간 거버넌스

1. 시민사회와 언론

우간다의 시민사회는 정책 사안들에 대해 활발히 논의를 제기한다. 역사적으로도 목숨을 잃으면서까지 부당한 권력에 항거했던 우간다 시민들을 볼 때, 시민사회는 발달되어있는 편이다. 그러나 시민사회의 활동을 저지하는 강력한 정권은 사회 내 자발적인 정책 조정 메커니즘을 저해한다.

우간다 헌법에서는 양심, 표현, 운동, 종교, 집회와 결사의 자유(헌법 제29조)를 보장한다. 하지만 2008년 이후 베르텔스만 재단의 보고서에 따르면, 시민사회기구(Civil Society Organization, CSO)들의 등록 기준을 조작하는 것이나 특정 조항을 사용하여 활동을 국가 보안과 이익에 해가 되는 것으로 해석하는 것 등 법적 제한에 취약한 것으로 드러났다(홍재환, 2013, p. 125).

2011~2012년 세계 언론자유지수(Press Freedom Index)에 의하면 우간다는 179개국 중 139위를, 2013년에는 179개국 중 104위를 기록했다. 이 순위는 언론인과 미디어에 대한 직·간접적 공격 및 압력에 대

한 항목을 물어 그 순위를 매긴 것으로, 2002년부터 매년 발표된 우간다의 순위를 살펴보면 2002년 52위가 최고 순위, 2012년 발표된 순위가 최저 순위인 것으로 나타났다. 프리덤하우스(Freedom House)가 매년 발표하는 언론의 자유 데이터(Freedom of the Press data) 2014년 자료에 따르면, 우간다는 '부분적 자유로움(partly free)'의 평가를 받았다. 하지만 31~60점의 부분적 자유로움 범주 내에서 58점을 받았고, 매년 '자유롭지 않음(not free, 60~100점)에 가까워지고 있는 양상을 보인다. 즉, 민주주의의 후퇴를 겪고 있다고 하겠다.

우간다에서는 정부기관에 의한 언론 자유의 침해가 빈번히 발생하고 있다. 정부에 의한 방송국과 신문사 폐쇄가 거듭되는 등 언론사는 정부 정책에 반하는 의견을 자유롭게 펼칠 수 없는 환경에 있다. 2000년 제정된 언론 및 언론인 법(Press and Journalist Act)에 의하면 언론인들은 언론인국가기관에 가입하고, 미디어 국회(Media Council)로부터 허가를 받아야 한다. 언론이 정부 감시 하에 있는 것이다.

언론의 탄압 정도가 심하면 무세베니 정부의 선호에 반하는 정책문제는 일반 국민들에게 전달되지 않을 것이다. 의사결정단계에 이르기도 전에 사장되어 버리는, 바흐라흐와 바라츠(Bachrach & Baratz, 1962)가 주장한 무의사결정(Non-decision making)이 이루어지기 쉬운 환경이다. 현 무세베니 정권은 무의사결정을 얻어내기 위해 언론인 감금, 언론사 강제 폐쇄, 방송 라이선스 박탈 등의 수단을 사용하고 있다.

2. NGO

아프리카의 많은 국가들에서는 NGO(Non-Governmental Organization)가 정부의 능력만으로는 해결할 수 없는 부분, 특히 보건부문을 지원하는 것이 일반적이다. 여기서 NGO는 대부분 국제적 협력을 받는 기구들이다. 정부경쟁력이 약한 국가들에서 NGO의 재정적 지원이나 인력 지원은 어쩌면 필수적이다.

다른 아프리카 국가들이 그렇듯이 우간다의 보건 영역은 외부 지원에 상당히 의존한다(Cannon, 1996). 우간다 정부는 권위주의적임에도 불구하고 현실적인 예산 부족으로 인하여 NGO와 타협할 수밖에 없다. 많은 부분에서 NGO의 도움이 있어야만 정책 프로그램들을 실행할 수 있기 때문에 NGO를 일종의 활용 가능한 자원으로 본다.

현재 우간다의 NGO 현황에 의하면, 식수와 위생, 건강, HIV/AIDS와 같은 기초적 생활을 지원하는 NGO와 인권과 거버넌스, 공공정보와 통신, 사회조사와 정책지지, 평화와 갈등조정과 같은 정치·사회적 발전을 지향하는 NGO 등 다양한 분야에서 NGO가 활동하고 있다.

정책을 시행하는 데 NGO의 역할이 필수적이기 때문에 정책 입안이나 조정, 집행과정에서 NGO는 정부 외부에 존재하는 중요한 행위자이다. 그러나 NGO의 투명성 확보문제나, 중앙정부와 지방정부의 정보와 책임성의 불균형과 같은 문제는 우간다 정부와 NGO가 함께 극복해야 할 한계점이다. 단일 NGO는 정부활동에 큰 영향을 끼치지 않을지도 모르나, 우간다의 정책조정 및 결정체계에서 NGO가 정한 역할을 담당하는 만큼 여러 NGO들이 반기를 든다면 정부 기반을 약화시킬 수 있다(Cannon, 1996).

3. 국제 거버넌스의 영향

어느 정부에서든, 정책을 결정할 때 최우선으로 고려해야 할 것은 그 정책을 집행할 예산이 충분한지 여부이다. 최빈국인 우간다 정부는 자체적으로는 빈곤을 해결할 충분한 자원이 없기 때문에 국제사회로부터의 원조에 상당 부분 의지하고 있다. 2011년 우간다 정부는 예산의 25.1% 이상을 해외 원조에 의존했다. 2012년 총리실 원조 횡령사건으로 서구 원조 공여국의 예산지원 중단이 잇따라 발생해 2013/2014년 20.2%로 약 5% 포인트 낮아졌다. 그럼에도 해외 원조는 여전히 정부 예산에서 높은 비율을 차지하고 있다. 여전히 해외 원조는 정부 예산에서 높은 비율을 차지하고 있다. OECD 자료에 의하면 우간다는 아프리카 국가들 중 최대 원조 수혜국 중 하나로 꼽혔다.

대표적 국제기구인 UN, IMF, World Bank 외에도 다양한 국제기구와 국가들의 원조를 받고 있는 상황에서 이들의 원조에 따라 정책 실현가능성이 좌우되고 정책 방향도 설정된다. 그러나 UN 주도의 MDGs(Millennium Development Goals)와 IMF, World Bank의 PRSP(Poverty Reduction Strategy Paper)가 추구하는 바가 약간씩 다른 만큼 어떤 분야에서 어떤 정책을 마련하고, 어떤 방향성을 추구할지가 우간다의 정책조정 및 결정에 영향을 끼친다.

국제기구 및 선진국으로부터 제공되는 원조와 관련하여 주요 이해당사자가 이권에 대한 개입이라는 실질적 목표가 있기 때문에 직접 혹은 암묵적으로 첨예한 대립을 낳게 된다. 현금공여의 경우 정책집행과정에서 여러 이해관계자가 개입이 발생하고, 그 과정에서 부패도 빈번히 일어난다. 반면 현물공여와 기술원조 등은 실제 정책집행의 효과를 낳도록 설계되어 있다. 즉 현금공여와는 달리, 목적에 맞게 집행을 하느냐의 문제가 가장 중요하게 작용한다.

우간다는 다양한 국제기구의 회원국이기도 하다. Commonwealth, 동아프리카공동체(East African Community, EAC), 아프리카연합(African Union, AU), UN 및 UN 전문기구(UN and its specialised agencies), 동남부아프리카 공동시장(Common Market for Eastern and Southern Africa, COMESA), 개발에 관한 정부간 기구(Intergovernmental Authority on Development, IGAD)는 우간다가 멤버로 있는 기구들이다. 우간다는 이웃하는 국가들과의 분쟁을 해결하기 위해 콩고민주공화국, 르완다, 부룬디(Tripartite Plus(3+) 국가)의 군사 책임자들과 만나 안보와 평화유지를 위해 힘쓰고 있다. 그 밖에도 빈곤, 위생, 교육, HIV/AIDS와 같은 전 국가적 문제를 해결하기 위해 영국 국제개발부(UK Department for International Development, DFID), 미국 국제개발처(United States Agency for International Development, USAID)와도 협력하고 있다.

V.

우간다의 행정개혁

1. 개혁의 제약요인 : 제왕적 대통령

정책조정과정에서 전통적 거버넌스 체계와 리더십은 국가 중심의 하향식(top-down) 관료제 방식이다. 실정법에 근거한 '법치'의 강조와 엄격한 집행, 필요에 따라서는 강제력을 동원하기도 하는데, 이 같은 거버넌스 체계와 공공리더십은 위계주의 문화가 지배적인 나라에서 흔히 발견되는 정책 조정 방식이다(Hood, 1998, 4장; 정용덕 외, 2011, p. 16).

무세베니 대통령은 전통적 거버넌스 체계와 지시적 리더십으로 30여 년간 장기집권해오고 있다. 군인 출신으로 민족저항군(NRM)을 통해 정권을 잡았기에 군부스타일의 방식을 고수한 것으로 보인다. 정도의 차이는 있지만 권위주의적 리더십을 유지해온 것이다.

일례로 무세베니 대통령은 2014년 2월 반동성애법에 서명하며 국제적인 비난과 질타를 받았다. 이것은 모든 사람을 차별하지 않고 인간적 대우를 해야 한다는 국제적인 분위기와 어긋나는 결정이며, 대통령이 독자적으로 정책을 결정하는 메커니즘이 있다는 것을 의미한다. 반동성애법에 따르면 동성 간 성관계 금지뿐 아니라 동성애에 관한 공적 토론에 대해서도 최대 종신형에 처해진다. 또한 어떤 시민이라도 동성애자라고 의심이 되는 사람은 경찰에 신고해야 하며 신고하지 않는 행위 역시 벌금형에 처해지거나 구속형을 당한다. 미국 오바마 대통령은 반동성애법 통과에 대해 실망을 표했다. 하지만 무세베니 대통령은 서구의 정책들에 대한 반감을 표현하며 서구의 원조 자체에 문제가 있기 때문에 원조가 필요하지 않다고 반응하는 등 국제사회의 여론에 굴하지 않는 뚜렷한 주관을 드러냈다. 이런 면에서는 대통령은 자신이 중요하다고 생각하는 문제에 대해서는 국제적 압력을 거스를 수 있는 정책자율성을 확보하고 있는 것으로 보인다.

또한 대통령은 매우 강력한 권력을 행사하고 있다. 우간다 서부에서 다량의 석유가 발견됨에 따라 우간다 정부가 어떻게 석유자원을 관리할 것인지가 정책 의제로 떠올랐다. 국회와 시민단체는 투명한 석유자원 관리를 위해 무세베니 대통령을 압박하였다. 석유 관련 법률이 제정되기 전에는 이떠한 석유 회사들과도 계약하지 않기로 국회에서 결의하였으나, 정부는 국회 결의안과 무관하게 Tullow Oil과 계약을 체결하기로 하여 지탄받았다(The Guardian, 2012. 3. 21.). 대통령이 국회나 국민여론을 압도하여 정책을 결정하고 있으며, 이를 통해 공식적인 정책 조정 체계가 무력화됨을 보여주는 예라고 할 수 있다.

비교적 최근인 2014년 9월 19일에는 2011년부터 국무총리직을 수행하던 Amama Mbabazi가 대통령 무세베니에 의해 해고당했다. Amama Mbabazi는 20년 이상 정부 장관으로 일했고, 2012년에는 국무총리실에서 원조 관련 수백만 달러의 공금이 사라지는 일이 있었지만 Mbabazi는 어떤 개입도 없었다고 사실을 부인했다. 당시 부패 스캔들로 인해 스웨덴, 영국, 독일, EU 등의 원조액이 삭감될 정도로 정부 신뢰에 큰 영향을 미친 사건이었다. 그렇지만 무세베니 대통령은 정확한 해고 사유를 밝히지 않은 채 Ruhakana Rugunda를 새로운 국무총리로 임명하였다. 이에 대해 2016년 대통령 선거에 앞서 잠재적 경쟁자로 보고 해고했다는 해석들이 있다. 해직된 Mbabazi는 국무총리직에서 물러나 2016년 2월 우간다 대선에 출마했으나 압도적인 득표율 차이로 무세베니 대통령의 5선 연임을 지켜볼 수 밖에 없었다. 한편, 2016년 대선에서 득표율 2위(35.4%)의 야당후보 베시계(Besigye)의 구금사건을 비롯해 표 조작 등 무세베니 대통령의 선거 부정행위에 대한 의혹이 제기되고 있다.

위의 사례들에서 보듯 무세베니 대통령은 독단적인 결정과 권위주의적 리더십을 발휘하는 제왕적 대통령의 모습을 보여준다. 그의 결정은 우간다 정책 조정에 상당한 영향을 미친다. 무세베니는 2005년 개헌으로 대통령 임기제한을 없앴고, 2006년 공식 3선에 성공, 2011년에는 반정부 시위를 짓누르고 68%의 득표로 4선에 성공하였다. 장기독재로 인한 국민의 불만은 누적되고 있으나 불만의 확장을 막으려고 강제적 수단들을 활용한다.

한편 30세 이하의 일반 국민들은 일생동안 무세베니 대통령 외에 다른 정권을 경험한 적이 없고, 국가 전반의 교육수준이 높지 않아 대체로 무세베니 정권 하의 정책조정 및 결정 방식에 수용적인 경향이 있다. 공공서비스부(Ministry of Public Service) 산하의 공공서비스 위원회(Public Service Commission)에 근무하는 공무원과의 인터뷰에 따르면, 각 부처에 근무하는 정책 결정권을 가진 공무원들은 정권에 호의적인 성향을 갖고 있다. 특히 우간다 정부 내에는 인맥을 기반으로 하는 낙하산 인사가 공공연하게 존재하기 때문에 정책 조정에 있어 갈등은 크지 않은 편이다. 2006년 Freedom House의 보고서에 따르면 정부 전반에 후원과 부패가 만연해 있지만, 공공보건 및 교육서비스 위원회는 공개적인(open) 방식으로 실적제에 기초하여(merit-based) 인사를 임명하는 것으로 대체적으로 신뢰받고 있었다(홍재환, 2013, p. 112). 시민들은 정부를 여전히 폭력, 부패와 관련시키는 경향이 있지만 무세베니 정부는 부정적 이미지를 탈피하기 위해 해마다 죄수들을 사면하는 "자비의 특권(Prerogative of Mercy)"의 노력을 기울이고 있다. 이러한 정부의 무마책이 어느 정도는 효과를 보고 있는 것이다.

2. 미시적 개혁

우간다 정부는 최근 몇 년간 정책 수립, 계획, 조정과 실행 역량을 향상시키기 위한 중앙정부 차원의 공공서비스 개혁을 진행하고 있다. 정권의 유지에 지장이 없는 범위에서 미시적 개혁이 추진되고 있는 것이다.

최근 무세베니 정부는 각종 규제 철폐와 민영화를 통한 해외투자 유치 등으로 경제성장을 이끌고 있으며, 인프라 개발에 힘쓰고 있다. 현재는 빈곤뿐만 아니라 사회/경제 전반의 전환을 꾀하는 6차에 걸친 5개년 국가발전전략인 국가개발계획(NDP)의 2기(2015/16년~2019/20년)를 맞이하고 있다(이투데이, 2014. 3. 10.). 우간다의 미래에 대한 낙관적 시각은 정책 결정 및 집행에 있어 지지 기반이 되고 있다.

그동안 재정 기획 경제개발부(Ministry of Finance, Planning & Economic Development) 산하에 있어 제대로 기능하지 못했던 감사원(Audit general office)을 분리하여 독립기구화한 것이 그 예이다. 이 감사기구는 관료들의 보수를 올려주고, 그 대신 업무집중도를 높임으로써 그 기능을 괄목할만한 수준으로 향상시킨 것으로 알려져 있다. 관료 전체는 박봉으로 인하여 허수(虛數)로 직원을 장부에 올려 놓는 등 근무기강이 해이한 것으로 악명이 높다.

행정개혁은 지방정부에 정책 집행 기능을 부여하는 방향으로 진행되었다. 우간다의 분권 정책 하에서 중앙정부는 정책과 정책 기준을 만들고, 이러한 정책의 이행을 모니터링하며, 표준과 규제에 부합하는지를 확인하고, 국제기구와의 협력을 통하여 기술 감독, 조언 및 멘토링 등 정책결정의 핵심기능을 수행하도록 하였다(Cabinet Secretariat, Office of the President, 2009). 여기서 주목할 부분은 국제기구와의 협력부분이다. 정부재원 중 많은 부분이 외국의 원조에서 오기 때문에 이를 중요하게 다룰 수 밖에 없다. 우간다적 정책 조정 체계를 좀 더 정확히 이해하기 위해서는 국제적으로 영향력이 높은 기구나 인사를 고려하여야 할 것이다. 국제협력이 거꾸로 우간다 정부의 정책 자율성을 제약하고 있는 것이다.

관료제 내부의 개혁도 있다. 공공서비스 개혁의 일환으로 각 부처단위로 정책분석단(Policy Analysis Units, PAUs)을 두게 되었다. 정책분석단은 정책을 결정하고 수립하여 실행하는 것이 중앙정부의 주요 산출물이라는 시각에서 결성되었다. 그동안 정부의 정책능력을 강화시키기 위해 인력, 재정자원관리는 필수적이었던 반면 지식과 기술이 부족하여 정책능력이 제한되었다. 모든 부처에 정책분석단이 설립된 것은 아니나, 정책분석단이 있는 부처에서는 정책분석단의 정책분석이나 자문을 통해 정책능력을 함양하고자 노력하고 있다.

정책 환경을 개선하기 위해 각종 정책발전을 위한 가이드라인도 개발되었는데, 그 예로 정책 발전과 관리를 위한 가이드, 좋은 규제를 위한 가이드, 규제 효과 평가 가이드 등이 있다. 이런 노력들은 내각과 각 부처와 기관 내 상급 공무원, 중급 공무원, 기술 담당자들을 대상으로 하였다.

우간다 정부는 권력의 광범위한 이양을 통해 투명성과 책임성을 제고하고 행정능력을 높여 민주사회를 실현하고자 하였다. 또한 중앙정부와 지방정부, 원조국, NGO(Non-Governmental Organization), CBO(Community Based Organization), 민간부문의 다른 이해관계자들 간의 협력을 통해 빈곤문제를 해결하려는 시도도 있었다(Johnson Bitarabeho, 2008). 특히 소규모 자작농이 세계 최빈국들의 빈곤의 근원이라는 점을 감안했을 때, 중앙정부와 지방정부가 시민사회와 파트너십을 이루어 민간 기업과 가구들을 위한 문제 해결에 나서야 한다(A. Binagwaho & J. D. Sachs, 2005).

VI.

결 론

임도빈(2011)은 광의로 정치행정체제를 완전통합형, 상대적 통합형, 비통합형으로 나누었다. 완전통합형은 정치, 경제, 행정, 교육, 문화, 군 등 각종 사회제도와 세력들이 하나로 통합되어 있는 체제를 말한다. 반대로 비통합형은 이들 사회구성 요소들이 어떤 조정이나 질서가 없이 제각기 작동하는 것을 의미한다.

우간다는 크게 보면 비통합형이라고 할 수 있다. 특히 국제 원조가 정부예산의 25%에 이른 시기가 있는 등, 하나의 국가로서 조화로운 정책 조정을 하기는 어려운 상태라고 볼 수 있다.

한편으로 우간다는 무세베니 대통령이 집권하면서 정치적, 사회적 안정을 되찾고, 형식상 민주적인 정책 조정 체계를 갖추었으나, 30여 년의 오랜 시간동안 무세베니 대통령이 장기집권하고 있다는 점에서 1인 집권의 완전통합모델의 특성도 일부 가지고 있다고 볼 수 있다. 그러나 이것은 통치그룹에 속하는 일부에만 적용되는 것으로 우간다 전체에 해당되는 것은 아니다. 즉, 정부가 시민사회와 여론의 활발한 개입을 막고 있다는 점, 다당제 체제이지만 사실상 NRM 일당제와 다름없이 운영되고 있는 점 등으로 미루어 보았을 때, 아직 우간다 정부가 실질적으로 민주적인 정책결정체계 하에 운영되고 있다고 보기는 어렵다.

Ssansa Mugenyi(2012)는 제도적 갈등으로 인한 역할과 책임의 불명확성을 정책 조정의 난제로 꼽았다. 정책 입안자들이 조사나 모니터링의 결과를 본인들의 구미에 맞게끔 부적절하게 사용하고 있다는 점, 국가개발계획 목표에 맞는 전략적 계획이 정비되지 못한 점, 정책 개발과정에서 자문의 부적절성 등의 한계 역시 정책 조정 시 고려되어야 할 점으로 보았다.

무엇보다도 무세베니 대통령과 NRM 주도의 내각이 정책 결정의 주도권을 장악하고 있는 것이 우간다 정부가 해결해야 할 가장 큰 숙제로 보인다. 국민들의 의견을 듣지 않거나 혹은 말살하는 현 체제가 유지된다면 공직 부패의 가능성을 높이고 정부 신뢰를 낮추어 결국에는 우간다 정부의 경쟁력을 떨어뜨리는 결과를 낳을 것이다.

근본적인 해결책은 민주화이다. 그러나 여기에 무세베니 정권의 운명이 달려 있기 때문에 체제에 대한 개혁을 하지 못하고 있는 것이다. 대부분의 개발도상국가들이 갖고 있는 한계이기도 한다.이러한 한계 내에서 무세베니 대통령은 애국심에 의한 개혁을 도모하고 있다. 2009년 모든 중등교육기관에 애국회(Patriotism Clubs)를 설립하여 학생들과 청년들에게 애국심을 가르치기 위한 프로그램을 시작한 것이 그 예이다. 국가적 동원과 체제 유지를 위해 심리적·정신적 접근을 하는 것이다.

무세베니 대통령은 애국심을 구성하는 요소로, 우간다·동아프리카·아프리카를 사랑하는 것, 환경을 사랑하는 것, 인간 진화(산업사회로의 발전)를 아는 것, 자신을 사랑하는 것을 꼽았다. 특히 우간다를 사랑하는 것이 무엇인가를 다섯 가지로 세분화하여 설명하고 있다.

첫 번째는 자국민 서로 간의 가치를 인정하고 지지해주는 것이다. 자국 상품을 소비하고, 의사는 환자를, 경찰은 시민을 존중해주는 문화를 만들어 인간존중의 사회를 만드는 것이다. 두 번째는 자기중심주의를 버리고 사회경제적 변화를 받아들여 근대화된 국가를 만드는 것, 세 번째는 모종개선, 관개시설, 비료사용 등의 방법을 통해 농업 근대화를 이루는 것, 네 번째는 민주주의를 인식하고 부정 선거를 저지르지 않는 것, 마지막으로 다섯 번째는 아프리카 고유의 유산을 사랑하는 것이다. 세계에서 가장 오래되었기 때문에 그만큼 가치 있는 아프리카의 문화, 언어 등을 강조하며 자부심을 가질 수 있는 메시지를 전달하고 있다(국가애국단 공식 홈페이지).

참고문헌

우간다 국가애국단(National Patriotism Corps) 공식 홈페이지(npcu.wordpress.com)

우간다 국무총리실 공식 홈페이지(www.opm.go.ug)

우간다 국회 공식 홈페이지(www.officeofthepresident.go.ug)

우간다 내각사무처 공식 홈페이지(www.cabinetsecretariat.go.ug)

우간다 대통령실 공식 홈페이지(www.officeofthepresident.go.ug)

우간다 지역정부연합 공식 홈페이지(www.ulga.org)

우간다 NGO안내 공식 홈페이지(www.ugandangodirectory.org)

우간다 State House 공식홈페이지(www.statehouse.go.ug)

우간다 1995 헌법

주 우간다 대한민국 대사관 공식 홈페이지(http://uga.mofa.go.kr/korean/af/uga/main/index.jsp)

임도빈(2011), 『비교행정강의』, 서울 : 박영사.

_____(2014), 『행정책-시간의 관점에서』, 서울 : 박영사.

정용덕 외(2011), 『공공갈등과 정책조정 리더십』, 서울 : 법문사.

정정길·최종원·이시원 외(2003), 『정책학원론』, 서울 : 대명출판사.

홍재환(2013), ODA 반부패 시스템 구축 : 수원국의 부패 실태 분석, 행정연구원.

황원규(2011), 2011년 아프리카지역 기초·정책연구 우간다(Uganda) : 아프리카의 검은 진주, 경제·인문사회연구회, 『세계지역 종합연구 협동연구총서』, 11-04-07(1).

Binagwaho, A. & J. D. Sachs(2005), *Investing in development : a practical plan to achieve the Millennium Development Goals*, Millennium Project Report to the UN Secretary-General, London : Earthscan.

Bachrach, P. & M. S. Baratz(1962), *The American Political Science Review*,

56(4), pp. 947~952.

Berg-Schlosser, D. & R. Siegler(1990), *Political stability and development : a comparative analysis of Kenya, Tanzania, and Uganda*, Boulder : Lynne Rienner Pub.

Bashaasha, B., Mangheni, M. N. & E. Nkonya(2011), *Decentralisation and Rural Service Delivery in Uganda*, IFPRI Discussion Paper 01063, International Rood Policy Research Institute.

Cabinet Secretariat, Office of the President(2009), *A Guide to Policy Development and Management in Uganda*.

______________________________(2013), *Report of the assessment of the policy capacity of the Uganda Public Service*.

Cannon, C.(1996), NGOs and the State : a case-study from Uganda, Development in Practice, 6(3), pp. 262~265.

Hood, C.(2000), *The art of the state : Culture, rhetoric, and public management*, Oxford : Oxford University Press.

IMF(2010), *Uganda : Poverty reduction strategy paper*, Washington D.C. : International Monetary Fund.

Bitarabeho, J.(2008), *The Experience of Uganda–Local Government's Role as a Partner in the Decentralization Process to Strengthen Local Development*, Conference on Access to Development Funding for Local Governments in Africa.

Rohner, D., Thoenig, M. & F. Zilibotti(2013), Seeds of distrust : conflict in Uganda, *Journal of Economic Growth*, 18(3), pp. 217~252.

Mugenyi, S.(2012), *Building sustainable systems to measure and track investment climate reforms*, Network of Reformers 4th Peer-to-Peer Regional Learning Event, by World Bank Group, Investment Climate Advisory Services, and co-hosted by Rwanda's Ministry of Trade and Industry.

Livingstone, I. & R. Charlton(1998), Raising local authority district revenues through direct taxation in a low-income developing country : evaluating Uganda's GPT, *Public Administration and Development*, 18(5), pp. 499~517.

World Bank(2011), *Uganda-Demography and economic growth in Uganda*, Washington, D.C. : World Bank.

제9장

콜롬비아의 전자정부 추진을 위한 거버넌스 체계 : 제도적 접근

엄석진

(서울대학교 행정대학원 교수)

I. 서 론

콜롬비아는 풍부한 부존자원을 바탕으로 경제·사회발전을 위한 다양한 정책들을 적극적으로 추진해 왔다. 2012년 국내총생산을 기준으로 남미에서 세 번째로 큰 경제 규모를 가진 콜롬비아는 지난 몇십 년간 범죄율 감소 등 치안 수준 개선, 사회간접자본(SOC) 확충, 공공서비스 전달 효율성 개선 등의 측면에서 큰 성과를 거두어 온 것으로 평가되고 있다. 이와 같은 경제·사회발전을 이루는 데에는 정치·행정제도의 개혁과 함께 정보통신기술의 적극적 활용이 배경을 이루고 있다. 특히, 콜롬비아 정부는 산업 고도화 및 경제성장, 그리고 공공부문의 혁신과 시민들의 삶의 질 향상을 위해 적극적으로 정보통신기술을 도입해 왔고, 성과를 거두고 있는 것으로 평가되고 있다(권기수 외, 2015; OECD, 2013).

그렇다면, 콜롬비아 정부는 어떠한 거버넌스 체계의 구성을 통해 이러한 성과를 실현할 수 있었을까? 공공부문에의 정보기술의 효과적 도입과 그 기대효과의 실현은 복잡하고 어려운 문제이다. 구체적으로는 하드웨어·소프트웨어의 관리 및 정보통신기술 관리역량 등과 관련된 기술적 과제, 법 제도 및 공공부문을 구성하는 절차 및 관행의 개선 등과 같은 제도적 과제, 정보통신 기술의 도입을 원활히 하고 저항을 극복하기 위한 리더십과 신뢰, 조직 간 관계, 예산과 전문 인력의 확보 등 조직 및 관리적 과제들이 적절히 다루어져야 한다. 이러한 과제들이 적절히, 그리고 종합적으로 다루어지기 위해서는 효과적인 거버넌스 체계의 구성이 필수적이다. 효과적인 전자정부 추진을 위한 거버넌스 체계는 앞서 제시한 다차원적인 문제 해결을 위한 자원의 동원과 조정을 효과적으로 이루는 데 기여할 뿐만 아니라, 전자정부 고도화와 정보화 효과의 확산을 위한 정책역량의 기반이 된다(Eom, 2013).

이와 같은 문제의식 하에, 본 장에서는 콜롬비아의 전자정부 추진을 위한 거버넌스 체계를 제도주의적 시각에서 분석하고자 한다. 최근 신제도주의 연구에서는 정치발전과 정책성과의 제고, 그리고 효과적이고 효율적인 행정을 위해서는 효과적인 제도의 구성이 중요하다고 지적하고 있다. 이와 같은 연구 성과를 바탕으로, 이 장에서는 전자정부 추진을 위한 거버넌스 체계를 전자정부 및 정보화 추진과 관련된 법적 기반, 자원의 동원과 조직 간 조정을 위한 관리 및 통제 수단, 그리고 전자정부 추진에 참여하는 조직과 그들 간의 상호작용으로 구분하여 분석하고자 한다. 분석을 위한 주요 자료로 의회 및 행정부가 발간한 백서, 신문 기사, 학술 논문, 그리고 국제기구 및 한국의 정보화 정책 관련 기관 등에서 출판한 정책 보고서 등의 내용을 주제별로 분석하였다.

이 장은 이론적으로는 전자정부의 성공적 추진을 위한 핵심 요소로서 제도의 중요성을 확인하고, 전자정부 발전을 위한 효과적인 제도 구성을 살펴보는 데 기여할 수 있을 것으로 판단된다. 실무적으로는 콜롬비아의 전자정부가 지속적으로 발전하기 위한 제도 구성 및 정책 지향에 대한 함의와 제언을 제시할 수 있을 것이다. 이 장의 구성은 다음과 같다. Ⅱ에서는 신제도주의 이론을 바탕으로 전자정부 거버넌스 체계의 분석틀을 제시한다. Ⅲ에서는 콜롬비아의 전자정부 추진전략과 그간의 결과를 제시한다. Ⅳ에서는 Ⅱ에서 제시한 분석틀을 적용하여 콜롬비아의 전자정부 추진체계를 분석한다. 결론에서는 분석결과를 바탕으로 콜롬비아의 전자정부 거버넌스 체계에 대한 평가와 향후 발전을 위한 정책적 제언을 제시한다.

II.

이론적 배경

1. 제도의 중요성

각 이론분파별로 서로 다른 정의를 내리고 있지만, 제도는 공식적·비공식적인 법이나 규칙 및 절차로 정의될 수 있다. 제도란 단순히 정치현상을 설명하는 수많은 변수 중 하나라기보다는 오히려 행위자들의 전략뿐 아니라 그들의 목표를 형성하고 협력 및 갈등관계를 매개함으로써 정치적 상황을 구조화하는 핵심변수로 인식된다(Thelen & Steinmo, 1992). 즉 제도는 한편으로는 정책과정을 구조화하는 구조적 요인으로써 기능하면서도, 또 다른 한편으로는 정부의 의도대로 정책을 추진할 수 있는 역량의 기반으로써 기능한다는 것이다.

구체적으로 제도는 다음과 같은 특성을 갖는다. 첫째, 제도는 활용가능한 정책 대안들을 제약한다(Scharpf, 2000). 즉, 국가별·시대별로 정부의 제도에 따라 정책 대안들의 범위와 내용이 달라진다. 예를 들면, 벨기에의 경우 정부가 임금과 근로시간을 결정하지만, 독일의 경우 헌법에 의해 보장된 조합주의적 협상을 통해 결정된다. 최근에는 국제기구나 국제협약과 같은 국제적 수준의 제도에 따라 국내정책이 제약되기도 한다(Peters & Pierre, 2000, pp. 75~79).

둘째, 제도는 정책과정의 행위자를 정의하고, 행위자들 간의 상호작용을 제약한다. 즉 제도는 행위자들 사이의 권력을 배분하고, 나아가 정치적 상호작용을 구성하게 된다는 것이다(Timmermans, 2001; Hall & Taylor, 1996). 좀 더 구체적으로 말하면, 누가 정책결정과 집행에 참여할 것인지, 그리고 그들 간의 상호작용이 어떠한 형태－협상, 투표, 위계적 결정, 상호 적응 등－를 나타내야 할 것인지를 결정한다. 또한 제도의 특성에 따라 공식적인 거부점(veto points)의 위상과 수를 결정함으로서 정책과정 전반의 특성을 결정짓는다.

셋째, 제도는 행위자들의 유인체계(incentive structure)에 영향을 미침으로써 정책과정과 성과에 영향을 미친다(Scharpf, 2000). 예를 들면, 대통령 중심제와 같은 단일 행위자 중심적 제도배열 하에서는 정치적 책임성에 따른 유인에 의해 정책결정이 이루어지는 경향이 강하다. 그러나 의원내각제와 같은 다중 참여자 중심적 제도배열 하에서는 정치적 책임성보다는 행위자들 간의 협력과 갈등에 따른 유인에 의해 정책결정이 이루어지는 경향이 강하다. 이와 같은 차별화된 제도적 배열 속에서 형성되는 차별화된 유인체계와 그에 따른 정책결정은 차별화된 정책결과를 낳을 가능성이 크다.

넷째, 제도는 정책결정과 집행과정에서 요구되는 정책 아이디어나 기술의 채택과 활용에 영향을 미친다(Skocpol & Rueschemeyer, 1996). 즉, 제도적 배열에 따라 어떠한 정책 아이디어나 기술이 채택 및 확산될 수도 있고, 그 반대가 나타날 수도 있다는 것이다. 예를 들면, 영국, 캐나다, 프랑스의 경우, 신공공관리론적 행정개혁의 아이디어의 채택 및 확산 속도에 있어 큰 차이가 나타났던 것으로 분석되었다. 그 이유는 영국의 경우, 신공공관리론적 아이디어와 그에 따른 정책프로그램들이 총리실이 주도하여 추진한 반면, 캐나다의 경우에는 의회의 회계감사원이, 프랑스의 경우에는 관료제가 주도하였기 때문이라는 것이다. 즉 어떤 제도적 배열이 정책 아이디어와 결합되느냐에 따라 그 정책 아이디어의 채택과 확산 양태에 차이가 나타난다는 것이다(Saint-Martin, 2004, pp. 24~35).

결론적으로 정책과정의 특성과 정책결과를 설명하기 위해서는 정책과정이 이루어지는 제도적 맥락을 함께 고려해야만 한다. 이때의 제도적 맥락이란 독립적으로 존재하는 개별적인 제도나 조직의 모습이 아니라, 다양한 조직과 제도가 결합되어 있는 복합적 모습, 즉 "조직과 제도의 망(network)"을 의미한다. 다시 말해 조직과 제도가 결합되는 방식이 달라짐에 따라 행위자들의 상호작용 패턴이 달라지고, 그 결과 정책도 상이하게 나타나는 것이다(Pierson & Skocpol, 2002; Thelen & Steinmo, 1992).

2. 제도주의 시각에서의 전자정부 연구

그간 전자정부 추진결과를 설명함에 있어 제도의 중요성을 강조해 온 연구들이 다수 제시된 바 있다. 즉 법령이나 절차, 문화와 같은 공식적, 비공식적 제도들이 전자정부 추진결과에 영향을 미친다는 설명이다. 제도적 요인을 강조하는 연구들은 크게 세 부류로 구분할 수 있다.

첫째, 개별적이고 구체적인 제도의 효과에 주목하는 연구이다. 법

제도나 공식적 절차와 같은 제도적 요인들은 정책과정에서 행위자의 행위를 제약하거나 기회를 부여하고, 행위자들이 자신의 선호체계를 발견하는 기준을 설정함으로써, 정보시스템의 도입, 구성, 구축 그리고 활용의 결과를 설명하는 중요한 요인이 된다(Fountain, 2001, pp. 88~98). 법률과 예산절차(OECD, 2005; Fountain, 2001, p. 197; Moon, 2002), 기관의 자율성(Dawes & Pardo, 2002; Fountain, 2001, pp. 98~103). 입법-사법-행정부 간 관계, 중앙-지방정부 간 관계, 인사 및 계약제도(Margetts, 2006) 등이 전자정부 추진에 영향을 미치는 주요한 제도적 요인들로 제시되어 왔다.

둘째, 문화나 가치체계가 정보시스템 활용이나 전자정부 구현에 미치는 영향을 분석한 연구들이다. 정보시스템 사용 양태와 그 성과는 하드웨어나 소프트웨어와 같은 설비시설 외에도 컴퓨터 사용 에티켓과 같은 규범, 그리고 정보시스템에 대한 해석 체계(Orlikowski, 2000), 조직문화 또는 하위문화(Sarker, 2000; Laudon, 1985)의 영향을 받는다. 예를 들면, Margetts & Dunleavy(2002)는 영국의 사례를 중심으로 공공기관이 신봉하는 가치나 국민들의 전자정부에 대한 과도한 기대 또는 낮은 관심과 흥미 등과 같은 가치 또는 문화적 요인들이 전자정부 구현의 장애요인으로 작용한다고 분석하고 있다.

셋째, 거시적 관점에서 국가의 제도적 구성이 전자정부 또는 정보화에 미치는 영향을 분석한 연구들도 있다. 전자정부 정책결과에 미치는 거시적인 제도적 요인들로서 국가와 시장 간의 제도적 관계(Dunleavy *et al.*, 2006; Margetts, 1999; 송희준, 1998)나 정보화 정책의 제도적 구성에 주목하는 연구들이 제시되어 왔다. 특히 한국의 정보화 정책이 기반하고 있는 제도적 배열을 분석한 연구들이 제시된 바 있다(황종성, 2003; 홍성걸, 2003; 조화순, 2004). 이와 같이 한 국가의 총체적인 제도 구성이 전자정부 추진과 그 성과에 영향을 미친다는 연구도 제시되고 있다. OECD 13개국에 대한 비교연구는 비록 사회복지분야의 정보시스템이 복지정책 집행의 효율성 제고를 위해 구축되기는 했지만, 각국의 복지정책 레짐에 따라 서로 다른 형태의 복지정보시스템이 구축되었다고 결론짓고 있다(Adler & Henman, 2005; Henman & Adler, 2001).

3. 전자정부 추진을 위한 거버넌스 체계 분석

앞서 제시한 제도주의 시각에서의 연구들이 전자정부 추진 성과를 결정하는 데 있어 제도의 중요성에 대한 우리의 이해를 제고한 것은 분명한 사실이다. 그러나 거시적 제도의 영향력에 주목하는 연구들은 변수 간의 인과관계가 모호할 뿐만 아니라, 제도적 배열들이 어떠한 과정과 메커니즘을 통해 전자정부 정책결과에 영향을 미치는지에 대한 정교한 분석이 부족하다. 예를 들면, 각국 정부들이 전자정부를 추진함에 있어 어떤 법체계에 근거하고 있으며, 어떤 제도적 조정·통제 수단을 활용하여 전자정부 정책과정을 구조화하고 전자정부 사업을 추진하고 있는지 등에 대한 세부적인 설명이 부족하다는 것이다. 아울러, 제도의 중요성만을 강조한 나머지 전자정부 추진과정에서의 주요 행위자들과 그들 간의 상호작용을 충분히 분석해 내지 못함으로써 '제도결

정론'의 오류를 범할 가능성이 높다(Eom, 2013; Yang, 2003).[1)]

이러한 문제의식 하에 이 연구에서는 중범위 제도로서의 전자정부 추진 거버넌스 체계에 주목하고자 한다. 전자정부 추진 거버넌스 체계는 "전자정부 추진과 관련된 기능을 담당하는 조직(들)과 제도화된 조정·통제 수단의 결합체"로 규정하고자 하며, 다음과 같은 세 개의 수준을 갖는 전자정부 추진 거버넌스 모형을 구성하고자 한다(Eom, 2013; Fountain, 2007). 첫 번째 수준의 변수는 법 제도(legal framework)이다. 법 제도는 가장 광범위한 수준의 변수로서 입법부와 행정부 간의 관계 속에서 결정되는 것이다. 법 제도를 통해 각 기관이 수행해야 하는 기능, 관련 조직 간 관계, 자원의 동원과 권한의 배분 등이 공식적으로 정의된다.

두 번째 수준의 변수는 조정과 통제를 위한 관리도구이다. 이 변수들은 첫 번째 수준의 변수인 법 제도에 근거하고 있으며, 전자정부 추진과정에서의 조직 간 협력 및 조정을 촉진하는 기제와 관련이 있다. 관리도구는 조직 간 관계를 안정화시키고 법적 제약 하에서 이루어지는 일반적인 상호작용을 루틴화(routinize)시키는 작용을 한다. 이는 다시 조직의 운영절차를 좀 더 일관되고 효과적으로 만드는 데 기여한

1) 위와 같은 연구문제들은 국가 간의 비교 연구를 통해 더욱 선명히 규명될 수 있을 것이다. 그러나 선행연구 중 전자정부 추진과정을 국가 간 비교의 관점에서 분석한 연구는 매우 드문 것이 현실이다(Eom, 2013). 각국의 전자정부 추진을 위한 거버넌스 체계와 구체적인 제도적 장치들을 분석하고 이를 종합하는 작업이 요청된다. 국가 간 비교적 관점에서 추진체계의 정책역량상 차이를 가져오는 제도적 기초와 결과적인 역량의 차이가 전자정부의 결과에 영향을 미치는 메커니즘에 대한 좀 더 정교한 분석이 요구된다 하겠다. 이와 같은 측면에서 콜롬비아 전자정부 추진 거버넌스 체계에 대한 분석은 의미가 있다고 할 수 있다.

다. 이와 같은 도구들은 다양하게 분류될 수 있지만, 일반적으로 '권위(authority)', '예산(budget)', 그리고 '설득(persuasion)'에 기반을 둔 도구들로 구분될 수 있다(Vedung, 1998).

세 번째 수준의 변수는 전자정부 구축에 관여하는 조직들이다. 이 조직들은 전자정부 추진에 직접 개입하고, 서로 상호작용하게 된다. 이 조직들은 앞서 제시한 법 제도와 통제와 조정을 위한 관리 도구에 영향을 받으며 전자정부 추진과 관련된 활동을 하게 된다. 따라서 이들 조직은 법 제도가 정의한 활동을 수행하여야 하며, 통제와 조정을 위한 규칙과 조직 루틴을 준수해야만 한다. 이상의 내용을 종합한 분석틀은 [그림 9-1]과 같이 나타낼 수 있다.

[그림 9-1] 전자정부 추진 거버넌스 체계 분석틀

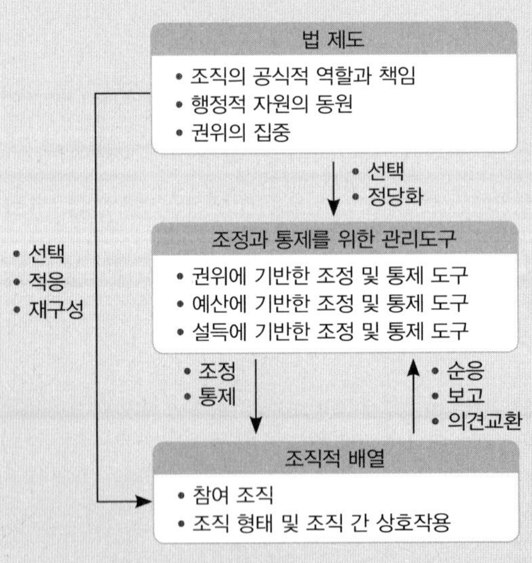

출처: Eom, 2013

III.

콜롬비아의 전자정부 추진 전략과 현황

1. 콜롬비아의 국가정보화 전략과 전자정부 추진 전략[2)]

1) 국가정보화 전략 *Vive Digital*

Vive Digital(Live Digital)은 콜롬비아의 국가정보화 전략으로 국가발전계획을 구성하는 주요 계획 중 하나이다.[3)] 콜롬비아 정부가 포용적 성장을 강조하고 있기 때문에 국가정보화 전략 역시, 국민 개개인의 인터넷 접속 및 개인용 컴퓨팅 기기의 활용 수준 제고라는 관점에서 수립되었다. *Vive Digital*이 제시하는 비전은 다음과 같다.

첫째, *Vive Digital*은 국민들이 향유하는 모든 측면에서의 생활과 그 활동에 정보기술을 결합하고자 하는 목표를 가지고 있다. 따라서 정보기술의 활용 주체와 범위를 단순히 정부에 한정하지 않고 있으며, 정

---

2) 이 부분은 NIA(2010), OECD(2013), WEF(2013), 권기수 외(2015)의 관련 부분을 종합한 것이다.

3) 정보통신기술의 채택을 통해 공공부문 개혁을 이루고자 하는 콜롬비아의 시도는 1990년대부터 시작되었다. 2010년에 중앙정부는 "모두를 위한 번영"을 목표로 하는 2010~2014년 국가발전계획을 발표했다. 이 계획의 비전 부분에서는 정보통신기술(ICT)과 혁신이 좋은 거버넌스의 구현과 효과성, 경제성장, 그리고 경쟁력 향상을 위한 원동력으로 강조되고 있다(권기수 외, 2015).

보사회, 정보경제 등과 관련된 모든 문제들을 국가정보화 전략에서 다루고 있다.

둘째, *Vive Digital*은 인터넷과 정보기술의 도입에 그치지 않고, 정보기술의 활용 증대를 통해 콜롬비아의 민주적 번영을 가속화하는 데 그 목적이 있다. 이 전략은 인터넷의 활용이 증대되면 정보통신분야의 고용이 증가하고, 이는 다시 직·간접적으로 경제성장과 빈곤의 감소로 이어질 것으로 가정하고 있다. *Vive Digital*은 정보기술 활용을 위한 전반적인 환경 구축과 함께, 정부를 비롯한 사회 및 경제 전 부문에서의 정보통신 기술의 활용 및 그 촉진을 위한 원칙과 비전을 제시하는 종합적 전략의 성격을 갖는다.

*Vive Digital*은 콜롬비아의 디지털 생태계 구성을 위한 네 개의 구성요소를 다음과 같이 정의하고 있다. 첫째, 확장된 정보통신 인프라, 둘째, 저렴한 가격으로 정보통신 서비스 제공, 셋째, 응용 프로그램 및 디지털 콘텐츠의 개발, 넷째, 정보통신기술의 채택과 사용의 확대 및 강화가 그것이다. 더 나아가서는 위의 네 구성요소 간에 선순환 구조 창출을 촉진하고자 한다. 즉, 더 나은 인프라가 더 많은 양질의 서비스를 더 낮은 가격에 제공할 수 있도록 하고, 이는 다시 콘텐츠와 응용프로그램의 개발로 이어져 정보통신기술 및 서비스의 수요 창출과 사용의 확대로 이어지도록 하는 것이다.

위와 같은 원칙과 구성요소를 바탕으로, *Vive Digital*은 인터넷 보급률의 확대를 위한 다음과 같은 목표를 2014년까지 달성할 것을 제시하고 있다.

- 초고속 정보통신망에 연결된 지방자치단체의 수를 세 배 이상 증가시킨다. 구체적으로는 국가 광섬유 네트워크에 1,053개의 지역을 연결할 수 있도록 정보통신 인프라를 확대 구축한다.
- 미니기업과 중소기업의 50%, 그리고 일반 가정의 50%에 인터넷을 보급한다.
- 인터넷 사용자 수를 네 배 증가시킨다. 2014년까지 880만 명의 인구가 인터넷을 활용할 수 있도록 만든다.

이와 같은 야심찬 목표의 달성을 위해 총 5.5조 콜롬비아 페소(7.5억 달러)가 2014년까지의 투자되었다.[4] OECD의 조사결과에 따르면, 콜롬비아에서의 인터넷 활용 증가와 경제성장 간의 긍정적인 관계가 발견되고 있는 것으로 분석되고 있으며, 정보통신기술의 활용도 제고가 노동 생산성의 향상 및 해외투자의 촉진요인으로도 작용하는 것으로 보고되고 있다(OECD, 2013).

2) 콜롬비아의 전자정부 추진 전략

콜롬비아 정부는 *Vive Digital*에 근거하여 전자정부 추진 전략을 수립하였다. 전자정부 추진 전략이 제시하는 전자정부의 비전은 다음과 같다.

첫째, 정보통신기술의 활용을 통해 좋은 정부를 구현한다. 이 비전은 행정부를 비롯한 입법부, 사법부, 그리고 공공기관을 포괄하는 전 공공부문에 적용된다. 이 비전의 실현을 위해 다음과 같은 세 가지 과

4) 이 예산의 절반 이상인 약 58%가 정보기술통신부의 예산이다.

제가 수행된다. 전자정부 추진을 위한 지침·산출물·서비스의 혁신적 구성, 기술 서비스 및 솔루션의 제공, 전자정부 시스템의 사용자인 공무원이나 공공부문 종사자들이 편리하게 관련 지식과 도구의 창출할 수 있는 전자정부의 구현이 그 과제이다.

둘째, 정보통신기술을 활용하여 시민이 국가와 상호작용할 수 있는 권한과 수단을 제공하는 것이다. 이 비전은 시민들과 기업들이 공공기관과의 상호작용을 하는 데 편의를 제공할 뿐만 아니라, 사회발전을 위해 상호 협력하고, 참여하며, 정보를 공유할 수 있는 기회와 역량을 강화한다는 의미를 가진다.

이러한 비전을 구현하기 위해 2012년 12월, '전자정부 구현을 위한 지침 3.1'(이하 지침 3.1)이 발표되었다. 지침 3.1은 국가 수준의 전자정부 추진계획으로 초기에는 주로 전자정부 서비스의 공급에 초점을 맞추고 있으며, 다양한 정부 수준에서 점진적인 구현을 목표로 하고 있다. 지침 3.1은 〈표 9-1〉에 제시되고 있는 바와 같이 여섯 가지의 주요 구성요소와 활동, 그리고 목표별 가중치를 포함하고 있으며, 2015년까지 주요 과제의 완료를 목표로 하였다. 지침 3.1 상에 나타난 전자정부 추진 목표의 달성 여부를 확인하기 위한 평가와 모니터링이 진행되어 왔으며 2012년의 경우, 국가 수준에서 양적 평가가 가능한 영역에서 약 80%의 성과 목표 달성이 있었던 것으로 분석되었다.

〈표 9-1〉 '전자정부 구현을 위한 지침 3.1'상의 연간 목표

<table>
<tr><th>구성요소</th><th>세부과제</th><th>가중치</th><th>2012년 목표</th><th>2013년 목표</th><th>2014년 목표</th><th>2015년 목표</th></tr>
<tr><td rowspan="4">종합과제</td><td>전자정부 추진전략의 제도화 : 운영위원회, 기획, 전략의 승인, 모니터링 및 평가</td><td>30%</td><td rowspan="4">50%</td><td rowspan="4">75%</td><td rowspan="4">95%</td><td rowspan="4">100%</td></tr>
<tr><td>이용자에 초점 : 이용자 특성, 전략 홍보, 접근성, 사용성</td><td>30%</td></tr>
<tr><td>IT 관리 시스템을 구현 : 정보기술 도입을 계획하고 조정, IPv6 프로토콜</td><td>15%</td></tr>
<tr><td>정보 보안 관리 : 정보 보안 관리 시스템을 구현</td><td>25%</td></tr>
<tr><td rowspan="2">온라인 정보제공</td><td>정보의 제공 : 정치 논평, 정보의 출판, 멀티 채널 액세스</td><td>57%</td><td rowspan="2">50%</td><td rowspan="2">80%</td><td rowspan="2">95%</td><td rowspan="2">100%</td></tr>
<tr><td>데이터 개방 : 정보 저장소, 공공 데이터 개방</td><td>43%</td></tr>
<tr><td rowspan="2">온라인 상호작용</td><td>전자적 상호 작용 공간 구축 : 정보기술을 활용한 대화형 상담</td><td>50%</td><td rowspan="2">60%</td><td rowspan="2">80%</td><td rowspan="2">95%</td><td rowspan="2">100%</td></tr>
<tr><td>전자적 요청 가능 공간 구축 : 연락 시스템, 모바일 연락처 시스템 통합 접점 시스템</td><td>50%</td></tr>
<tr><td>온라인 업무처리 및 거래</td><td>행정 절차 및 서비스를 온라인으로 제공 : 인터넷을 통한 세금면제 인증서 발급, 행정절차 및 프로세스 개선, 원 스톱 처리</td><td>100%</td><td>40%</td><td>70%</td><td>95%</td><td>100%</td></tr>
<tr><td rowspan="2">온라인 혁신</td><td>내부 전자통신 채널 활용 : 사례 및 파일 관리 시스템, 프로세스의 권한 관리</td><td>45%</td><td rowspan="2">25%</td><td rowspan="2">70%</td><td rowspan="2">95%</td><td rowspan="2">100%</td></tr>
<tr><td>공공 기관 간의 정보 교환 : 프로세스 설계, 정보 교환 서비스</td><td>55%</td></tr>
<tr><td rowspan="4">전자 민주주의</td><td>참여 전략 정의 : 전자 매체를 통한 참여</td><td>15%</td><td rowspan="4">55%</td><td rowspan="4">80%</td><td rowspan="4">95%</td><td rowspan="4">100%</td></tr>
<tr><td>참여적 정책 결정과 전략 기획 구축 : 규범 및 규제, 전략 기획</td><td>40%</td></tr>
<tr><td>사회로부터의 통제 강화 : 책임성 확보</td><td>20%</td></tr>
<tr><td>개방적 혁신 : 공공데이터의 공개 추진</td><td>25%</td></tr>
</table>

출처: OECD, 2013

2. 전자정부 추진 결과

위와 같은 국가정보화 전략과 전자정부 추진 전략의 채택과 집행을 통해 콜롬비아의 정보화 및 전자정부 수준이 크게 개선된 것으로 보고되고 있다. 단적인 예로 세계경제포럼(World Economic Forum)에서 조사, 발표하는 네트워크 준비 지수(Network Readiness Index, NRI)나 UN 경제사회국(UNDESA)에서 제공하는 전자정부 서베이 조사 결과 등 널리 활용되는 전자정부 조사 결과에서 콜롬비아의 전자정부 순위가 크게 상승한 것으로 나타나고 있다.

우선, 지난 10년 동안 가장 큰 발전이 있었던 영역은 인구 100명당 인터넷 사용자 수로 측정되는 인터넷 보급률이다. [그림 9-2]에서 나타나고 있는 바와 같이 콜롬비아는 2009년 이후에 라틴아메리카 국가의 평균 인터넷 보급률을 상회하는 발전을 보이고 있다.

2014년 세계경제포럼의 네트워크 준비 지수(NRI)에 의해 측정된

[그림 9-2] 콜롬비아의 인터넷 보급률(100명당 인터넷 사용자 수)

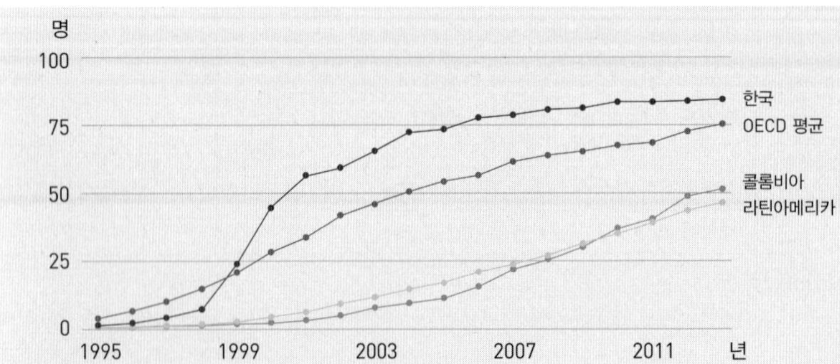

출처: World Development Indicators

ICT 활용 및 인프라 수준에서는, 콜롬비아가 148개국 중 63위를 차지했다. 전년도에 비해 3계단 상승한 수치이다. 네트워크 준비 지수의 부문별 결과를 살펴보면 다음과 같다. ICT 인프라 수준은 비교적 양호한 44위를 기록하였으며, 개인의 활용능력 및 이해도는 77위를 기록하였다. 이외에도 인터넷 사용자(66위), 개인용 컴퓨터를 보유한 가구 수(74위) 등에서 비교적 양호한 결과를 나타내주고 있다. 이와 같은 발전에도 불구하고, 콜롬비아는 기업가 정신과 혁신역량(104위), 과학과 수학 교육의 질로 측정된 교육 수준(108위) 등으로 인해 혁신역량이 낮고(83위) 지식집약적인 직업에 종사하는 인구의 비중이 낮은 점(89위)이 약점으로 지적되었다.

UN 전자정부 발전 지수(EGDI) 상의 결과를 통해 콜롬비아의 전자정부 추진 결과를 살펴보면 다음과 같다. 우선 콜롬비아 전자정부의 전반적인 순위는 등락을 거듭하는 편이다. [그림 9-3]에서 나타나고 있는 바와 같이, 2005년부터 2010년까지의 기간 동안 전자정부 순위

[그림 9-3] 콜롬비아의 전자정부 발전 지수 순위

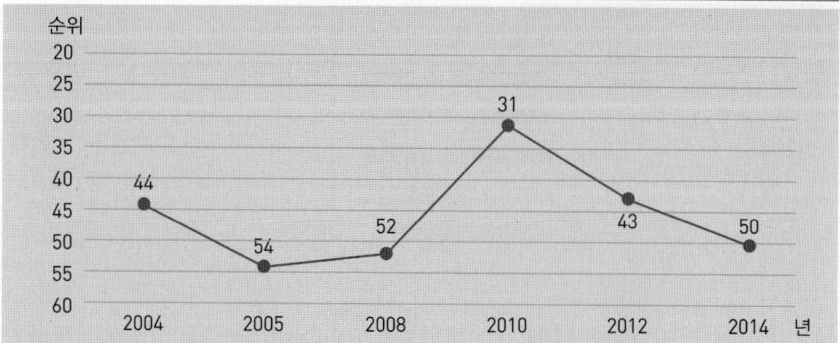

출처: www.unpan.org/e-government

54위에서 31위로 상승하였다. 이와 같은 순위의 상승은 콜롬비아를 남미 지역에서의 전자정부 선도국가로 자리매김하게 하였다. 그러나 그 이후 다시 하락하여 2014년에는 다시 193개국 중 50위에 머무르고 있다.

[그림 9-4] 콜롬비아의 전자정부 발전 지수(2014년)

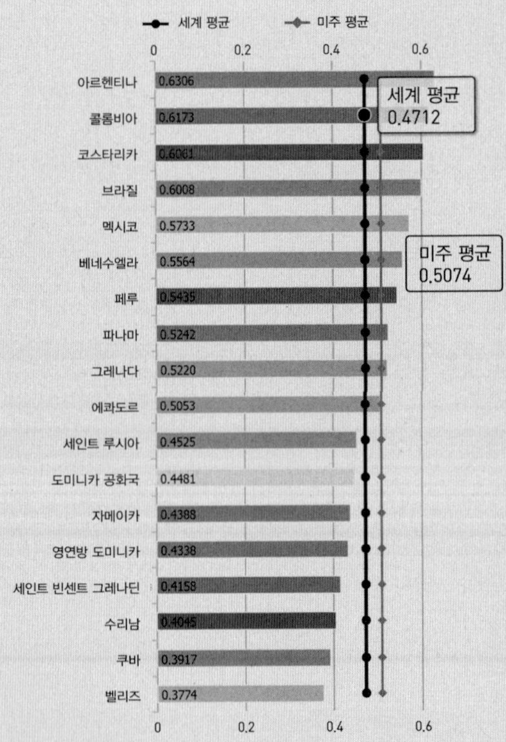

출처: www.unpan.org/e-government 자료를 바탕으로 필자가 구성

2014년 콜롬비아의 전자정부 발전 지수는 0.6173으로 세계 평균보다 높다([그림 9-4] 참조). 남미 국가 중 우루과이(0.7420, 세계 26위), 칠레(0.7121, 세계 33위), 아르헨티나(0.6306, 세계 46위)에 이어 위치하고 있다. 특히 중남미 국가들 중 국민소득 수준이 비슷한 18개 국가의 전자정부 발전 지수를 비교하면, 콜롬비아는 아르헨티나에 이어 두 번째 순위를 차지해 브라질(0.6008, 세계 57위)이나 멕시코(0.5733, 세계 63위)보다 더 높은 수준의 전자정부 발전 수준을 보이고 있는 것으로 나타나고 있다.

전자정부 발전 지수를 구성하는 세부지표 조사결과는 [그림 9-5]와 같다. 첫째, 온라인 서비스 지수는 0.7874로 세계 평균(0.3919) 및 남미 평균(0.5230)을 크게 상회할 뿐만 아니라, 남미 지역의 1위 국가인 우루과이의 0.8504에 근접한 것으로 분석되었다. 또한 콜롬비아의 인적자본 지수는 0.7348로 세계 평균(0.6566)보다 높고 남미 지역 평균(0.7405)과 비슷한 수준으로 분석되었다. 그러나 정보통신 인프라 지수는 0.3297로 세계 평균(0.3646) 및 남미 평균(0.3646)에도 크게 미치지 못하는 것으로 분석되었다. 그동안 정보통신 인프라의 확충에 많은 투자와 성과가 있기는 했지만, 콜롬비아의 전자정부 발전을 위해서는 정보통신 인프라의 지속적인 확충이 가장 큰 도전임을 UN 전자정부 발전 지수의 조사결과는 보여주고 있다.

[그림 9-5] 전자정부 발전 지수 세부지표별 결과(2014년)

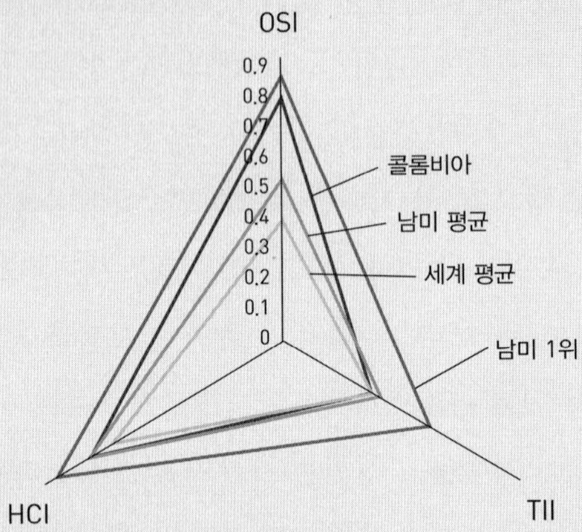

	온라인 서비스 지수 (Online Service Index : OSI)	정보통신 인프라 지수 (Telecommunication Infrastructure Index : TII)	인적자본 지수 (Human Capital Index : HCI)
콜롬비아	0.7874	0.3297	0.7348
세계 1위	1 (프랑스)	1 (모나코)	1 (뉴질랜드)
지역 1위	0.9449 (미국)	0.7406 (미국)	0.939 (미국)
남미 1위	0.8504 (우루과이)	0.5607 (우루과이)	0.8571 (아르헨티나)
세계 평균	0.3919	0.3646	0.6566
남미 평균	0.5230	0.3646	0.7405

출처: www.unpan.org/e-government 자료를 바탕으로 필자가 구성

IV.

콜롬비아의 전자정부 추진 거버넌스 분석

1. 법 제도

전자정부 추진의 근거가 되는 주요 법 제도로는 다음과 같은 것들이 있다. 2003년에 제정된 법령 3816은 정보정책 및 정보관리를 위한 범 부처 위원회의 구성을 규정하고 있다. 또한 이 법령은 콜롬비아 정부가 추진해 온 "인터넷 연결 확대 사업"을 위한 자원의 동원 및 전자정부 추진을 위한 상호 운용성 기준 채택을 규정한 핵심 법령이라 할 수 있다(Porrua, 2013; OECD, 2013).

공식적인 전자정부 전략의 집행은 2008년에 제정된 법령 1151, 2012년에 제정된 법령 2693과 후속 지침에 의거하여 이루어졌다. 법령 1151은 전자정부에 대한 새로운 관점을 담고 있는 '온라인 정부 전략'의 출범 기반이 되었다. 이 법은 전자정부 추진과 관련하여 모든 정부 기관들이 달성해야 하는 일련의 목표를 정의하고 있을 뿐만 아니라, 목표 달성을 위한 일정, 그리고 목표 달성 정도에 대한 평가와 모니터링 방안을 규정하고 있다.

법령 2693은 중앙정부와 지방정부가 전자정부 추진과정에서 달성해야 할 목표들을 포함하고 있다. 법령 2693은 다음과 같은 과제들을 추진하여야 한다고 규정하고 있다.

- 다양한 채널을 통한 서비스 공급 및 행정업무 수행과정에서의 활용
- 상호 운용성, 일련의 행정절차, 단일의 가상 창구
- 기술도입과 원활한 기술도입 환경 조성
- 공공 데이터 개방 및 열린 정부 구현
- 다 부처 연계(joint) 프로젝트

2012년 12월에 발표된 전자정부 추진 전략인 '전자정부 구현을 위한 지침 3.1'(이하 지침 3.1)은 법령 2693에 근거하고 있다(OECD, 2013). '지침 3.1'은 시행기간을 늘려 중앙정부 수준에서는 2015년까지 집행을 완료하도록 목표 기한을 설정하였고 지방정부에서는 2017년까지로 기한을 규정하였다(Sanabria *et al.*, 2014). 이 법령에 의거하여 정보기술통신부는 전자정부 추진 전략의 집행에 필요한 정책과 기준을 정의할 책임을 가진다.

전자정부 거버넌스 체계와 기능을 규정한 법 제도들은 다음과 같다. 첫째, 2012년에 제정된 법령 32호는 전자정부 및 정보화 정책 추진의 핵심적 조정 체계라 할 수 있는 '국가 디지털 및 정보 위원회'의 설립을 규정하고 있다. 법령 32호에 따라, 국가 전반 또는 각 영역별 조정 권한과 정부기관의 정보기술의 활용에 대한 권고와 지침을 제공하는 권한이 위원회에 부여되었다(Sanabria *et al.*, 2014; Porrua, 2013).

둘째, 법령 2618은 정보기술통신부 차관의 책임을 구체화하고 있다. 정보기술통신부 차관을 콜롬비아의 국가 최고정보관리책임자(CIO)로

지정하고 정보통신기술의 활용과 관련된 새로운 책임과 역할을 규정하고 있다. 정보기술통신부 내에서는 차관이 정책 및 정보기술개발과, 표준 및 정보기술 아키텍처과, 정부 온라인 프로그램과 등 세 개의 과를 관장하도록 규정하고 있다(OECD, 2013).

2. 조직적 배열

콜롬비아 정부 내에서 전자정부 추진과 관련된 주요 기관으로는 정보기술통신부, 공공서비스감독원, 국가통계 및 행정부, 국가기획부를 꼽을 수 있다. 우선 각 영역별 전자정부 시스템 도입 및 활용은 각 정책 부서가 책임진다. 즉, 교육부, 사회보장부, 법무부, 통계청 등은 담당 정책영역의 정보기술 도입 및 전자정부 시스템 구축을 담당하고 있다.

이들 기관들의 협력과 조정을 담당하는 부서로는 다음과 같은 것들이 있다. 정보기술통신부는 ICT 주관부처로서 ICT 정책기획, 사업, 프로그램 작성 및 홍보, 관련 부처 간 조정 역할을 수행한다. 재무부는 전자정부 및 정보화 추진과 관련된 예산을 담당한다. 국가기획부는 국가개발계획을 기획하고 그 범위 내에서 투자예산 계획을 수립한다. 아울러, 국가기획부 내에 국가통계 및 행정정보위원회를 두고 관련 정책 결정 및 집행을 담당한다. 공공서비스감독원은 공공서비스를 제공하는 기관들이 의무적으로 사용해야 하는 정보시스템 및 회계정보시스템의 표준을 규정하고 대국민 공공서비스 정보에 대한 통제와 감독을 수행하며, 공공서비스에 대한 감시, 통제업무에 참여하는 그룹에 대한 기술지원 및 방향제시, 그리고 공공서비스 기관의 규정 위반에 대한 행정제재를 시행한다.

그러나 이들 기관을 아우르며 전자정부를 주도하는 핵심 조직은 2013년에 설립된 '국가 디지털 및 정보 위원회'이다. '국가 디지털 및 정보 위원회'의 권한과 기능은 다음과 같다(OECD, 2013).

- 공공 정보의 관리와 관련된 공적 기능이나 서비스의 실행에 대한 조정 및 지침 개발
- 정보 관리를 위한 기술의 개발 및 유지보수와 관련된 정책 및 지침의 권고
- 인터넷 거버넌스, 도메인, 웹상의 지적 재산권, 정보 보안, 사생활 보호와 관련된 자문과 관련 국제기구의 활동에 대한 대응
- 콜롬비아의 사이버 비상 대응 그룹에 대한 가이드라인 작성
- 기관 내부 시스템 및 기관 간 시스템의 구축과 통합 및 상호 운용성 촉진
- 공공 정보의 활용과 접근성 제고를 위한 표준 제정 관련 정책 제언
- 모든 국가기관에서 공공서비스 개선을 위해 정보기술 사용 촉진
- 국가의 기술 인프라 개발을 위한 정책과 프로그램 추천
- 위원회의 결정사항에 대한 순응을 확보하기 위한 규정 및 조정 방안 마련
- 하드웨어와 소프트웨어의 조달을 위한 정책 가이드라인 마련
- 시민의 이익을 위한 정보 공개, 열린 정부의 구현을 위해 공공 정보의 품질 제고 및 신뢰성 향상을 위한 가이드라인 수립

- 정부의 정보 및 정보기술 관련 통합과 이를 위한 부문 내 요구사항 취합
- 국가 정보 및 정보기술 관련 정책 집행에 대한 후속 조치 수행

정보기술통신부 장관이 이 위원회의 위원장을 맡고 있으며, 차관은 국가 CIO로서 이 위원회의 기술 간사 역할을 담당하고 있다. 정보기술통신부 장관 이외에도 국가기획부 장관, 국가통계부 장관, 국가행정부 장관, 재무부 소속의 사회보장에 대한 경제규제국장, 대통령실 파견 대표가 위원회의 상임위원으로 활동하고 있다(OECD, 2013; NIA, 2010).

이와 같은 위원회의 구성으로 볼 때, '국가 디지털 및 정보 위원회'는 정보통신정책, 전자정부 추진정책 및 데이터 생산 간의 조정을 원활히 하는 장점이 있다. 왜냐하면 국가통계자료의 생산을 관장하는 국가통계부, 정보기술 아키텍처와 표준, 그리고 플랫폼을 관장하는 정보기술통신부, 공공정보의 설계, 집행, 평가를 담당하는 국가기획부가 함께 소속되어 있어, 정보의 생산과 정보시스템을 통한 활용, 그리고 평가 간의 조정이 원활히 이루어질 수 있는 조직적 구조를 가지고 있으며, 이는 좋은 전자정부 추진정책과 거버넌스 구조를 창출하는 데 기여할 수 있기 때문이다.

위원회는 의제에 따라 회의에 임시위원을 초빙할 수는 있으나, 임시위원은 투표권이 없다. 운영위원회는 필요한 기술 소위원회를 조정하는 역할을 수행한다. 이처럼, 핵심적인 정보화 사업이나 전자정부 시스템의 추가 개발 및 구현에 중요한 역할을 할 수 있는 다른 부처의 장

관들을 포함하고 있지 않기 때문에 위원회의 구성이 제한적이라는 한계가 있다.[5)]

3. 통제와 조정을 위한 관리도구

1) 권위에 근거한 도구

'국가 디지털 및 정보 위원회'는 설립의 근거 법령인 법령 32호에 의하여 공공 정보의 관리 및 이와 관련된 정부의 기능과 서비스의 집행에 대한 조정 및 지침 부여와 관련된 정당성을 부여받았다. 법령 32호에 따라, 국가 전반 또는 각 영역별 조정권한과 정부기관의 정보기술의 활용에 대한 권고와 지침을 제공하는 권한이 위원회에 부여되었다(Sanabria *et al.*, 2014; Porrua, 2013).

앞서 언급한 대로 법령 2618은 콜롬비아의 국가 CIO로 정보기술통신부 차관의 역할과 책임을 규정하고 있다. 정보기술통신부 차관은 국가 디지털 및 정보 위원회의 기술 간사를 겸하면서 콜롬비아 국가차원의 정보화 정책 및 전략의 수립과 집행을 책임지며, 위원회를 구성하는 주요 기관들 간의 협력과 조정을 담당하고 있다. 또한 법령 1151과 2693, 그리고 지침 3.1에 따라 관련 부처의 협력을 확보할 수 있도록 되어 있다(Sanabria *et al.*, 2014; OECD, 2013).

이와 같은 제도적 도구와 함께, 정보화 및 전자정부 추진에 대한 대

---

5) OECD 회원국 중 유사한 제도적 배열을 가진 국가들의 경우, 전자정부 추진에 영향력을 행사할 수 있는 좀 더 많은 수의 장관이나 기관장들이 위원회의 위원으로 참여한다(OECD, 2013).

통령의 정치적 의지와 지원, 그리고 국가의제로서의 전자정부 추진정책의 위상 또한 중요한 조정 및 통제 기제가 된 것으로 평가된다(Porrua, 2013). 1999년에 출간된 전자정부 전략 등에 제시되고 있는 바와 같이, 정보화 및 전자정부 전략은 콜롬비아의 국가경쟁력 제고와 정부 현대화, 공공 정보에 대한 국민들의 접근권 보장이라는 범국가적인 국가·사회발전 전략이라는 위상을 갖는다.

당연히 콜롬비아의 안드레스 파스트라나(Andrés Pastrana) 전 대통령, 후안 마누엘 산토스(Juan Manuel Santos) 현 대통령은 정보통신기술의 도입과 활용을 콜롬비아 국가발전 및 경제성장의 핵심 기제로 간주하고, 이를 적극 지원해 왔다. 대통령은 전자정부 정책과정에서 직접 지시하고 추진과정을 모니터링하였다. 이와 같은 정치적 의지와 지원은 관련 기관 간 정책 조정을 원활하게 만드는 주요 기제가 되었다.

2) 예산에 근거한 도구

전자정부 과제 수행을 지원하고, 이해관계자에게 경제적 유인을 제공하기 위한 예산 및 재정 도구의 활용은 전자정부 및 정보화 정책 추진에 필수적이다. 초기에는 정보화 및 전자정부 과제의 추진을 위해 UN 등과 같은 국제기구로부터의 재정 지원을 받기도 했으나, 점차 콜롬비아 국가예산으로 추진되기 시작했다. 앞서 언급한 바와 같이, 정보기술통신부는 4년간 총 5.5조 콜롬비아 페소의 예산을 투자하였다(Porrua, 2013).

'국가 디지털 및 정보 위원회'는 별도의 예산을 가지고 있지는 않지만, 위원회를 구성하는 기관에 배정된 예산이나 기금을 활용할 수 있으며, 각 정책영역별로 배정된 일반 예산을 활용할 수도 있다. 한편 위원회의 구성원인 재무부 경제규제 및 사회보장국을 통해 위원회가 중요성을 부여하는 과제에 대한 추가적인 자원의 배분이나 예산 활용에 대한 감독 기능이 수행되고 있다. 또한 국가기획부와 정보기술통신부가 관리하는 정보화 과제 예산은 통합적 정보서비스의 제공과 조정 역량의 강화에 활용될 수 있다.

그러나 위원회가 보유하는 자체 예산이 없기 때문에, 전자정부 과제 및 정보화 과제의 적극적인 추진을 위해서는 위원회에 참여하는 개별 부처의 의도와 이해관계에 따른 예산 활용에 의존해야 하는 한계가 존재한다. 이와 같은 한계로 인해, 범정부 차원의 전자정부 과제 추진을 위해서는 대통령의 정치적 의지나 관심에 의존해야 하는 상황이 종종 발생하게 된다(OECD, 2013; NIA, 2010).[6]

3) 설득에 근거한 도구

정보기술통신부 차관은 국가 CIO로서 공공부문과 민간부문의 CIO들과의 협력 및 네트워킹을 주요 활동 중 하나로 수행하고 있다. 국가 CIO는 공공부문과 민간부문을 포괄하는 각 부문의 CIO들과 국가 CIO 네트워크를 구성하여 콜롬비아의 정보화 수준 제고와 전자정부 추진을 위한 상호 협력과 협의를 진행하고 있다. CIO 네트워크를 통해 정부 각 부처의 CIO들 간의 협력을 촉진하고 한 정책 영역에서의 전자정부

---

6) DANE와 국가기획부는 이와 같은 구조를 개선할 계획을 가지고 있으며 국가 CIO나 공공정보국의 사례를 참조하여 범정부 차원의 전자정부 과제 추진을 위한 전담기구의 구성을 고려하고 있다.

와 정보화 사업이 다른 영역에도 도움이 되도록 하고 있다.

이미 2012년 10월까지 9개 영역의 CIO가 선임되었으며, 그들의 역할은 정책 결정 및 공공서비스 전달에 있어서 정보기술의 활용을 촉진하고 지시하는 것이다. 아울러, CIO 간의 정보 및 지식공유를 통해 전자정부 추진을 위한 역량 강화와 상호 협력의 성숙을 이끌어 낼 수 있을 것으로 기대된다. 물론 CIO 네트워크가 정책결정을 담당하는 것은 아니다. 그러나 정보통신기술의 전략적 활용과 그에 대한 인식 제고를 촉진하고 공공과 민간부문을 아우르는 CIO 간 정보와 지식 공유의 장으로써 CIO 네트워크가 가지는 효과는 크다고 할 수 있다(Vega, 2013; NIA, 2010).

이와 같은 CIO 네트워크의 활동 덕분에 콜롬비아는 남미에서 전자정부 추진과 관련하여 가장 활발한 파트너십을 보이는 국가로 평가되고 있다. 다양한 실무위원회와 연구그룹이 구성되어 대학, 기업 등 민간부문의 전문가 및 다른 국가들의 전자정부 관련 전문가들이 참여하고 있다. 이와 같은 파트너십과 참여를 보여주는 것이 RED GEALC[7]라는 웹사이트이다. 이 웹사이트를 통해 전자정부에 대한 전문가들의 자료를 공유하고, 협력적 기금을 구성하며, 전자정부와 관련된 기술적 응용프로그램의 교환, 전송 등이 이루어진다.

7) http://www.redgealc.net

V. 결 론

지금까지 콜롬비아 정부는 국가 발전을 위한 정보기술의 활용 및 전자정부 추진에 있어 큰 발전을 이룩해 온 것으로 평가된다. 그러나 향후 지속적인 전자정부의 발전을 위해서는 전자정부 추진을 위한 리더십이 강화되어야 하며, 이를 뒷받침하기 위한 거버넌스 체계의 개선이 필요한 것으로 판단된다.

첫째, 국가 디지털 및 정보 위원회의 강화가 요청된다. 우선 위원회의 역할과 구체적인 실행 권한이 좀 더 강화되어야 할 것이다. 국가 디지털 및 정보 위원회는 전자정부 발전과 부처 간 협력을 위한 중요한 포럼이 되어왔다. 그러나 위원회 결정에 대한 자발적 순응에 의존하는 현재의 방식은 향후 위원회의 조정 역량을 강화하는 데 주요한 걸림돌로 작용할 가능성이 크다. 공통 표준이나 인프라의 구성요소 활용과 관련된 필수 조건의 도입, 위원회의 결정에 대한 제도적 강제력 강화와 같은 조정 도구의 강화를 고려할 필요가 있다.

우선, 위원회의 구성의 폭이 좀 더 확대되어야 한다. 위원회 구성상 주요 부처들이 위원회에 소속되어 있지 않은 현재의 구조로는 범정부 차원의 전자정부 과제 추진 및 부처 간, 영역 간 조정을 달성하는데 있어 각 부처의 순응과 자발적 참여를 확보하기 어려울 수 있다. 따라서, 국가 디지털 및 정보 위원회에 교육, 보건, 국가경쟁력 등 전자정부 추진과 관련된 높은 우선순위를 가진 정책영역의 부처들이 참여하게 함으로써 이들 영역에서의 전자정부 구현에 대한 정치적·행정적 의지를 반영하여야 한다. 아울러, CIO 네트워크의 전략적 활용은 거버넌스 구조의 강화에 중요한 방안이 될 수 있다. 주요한 전자정부 과제에 대한 집중적 토론을 통해 전자정부 추진을 위한 주요 정책결정에 부가가치를 더할 수 있을 것으로 보인다.

이와 관련하여, 한국의 김대중 정부 시기의 전자정부 추진 거버넌스 체계가 좋은 예가 될 것이다. 김대중 정부 시기는 전자정부 추진의 초창기로 부처 간 조정이 전자정부 추진의 핵심 쟁점이 되던 시기였다. 이 시기 전자정부 추진 거버넌스 체계의 핵심이었던 전자정부특별위원회(이하 특위)는 다음과 같은 특성을 갖고 있었다. 첫째, 전자정부특별위원회는 전자정부 과제 수행과 관련된 주요 이해관계부처를 포괄하고 있었다. 특위는 본위원회와 실무위원회로 구성되어 있었는데, 두 위원회 모두에서 11대 과제 수행과 관련된 모든 부처가 의사결정자로 참여하였다. 둘째, 특위의 구성과 활동과정에서 대통령 비서실의 개입이 전면화되었다. 이와 같은 구조에서는 전자정부 추진과 관련된 모든 부처들이 의사결정과정에 직접 참여하게 되면서, 부처의 담당자들 간에 직접 조정이 이루어지도록 강제하는 효과를 갖게 되었다. 이는 다시 전자정부 추진을 위한 부처 간 상호작용을 활성화하고 집권적 통제와 신속한 조정이 가능하게 되어 효과적인 전자정부 추진의 제도적 배경이 되었다(엄석진, 2008).

둘째, 위원회가 보유하는 조정 및 통제 수단 중 예산에 근거한 조정 및 통제 수단을 강화할 필요가 있는 것으로 보인다. 미국의 부시 행정부에서의 전자정부 추진 거버넌스 체계가 좋은 사례가 될 것이다. 미국의 전자정부 추진과정에서 핵심 기관인 관리예산처(Office of Management and Budget, OMB) 내의 전자정부국(Office of E-Government and IT, OEG)은 정보통신기술에 대한 투자와 전자정부기금의 사용에 대해 직·간접적으로 관여할 수 있었다(Eom, 2013). 전자정부 추진과 관련된 예산 및 기금을 배정하는 과정에서 전자정부국장은 전자정부 관련 예산의 신청내역을 검토하고 승인하는 절차를 수립하였으며, 관리예산처장을 보조하여 유사한 목적 하에 서로 다른 연방기관에 의해 수행되는 정보화 사업 간 조정을 유도하였다. 또한, 전자정부국은 관리예산처 내의 예산실과의 협력을 강화하였다. 전자정부국과 예산실은 전자정부 과제의 상황을 논의하고 예산 배정을 위해 정기적인 회합을 진행하였다. 이러한 협력은 전자정부국이 보유한 "예산의 힘"의 제도적 배경이 되었다. 셋째, 전자정부국의 평가 결과가 예산 배정과 연동되었다. 연방기관이 수행하는 전자정부 과제에 대한 평가 결과는 그대로 차년도 예산 배정에 반영되었다. 이러한 예산에 근거한 조정 도구는 미국 연방정부의 전자정부 추진성과와 거버넌스 체계의 강화에 크게 기여한 것으로 평가된다. 이와 같은 미국의 사례를 참조하여 전자정부 추진을 위해 위원회가 직접 활용할 수 있는 예산을 확보하거나, 예산 담당부처와의 협력 관계를 좀 더 강화할 필요가 있다.

셋째, 정보기술통신부의 전자정부 추진과정에서의 조정 능력을 향상시키고 국가 CIO의 조정 역할을 강화할 것이 요구된다. 정보기술통신부의 조정 역량을 강화하는 방안으로는 하향식 접근과 상향식 접근을 통합하여 정보통신 분야의 주요한 이해관계자들과의 협력을 유지하는 방안을 생각해 볼 수 있다. 예를 들면, 정보기술통신부의 강력한 리더십을 유지함과 동시에, 정부 내 및 주요 민간부문 및 시민사회의 이해관계자들과 폭넓은 파트너십을 구축하고, 경제적·정치적 인센티브를 사용하여 공식적인 협조관계를 구축하여야 한다. 이 과정에서 정보통신기술부는 국가 디지털 및 정보 위원회의 업무와 관련 기관들의 노력을 조정하고 결합하는 핵심적인 역할을 담당해야 할 것이다.

참고문헌

권기수·박미숙·황현정(2015), 콜롬비아의 주요산업 : 광업, 교통 인프라, IT, 이성훈 편,『변화하는 콜롬비아 : 경제성장과 사회적 과제』, 서울대학교 라틴 아케리카 연구소. 서울 : 도서출판 한울.

송희준(1998), 초고속정보통신정책의 결정요인과 추진전략,『한국정책학회보』, 7(1).

엄석진(2008), 전자정부 추진결과의 제도적 결정요인, 서울대학교 행정대학원 박사학위논문.

조화순(2004), 거버넌스의 관점에서 본 NEIS 갈등 사례 연구,『정보화정책』, 11(1).

홍성걸(2003), 발전국가의 부활? 산업화와 정보화의 비교 : 완충국가론의 시론적 적용, 한국행정학회 하계학술대회 발표논문집.

황종성(2003), 한국의 정보화 정책구조와 발전방향,『정보통신정책연구』, 10(2).

Adler, M. & P. Henman(2005), Computerizing the Welfare State : An International Comparison of Computerization in Social Security, *Information, Communication, and Society*, 8(3), pp. 315～342.

Dawes, S. S. & T. A. Pardo(2002), Building Collaborative Digital Government Systems, Systematic Constraints and Effective Practices, in W. J. McIver & A. K. Elmagarmid(eds.), *Advances in Digital Government, Technology, Human Factors, and Policy*, Norwell, Massachusetts : Kluwer Academic Publishers.

Dunleavy, P., Margetts, H., Bastow, S. & J. Tinkler(2006), *Digital Era Governance : IT Corporations, the State, and E-Government*. Oxford : Oxford University Press.

Eom, S. J.(2013), Institutional Dimensions of e-Government Development : Implementing the 'Business Reference Model(BRM)' in the United States and Korea, *Administration and Society*, 45(7), pp. 875~907.

Fountain, J.(2001), *Building the Virtual State : Information Technology and Institutional Change*, Washington D.C. : Brookings Institution Press.

__________(2007), Challenges to Organizational Change : Multi-Level Integrated Information Structure, in V. Mayer-Schöenberger & D. Lazer(eds.), *Governance and Information Technology : Form Electronic Government to Information Government*, Cambridge, Massachusetts : MIT Press.

Hall, P. A. & Rosemary C. R. Taylor.(1996), Political Science and the Three New Institutionalisms, *Political Studies*, 44(5), pp. 936~957.

Henman, P. & M. Adler(2001), Information technology and transformations in social security policy and administration : A Review, *International Social Security Review*, 54(4), pp. 23~47.

Laudon, K. C.(1985), Environmental and Institutional Models of Systems Development : A National Criminal History System, *Communications of the ACM*, 28, pp. 728~740.

Margetts, H.(1999), *Information Technology in Government : Britain and America*, London : Routledge.

__________(2006), e-Government in Britain-A Decade On, *Parliamentary Affairs*, 59, pp. 250~265.

Margetts, H. & P. Dunleavy(2002), *Cultural Barriers to e-Government*, London : National Audit Office.

Moon, M. J.(2002), The Evolution of E-Government among Municipalities : Reality or Rhetoric?, *Public Administration Review*, 62, pp. 424~433.

NIA(2010), *Global Information Technology Development Report*, Seoul : National Informatization Agency.

OECD(2005), *E-Government for Better Government*, Paris : Author.

_____(2013), *Colombia : Implementing Good Governance*, OECD Public Governance Reviews, OECD Publishing.

Orlikowski, W. J.(2000), Using Technology and Constituting Structures : A Practice Lens for Studying Technology in Organizations, *Organization Science*, 11(4), pp. 404~428.

Peters, B. G. & J. Pierre(2000), *Governance, politics, and the state*, New York : St. Martin's Press.

Pierson, P. & T. Skocpol(2002), Historical Institutionalism in Contemporary Political Science, in I. Katznelson & H. V. Milner(eds.), *Political Science : The State of the Discipline*, American Political Science Association.

Porrua, M. A.(2013), E-Government in Latin America : A Review of the Success in Colombia, Uruguay, and Panama, *The Global Information Technology Report* 2013, WEF, pp. 127~136.

Thelen, K. & S. Steinmo(1992), Historical Institutionalism in Comparative Politics, in S. Steinmo, K. Thelen & F. Longstreth(eds.), *Structuring Politics : Historical Institutionalism in Comparative Analysis*, Cambridge : Cambridge University Press.

Timmermans, A.(2001), Arenas as Institutional Sites for Policymaking : Patterns and Effects in Comparative Perspective, *Journal of Comparative Policy Analysis : Research and Practice*, 3, pp. 311~337.

Vedung, E.(1998), Policy Instrument : Typologies and Theories, in Bemelmans-Videc, M., Rist, R. C. & E. Vedung(eds.), *Carrot, Stick and Sermons : Policy Instruments and Their Evaluation*, New Brunswick, New Jersey : Transaction Publishers.

Vega, D. M.(2013), Colombia's Digital Agenda : Successes and the Challenges Ahead, *Growth and Jobs in a Hyperconnected World*, The Global Information Technology Report 2013, WEF.

WEF(2013), *Growth and Jobs in a Hyperconnected World*, The Global Information Technology Report 2013, WEF.

Yang, K.(2003), Neoinstitutionalism and E-Government, *Social Science Computer Review*, 21, pp. 432~442.

부록

아시아개발연구소의 설립배경 및 발전과정

I.

아시아개발연구소의 설립배경

서울대학교 아시아개발연구소(Asia Development Institute, ADI)는 2004년 8월 행정대학원 부설 연구센터로 설립되었다. 아시아개발연구소의 설립목적은 아시아의 정치, 경제, 사회 등 다양한 분야의 발전경험을 공유하고, 아시아를 포함한 개발도상국 공무원을 대상으로 한 교육·훈련을 통해 자국 발전에 기여할 수 있도록 함과 동시에 우호·협력관계를 증진하며, 관련 정책개발을 위한 연구 사업을 지원하는 데 있다.

아시아개발연구소의 설립은 서울대학교 행정대학원의 역사를 배경으로 하고 있다. 1959년 설립된 행정대학원은 지난 50여 년간 한국의 발전을 이끌어온 많은 공공인재를 배출하였다. 그들은 행정학·정책학을 체계적으로 공부하고 현실에 적용하여 한국이 급속한 경제적·사회적 발전을 성취할 수 있도록 하는 견인차의 역할을 수행하였다. 공공인재 양성을 통해 국가발전에 기여한다는 행정대학원의 과업을 한국에서만 실현할 것이 아니라 한국의 경험을 공유하고 전파할 수 있도록 개발도상국의 공무원을 교육해야 한다는 시대적 요구가 점증하고 있었다. 뿐만 아니라 초창기 행정학의 기반을 다지고 학생들의 교육을 담당하였던 행정대학원 교수들도 미국 정부의 지원으로 미네소타 대학 등에서 유학을 하면서 체계적으로 공부하였던 역사를 감안하면 개발도상국 공무원의 교육을 위해 행정대학원이 아시아개발연구소를 설립한 것은 하나의 역사적 의무이기도 하였다. 당시 행정대학원 원장이었던 오연천은 구체적으로 개도국 공무원을 대상으로 한 교육 프로그램을 운영하고 이를 통해 국가 간의 상호이해와 공유를 통해 학문적으로나 실무적으로 아시아 지역과 협력관계를 강화하는 것이 국가적으로 매우 필요한 사업이라고 판단하였다.

2003년 아시아개발센터 설립을 위해 정부에 제출한 사업안 및 예산요구서를 보면 다음과 같은 사업목적으로 정책 교육센터를 설립하고자 한다고 밝히고 있다.

사업목적

1. 체제전환을 겪었거나 현재 진행 중인 동아시아 지역의 구 사회주의권 국가(중국, 베트남, 라오스, 캄보디아, 몽골, 미얀마, 방글라데시, 네팔, 북한 또는 중국 조선족 자치주의 고급 공무원을 대상으로 한국 정부의 경제정책, 사회복지, 환경, 노동문화, 외교·안보 등 다양한 정책분야의 정책이론 및 실무 노하우 전수
2. 정책교육센터의 설립 및 운영을 통하여 활발한 인적 교류 및 정책교류를 증진시킴으로써 우리나라와 대상 국가들 간의 상호이해와 정보교환 증진은 물론 공동 관심사항에 대한 공동대응전략을 탐구함으로써 긴밀한 동반자적 협력관계를 강화하고, 공동의 번영과 발전을 도모

정부도 개발도상국에 한국의 발전경험을 전파하고 공유하는 사업을 시행함에 있어서 단순한 대학 차원의 사업이 아니라 국가적 목적을 추

구하는 사업으로 판단하고 재정을 지원하기로 결정하였다. 이러한 판단에는 서울대학교 행정대학원 내에 아시아개발연구소가 부설됨으로써 정치, 경제, 행정, 사회 등 다양한 사회과학분야의 배경을 갖는 행정대학원 교수진을 교육과 연구 사업에 참여하도록 할 수 있으며, 서울대학교 사회과학대학, 경영대학, 법과대학, 국제대학원 등 사회과학계열의 전문 인력을 활용할 수 있을 뿐만 아니라 개발도상국이 필요로 하는 자연과학, 공학, 농학, 의학 등의 전문성 제고를 위해 서울대학교의 교수 및 연구진을 활용할 수 있다는 전략적 고려가 있었다. 또한 서울대학교 행정대학원은 정부를 비롯하여 공기업 등 한국의 공공부문과 긴밀한 네트워크를 형성하고 있었다는 점도 고려되었다.

이와 함께 서울대학교 행정대학원은 전문대학원으로서 국가발전에 필요한 공공관리 및 다양한 정책분야에 대한 연구뿐만 아니라 현실 정책문제를 해결할 수 있는 정책적 처방과 실무적 집행을 접목하는 문제해결 능력을 보유하고 있었던 점 또한 중요한 요인으로 작용하였다. 개발도상국 공무원들에게 이론적 측면의 교육을 통해 장기적 정책역량을 강화하는 한편 실질적 문제 해결 능력을 배양함으로써 단기적으로도 가시적 변화를 창출할 수 있도록 하자는 판단이었다.

2004년 아시아개발연구소가 행정대학원 부설 센터로 설립될 당시에는 한국국제협력단(Korea International Cooperation Agency, KOICA)을 제외한 다른 기관에서 국제개발협력 사업을 시행하는 경우가 많지 않았다. 한국개발연구원과 중앙공무원교육원이 사업을 시행하고 있는 정도였다. 이러한 사정으로 인해 아시아개발연구소는 국내 기관뿐만 아니라 다른 국가의 대학에서 시행하는 국제개발협력 사업을 조사·참고하여 사업을 개발해야 했다. 그 가운데서도 하버드 대학의 케네디 스쿨에 위치하고 있는 하버드 국제개발연구센터의 사례가 많은 참고가 되었다. 이러한 검토를 거쳐 아시아개발연구소는 아시아 고위관리자 정책훈련과정(Asian Policy Development Program, APDP)이라는 프로그램을 만들어 사업을 실시하였다. 당시 행정대학원 오연천 원장과 함께 출범 당시 아시아개발연구소에 많은 기여를 한 김병섭 교수가 제1대 연구소장에 취임하였다.

II.

아시아개발연구소의 발전과정

1. 사업기반 구축과 외연 확장

아시아개발연구소(ADI)는 설립된 첫 해에 2회에 걸쳐 아시아 고위관리자 정책훈련과정(APDP)을 실시하였다. 설립 당시 저개발뿐만 아니라 사회주의에서 자본주의로 체제 전환을 시도하여 국가발전에 있어 한층 더 어려움을 겪고 있는 체제 전환국가에 좀 더 강조점을 두었으며, 이에 따라 APDP 프로그램에는 베트남, 라오스, 캄보디아 등 동남아시아 개발도상국과 우즈베키스탄, 카자흐스탄 등 중앙아시아 국가의 공무원들을 초청하여 교육·훈련 프로그램에 참여하도록 하였다. 설립 당시 계획한 바와 같이 교육·훈련의 내용은 경제발전, 행정관리와 같은 주제뿐만 아니라 농업정책, 과학기술 정책, 정보통신정책 등 다양한 정책분야를 망라하였으며, 서울대학교의 전문 인력을 광범위하게 활용하여 참가자들에게 필요한 교육을 제공하였다. 또한 현지에서 시행하는 팔로우 업 세미나(follow-up seminar)라는 제도를 만들어 교육을 받고 자국으로 돌아간 공무원들과 현지의 중요 정책 담당자를 세미나에 초청하여 사후관리를 하는 제도를 구축하였다. 이 제도는 교육·훈련이 일회성으로 그치는 것이 아니라 장기적인 교류·협력 관계를 구축하도록 하는 것을 목적으로 하고 있다. 한편으로 팔로우업 세미나는 국내의 전문 인력이 개발도상국 현지를 방문하여 보다 생생하게 현장을 이해하여 연구에 도움이 되도록 하는 데에도 목적이 있었다. 2005년 1월 제2대 소장으로 취임한 오연천 교수는 아시아개발연구소의 자체사업과 더불어 한국정보문화진흥원(현 한국정보화진흥원, NIA)과 한국국제교류재단(KF)의 사업을 유치하여 사업의 범위를 확장하고 보다 다양한 분야에서 교육훈련 사업을 실시하는 기반을 마련하였다.

초기에 개발협력을 위한 기초연구와 교육훈련 사업에 매진하던 아시아개발연구소는 2009년부터 국내에 교육생을 초청하는 사업과 함께 본격적인 국제무대의 활동에 나서게 되는데, 한국의 대내외적 위상이 높아짐에 따라 국제적 역할이 커지는 시기와 일치한다. 김준기 교수에 이어 아시아개발연구소 부소장 역할을 맡게 된 권혁주 교수는 2010년 한국에서 G20 정상회의가 개최되는 것에 맞추어 한국에 주재하고 있는 아시아 개발도상국의 대사를 초청하여 'G20 정상회의와 아시아의 역할'을 주제로 세미나를 개최하였다. 이 세미나의 목적은 세계 경제위기를 극복하기 위한 G20 정상회의에 참여할 수 없는 개발도상국의 의견을 청취하고 그 내용을 G20 정상회의를 준비하는 한국 정부에 전달하는 것이었다. 이것은 아시아개발연구소가 연구와 교육뿐만 아니라 국제개발협력을 위해 매우 중요한 외교적 역할을 수행할 수 있음을 보여주는 계기가 되었다. 이와 더불어 2011년 부산에서 개최된 고위급 원조회담에 성과관리에 관한 의제를 제출하기 위해 아시아개발은행(Asian Development Bank, ADB)과 함께 서울포럼을 개최하였다.

2. 제도화

2010년 아시아개발연구소는 서울대학교 행정대학원 부설 센터에서 서울대학교 부설 연구소로 승격되면서 제도적 측면에서 더욱 안정된 기반을 다지게 되었다. 부설 연구소로 전환을 추진한 배경에는 서울대학교 교내에서뿐만 아니라 대외적으로도 아시아개발연구소의 제도적 위상을 확보하고, 그 정체성을 뚜렷이 하고자 한 맥락이 존재하였다. 특히 2010년 한국이 OECD 개발협력위원회(DAC)에 가입하면서 국제개발협력의 정책적 중요성이 한층 부각되는 전환기를 맞이하여 국내의 다양한 공공기관들이 이 분야의 사업에 관심을 표명하거나 사업의 집행을 시작하던 시기였다. 이러한 흐름 속에서 아시아개발연구소를 서울대학교 부설 연구소로 승격하여 제도적 기반을 다지지 않을 경우, 그동안 많은 사업성과를 달성했음에도 불구하고 아시아개발연구소가 국제개발협력분야에서의 입지를 공고히 하고 더욱 발전하기 어렵다는 판단을 하게 되었다. 내적 측면에서 보더라도 부설 연구소로서의 지위를 가짐으로써 연구 활동에 대한 대학본부의 행정지원을 받을 수 있었다. 또한 한국연구재단의 연구지원이나 KOICA에서 발주하는 정책연구 사업을 맡게 되면서 아시아개발연구소의 소속으로 아시아 지역연구와 개발협력 분야에서 보다 체계적인 연구 수행이 가능하도록 연구원들에게 공식적인 지위(서울대학교 총장 발령)와 역할을 부여할 수 있게 되었다.

이 시기 연수 사업에 있어서도 외연을 확대함과 동시에 장기사업의 기틀을 마련하였는데, 특히 KOICA 연수사업의 경우 팔레스타인, 아프가니스탄, 아프리카 등지에서 고위공무원을 초청하여 행정과 재정, 사회·경제발전 정책에 대한 연수를 수행하였으며, 특히 아프리카 외교관 연수과정인 파트너십 프로그램은 알제리(2011년, 2012년)와 우간다(2013년)를 대상으로 실시하여 사업의 연속성을 확보하였다. 특히 알제리 프로그램은 2011년에 연수를 받고 돌아간 외교관들이 KOICA를 통해 다시 한 번 아시아개발연구소의 연수를 받고 싶다는 요청을 하였는바, 수원국의 요구로 사업을 재개하였다는 데 큰 의의가 있다. 그러나 국내초청연수사업의 특성상 단기연수이고 연수사업의 연속성이 떨어지기 때문에 기존의 노하우와 경험을 활용하여 제도화하기 어려운 측면이 존재하였다.

반면 아시아개발은행(ADB)과의 GMS-PPP(The Greater Mekong Subregion-Phnom Penh Plan) 사업은 5년의 장기협약을 체결하여 안정성과 지속성을 가지고 시행하였다. 구체적으로 2010년에서 2012년까지는 과학기술혁신정책을 주제로 교육 프로그램을 운영하였고, 2013년과 2014년에는 사회보호를 주제로 연수사업을 개최하였다. GMS-PPP 사업은 메콩강 유역국가(태국·캄보디아·라오스·베트남·미얀마·중국)에 대한 정보 축적은 물론 강의자들의 지역에 대한 이해를 넓혀 매년 강의의 수준을 높이는 계기가 되었다. 또한 GMS-PPP 사업은 ADB와의 협력 사업으로서 국제적인 명성과 경험을 축적한 프랑스의 행정대학원, 하버드 케네디 스쿨 등과 함께 비교·평가를 받았으며, 아시아개발연구소는 매년 성공적으로 사업을 시행하여 매우 우수한 평가를 받았다. 특히 아시아개발은행과 함께 연수사업을 시행하면서 국제적으로 축적된 노하우를 공유할 수 있었을 뿐만 아니라 그동안 시행되어온 교육과정과 모듈을 개선할 수 있었다. 더욱이 아시아개발연구소의 사업 포트폴리오를 다각화함으로써 대내적 역량확보와 대외적 신뢰 구축에 커다란 도움이 되었다.

연구의 측면에서 아시아개발연구소는 2011년부터 2013년까지 한국연구재단의 연구지원을 받아 동아시아의 사회적 보호에 대한 비교연구를 진행하였다. 이 연구는 한국을 포함하여 영국, 중국, 캐나다, 네덜란드, 인도네시아, 필리핀, 말레이시아 등의 연구자들이 참여하여 그동안 연구가 활발히 진행되지 못했던 동아시아 개발도상국의 사회적 보호 제도와 국가발전에 대해 연구를 수행한 것으로, 그 연구결과를 *Development and Change* 등의 국제학술지에 발표하는 등 아시아개발연구소의 학계 기여도를 한층 제고하였다. 또한 2013년에는 세계적인 출판사 Springer를 통해 *The Korean Government and Public Policies in Development Nexus*를 해외에 출판하였다. 본 연구 저서는 한국의 성장 사례 및 발전경험을 주요 정책을 포함하여 행정학, 정책학 차원에서 분석한 심도 있는 연구 서적으로, 국내뿐만 아니라 한국의 발전 경험을 학습하고자 하는 해외 연구자 및 독자들에게 실질적 차원의 정책적 함의를 제공하고, 아시아개발연구소의 연구 역량을 강화하였다는 점에서 의의를 갖는다.

이처럼 아시아개발연구소는 국제개발협력에 대한 연구 및 교육이 활성화되지 못한 때 설립되어 하나하나 새로운 사업을 구상·시행하면서 새로운 지식과 경험을 축적해왔다. 이러한 노하우는 국내의 다른 기관들과 공유되면서 하나의 전형적인 틀로 자리하게 되었다. 그러나 아시아개발연구소는 지난 10년간의 성과에 안주하기보다 새로운 비전을 설정하고 그에 따라 새로운 연구와 교육사업을 개발하여 개발도상국의 국가발전에 기여하고 한국의 국가적 위상을 제고한다는 설립목적을 지속적으로 추구할 것이다.

서울대학교 아시아개발연구소 10년 주요 연혁

날 짜	내 용
2004년 6월	서울대학교 행정대학교 부속 아시아개발센터(ADI) 설립
2004년 6월	초대 소장 김병섭 교수 취임
2004년 7월	아시아개발센터 개소식 및 운영위원회 발족
2004년 8월	서울대학교 행정대학원 아시아개발센터 내부규정 제정
2004년 8월	제1차 아시아개발센터 고위정책훈련과정(APDP) 실시
2005년 1월	제2대 소장 오연천 교수 취임
2006년 6월	한국정보문화진흥원(KADO) 사업 유치(현 한국정보화진흥원)
2006년 12월	한국국제교류재단(KF)-서울대학교 언어교육원 공동사업 유치
2009년 4월	아시아개발센터 자문위원회 발족
2009년 5월	아시아개발센터 조직 확대 개편
2009년 6월	아시아개발센터 연구소 등록 신청
2009년 10월	한국국제협력단(KOICA) 교육훈련사업 유치
2009년 12월	아시아·태평양 지역 각국 대사 초청 세미나 개최
2010년 3월	서울대학교 부설 아시아개발연구소로 승격
2010년 7월	제3대 소장 권혁주 교수 취임
2010년 9월	아시아개발은행(ADB) 교육훈련사업 유치
2010년 12월	베트남 내무부 교육훈련사업 유치
2011년 1월	제4대 소장 최종원 교수 취임
2011년 2월	아시아개발연구소 운영위원회 발족
2011년 7월	아시아개발연구소 자문위원회 발족
2011년 7월	아시아개발연구소 규정 개정
2011년 9월	ADB 개발성과관리부와 공동 국제포럼 개최
2013년 8월	연구총서 발간
2014년 11월	베트남 사회과학원과 공동 연구 및 교육에 관한 MOU 체결
2014년 12월	창립 10주년 기념 백서 발간

찾아보기

국문

ㄱ

개발도상국 *17*
거버넌스 *407*
경제개발협력기구(OECD) *3, 20*
경제우선주의 *290*
경제적 효율성 *293*
고전적 자유주의 이론 *35*
공개성과평가시스템(OPRAS) *347*
공공 데이터 개방 *428*
공공서비스개혁프로그램 *340*
공공서비스관리처 *337*
공공질서관리법 *373*
공급자 역할 *50*
공무원 윤리 규정 *350*
관료조직 *31*
관료주의 *290*
국가기획위원회(BAPENNAS) *71*
국가능력 *44, 46*
국가자율성 *44*
국가정보화 전략 *417*
국가정책 *33*
국가정책의 지침 원칙 *366*
국가행정연구소 *147*
국가행정제도 *28*
국무원 *377*
국민의료서비스 *40*
국민저항군(NRA) *363*
국민저항운동(NRM) *370*
국부론(The Wealth of Nations) *34*
국정관리방식 *44*
국제개발협력 *55*
국제식량기구(World Food Program) *223*
국제연합아동기금(UNICEF) *20*
국제통화기금(International Monetary Fund, IMF) *18*
굿 거버넌스 *25*
규제자 역할 *50*
균형지방분권 *155*
그림자 내각 *369*
근대국가 *31*
기능적 지방분권 *131*

ㄴ

내부접근모형 381
능력주의 290

ㄷ

다자주의 238, 246, 264
단순 다수제 212
도이모이 개혁 117, 136, 150
독립관청 333
동시다발적 FTA 전략 266
동아프리카협력부 331
동형화 356

ㄹ

라나리드(Norodom Ranariddh) 209
론 놀(Lon Nol) 209

ㅁ

막스 베버(Max Weber) 30
무의사결정 389
문제해결 중심 298
민주적 변화를 위한 포럼(FDC) 372
민주적 정당성 275, 279
민주적 중앙주의 120, 157

ㅂ

바간다 385
바람직한 거버넌스 181
발전국가 42
발전주의적 부문주의 245
발전기능 7, 29
발전주의 236, 244
발전주의적 부문주의 245
발전주의적 자유주의 238, 246, 267
발전주의적 중상주의 238, 245, 259
배태적 자유주의 240, 241
법치주의 32
베트남 9
보편성의 원칙 40
복지국가 39
복지기능 7, 29, 168
부간다 왕국 362
부문별 정실주의 238, 246, 247, 259
부패 102
부패 – 결탁 – 정실(KKN) 104
비동맹운동 313
비례 대표제 212
비버리지 보고서 40
빅뱅 분권개혁 75
빈곤감소 전략서 215

ㅅ

사회간접자본 37
사회 – 경제적 발전계획 128, 154

사회보험제도 38
사회보호제도 169, 175
사회적 보호를 위한 국가전략계획 217, 223
사회적 통합 41
산업재해보험 38
산업통상자원부 272
산업혁명 34
상향식 예산편성제도 188
상호 운용성 428
새마을운동 5
새천년 개발목표(MDGs) 17
새천년 개발선언 21
성과관리 시스템 346
세계보건기구(WHO) 20
세계은행(World Bank) 18
세습적 과두정치 172
수자원부 331
스타인-하덴버그(Stein-Hardenburg) 개혁 36
시민사회기구(CSO) 388
시아누크 노로돔(Sianook Norodom) 208
시장기반 부문주의 245
시장 중심 발전론 18
신자유주의 19
신질서 65
실용주의 290
싱가포르 11
싱가포르 투자청(GIC) 309

ㅇ

아담 스미스(Adam Smith) 34
아세안(ASEAN) 310
아시아개발연구소 4
아시아개발은행 215
아시아개발정책 프로그램 4
애국자법 385
양자주의 269
언론 및 언론인 법 389
엘리트주의 290
열린 정부 428
영국 327
영역적 지방분권 131
예산투명성을 위한 인도네시아 포럼 (FITRA) 93, 99
우간다 12
윈스턴 처칠(Winston Churchill) 40
윌리엄 비버리지(William Beveridge) 40
유신체제 44
의료보험 38
의원내각제 212
이중종속 139
이중책임성 125, 127
인간개발론 20
인간개발지수 20, 79
인도네시아 9
인민행동당(PAP) 294
인터넷 418

일반보조금(DAU) 76
임도빈 49
임무수행결과 344

ㅈ

자비의 특권 396
자유무역협정(FTA) 236
자체 세입(PAD) 76
잔지바르(Zanzibar) 325
재정정보체계 72
재정책임의 원칙 41
전자정부 408
정보통신기술 407
정보화 408
정부경쟁력 49
정부조직인사위원회 142
정책조정 42
정책조정체계 189
정치공동체 30
제도 410
제도 유지자 역할 50
제도주의 408
제도화 237, 266, 275
조건부 현금지원 프로그램(CCT) 169, 189
조세법정주의 32
조세제도 31
주민참여예산제도 188
지니계수 97
지대 34
지방교부세(DBH) 77
지방분권 124, 131, 133
지방분산 131
지방자치 65
지방자치자문위원회(DPOD) 71
지방정부법 387
지방행정체제 224
지속가능한 개발목표(SDGs) 17, 167
지역인센티브펀드(DID) 102

ㅊ

차등분권 146, 155
찰스 틸리(Charles Tilly) 32
책임성 32, 344
총수재량제 147
총액재량제 147
최고정보관리책임자(CIO) 428
취약국가 28
친빈곤적 거버넌스 197

ㅋ

캄보디아 10, 207
캄보디아 구국당(CNRP) 210, 221
캄보디아 인민당(CPP) 209, 210
캄보디아의 독립을 위한 유엔과도정부(UNTAC) 209
콜롬비아 12

ㅌ

탄자니아(Tanzania) 11, 325
탕가니카(Tanganyika) 325
태국 11
태국-미국 FTA(TUSFTA) 253, 255
토지개혁 45
통상교섭본부 265, 269, 272, 273
통상절차법 272, 278
특정보조금(DAK) 76

ㅍ

판차실라(Pancasila) 66
포퓰리즘 296
폴 포트(Pol Pot) 207
필리핀 10

ㅎ

한국전쟁 45
합중국 325
핵심기능 7, 29
행정개혁 마스터플랜 140
행정개혁 프로그램 137
헹 삼린(Heng Samrin) 209
혁신지방정부 132
현대국가 39
후견주의 182
후발국가 39
훈 센(Hun Sen) 207
훈신펙(FUNCINPEC) 209

영문

Amartya Sen 20
Bambang Brodjonegoro 105
FTA 추진 로드맵 264
ILO 41
NHTS-PR 192
Project 30 145
Thaksinomics 249, 259
Thaksin Shinawatra 249
UNDP 20
UN Millennium Project 25
UN(United Nations) 17
Worldwide Governance Indicators 26

저자 약력(가나다 순)

고길곤 교수는 연세대학교 응용통계학과를 졸업하고 미국 피츠버그 대학교에서 정책학 박사학위를 취득하였다. 싱가포르 국립대학교 정치학과 교수를 역임하였고, 현재 서울대학교 행정대학원 교수로 재직 중이며 *Asian Journal of Political Science* 편집장을 맡고 있다. 연구 관심 분야는 정책평가 및 분석, 계량분석 방법론, 행정윤리와 부패, 중국행정 등이며, 저서로는 『통계학의 이해와 활용』(문우사, 2014), 『효율성 분석』(문우사, 2016) 등이 있다.

구민교 교수는 서울대학교 외교학과 및 동 대학 행정대학원 졸업 후 미국 Johns Hopkins University 국제관계대학원(SAIS)에서 국제정치경제학 석사학위, 2005년에는 미국 UC Berkeley에서 정치학 박사학위를 취득하였다. 이후 미국 University of Southern California 국제문제연구소(CIS), 한국학 연구소(KSI) 및 국제관계학과(SIR)에서 박사후 연구원 및 전임강사로 근무하였으며, 연세대학교 행정학과 조교수와 하버드-옌칭 연구소 방문학자를 역임하였다. 현재 서울대학교 행정대학원 부교수로 재직 중이며 연구 관심 분야는 동아시아 정치경제, 국제통상정책, 영토분쟁 등이다. 주요 저서로는 *Island Disputes and Maritime Regime Building in East Asia : Between a Rock and a Hard Place*(Springer, 2009) 등이 있다.

권혁주 교수는 서울대학교 정치학과를 졸업하고 영국 옥스퍼드 대학교에서 정치학 박사학위를 취득하였다. 성균관대학교 국정관리대학원 교수와 유엔사회발전연구소 연구조정관을 역임하였고, 현재 서울대학교 행정대학원 교수로 재직 중이다. 또한 한국행정학회가 발행하는 한국행정학보 편집위원장, Global Social Policy 공동편집위원장, 서울대학교 아시아개발연구소 부소장직을 맡고 있다. 연구 관심 분야는 정책이론, 사회정책, 글로벌 거버넌스, 국제개발협력 등이다. 주요 저서로는 *The Korean State and Social Policy*(Oxford University Press, 2011), *Transforming the Developmental Welfare State in East Asia*(Palgrave, 2005) 등이 있다.

김순은 교수는 서울대학교 법과대학을 졸업하고 동 대학교 행정대학원에서 석사학위 취득 후, 미국 Kent State University에서 박사학위를 받았다. 한국지방자치학회·한국지방정부학회 회장 및 한국행정학회 연구 부회장을 역임하였다. 부산 동의대학교를 거쳐 현재 서울대학교 행정대학원 교수로 재직 중이며, 한국행정연구소 겸무연구원으로도 활동 중이다. 연구 관심 분야는 도시행정·정책, 지방자치 및 지방의회, 중앙·지방관계, 의회기관과 집행기관의 관계 등이며, 주요 저서로는 *Theories and Issues of Local Government*(금정, 2011), 『우리나라 도시 거버넌스의 실태 : 한국의 도시 거버넌스』(금정, 2009) 등이 있다.

김은주 박사는 서울대학교 행정대학원에서 정책학 박사학위를 취득한 후, 영국 브리스톨 대학교(University of Bristol) 빈곤 및 사회정의 연구소(Centre for the Study of Poverty and Social Justice)에서 방문연구원으로 활동하였다. 현재는 한국국제협력단(KOICA) 공공행정팀 거버넌스 전문관으로 재직하고 있으며 주요 관심 분야는 거버넌스, 빈곤, 사회보호, 정책과정론 등이다.

김정부 교수는 서울대학교 정치학과를 졸업하고 미국 조지아 공과대학교(Georgia Institute of Technology) 및 조지아 주립대학교(Georgia State University)에서 정책학 박사학위를 받았다. 미국 잭슨 주립대학교(Jackson State University) 조교수와 일본국제대학교(International University of Japan) 교수를 역임하였고, 현재 경희대학교 정경대학 행정학과 부교수로 재직 중이다. 연구 관심 분야는 예산과정 및 제도, 중앙-지방 재정관계, 과학기술정책예산, 정책이론 등이며 *The American Review of Public Administration*, *Journal of Risk Research*, *Review of Public Personnel Administration* 등에 연구결과를 발표한 바 있다.

엄석진 교수는 서울대학교에서 행정학 박사학위를 취득하고, 한국행정연구원 초청연구원, 순천향대학교 행정학과 교수를 역임하였다. 현재 서울대학교 행정대학원 부교수로 재직 중이며 공공부문에서의 정보기술의 활용, 소셜 미디어를 비롯한 스마트 정보기술과 공공조직 및 제도의 상호작용, 한국의 경제발전과 정부의 역할 등을 연구하고 있다. 주요 저서로는 『일본 국가기구의 변화와 연속성』(공저, 서울대학교 출판문화원, 2015)이 있으며, 'The Use of Smart Work in Government : Empirical Analysis of Korean Experiences'(*Government Information Quarterly*, 2016), 'Institutional Dimensions of e-Government Development: Implementing the 'Business Reference Model(BRM)' in the United States and Korea'(*Administration & Society*, 2013) 등의 논문이 있다.

이수영 교수는 서울대학교 인류학과를 졸업하고 미국 조지아 대학교에서 행정학 박사 학위를 취득하였다. 한국외국어대학교 행정학과 교수를 역임하였고, 현재 서울대학교 행정대학원 교수로 재직 중이며 한국인사행정학회 총무위원장을 맡고 있다. 연구 관심 분야는 인사행정, 조직이론, 조직행태 등이다. 주요 저서로는 『대한민국 국민행복지도』(문우사, 2015)가 있고, 최근의 주요 논문은 *Journal of Public Administration Research and Theory, Administration & Society* 등에 게재되어 있다.

임도빈 교수는 서울대학교 사회교육과 학사 및 동 대학 행정대학원 석사학위, 그리고 프랑스 파리정치대학교에서 사회학 박사학위를 취득하였다. 현재 서울대학교 행정대학원 교수로 재직 중이며 한국행정학회장을 역임한 바 있다. 우리나라에서 정부의 역할이 중요하다는 관점에서 외국의 행정개혁을 직수입하는 것에 대해 비판적이며, 한국행정의 특수성과 가치를 살리는 방법으로 정부경쟁력을 높일 방법을 연구하고 있다. 주요 관심 분야는 조직론이며, 주요 저서로는 『한국지방 조직론』(박영사, 2004), 『비교행정강의』(박영사, 2011), 『한국행정조직론』(법문사, 2011), 『공무원의 낭중지추를 찾아서』(법문사, 2013) 등이 있다.

홍석빈 박사는 서울대학교 외교학과에서 정치학 학사학위, 동 대학 경영대학원에서 경영학 석사학위, 동 대학 행정대학원에서 행정학 박사학위를 취득하였다. Anderson Consulting, Accenture, Deloitte Consulting 등 다국적 경영컨설팅 Firm에서 국내외 기업들을 대상으로 경영전략 컨설팅을 하였으며, 이후 LG경제연구원에서 국내외 거시경제 연구, 통상정책, 규제정책, 기업의 사회적 책임(CSR) 분야 등을 연구하였다. 현재 서울대학교 행정대학원, 경기대학교 행정학과, 배재대학교 공공정책학과, 우석대학교 공공인재학부 등에서 강의 중이다. 주요 연구 관심 분야는 통상정책, 정부(행정)개혁, 규제정책, 기업 경영전략 및 인사·조직 등이다.

지속가능한 개발과 공공행정 : 개발도상국 사례연구

2016년 5월 19일 초판 인쇄
2016년 5월 25일 초판 발행

대표집필 권 혁 주
발 행 인 김 영 훈
기획 영업 전 영 완
편 집 김 병 성
발 행 처 도서출판 문우사 MoonWoo
주 소 경기도 고양시 일산동구 정발산로 24
(장항동, 웨스턴돔타워) 2동 814호
전 화 031) 901-6542
070) 4200-6542
팩 스 031) 906-6542
이 메 일 moonwoosa@hanmail.net
홈페이지 www.munu.co.kr
출판신고번호 제396-2013-000113호

값 30,000원 ISBN 979-11-85994-26-0